思想的．睿智的．獨見的

經典名著文庫

學術評議

策劃　楊榮川

五南圖書出版公司 印行

經典名著文庫

學術評議者簡介（依姓氏筆畫排序）

- 丘為君　美國俄亥俄州立大學歷史研究所博士
- 吳惠林　美國芝加哥大學經濟系訪問研究、臺灣大學經濟系博士
- 宋鎮照　美國佛羅里達大學社會學博士
- 林玉体　美國愛荷華大學哲學博士
- 邱燮友　國立臺灣師範大學國文研究所文學碩士
- 洪漢鼎　德國杜塞爾多夫大學榮譽博士
- 孫效智　德國慕尼黑哲學院哲學博士
- 秦夢群　美國麥迪遜威斯康辛大學博士
- 高明士　日本東京大學歷史學博士
- 高宣揚　巴黎第一大學哲學系博士
- 張光宇　美國加州大學柏克萊校區語言學博士
- 張炳陽　國立臺灣大學哲學研究所博士
- 陳秀蓉　國立臺灣大學理學院心理學研究所臨床心理學組博士
- 陳思賢　美國約翰霍普金斯大學政治學博士
- 陳清秀　美國喬治城大學訪問研究、臺灣大學法學博士
- 陳鼓應　國立臺灣大學哲學研究所
- 曾永義　國家文學博士、中央研究院院士
- 黃光國　美國夏威夷大學社會心理學博士
- 黃光雄　國家教育學博士
- 黃昆輝　美國北科羅拉多州立大學博士
- 黃政傑　美國麥迪遜威斯康辛大學博士
- 楊維哲　美國普林斯頓大學數學博士
- 葉海煙　私立輔仁大學哲學研究所博士
- 葉國良　國立臺灣大學中文所博士
- 廖達琪　美國密西根大學政治學博士
- 劉滄龍　德國柏林洪堡大學哲學博士
- 黎建球　私立輔仁大學哲學研究所博士
- 盧美貴　國立臺灣師範大學教育學博士
- 薛化元　國立臺灣大學歷史學系博士
- 謝宗林　美國聖路易華盛頓大學經濟研究所博士候選人
- 簡成熙　國立高雄師範大學教育研究所博士
- 顏厥安　德國慕尼黑大學法學博士

經典名著文庫194

政治經濟學原理：
及其在社會哲學上的若干應用（下卷）

Principles of Political Economy with Some of Their Applications to Social Philosophy

約翰・斯圖爾特・彌爾 著
（John Stuart Mill）

金鏑、金熠 譯

經典永恆・名著常在

五十週年的獻禮・「經典名著文庫」出版緣起

總策劃 楊榮川

閱讀好書就像與過去幾世紀的諸多傑出人物交談一樣——笛卡兒

五南，五十年了。半個世紀，人生旅程的一大半，我們走過來了。不敢說有多大成就，至少沒有凋零。

五南忝爲學術出版的一員，在大專教材、學術專著、知識讀本出版已逾壹萬參仟種之後，面對著當今圖書界媚俗的追逐、淺碟化的內容以及碎片化的資訊圖景當中，我們思索著：邁向百年的未來歷程裡，我們能爲知識界、文化學術界做些什麼？在速食文化的生態下，有什麼值得讓人雋永品味的？

歷代經典・當今名著，經過時間的洗禮，千錘百鍊，流傳至今，光芒耀人；不僅使我們能領悟前人的智慧，同時也增深加廣我們思考的深度與視野。十九世紀唯意志論開創者叔本華，在其〈論閱讀和書籍〉文中指出：「對任何時代所謂的暢銷書要持謹愼的態度。」他覺得讀書應該精挑細選，把時間用來閱讀那些「古今中外的偉大人物的著作」，閱讀那些「站在人類之巓的著作及享受不朽聲譽的人們的作品」。閱讀就要「讀原著」，是他的體悟。他甚至認爲，閱讀經典原著，勝過於親炙教誨。他說：

「一個人的著作是這個人的思想菁華。所以，儘管一個人具有偉大的思想能力，但閱讀這個人的著作總會比與這個人的交往獲得更多的內容。就最重要的方面而言，閱讀這些著作的確可以取代，甚至遠遠超過與這個人的近身交往。」

爲什麼？原因正在於這些著作正是他思想的完整呈現，是他所有的思考、研究和學習的結果；而與這個人的交往卻是片斷的、支離的、隨機的。何況，想與之交談，如今時空，只能徒呼負負，空留神往而已。

三十歲就當芝加哥大學校長、四十六歲榮任名譽校長的赫欽斯（Robert M. Hutchins, 1899-1977），是力倡人文教育的大師。「教育要教眞理」，是其名言，強調「經典就是人文教育最佳的方式」。他認爲：

「西方學術思想傳遞下來的永恆學識，即那些不因時代變遷而有所減損其價值的古代經典及現代名著，乃是真正的文化菁華所在。」

這些經典在一定程度上代表西方文明發展的軌跡，故而他爲大學擬訂了從柏拉圖的《理想國》，以至愛因斯坦的《相對論》，構成著名的「大學百本經典名著課程」。成爲大學通識教育課程的典範。

歷代經典·當今名著，超越了時空，價值永恆。五南跟業界一樣，過去已偶有引進，但都未系統化的完整舖陳。我們決心投入巨資，有計劃的系統梳選，成立「經典名著文庫」，希望收入古今中外思想性的、充滿睿智與獨見的經典、名著，包括：

- 歷經千百年的時間洗禮，依然耀明的著作。遠溯二千三百年前，亞里斯多德的《尼各馬科倫理學》、柏拉圖的《理想國》，還有奧古斯丁的《懺悔錄》。
- 聲震寰宇、澤流遐裔的著作。西方哲學不用說，東方哲學中，我國的孔孟、老莊哲學，古印度毗耶娑（Vyāsa）的《薄伽梵歌》、日本鈴木大拙的《禪與心理分析》，都不缺漏。
- 成就一家之言，獨領風騷之名著。諸如伽森狄（Pierre Gassendi）與笛卡兒論戰的《對笛卡兒沉思錄的詰難》、達爾文（Darwin）的《物種起源》、米塞斯（Mises）的《人的行爲》，以至當今印度獲得諾貝爾經濟學獎阿馬蒂亞・森（Amartya Sen）的《貧困與饑荒》，及法國當代的哲學家及漢學家朱利安（François Jullien）的《功效論》。

梳選的書目已超過七百種，初期計劃首爲三百種。先從思想性的經典開始，漸次及於專業性的論著。「江山代有才人出，各領風騷數百年」，這是一項理想性的、永續性的巨大出版工程。不在意讀者的眾寡，只考慮它的學術價值，力求完整展現先哲思想的軌跡。雖然不符合商業經營模式的考量，但只要能爲知識界開啓一片智慧之窗，營造一座百花綻放的世界文明公園，任君遨遊、取菁吸蜜、嘉惠學子，於願足矣！

最後，要感謝學界的支持與熱心參與。擔任「學術評議」的專家，義務的提供建言；各書「導讀」的撰寫者，不計代價地導引讀者進入堂奧；而著譯者日以繼夜，伏案疾書，更是辛苦，感謝你們。也期待熱心文化傳承的智者參與耕耘，共同經營這座「世界文明公園」。如能得到廣大讀者的共鳴與滋潤，那麼經典永恆，名著常在。就不是夢想了！

二〇一七年八月一日 於

五南圖書出版公司

總目次

【上卷】政治經濟學原理：及其在社會哲學上的若干應用

第四編　社會進步對於生產與交換的影響

目次

第三編　交換

第三編　交換

第八章　關於貨幣的價值，當它取決於需求與供給時

§一　遺憾的是，在討論這個問題一開始，我們就不得不消除存在於我們的研究中的語言上嚴重含混不清的障礙。從表面來看，貨幣價值的這種表述與科學中任何不曾引起人們誤解的表述一樣精確。一種物品的價值是這種物品所能交換到的其他物品的數量；貨幣的價值是貨幣所能交換到的其他物品的數量，也就是貨幣的購買能力。如果物價降低了，那麼貨幣就可以購買到更多的其他物品，因而貨幣的價值爲高；如果物價提高了，則貨幣只能購買到較少的其他物品，即貨幣的價值爲低。貨幣的價值與一般物價水準成反比：當一般物價水準升高時，貨幣的價值就降低；當一般物價水準降低時，貨幣的價值就升高。

但是，很不幸地，相同的術語被使用在現行的商業用語中時，還具有完全不同的意義。貨幣，非常普遍地被理解爲財富的同義詞，當用貨幣來說明借款問題時，情況更是如此。一個人把錢借給另一個人，與他向別人支付工資或者地租一樣，他所轉移的並非就是貨幣，而是獲得可任意選擇的本國產品的一定價值的權利；放款人透過放棄他的一部分資本，首先購買的就是這種權利，他眞正借出的只是那麼多的資本，而貨幣只是轉移的工具。不過，資本由放款人轉移至借款人，往往採用貨幣或者匯票兩種方式之一，但是無論如何，貨幣是用來計量和估算資本的。於是，借入資本普遍地被稱爲借入貨幣；借貸市場被稱爲貨幣市場；那些將其可支配資本以貸款的方式進行投資的人即被稱爲有錢階級；爲資本的使用而給予的等價物，換言之，即利息，不僅僅被稱爲貨幣的利息，而且由於術語被拙劣地誤用，也被稱之爲貨幣的價值。這種語言的誤用，加上我們將在後面提請注意並且說明的一些易於產生誤解的表面現象，[1]使商界人士形成的一般觀點是，認爲意指利率的貨幣的價值，與最確切意義上的貨幣價值，即意指流通媒介的購買能力或者購買價值的貨幣價值，存在著本質上的關係。我們很快就會回到這個問題上，現在需要說明的

是，所謂價值，我們始終指的是交換價值，而所謂貨幣，指的是交換的媒介，並不是指透過這種媒介，從一個人的手中轉移到另一個人手中的資本。

§二 貨幣的價值或者購買能力，首要地取決於需求與供給。不過，和貨幣相聯繫的需求與供給，跟其他各種物品的需求與供給略有不同。

某種商品的供給，指的是提供出售的商品數量，而人們通常不說是提供出售的貨幣，即人們通常不說購買或者銷售貨幣。然而，這只不過是語言上出現的一種偶然現象。實際上，每當使用貨幣購買其他物品或者出售其他物品以換取貨幣時，貨幣也像其他物品那樣被買賣。不論是誰出售穀物、動物性油脂或者棉花，他都是在購買貨幣；不論是誰購買麵包、葡萄酒或者服裝，他都是在向出售這些物品的人出售貨幣。人們用於購買物品的貨幣，就是人們予以出售的貨幣。於是，貨幣的供給就是人們準備要花費的貨幣數量，也就是人們所擁有的全部貨幣。當然，人們所儲藏的貨幣或至少爲將來應急所保留的貨幣要排除在外。簡言之，貨幣的供給就是當前流通的全部貨幣。

同樣地，貨幣的需求是由提供出售的全部商品所組成。每位商品的銷售者就是貨幣的購買者，他們所提供的商品構成了他們對貨幣的需求。貨幣的需求與其他各種物品需求的不同之處在於它只受到購買者的財力限制。對於其他物品的需求存在著某種上限。不過對於貨幣的需求卻總是與可能獲取的貨幣量一樣大。誠然，如果人們得不到他們認定的可接受的市場價格，那麼人們便很可能會拒絕出售自己的商品，並將自己的商品從市場上收回。不過，只有當商品的市場價格將會升高並可以獲得更多貨幣時，才會發生這種情況。如果他們認爲當前的低價位勢必會長期持續下去，那麼他們就會聽之任之，能換回多少貨幣就拿多少貨幣。因爲對於商人們來說，賣掉他們的商品始終是一件必須完成的任務。

正如市場上的全部商品構成對貨幣的需求一樣，所有的貨幣也構成對各種商品的需求。貨幣和商品相互尋覓，以達到相互交換的目的；它們彼此互爲供給與需求。在描述這種現象時，我們可以說商品的需求與供給，也可以說貨幣的供給與需求。這兩種表述是相等的。

我們即將對此做出更爲深入的闡述。在闡述這個問題時，讀者會注意到我們現在所關注的這類問題和在此之前已經討論過的有關價值的問題，兩者之間存在很大的差異。在考察價值時，我們只關注對於某種特殊商品產生影響的原因，而不關注對於其餘商品產生影響的原因；假定對於所有商品都產生相同影響的原因對價值不產生影響。但是，在考察商品與貨幣之間的關係時，我們特別關注的則是對於所有商品都產生影響的原因。我們將所有種類的商品歸於一方，將貨幣歸於另一方，再把兩者作爲相互交換的物品進行比較。

我們假定其他一切情況都不變，而貨幣的數量卻增加了。例如，假定一位外國人攜帶大量的黃金、白銀來到某地，當他開始消費時（他是否用於生產性支出或者非生產性支出，對這個問題來說無關緊要），他就增加了貨幣的供給，並透過同樣的行爲增加了對於商品的需求。毫無疑問，最初他只是增加了對於某幾種商品的需求，即他選擇購買的商品的需求。他會使這幾種商品的價格立即升高，不過對他個人而言，也只是這些商品的價格升高了而已。但是如果他花錢大宴賓客，那麼他將使食品和葡萄酒的價格升高。如果他出資建立一家工廠，那麼他將使勞動和原物料的價格升高。但是在較高的價格水準上，將會有更多的貨幣轉移到出售這些不同商品者的手裡；同時，無論是勞工還是商人，他們都將擁有更多的貨幣用於支出，並增加他們一貫購買的所有物品的需求，也將導致這些物品的價格隨之升高。依此類推，直到所有物品的價格都升高爲止。我們說所有物品，儘管貨幣的流入當然有可能以某些新型消費階層爲媒介，或者以改變各類消費階層之間的比例的方式，致使此後各種物品的支出在國民收入的占比一些變大或者一些變小；這與社會成員的偏好和欲望發生的變化完全一樣。如果出現這種情況，那麼在生產完成自行調整以適應變化後的對於各種物品的相對需求之前，價值將發生眞正的變化，即某些物品的價格的升高幅度會超過其他物品，而另外某些物品的價格則很可能根本沒有升高。但是很顯然地，這些影響並非單純地源於貨幣的增加，而是源於與貨幣的增加相伴發生的各種情況。我們現在只需要考慮貨幣增加所產生的影響。假設個人手中的貨幣增加了，但是社會整體成員消費的欲望和偏好仍然一如既往，那麼需求的增加將均等地影響到所有的物品，並且會造成價格普遍地升高。我們不妨仿照休謨（Hume）的說法，假設某一國家中的每個人凌晨醒來時都發現在他們的口袋裡多出了一枚金幣。但是這個例子涉及對於不同商品的需求所占的比例發生變化的問題。開始時，相對於窮人而言的奢侈品價格的升高幅度會比其他物品價格升高的幅度大一些。因此，我們不妨假設，原來擁有一鎊、一先令或者一便士的每個人，現在突然分別增加了一鎊、一先令或者一便士。在這種情況下，所有類型的物品對於貨幣的需求都將增大，進而隨之形成貨幣價值或者價格的增加。這種價值的增加對任何人都無利可圖，除需要使用較大的數目來計算鎊、先令和便士之外，與以前相比沒有任何其他的不同。這只是以貨幣估算的價值增加了，而貨幣不過是人們想要用於購買其他物品的一種物品，並且不能使任何人所購買的其他物品比過去更多一些。價格會以某一確定的比例升高，貨幣的價值則以相同的比例降低。

應當指出的是，這個比例與貨幣數量增加的比例正好相等。如果流通中的貨幣總量增加了一倍，那麼價格也將升高一倍。如果貨幣總量僅增加了四分之一，那麼價格也將升高四分之一，人們將用增加的四分之一貨幣購買某幾種物品。如果新增加的貨幣供給在時間充裕的條件下流通到全部市場上，或者（按照人們慣用的說法）滲透至所有的流通管道之中，則所有的價格都將升高四分之一。不過，價格的普遍上漲是獨立於此流通、平均化的過程。即使某些物品的價格上漲多一些，某些物品的價格上漲少一些，但物價平均上漲的水準也將是四分之一。這是如下事實所產生的必然結果，即貨幣數量增加四分之一之後與增加之前所交換到的物品的數量完全相同，因此一般價格在任何情況下都將升高四分之一。

如果我們假設物品減少而貨幣不增加，則對價格而言，也將受到與上述情況完全相同的影響；如果物品增加或者貨幣減少，則將受到相反情況的影響。如果社會上的貨幣減少，同時提供出售的物品的數量跟以前一樣多，則可以與這些物品相互交換的貨幣總量減少了，這些物品就將以較低的價格出售，價格降低的比例也與貨幣減少的比例相同。所以在其他條件不變的情況下，貨幣價值與貨幣數量的變動趨勢相反：貨幣數量的每一次增加均會使價格降低，數量的每一次減少均會使價格升高，且兩者的變化比例是完全相同的。

這正是貨幣特有的性質，應該引起人們的關注。我們並未發現一般的商品也具有這種特性，即供給的每一次減少，均使價值恰好以供給不足的比例升高；或者供給的每一次增加，均使價值恰好以供給過剩的比例降低。某些物品受到的影響通常會大於供給過剩或者供給不足的比例，而某些物品受到的影響則可能小於這一比例。因爲就一般的需求而言，人們對於物品本身的欲望可能較強或者較弱，而同時，在任何情況下，人們願意爲物品支付的貨幣數量卻都是有限的，它受到獲取物品不均等的難易程度的影響。但是對於貨幣而言，它作爲普遍的購買工具被人們所需求，這種需求是由人們必須出售的所有物品所構成，對於人們樂於付出的代價的唯一限制就是，人們傾其所有能夠提供的全部物品。在任何情況下，全部物品都將與進入市場、用於支付的全部貨幣相互交換，人們賣出物品能夠換取到的或少或多的貨幣，恰好與人們帶入市場購買物品的或少或多的貨幣相對應。

§三　綜上所述，我們不妨權且假定在任一時刻，一個國家出售的全部物品與當時流通的全部貨幣相互交換，或者，換言之，一個國家流通的貨幣的數量在價值上總是等同於供出售的全部物品。不過這完全是一種誤解。支出的貨幣雖然在價值上與其購買的物品相等，但是支出的貨幣的數量與流通中的貨幣的數量並不是一碼子事。由於貨幣不斷地被轉手，因此在某一期間內供出售的所有物品都被購買並最終被帶離市場之前，同一塊錢可能已經被支出過許多次了，爲此，每一鎊或者每一美元必須按照其轉手的次數計算成幾鎊或者幾美元才能解決這個問題。大部分物品也必須計算一次以上，這不僅是因爲大多數物品在它們以一定的形式被最終消費之前，必須經歷多個製造和銷售的環節，而且因爲在投機風行時期（所有時期都是如此，不過是程度上有所不同而已），同一批物品在最終被以消費爲目的的人們買走之前，往往會被反覆轉賣，以獲取利潤。

如果我們假定供出售的物品的數量以及這些物品被轉賣的次數是固定的，則貨幣的價值就取決於貨幣的數量以及每一塊錢在流通過程中轉手的平均次數。出售物品的總量（對同一批物品的每一次轉售加總計算）相當於與之交換的貨幣總量，乘以每一塊錢進行購買的平均次數。結果是，在物品的數量和交易相同的情況下，貨幣的價值，與貨幣的數量及所謂的流通速度之積成反比，同時，流通中的貨幣數量等於出售的全部物品的貨幣價值除以代表流通速度的數字。

我們有必要對流通速度這個術語做出某種說明。它不應被理解爲在給定的一段時間內每一塊錢進行購買的次數。我們並不需要對時間予以關注；社會的情況很可能是，每一塊錢在一年的時間內很難進行多於一次的購買。但是若這種情況的出現是基於交易的數量少——即源於完成的營業額小、交易疲弱，或者因爲交易大部分採取以物易物的形式——則它就不構成價格降低或者貨幣價值升高的原因。關鍵點不是同一筆貨幣在給定的時間內轉手多少次，而是同一筆貨幣爲完成一定的交易額度而轉手多少次。我們不應該用貨幣在一定時間內購買的次數與時間本身相比較，而應該與在同一時間內出售的物品相比較。如果銷售一百萬英鎊的物品，每一英鎊平均需要轉手十次，則很明顯地，爲流通這些物品所需要的貨幣爲十萬英鎊；反之，如果流通中的貨幣爲十萬英鎊，同時用於購買物品的每一英鎊在一個月內轉手了十次，則每個月的物品銷售額平均爲一百萬英鎊。

作爲一個術語，流通速度並不適合用於表達它唯一應該明確指出的重要含義，而且由於它使人產生與其本意大相逕庭的聯想，因此具有混淆視聽的傾向；若是可以放棄這個術語，找到另外一個能夠直接表達相關含義的術語予以替代，則是一件值得慶幸的事。某些表達方式，比如「貨幣效率」，雖然並非無懈可擊，但是會好一些，因爲它引導人們關注完成工作的數量，而不會產生透過時間對其進行估算的聯想。在更爲恰當的術語被創造出來之前，在含混之處已經廓清的基礎上，我們必須滿足對於這個概念修辭冗長而曲折迂迴的表述，即爲了實現一定金額的交易，每一塊錢必須進行購買的平均次數。

§四　必須理解的是，我們已經確立的命題——關於一般價格取決於流通中的貨幣的數量——僅在一定的條件下才能成立，即貨幣，也就是黃金、白銀，是唯一用來進行交換的工具，而且實際上在每一次購買中都會轉手。人們尚不瞭解任何形式的信用；當信用介入並成爲一種購買手段時，它顯然不同於人們手中持有的貨幣。在後面，我們應該看出價格與流通媒介的數量間的關係不再那麼直接和密切，而且也無法以簡單的模式對這種實際關係加以描述。但是，在將通貨和價格如此複雜的問題作爲研究對象，在將我們的理論建立在對最簡單的情況做最充分地瞭解的基礎上，我們就會發現，這些最簡單的情況乃是所發生的實際情況的基本成分或者基礎。貨幣數量的增加促使價格升高，貨幣數量的減少促使價格降低，這是通貨理論中最基本的命題，沒有它，我們就無從解釋其他任何命題。但是不論在什麼場合，除了我們所假設的簡單而原始的情況，這個命題只有在其他情況不變的條件下才是正確的，至於那些不變的情況是什麼，我們尚未加以說明。然而，我們甚至現在就可以指出，在試圖運用這個原理說明各種實際現象時我們必須注意一、兩點事項，以捍衛原理的正確性。我們的這種提醒和注意是非常必要的；作爲一項原理，它雖然是科學的眞理，但是與涉及交換問題的任何其他命題相比，近年來它已經在更大程度上成爲大量錯誤的理論以及對事實進行錯誤解釋的基礎。自從一八一九年法案恢復現金支付，特別是一八二五年的商業危機之後，人們在對價格的每一次升降進行解釋的時候，都願意依據「通貨」理論。但是，像對待大多數流行理論一樣，人們在運用這項原理的時候很少關注使它得以正確的必要條件。

例如，人們習慣上認爲國內貨幣的數量或者現存貨幣的數量較大時，價格必然隨之升高。但是這種情況並不是必然的。對於任何商品來說，決定其價值的不是其現存的數量，而是提供出售的數量。在一國之中無論有多少貨幣，只有進入商品市場並且實際與商品進行交換的那部分貨幣，才會對價格產生影響。只要國內這部分貨幣的數量有所增加，那麼就都將促使價格升高。但是儲藏的貨幣對價格不會產生影響。由個人儲藏起來應對不時之需的貨幣，對價格也不產生影響。銀行金庫中的貨幣，或者私人銀行家所保留的準備金在被提領之前，都不會對價格產生影響；在被提領之後若未用於商品支付，則也不會對價格產生影響。

經常發生的情況是，數量相當大的貨幣流入一個國家作爲資本進行實際投資，然後又流出，這些貨幣對商品市場並不產生影響，只是對證券市場——即雖非妥當但人們通常所稱的貨幣市場——產生影響。讓我們回到前面已舉出的例子，一個外國人帶著大量財寶進入某一國家。我們曾經假設他用這些財富購買自己需要的物品，或者建立工廠並僱用勞工。在上述這兩種情況下，如果其他條件不變，則他都會使價格升高。但是他很可能不這樣做，而是用他的財富進一步獲取利息。當然，我們不妨假設他選擇了一種最爲典型的方式，即透過成爲始終由公眾持有的一部分股票、國庫券、鐵路債券、商業票據、抵押憑證等的競爭者，以達到這個目的。如果他這樣做，那麼他就會使上述證券的價格升高，換言之，就會使它們的利率降低；並且由於這種情況打亂了國內資本利率與國外資本利率之間先前建立起來的聯繫，所以也可能導致某些擁有流動資本尋找機會的人轉移到外國進行投資，而不再高價買進本國的證券。流出的貨幣量很可能與當初流入的貨幣量大致相當，而商品價格不會受到貨幣暫時流入的影響，這種情況極爲值得關注。現在人們已經開始認識到，貴金屬是由它在國與國之間的轉移以及由各國借貸市場的狀況所決定的，並且其所決定的程度比人們當初設想的還要大，而由價格水準所決定的程度則要比當初設想的還要小。

為了避免在解釋商業現象時出現嚴重錯誤，我們還必須注意一點，即在任何時候，如果貨幣交易的次數增加了，可能是由於投機行爲的差異——甚至是在一年中的某個時段（因爲某些類型的商品只在特殊的季節進行交易）——而連續發生的；如果通貨只是隨交易增加成比例地增加，而且持續的時間不長，則這種現象沒有提高價格的傾向。在英格蘭銀行按季度向公眾發放公債利息時，公眾手中的貨幣會突然增加，據估算，增加的數額將達到英格蘭銀行債券發行總量的五分之一到五分之二。但是這對價格並沒有產生任何影響，並且僅在幾週之內，通貨就又會縮減到以往的水準，這使得公眾（在突然獲得如此大量的現金供給之後）要求英格蘭銀行以貼現或者貸款方式提供現金的情況大爲減少。同樣地，農業區域的通貨規模也會在每年的各個季節發生變動，通貨的規模在八月處於最低水準：「它會逐步增加，直到耶誕節；之後大約在聖母領報節期間達到最高，這時農場主往往需要動用其積蓄，以支付他的地租和夏季稅款」，因此，他會向地方銀行提出貸款申請。「那些變動的發生與季節一樣很有規律，並且像英格蘭銀行票據的季節性變動一樣，對市場並沒有產生多少干擾。只要額外的支付已經完成，過剩的」通貨，據估計，大約為五十萬，「將一定並且馬上被消化掉，進而消失」。[2]

如果額外的通貨並未用於進行這些額外的支付，則必然會出現以下三種情況之一：要麼不是用貨幣，而是採用其他方式進行支付，即透過某種創新，省去了貨幣的使用；或者是流通速度增加了，相同數量的貨幣可以進行更多次的支付；或者以上兩種情況均未發生，而是用於額外支出的貨幣被從市場中提取出來購買商品，並且價格必然隨之下跌。流通媒介的增加，如果在增加的程度與持續的時間上與商業的暫時擴張相適應，則不會導致價格的升高，只能防止價格的下跌。

我們的研究後續將指出，這個命題成立必須具備的許多其他條件，即流通媒介的價值取決於需求與供給，並且與數量成反比；在英國現存的複雜信用制度下，限制性條件將使得這個命題與事實完全不符。

◆註解◆

[1] 參見本編第二十三章。

[2] 參閱富拉頓（Fullarton），《論通貨的管理》，第二版，第八十七—八十九頁。

第九章　關於貨幣的價值，當它取決於生產成本時

§一　不過貨幣並非完全等同於一般的商品，並使其價值最終取決於需求與供給。貨幣的價值最終是由生產成本來決定的。

當然，我們一直假定人們是對一切事物都放任自由的。政府卻並非總是如此；它們採取措施阻止貨幣的數量依照自發規律自行調整，並根據自己的意圖努力加以控制；基本目的是爲本國保留比起其他情況下可能保留的更多的貨幣。直到最近，各國政府的政策都是禁止貨幣輸出和銷毀硬幣，同時透過鼓勵其他物品的出口以及阻止其他物品的進口，力圖使貨幣不斷地流入。透過這種方式，政府滿足了以下兩種偏見：一是爲本國吸納了更多的貨幣，它們相信這等同於更大的財富；二是爲所有的生產者和商人提供了較高的價格，這雖然並非是眞實的利益，但是人們總是傾向於認爲這是眞實的利益。

政府透過貨幣的供給人爲地控制貨幣價值的企圖，不論在程度上還是方式上，都不曾奏效。它們禁止輸出或者銷毀硬幣的做法也從未成功過。與價值相對應的體積如此之小的商品很容易走私，且更易於銷毀，以至於採取極爲嚴厲的措施也無法制止這些行爲。蠅頭小利就會驅使人們鋌而走險，無視政府的懲戒。[1]爲了達到相同的目的，一種比較間接的做法是，與出口其他商品相比，對於輸出貨幣以便從任何其他國家獲取商品設置更多的障礙，在這方面，政府並不是非常失敗的。的確，政府並沒有成功地使貨幣源源不斷地流入本國，但是它們卻能夠在一定程度上使貨幣的數量大於其自然水準，進而使貨幣價值不再完全取決於那些在沒有人爲干擾的情況下決定物品價值的因素。

然而，我們假設的不是人爲管制下的狀況，而是自由放任下的狀況。在這種狀況下，同時假定鑄造硬幣沒有成本，那麼硬幣的價值將與用於鑄造硬幣的金銀錠的價值相一致。一磅重的金幣或者銀幣，與相

同重量的鑄錠，兩者之間可以精確地相互交換。在自由放任的假設條件下，金屬在鑄錠形態的價值不可能比硬幣形態的更高，否則由於銷毀硬幣費時不多，也無成本，人們當然會這麼做，致使流通中的硬幣的數量大為減少，直到硬幣的價值與相同重量的金銀錠相等時為止。不過人們也許會認為，硬幣的價值雖然不會低於所含的黃金、白銀價值，但是卻可能高於所含的黃金、白銀價值。作為一種被製造出來的物品理應如此，其道理正如亞麻織品的價值大於相同重量的亞麻線的價值。如果這個國家以及某些其他國家的政府不為提供金屬的人們免費鑄造硬幣，則這種想法就是正確的。如果不要求硬幣的所有者承擔鑄造硬幣的人工與費用，則不會提高硬幣的價值。如果政府設置並開放一個倉庫，對交付一定重量的棉紗並要求換取棉布的任何人都返還相同重量棉布，則市場上棉布的價值將不會大於所含棉紗的價值。硬幣的價值只要略高於金銀錠的價值，則持有金銀錠並送交鑄造硬幣的人便會有利可圖。然而，如果政府透過收費讓金銀錠的所有者承擔一定的鑄造硬幣的費用以彌補開支（這是合乎情理的，辦法是返還略少於所收到的金銀錠的硬幣，並稱之為課徵鑄幣稅），硬幣的價值就會上升，高出金銀錠價值的程度相當於所徵收的鑄幣稅。如果造幣廠保留百分之一作為鑄造硬幣的費用，則將阻止金銀錠的所有者鑄造硬幣，直到硬幣的價值至少比金銀錠高出百分之一時為止。因此，硬幣的價值將維持在高出百分之一的水準上，不過只有將硬幣的數量比免費鑄造硬幣時的數量減少到百分之一時才能做到這一點。

政府可以試圖透過這種交易獲取利潤，並且可以為此目的精心謀劃而課徵鑄幣稅。不過，一旦它們從中獲利的水準超過了鑄幣的成本，則私人鑄幣也將有利可圖。鑄造硬幣雖然不像銷毀硬幣那樣簡單，但是也並不複雜，而且當生產出來的鑄幣分量充足且含量符合標準時，就很難被察覺出來。因此如果鑄造高品質的硬幣能夠獲取利潤，那麼人們就一定會這樣做，如此一來，政府以鑄幣稅作為一項收入來源的想法將會破滅。不透過鑄幣稅，而透過拒絕鑄造硬幣的辦法，人為地將硬幣的價值維持在一定高度上的任何嘗試，也會以相同的方式而宣告失敗。[2]

§二　於是，在自由放任的狀況下，貨幣的價值將永遠地並且幾乎直接地與用於鑄造硬幣的金屬的價值一致；鑄幣費用能否成爲價值的附加，取決於這筆費用是由個人還是由國家來承擔。這使得我們在這裡必須研究的問題被極大地簡化了：因爲金銀錠與其他任何物品一樣都是商品，所以金銀錠的價值也就像其他物品一樣，取決於它們的生產成本。

對於大多數文明的國家來說，黃金、白銀都是外國的產品。對於操控外國產品價值的環境所包含的某些問題，我們現在還不具備進行研究的條件。因此現在我們必須假定，我們所關注的這個國家，是由自己的礦山來供給黃金、白銀，至於我們的結論在應用於更爲普遍的情況時需要做出多大程度的修正，則有待於我們將來再予以考慮。

商品被劃分爲三類：供給絕對有限的商品；使用一定的生產成本可以生產數量不受限制的商品；可以生產數量不受限制但是生產成本卻在遞增的商品。貴金屬是礦產品，屬於第三類商品，因此長遠來看，它們的自然價值與其在最爲惡劣的現有環境下的生產成本成比例，即與爲了獲得所需的供給開採最貧瘠的礦藏的生產成本成比例。在黃金生產國，一磅重的黃金最終傾向於與其生產成本相等的其他所有商品進行交換；其本身的生產成本是指勞動和費用——至少是爲了滿足現存的需求而必須進行開採的生產能力供給來源所消耗——的成本。黃金的平均價值與它的自然價值相一致，如同其他物品的平均價值與它們的自然價值相一致。假定黃金以高於其自然價值的價值銷售，即以高於礦藏開採的勞動和費用總量加上對於風險價值補償以上的價值銷售（假設該行業的失敗機率爲十分之九），那麼大量尋找投資機會的流動資本中的一部分會投資於礦藏開採業。於是，黃金的供給將增加，其價值將降低；反之，黃金將以低於自然價值的價值銷售，礦藏開採者將得不到正常的利潤，他們會縮減生產經營規模。如果跌價幅度很大，那麼一些貧瘠礦藏的開採很可能會停止，造成年度供給的減少，使年度的消耗與磨損無法得到完全的補償，這將在某種程度上減少黃金的數量，並使其價值重新升高。

當我們進行更爲認眞的考察時，可以對上述過程的細節描述如下：如果黃金高於它的自然價值或者成本價值，正如我們已經看到的那樣，硬幣在其價值上與金銀錠的價值一致，那麼貨幣將具有高價值，進而所有物品——包括勞動——的價格均會降低。這些低價位將減少所有生產者的費用。不過由於他們的收益也會減少，所以這將無益於任何生產者；除了黃金生產者，其收益源於礦藏開採，並不取決於價格，因此收益不會改變，但是由於費用減少了，因此能夠獲得超額利潤，並會受到增加生產的激勵。相反的情況是，如果金屬的價值低於自然價值，那麼這無異於說其價位很高，所以所有生產者的貨幣支出將會很大，但是所有其他生產者將能夠透過貨幣收益的增加而得到補償，唯有礦主無法從他的礦藏開採中得到比過去更多的黃金，並且他的支出卻同時增加了。因此他的利潤將減少或者不復存在，即使他不打算放棄他的事業，他也將縮減他的生產規模。

如此一來，貨幣的價值就與用來鑄造它的金屬生產成本一致了。然而，我們重複之前所說過的話是必要的，即對於像貴金屬那樣人們普遍需要且耐用性極強的商品來說，這種調整需要一段很長的時間才會產生影響。這些金屬不僅大量地用於鑄造硬幣，也用於製作盤子和裝飾物，因此在任何時候，這些金屬現存的數量都很大，並且由於它們的磨損非常緩慢，相比之下很小的年產量就足以保證供給，因此它們可以提供基於流通商品的增加所需要的貨幣的增加量，或者基於富人對於金銀製品需求的增加所需要的金銀製品的增加量。即使這種少量的年度供給完全終止，要使它現存的數量減少到足以使價格發生很大的變化的程度，也需要經過很多年才行。數量增加的速度可能比減少的速度還要快，但是增加的幅度必須要相當大，才可能對整個商業世界現存的龐大的貴金屬總量產生顯著的影響。因此，貴金屬生產條件方面發生的一切變化所造成的影響，在最初階段並且持續多年之後，仍然只是有關數量的問題，不大會涉及生產成本。以下情況尤爲如此，即當前有許多新的供給資源正在同時進行開發，其中大部分只消耗勞動，除一把十字鎬和勞工一週的食品之外沒有任何預付資本；當這種運作還完全出於試驗階段，不同資源的較長時期的生產能力尚未全部查明。

§三　然而由於貨幣的價值與其他物品一樣，實際上與其生產成本一致，但它的發展變化過程卻比較緩慢，因此某些政治經濟學家共同反對貨幣的價值取決於其數量以及流通速度的這種說法；他們認爲，這是爲貨幣設想了一個對於其他任何商品來說都不存在的規律，而實際上，貨幣應該受到相同規律的支配。對此，我們的回答是，第一，上述說法並未設想出什麼特殊的規律，它只是人盡皆知的、適用於所有商品的需求與供給的規律；而且對於貨幣而言，與大多數其他商品一樣，它也受到生產成本法則的支配，而並非無關。因爲如果生產成本對供給毫無影響，則它就不可能對價值產生任何影響。第二，不過貨幣的價值與它的數量之間的關係，在某一方面，確實比其他物品的價值與它們的數量之間的關係更爲密切。其他物品的價值與其生產成本的變動一致，不需要任何實際的供給的變動作爲條件，只要有潛在的變動就足夠了；即便發生了實際的變動，它也只是一種暫時的變動，除非價值的變化導致需求發生變化，並且要求供給增加或者減少，此即爲價值變化的結果，而不是價值變化的原因。對於人們購買、作爲裝飾品和奢侈品的金銀製品來說，這一點是正確的；但是對於貨幣來說，它就不是正確的了。如果黃金的長期生產成本下降了四分之一，那很可能出現的情況是，買來用於製作盤子、鍍金或者首飾的黃金並不比過去多；若是如此，那麼儘管黃金的價值降低了，但爲這些目的從礦藏開採出來的黃金的數量卻不比過去多。用作鑄造硬幣的那部分黃金則不然，這部分黃金的價值不會下降四分之一，除非其數量實際增加了四分之一；因爲與上漲四分之一的價位相對應，需要數量多出四分之一的貨幣來進行慣常購買；而且如果沒有這多出來的四分之一的貨幣，則某些商品將會乏人問津，價格也就無法維持在較高的水準上。因此貴金屬生產成本的變動，只是剛好與貨幣數量的增加或者減少成比例地影響著貨幣的價值；對於其他任何商品，我們都不能做如此推斷。因此我認爲，丟棄貨幣的價值與其數量之間存在一定關係的命題，在理論上與實踐上都是錯誤的。

然而很明顯的是，長期來看，生產成本控制著數量，而且每一個國家都擁有並在流通中保持一定數量的貨幣（暫時的變動除外），以滿足所有的交換對於貨幣的需求，始終維持貨幣的價值與其生產成本相互一致。平均而言，物品的價格將與所有其他商品各自的成本相互交換，並且準確地講，因爲數量對於價值的影響是不可避免的，所以貨幣數量本身將會（透過一種自動調節機制）維持在與標準價格一致的水準上——這是按照這種價格進行一切商業活動所必需要的數量。

「所需要的貨幣數量部分地取決於黃金的生產成本，部分地取決於流通速度。在流通速度一定的情況下，貨幣的數量將取決於生產成本；在生產成本一定的情況下，貨幣的數量將取決於流通速度。」[3]在已經完成上述說明之後，我希望對於這些命題不需要再做進一步的分析與闡述了。

於是，貨幣與一般商品一樣，其價值成比例地取決於它的生產成本。透過這個原理，我們可以證實並揭示籠罩著貨幣理論的大部分奧祕。然而我們一定不要忘記的是，這個學說僅僅適用於實際進行貴金屬出產的地方；而且我們還需要探討價值取決於生產成本的規律，是否也適用於相距遙遠的地方所生產的物品之間的交換。但是，不管怎樣，當貨幣屬於一種進口商品時，我們的有關價值的命題只需要略加修改即可，即貨幣的價值不取決於貨幣的生產成本，而是取決於在該國獲得貨幣的成本。一切外國商品都是以放棄某些國內產品爲代價而進行購買的；某種外國商品讓我們承擔的勞動和資本，就是我們所放棄的與之相交換的某一數量的本國商品的生產所消耗的勞動和資本。此數量取決於是什麼決定著一個國家與其他國家產品之間相互交換的比例。這的確是一個比到目前爲止我們所考察過的所有問題都複雜的問題。但是起碼有一點是無須爭辯的，即在一國的本土範圍內，進口商品的價值取決於爲獲取它們所放棄的等價物品的價值，也就是生產成本。貨幣，在它作爲進口商品的地方，也受到相同規律的支配。

◆註解◆

[1] 然而禁止措施產生的影響並不像這方面的學者們所認定的那樣毫無意義。富拉頓先生在其著作《論通貨的管理》第七頁的註解中所引用的事實表明，硬幣與金銀錠價值之間的差額需要達到比人們通常所想像的還要高的百分比，才會促使人們將硬幣投入到熔煉爐中。

[2] 在英國，雖然對鑄造金幣不徵收鑄幣稅（造幣廠返還與它所收到的純金錠重量相同的金幣），但是從交付金錠到收取金幣之間需要間隔幾週，因此會造成利息的損失，這對於金錠的所有者來說，相當於繳納了少量的鑄幣稅。出於這種原因，金幣的價值一般稍高於金幣所含的純金價值。一盎司黃金，按照一金鎊的含金量計算，應當等於三英鎊十七先令十點五便士，但是通常它被標價為三英鎊十七先令六便士，這種情況一直延續到一八四四年《英格蘭銀行特許狀法案》實施時為止。該項法案規定，英格蘭銀行對於人們所提供的所有純金錠必須按照每盎司三英鎊十七先令九便士的比例返還給他們銀行票據。

[3] 引自西尼爾先生（Mr. Senior）的一些已經印刷但未發表的講義。在文中，他興味盎然地描述了在社會的不同文明的狀況下，人們藉助於貨幣所進行的經濟活動，以及在貨幣流通速度等方面所存在的巨大差異。

第十章　關於複本位制以及輔幣

§一

雖然任何商品都難以具備適宜作爲貨幣不可或缺的品質，但是有兩種商品卻顯著而且幾乎在同等的程度上具備這種品質，即被人們稱爲黃金和白銀的這兩種貴金屬。一些國家已經嘗試不加區別地利用這兩種金屬作爲流通媒介。

使用比較貴重的金屬進行大額支付，使用比較便宜的金屬進行小額支付，顯然會帶來許多便利。這樣做所涉及的唯一問題是，採用什麼模式對於這種做法最爲有利。一些國家最經常採用的方法是，在這兩種金屬之間確定一個固定的比例，例如，規定一枚被稱爲金鎊的金幣等價於二十枚被稱爲先令的銀幣。在英國常用的記帳貨幣中，兩者都具有相同的面額——一鎊；每一位需要支付一鎊的人，都可以在這兩種金屬中隨意挑選一種進行支付。

最初確定這兩種金屬之間的相對價值時，即宣布二十先令等價於一金鎊或者二十一先令等價於一幾尼時，人們也許已經盡可能地使此比例與以兩種金屬的生產成本爲依據的通常的相對價值一致了，而且如果它們之間的自然價值或者成本價值持續地保持與此相同的比例，那麼這樣做是無可厚非的。然而事實卻並非如此。雖然黃金、白銀的價值是所有商品中最不容易發生變動的，但也並非是永遠不變的，而且也並非總是同時變動的。例如，美國礦藏的發現導致白銀相對於黃金的價值永久性地降低；價值偶然發生的微小變動對於這兩種金屬所產生的影響也不完全相同。我們假設已經發生了類似的某種變動，並造成這兩種金屬的相對價值不再符合規定的比例，那麼它們之中有一種金屬現在的規定價值一定是低於該種金屬錠的價值，如此一來，銷毀這種金屬貨幣就是有利可圖的。

例如，假設黃金相對於白銀的價值升高了，致使一金鎊所含黃金數量的價值大於二十先令所含白銀數量的價值，如此一來，兩種結果將應運而生：任何債務人都會發現使用黃金支付利息不再合適，他將會頻繁地使用白銀進行支付，因爲用二十先令償還一鎊是合法的，而且他可以用少於一金鎊所含的黃金數量兌換到二十先令所含的銀的數量；另一個結果是，如果一金鎊不能以高於二十先令的價格出售，那麼所有的金鎊都將被銷毀，因爲以金錠將比以硬幣換到較多的先令。如果價值升高的金屬不是黃金而是白銀，那麼發生的情況將會與上述情況相反：一金鎊的價值將低於二十先令，如此一來，任何需要支付一鎊的人都會用一金鎊進行支付，而銀幣則會被收集以便銷毀，並按其實際價值——即高於法定價值——以銀錠的形態出售。因此社會中的貨幣實際上永遠都不會由兩種金屬構成，而只是由在一定時期內的最符合債務人利益的一種金屬構成；而且，通貨的本位將會不斷地由一種金屬向另一種金屬轉換，其代價是，每次轉換被棄之不用的金屬當初鑄造硬幣時的費用的損失。

因此，當這兩種金屬按照規定的價值成爲法定貨幣時，與僅用黃金或者白銀作爲唯一的通貨本位時相比，貨幣的價值更容易發生變動，且更容易受到這兩種金屬的生產成本變化的干擾；而在後一種情況下，它僅受到一種金屬生產成本變化的影響。具有兩個法定本位的通貨很容易發生的一種特殊變動是價值下跌，即通常所說的貶值；因爲事實上在這兩種金屬中，將總是以比例已經降到規定比例以下的那種金屬作爲本位貨幣。如果兩種金屬的價值均趨於上漲，那麼一切支付都將使用漲幅最小的那種金屬來進行；如果兩種金屬的價值均趨於下降，那麼一切支付都將使用降幅最大的那種金屬來進行。

§二　複本位制仍然被某些作家或者演說家視爲通貨領域中的巨大進步而不時地四處加以鼓吹。也許對於大多數擁護複本位制的人們來說，它的主要優點是具有一種貶值的傾向，任何不論是公開的還是隱蔽的降低本位貨幣價值的措施，總是會擁有大量的支持者。不過，也有一些人是由於受到了對複本位制所帶來的利益的一種過高估計的影響，因而認爲這種利益在一定程度上是眞實的，即它能夠利用商品世界中的黃金、白銀的總存量來加強流通，如果僅限制使用其中之一，那麼由於貨幣會偶然地被吸納，它很可能無法迅速地得到補充。在某些國家似乎能夠最佳地實現消除複本位制的缺點但保留其優點的目的，因爲這些國家以這兩種金屬中的一種作爲法定貨幣，同時也用另一種金屬鑄造硬幣，並允許它按照市場價值進入流通領域。

這個方案一旦被採用，那麼作爲商業物品任人買賣的自然是較爲昂貴的金屬。但是在有些國家，例如在英格蘭，規定兩種金屬中較爲昂貴的一種作爲本位貨幣，並採取不同的措施以便使兩種金屬都能夠保留在流通領域中，即規定白銀也是法定貨幣，但是只能用於小額支付。在英國，不允許強迫他人接受額度超過四十先令以上的銀幣支付。這個規定需要與另一個規定相互結合共同實施，即與金幣相比較，銀幣的法定價值應該略高於它的內含價值，也就是說，二十先令的含銀量應該低於與一金鎊的價值相當的含銀量。因爲如果市場產生對白銀有利的輕微變動，那麼銀幣的價值就會高於金幣，導致銷毀銀幣是有利可圖的。對銀幣的估價過高會誘使人們購買白銀，然後送交造幣廠鑄成硬幣，因爲白銀鑄成硬幣後，銀幣的價值將高於白銀所具有的相應的價值。然而透過限制使用白銀鑄造硬幣的數量，可以防止這種行爲的發生。與使用黃金鑄造硬幣不同，使用白銀鑄造硬幣仍然由政府控制，並未放任由私人決定，同時政府還將銀幣的數量限定在滿足小額支付所需要的水準上。唯一需要防範的是，不要對白銀估價過高，以免對私人鑄幣產生強大的誘惑力。

第十一章　關於信用，作爲貨幣的一種替代物

§一　與政治經濟學中的其他任何專題一樣，有關信用功能的專題也造成眾多誤解與思想上的極大的混亂。但這並非是基於有關這個專題的理論自身具有任何特殊的難點，而是信用本身的多種形式所引起的某些商業現象的複雜性質使然。結果是，人們將注意力從信用的一般性質轉向了特殊形式的信用所具有的特殊性質上。

我們可以援引人們在談論信用對於國計民生的重要意義時所使用的誇張語言作爲實例，說明人們對於信用的性質方面存在著混亂。信用具有強大的力量，但並非像大多數人所認定的那樣，具有某種魔力，它並不能無中生有。人們常講，信用的擴張無異於資本的創造，或者好像信用實際上就是資本。似乎令人感到不可思議的是，在這裡仍然有必要指出，信用不過是使用他人資本的一種許可，透過信用並不能增加生產的手段，只是轉移生產的手段。如果借入方透過授予他的信用，增加了生產的手段以及僱用勞工的能力，那麼貸出方的生產手段與能力就會相應地減弱。一筆資金不能同時被其所有者和借款人雙方當作資本使用：它不能以工資、工具和原物料的形式同時向兩組工人提供其全部價值。確實，A向B借入資本用於個人的經營，但是這筆資本仍然形成可用於其他目的的B的資產的一部分，即B可以依靠它簽訂協定，並且在需要的時候借到與之數額相當的證券。因此從表面來看，似乎A與B雙方在同時使用這部分資本。不過我們稍加考慮就會發現，當B將其資本交付給A時，只有A一方擁有將它作爲資本使用的許可權，而B除了利用對它的最終索取權——從協力廠商C獲得另外一筆資本的使用權，已經無權再利用它獲得其他服務了。任何人眞正使用的所有資本（不屬於他自己的資本），都是而且必然是從某些他人的資本中所做出的一種等量扣除。[1]

§二　不過，雖然信用只是資本在不同人手中的轉移，但是資本大體上而且本質上是轉移到在生產中能夠更爲有效地利用資本的人的手中。如果根本不存在信用，或者由於整體上的不安全與不信任而難以實踐信用，那麼占有或多或少資本的許多人，就會因爲他們所從事的事業或者缺乏必要的技能和知識，不能親自監督它的使用，從而不能從資本中獲利：他們的資金可能被閒置，或者在笨拙的謀利的嘗試中被浪費和損失。現在所有這些資本都可以一定的利息出借並用於生產。這樣的資本形成每一個商業國家的很大的一部分生產性資源，而且很自然地被吸引到那些業務量最大、掌握最有利使用資本的方法的生產者或者商人的手中。因爲他們最想獲得這些資本，並向資本提供最大的安全保障。因此，雖然一國的生產性資金不會因爲信用而增加，但是卻會處於更爲完善的生產活動狀態。作爲信用的基礎，隨著信任感的自行擴張，信用工具可以得到進一步的開發，甚至個人所保留的以備不時之需的最小份額的資本也可用於生產性活動。實現這個目的的主要工具是儲蓄銀行。在沒有儲蓄銀行的地方，謹慎的人必須隨身攜帶足夠的資金以滿足偶然發生的各種需求。然而現在人們可以不再自行保管這些資金了，而是把這些資金託付給銀行家。當這種習慣形成以後，當初閒置的多筆小額款項就會積聚在銀行家的手中；銀行家根據經驗可以決定在一定的時期內需要保留多少準備金，並且知道雖然某些存款人要求提取的金額偶爾會超過平均數，但是另外一些存款人要求提取的金額卻可能小於平均數。於是銀行家可以將剩餘部分，即存款的絕大部分，借給生產者和商人使用。因此，雖然現有的資本數量實際上並沒有增加，但是投入使用的資本數量卻得到了增加，從而相應地增加了社會總產出。

爲使一國的全部資本具有充沛的生產活力，信用是不可或缺的；同時，信用也是使一國的經濟人才更好地利用資本服務於生產性目的的一種工具。許多自己沒有資本或者只有少量資本但是被資本所有者所已知且賞識的很有經營才能的人，能夠憑藉信用得到使用資金的機會，或者更爲經常的是，藉助於信用取得貨物，從而使他們的經濟才能成爲增加公共財富的工具。隨著法律與教育環境的不斷完善，社會在誠信方面會取得長足的進步，如此一來，個人的品格便能夠充分地保證屬於他人的財富不僅不會被不正當地占用，而且還不會被用於不正當的投機。在這種情況下，社會得到的利益將會更大。

從最基本的觀點出發，這些就是信用對於世界生產性資源所產生的作用。但是，這些考察僅適用於向勤勉的階層——生產者和商人——提供的信用。由商人向非生產性的消費者所提供的信用，則絕不會增加而只會損害公共財富的源泉。這種信用並未使非生產性階層的資本轉移給生產性階層暫時使用，而是將生產性階層的資本轉移給了非生產性階層暫時使用。如果商人A向土地所有者或者養老金領取人B提供了貨物，而貨款可以在五年之後支付，那麼A的資本中就有與這些貨物的價值相當的一部分將在五年之內處於非生產性狀態；如果立即支付貨款，則這筆貨款可以在這段期間內被多次支出和收回，數量相同的貨物也會被多次生產、消費和再生產。結果是，B持有一百鎊長達五年之久，即使B最後將這一百鎊支付給A，但社會的勞動階層也會在這一期間內爲此付出代價，其絕對損失可能高達數倍。對於A來說，他可以透過提高他的貨物的價格獲得補償，此價格最終將會由B承擔，但是卻不存在對於勞動階層的任何補償；每一次資本的轉換，無論是永久性的還是臨時性的，在用於非生產性領域以後，勞動階層都是最主要的受害者。B根據對個人能力的預期，從A的資本中取走了一百鎊用於非生產性目的，五年之後B從他的收入中拿出一百鎊償還給A，使之轉化爲資本。顯然，國家的資本在這五年之內減少了一百鎊。

§二　這就是信用在生產中的基本作用。儘管信用本身並不是生產力，但是如果沒有信用，已經存在的生產力就無法得到充分的利用。不過，信用對於價格的影響才是信用理論中較爲複雜的部分，這也是許多商業現象使觀察者感到困惑的主要原因。在習慣於大量提供信用的商業社會中，一般物價在任何時候都更多地取決於信用狀況，而較少地取決於貨幣的數量。因爲信用雖然不是生產力，但卻是一種購買力；

而且，利用信用購買貨物的人，對貨物需求的創造以及對物價上漲趨勢產生的影響，與他使用現金購買等量貨物所帶來的後果相同。

我們現在所要考察的信用，作爲一種獨立於貨幣的獨特購買力，當然不是形式最爲簡單的信用，即那種一個人把錢借給另一個人並且直接把錢交到另一個人手中的信用。因爲當借款人使用借來的錢購買貨物時，他使用的是貨幣，而不是信用，並沒有超出貨幣所賦予的購買力。創造購買力的信用形式是，當時並不轉手貨幣，而且往往根本不轉手任何東西，這些交易與大量的其他交易都被包括在一個帳戶中，只記帳，但並沒有進行任何的支付。爲了做到這一點，可以採取多種方式，我們將對其逐一進行分析，並且按照慣例，從分析最簡單的方式入手。

首先，假定A與B是兩位商人，他們互相作爲買方和賣方進行多項交易。A憑藉信用從B處買進，B同樣憑藉信用從A處買進。到年底時，將A欠B的款項總數與B欠A的款項總數做比較，以確定哪一方需要支付差額。該差額也許小於很多交易的單項額度，同時必然小於所有交易的總額度，它就是需要用貨幣進行支付的全部帳款；而且很可能該差額也並沒有被支付，而是結轉記入下一年的往來帳戶中。單獨一筆一百鎊的支付，足以清償很長時期的一連串交易，其中某些交易的額度可能高達數千鎊。

然而，其次，即使B對A沒有應付帳款，但A對B的債務也可以不動用貨幣就加以清償。A可以把自己對協力廠商C的債權轉讓給B，以清償自己對B的債務。藉助於名爲匯票的一種書面憑證就可以很便利地完成這項業務。匯票實際上是債權人向其債務人下達的出讓自己債權的指令，當債務人對匯票加以承兌後，即予以簽字確認後，它便成爲了同意承擔債務的憑證。

§四 人們最初使用匯票的目的是減少貴金屬從一地運往另一地的費用和風險。亨利．桑頓先生（Mr. Henry Thornton）指出，[2]「假設倫敦的十位製造商需要將他們的商品賣給約克的十家商店，供這些商店零售，同時約克有十位製造商生產另外十種商品，並賣給倫敦的十家商店。在這種情況下，倫敦的十家商店的店主不需要每年將支付給約克製造商的貨幣運送到約克，而約克十家商店的店主同樣也不需要每年將貨幣運送到倫敦。約克的製造商只需要向當地的各位店主收取貨款並承認已經收到貨款的憑證即可。與此同時，他們通知在倫敦的自己的債務人，將他們手中已經準備好的貨款支付給倫敦的製造商，以沖銷約克方面的債務，並以同樣的方式沖銷倫敦方面的債務。運送貨幣的所有費用和風險都因而減少。這種通知轉移債務的信件，今天被稱爲匯票，它是某一人的債務與另一人的債務相互調換的憑證，而且也可能是將在某地應償還的債務與在另一地應償還的債務相互調換的憑證。」

匯票作爲清償相距遙遠的兩地間債務的一種工具，無須承擔運送貴金屬的費用，人們發現這種便利性之後，在另外一種動機的驅使下，又將匯票的應用範圍進行了很大的擴展。通常人們對每一筆交易中貨物購買方提供的一定期限的信用，例如三個月、六個月、一年甚至兩年，會根據具體交易的便利情況與習俗而定。貨物已經售出的商人A，可望在六個月之後收到付款，但是他希望儘快收回貨款，爲此，他可以開立一張表明他的債務人六個月後應付款項的憑證，然後透過銀行或者其他放款人對此憑證加以貼現，即將憑證交付對方，就可以得到票面金額扣除自貼現日至到期日的利息後的餘額。他人應當償還的債務，可以成爲債權人從另一人那裡獲得信用的手段，這已經成爲匯票的主要功能之一。這種應急措施所具有的便利性，導致一種常見的匯票的問世：它不再以出票人任何應當收回的債務爲基礎，而當初債務人正是出票人開具匯票所針對的一方。這種匯票被稱爲融通匯票，有時也不無貶義地被稱爲空頭支票。在我剛剛引用的著作中，作者對於這種匯票的本質給予了清晰、睿智的評價，我將有關段落全部抄錄如下：[3]

A需要一百鎊，請求B承兌爲期兩個月的票據或者匯票，因此從表面來看，B應當支付；不過大家都清楚，A將設法自行清償匯票，或者向B提供清償匯票的支付手段。A藉助於雙方共同的信用利用匯票得到了現金。當匯票到期時，A履行付款的承諾，交易結束。然而，由B向A提供的這種服務往往會得到回報，或遲或早，B會出於個人的便利，向A開具類似的承兌匯票，並由A予以貼現。

現在讓我們將這種票據與眞實票據進行比較。讓我們考察一下兩者在哪幾點上有所不同或者看起來有所不同，而在哪幾點上它們是相同的。

首先，它們在某些方面是相互一致的。因爲它們都是能夠貼現的物品，它們都是以貼現爲目的而開立的，而且它們實際上都會被貼現。因此它們同樣都成爲商人進行投機的工具。不僅如此，匯票和票據成爲一國的流通媒介或者紙幣，在限制幾尼的使用方面，空頭支票與眞實票據的作用是相同的。同時，如果商品的價格與紙幣數量成比例地上揚，那麼這兩種票據對於這種上揚所發揮的作用也是完全相同的。

接下來，在我們考察它們之間的不同點之前，讓我們先關注一點，人們通常認爲在這一點上它們是互不相同的。但是在這一點上，不能說它們總是不同的或者必然是不同的。

眞實票據（人們有時這樣講）代表實際的財產。每一張眞實票據都與實際存在的貨物相對應。若它不是基於貨物的出售而開立的票據，那它就是一種欺騙國民的虛假財產。這種票據僅僅提供一種假想的資本，而其他票據則代表眞實的資本。

在我們分析這種論斷時不難看出，首先，我們不能認爲基於實際出售貨物而開立的票據，就一定代表任何實際的財產。假設A以六個月爲期將一百鎊的貨物賣給B，並且開立一張六個月的匯票；B在一個月之後也以六個月爲期將同一批貨物賣給C，並且開立同樣的一種匯票；一個月之後C又將這批貨物賣給D，也開立同樣的匯票。那麼六個月過去後，將會有相同的六張一百鎊的匯票同時存在，並且每一張都可能已經被貼現了。不過，在所有這些匯票中僅有一張代表了某種眞實的財產。

爲了證明（所謂的）眞實票據代表實際財產這種論斷是正確的，匯票的持有者應當擁有一定的權力，除清償匯票之外，可以阻止匯票所代表的財產挪作他用。但實際上這種權力並不存在；無論是持有眞實票據的人還是將它貼現的人，對於匯票所代表的特定貨物都沒有任何權力。與空頭支票的持有者一樣，他相信開立票據者基本的償付能力。在許多情況下，空頭支票都是由名聲顯赫的擁有巨額資本的人開立的，此時我們不妨認定，空頭支票代表其資本的一部分。因此關於眞實支票代表實際財產而空頭支票不代表實際財產的論斷，似乎是對這些特定匯票中的一種評價過高，而對另一種則評價過低。

現在，讓我們來研究一下它們之間的不同之處。

首先，空頭支票或者融通匯票經常遭受非議的一點是，它們以無充有。然而這種非議只是針對那些冒充眞實票據而流通的空頭支票。在許多情況下，這些票據的眞實面目很容易分辨。其次，一般來說，空頭支票如期兌付的可能性小於眞實票據。人們通常認爲，與謹小愼微、努力避免使用空頭支票的人相比，從事空頭支票交易的證券商是更具冒險精神的投機者。最後，除了安全性較低，對空頭支票的數量加以限制也比較困難。一個人實際的銷售額對他的眞實票據的數量構成一定的限制，而且在商業活動中，人們非常希望透過某種規範的方式，使信用能夠成比例地惠及所有人，如此一來，在開立匯票的問題上，便可以將能夠透過相關單據加以證實的一個人的實際銷售額，作爲對其進行控制的某種尺度，雖然這種做法在許多方面還很不完善。

空頭支票或者融通匯票在本質上顯然與普通的本票相同，甚至在某一點上前者還優於後者，即本票只需要一位擔保人，而融通匯票則需要兩位。人們對於商人過度利用籌款手段是如此地深懷戒心，以至於商人所開立的票據，雖然與非商業人士所開立的票據（這是他們所能開立的唯一一種票據）在基本性質上相同，但是總會被認爲不大可靠。而且由於商人持有這種票據時很可能會仿造出售貨物的相關單據，因而這種票據被冠以富含貶義的詞彙——空頭；這種詞彙似乎助長了這樣一種糊塗並錯誤的觀念，即在一國的票據和帳面財產中，都有相當的一部分具有完全虛幻的和不可靠的性質。

當匯票只用於貼現並在到期日之前一直由貼現者持有時，則匯票並未發揮貨幣的作用，或者說它不具備貨幣的地位，它與公債或者其他證券一樣並不是通貨。不過當匯票開立給某人以完成對另一人（或者甚至就是對同一人）的支付，以及用來清償債務或者金錢方面的要求權時，匯票就完成了一些——若匯票不存在時，則需要使用貨幣來完成的——工作：它具有通貨的功能。人們經常以這種方式使用匯票。桑頓先生接著指出，[4]「匯票不僅僅節省現金的占用，而且它在許多場合也可以替代現金。讓我們設想農村中的一位農場主，交給他家旁邊的雜貨店的店主一張金額爲十鎊的匯票，用於清償同樣額度的一筆債務。這張匯票是倫敦的一位糧商在首都出售由他提供的穀物而開給他的；雜貨店店主在對匯票進行背書之後，將這張票據轉讓給與其毗鄰的糖果商，用於清償同樣的債務；糖果商在對匯票進行背書之後，又將它轉讓給外埠的西印度公司的商人；西印度公司的商人又把它交給當地的銀行家；銀行家也對匯票進行背書，然後讓它繼續流通。在這個實例中，匯票完成了五次償付，一如持票者求兌即付的十鎊鈔票那樣。多數票據均按照上述方式在國內的商人之間進行流通，從嚴格的意義上講，它們顯然構成了王國中流通媒介的一部分。」

許多票據，無論是國內的還是國外的，在最後支付時背面幾乎都簽滿了名字，每一次背書都代表進行了一次新的貼現，或者完成了一次新的現金交易；在每一次貼現或者交易中，匯票都發揮了貨幣的功能。今日在蘭開夏郡，金額在五鎊以上的流通媒介幾乎都是由這種匯票構成。

§五　本票是將信用作爲通貨替代物的第三種開立方式的匯票。對某人開立的並且由他承兌的匯票，與由他自行開立並且承諾將支付相同金額的本票，對他來說，除以下兩點之外，均是完全等價的，那就是：前者通常有利息，而後者則通常沒有利息；前者通常需經一段時間之後才給予支付，而後者則是見票即付。不過，在商業國家中，主要以後一種形式作爲發行貨幣的替代物，這已經成爲一種職業。貨幣交易商（不妥當地稱呼爲職業放款人）與其他商人一樣，期望超出他們自己的營運能力來拓展他們的業務，他們放貸的不僅是自己的資本，還有自己的信用；同時，不僅是現存於他們手中的由實際資金所構成的那一部分信用，而且還有在他們自認爲能夠安全利用的範圍內，他們所擁有的從公眾那裡獲得信用的能力。容易實現這一點的方法是，發放由他們自己開立的持票人求兌即付的本票。借款人之所以同意將它作爲等額貨幣予以接受，是因爲放款人的信用使其他人在借入進行購物或者其他支付時甘願接受它。因此這些本票執行了通貨的所有功能，致使先前流通的等額貨幣失去了意義。不過，由於本票是見票即付，因此，它們在任何時候都有可能返回到發行者的手中並被要求兌現。如此一來，發行者爲了避免遭受破產之痛，就必須在手頭保存有足夠多的貨幣，以便滿足在他籌集到更多款項所需要的時間內可能發生的任何承兌要求。同時這也謹慎地提醒他，應該根據經驗將本票的發行數量控制在一定的限度以內，以使自己的本票能夠保持流通的狀態且承兌要求不被提出。

一經發現這種將信用當成貨幣模式的便利性之後，政府也親自參與其中，並且在支付它們的費用時還發行了自己的本票。這是一種更爲實用的籌集資金的手段，因爲它是唯一不需要支付利息的籌款方法。在持票人的心目中，政府承諾見票即付的本票，無異於他們手中的貨幣。我們即將考察政府與私人銀行家所發行的這類票據之間存在的實際差異，以及貨幣替代物的多元化。

§六　使信用執行貨幣功能的第四種方式是用支票進行支付。如果將它充分地推廣，那麼貨幣將有可能被完全取代。這種方法是把供當前使用或者應付不時之需所積攢的現金都存放在銀行家手中，除小額支付外，使用銀行支票進行其他一切的支付。這種做法已經被越來越多的本國公眾所接受。如果付款人與收款人在同一家銀行存款，則支付的完成根本無須貨幣介入，只需在銀行的帳目上將相應的款項由付款人的帳面餘額轉記於收款人的帳面餘額即可。如果所有的倫敦人都在同一家銀行存放現金，並且使用支票進行一切的支付，那麼在倫敦開始並在倫敦終止的任何一筆交易都不再需要或者使用貨幣。商人之間的交易實際上幾乎已經達到了這種理想的境界。現在，使用貨幣或者鈔票的情況依然存在，不過主要侷限於商人與消費者之間的零售交易以及工資的支付，而且僅限於其中的小額支付。在倫敦，凡是擁有一些資本或者經營稍有規模的店主，一般都在銀行開立帳戶。除了安全性與操作中的便利性，這些帳戶還爲店主帶來其他方面的利益，即銀行示意他們可以在某些場合要求貼現他們的票據；如果沒有設立帳戶，那他們就不可能指望這樣做。至於豪商巨賈，他們更是習慣在其經營過程中使用支票進行一切支付。不過他們並非都與同一家銀行打交道。因此，當A交給B一張支票後，B通常不會把這張支票存入同一家銀行，而是把支票存入另一家銀行。事實上，由此產生了另外一種有利於經營的模式，它促使倫敦商業中心的所有銀行爲達到一定的目的建立起一家新的機構。銀行家不再把存進來的其他銀行的支票送到開票銀行要求兌現，每天下午，各個城市的各家銀行都把當天收到的其他銀行的支票送到被稱爲票據清算所的大樓裡，與存入其他銀行但應由本行兌付的支票交換，貨幣僅用來支付相互之間的差額；甚至該差額也無須以貨幣支付，而是以英格蘭銀行的支票進行支付。透過這種創新，倫敦商業中心每天的商業交易總額經常高達數百萬鎊。此外，由各家地方銀行開給倫敦代理銀行的支票所顯示的金額巨大的地方交易，也以平均不超過二十萬鎊的額度就可以完成清算。[5]

藉助上述各種信用工具，在類似大不列顛這樣的國家裡，爲完成金額巨大的交易所使用的貴金屬數量小得令人瞠目結舌。就相對於買賣商品價值的比例而言，英國所使用的貴金屬量比法國的和其他國家的還要小數倍。因爲在法國和其他國家，人們尚未普遍形成轉讓信用的習慣——它們不像在英國，人們如此廣泛地採用這種被人稱道的「節省手段」。貨幣功能被取代之後的情況如何，以及貨幣從流通領域中退出的具體過程又是怎樣，這些問題我們稍後就會加以討論。

◆註解◆

[1] 為使正文中的命題更加精確，我們需要做一項非常微小的修正：一定時期內某一國家所擁有的流通媒介，部分地用於生產性的購買，部分地用於非生產性的消費；該國實際擁有的資本的多寡，在很大程度上取決於用於這一方面或者另一方面的比例。因此，如果只有非生產性的消費者手中之流通媒介增多，那麼現有商品儲備的較大部分將被用於非生產性的消費，而較小部分將被用於生產性的購買。如果這種情況持續下去，則相當於資本的減少；反之，如果生產者手中預定用於經營的流通媒介增多，那麼該國商品的較大部分將被用作資本，而較小部分將被用於非生產性的目的。後一種情況自然具有信用擴張的作用，尤其當採用鈔票或者其他交換工具的形式時更是如此。增加的鈔票一般是先向生產者或者商人發行，作為他們的資本使用。因此，國內的商品儲備雖然不比過去多，但是其中由生產商和商人購得的份額增加了，因而當初用於非生產性消費的商品按照上述份額增加的程度轉而用於生產，進而導致資本實際的增加；一旦增加的信用終止，鈔票收回，則上述作用立即消失，相反的過程隨即開始。

[2] 《對大不列顛信用券的性質和作用的探討》，第二十四頁。這部著作出版於一八〇二年，據我所知，直至今天（一八四八年），它運用英語對商業社會中提供和獲得信用的方法所做的說明仍然是最為清晰的。

[3] 同上，第二十九—三十三頁。

[4] 同上，第四〇頁。

[5] 據圖克先生（Mr. Tooke）（《通貨原理研究》，第二十七頁）的統計，票據清算所的清算額，「一八三九年高達九億五千四百四十萬一千六百鎊，每天平均僅用二十萬鎊鈔票，就完成了對三百萬鎊匯票和支票的清算」。目前（一八六二年），每天清算的交易額遠遠大於上面的數字，而且這種清算完全不再使用鈔票，而是使用英格蘭銀行的支票。

第十二章 信用對於價格的影響

§一 現在，我們已經形成了有關信用作爲貨幣替代物模式的基本概念，但還需要考慮的是，這些替代物的使用會以何種方式影響到貨幣的價值，或者說影響到商品的價格。幾乎沒有必要指出的是，貨幣的永久價值——商品的自然價格與平均價格——並不是我們這裡所要考慮的問題，它們是由貴金屬的生產成本或者獲得成本所決定的。長期來看，一盎司黃金或者白銀能夠和生產成本或者進口成本與其相同的其他所有商品相互交換。同時，在出票人的信用沒有降低之前，一盎司黃金的訂單、本票或者見票即付的匯票的價值，不會大於或者小於黃金本身的價值。

然而，我們現在所考慮的不是最後的或者平均的價格，而是當前的、暫時的價格。正如我們前面所分析的那樣，這種價格可能會遠遠地偏離生產成本的標準。我們發現，在造成波動的各項因素中，流通中的貨幣數量位居其一。在其他情況相同時，流通中的貨幣數量的增加將導致價格升高，減少則導致價格降低。如果投放到流通領域中的貨幣的數量，超過了能夠維持流通並且價值與其生產成本一致的貨幣數量，那麼在剩下的持續時間內，貨幣的價值將一直低於生產成本的標準，同時一般價格也將一直高於自然價格。

但是，現在我們已經知道還有其他物品，例如鈔票、匯票和支票，能夠像貨幣一樣流通，而且執行著貨幣的全部功能。如此一來，問題就出現了，這些不同種類的替代物對價格產生影響的方式是否與貨幣一樣？可轉讓票據數量的增加導致價格升高的方式和程度是否與貨幣數量的增加所產生的影響一樣？有關通貨的著作曾經對此進行過大量的討論，但是尚未得出被人們普遍接受、帶有結論性的意見。

我們認爲鈔票、匯票或者支票，它們本身根本不會影響價格。對價格產生影響的是信用，無論信用以什麼形式出現，也無論信用是否形成可以流通的、可轉讓的票據，情況均是如此。

下面，我們將說明並且證實這一點。

§二 只有在用於商品交換時貨幣才會對價格產生影響。影響商品價格的需求是由供交換使用的貨幣量構成的，但是供交換使用的貨幣量並非等同於人們所擁有的貨幣量。有時供給的貨幣很少，有時又會很多。誠然，從長期來看，人們投放的貨幣量必將既不多於也不少於他們必須投放的貨幣量，但是在任一給定時期，情況則遠非如此。有時人們出於預防的動機或者等待更爲有利的使用機會而儲藏一些貨幣，在這些情況下，貨幣並不處於流通狀態。簡言之，這些貨幣不是用於商品交換，也不是準備用於商品交換。沒有進入流通領域的貨幣對價格不產生影響。然而與此相反的情況更爲常見：人們在購買商品時並未使用他們自己擁有的貨幣，例如，用銀行支票購買的一件商品，不但沒有動用付款人擁有的貨幣，而且通常也沒有動用銀行家擁有的貨幣，但銀行家已經將他的貨幣（扣除通常的準備金之後）貸給他人了。剛才我們曾經假設，所有人都與銀行——而且是同一家銀行——打交道，並普遍使用支票進行支付。在這種理想的情況下，除銀行掌握的貨幣之外，其他任何地方都不存在貨幣。因此銀行可以安全地將部分貨幣作爲金錠賣出，或者將其貸出，或者運往國外進口貨物，或者購買外國證券。雖然此時貨幣不再被擁有，或者最終甚至不復存在，但是貨幣仍然會被供給用於商品的購買，就像現在這樣，人們會繼續使用貨幣來計算他們的收入和資本，並且使用匯票——實際上不復存在的物品的收據——進行他們慣常的購買。只要貨幣消失後但在其他物品中遺留下相同的價值，那麼當貨幣的初始所有者需要時便可以用於償付，這是無可非議的。

然而，在用支票支付的情況下，購買所需要的貨幣雖然不是購買者所擁有的，但卻是購買者有權得到的貨幣。不過他也可能以他預期得到的甚或是假裝預期得到的貨幣進行購買。他可能使用將來支付款項的他的承兌票據獲得商品；或者使用本票和一個簡單的帳面貸款，即只不過是同意付款的一個承諾，就可獲得商品。所有這些購買對價格所產生的影響，與人們動用現金進行購買時所產生的影響完全相同。一個人所具有的購買能力，由他所擁有的全部貨幣或者應當償付給他的貨幣以及他的全部信用所構成，僅在特殊情況下，他才具有動用全部購買能力的充分的動機。不過他一直都擁有這種購買能力，而且根據他在某一時期動用購買能力的多寡，可以衡量出他對價格產生影響的程度。

假設預期某種商品會漲價，那他就可以決定不僅動用所擁有的現金購買這種商品，並且動用他從生產者或者進口商那裡獲得的信用來購買這種商品，這種信用是由生產者或者進口商基於他所擁有的資源所認定的。所有人都會看出，與他僅用實際掌握的貨幣購買相比，這樣做會使他對價格產生的影響更大。他動用他所擁有的貨幣和信用，創造了對於該種商品的需求，導致價格與兩者成比例地升高。這種情況雖然沒有使用將來有可能被人們稱之爲通貨替代物的書面票據，雖然交易沒有造成匯票的增加，也沒有引起單一銀行鈔票的發行，但是的確對價格產生影響。購買者也可以不再使用純粹的帳面貸款，而是透過使用相同金額的匯票進行購買；或者爲達此目的，使用從某位銀行家借入的銀行鈔票進行支付。這時，他的購買就不是基於他本人與銷售者之間的信用，而是基於銀行與銷售者之間的信用，以及他本人與銀行之間的信用。如果他這樣做，那麼他對價格產生的影響，將與他單純使用帳面貸款進行等額購買時所產生的影響一樣，並不會產生更大的影響。產生影響的原因是信用本身，而不是信用所呈現出的形式或者提供的方法。

§三 商界人士是否利用他們全部的或者大部分的信用作爲購買力以增加他們對於商品的需求，這取決於他們對於利潤的預期。由於需求增加、產量降低、進口受阻或者其他原因，將使某種商品受到價格上漲的潛在壓力，這時，商人們就會積極安排，設法增加他們的存貨，以便獲得預期的漲價所帶來的利潤。這種安排本身就會對人們所期望的——價格上漲——結果產生推波助瀾的作用。如果價格上漲的幅度大而且勢頭猛烈，則其他投機者便會受到吸引；只要價格尚未開始下降，投機者就會更願意相信價格將繼續上漲。由於進一步的購買將導致價格再次升高，因此當初基於若干合理的原因而形成的價格上漲，便會因爲純粹投機性的購買而加劇，直到大大超出當初的原因所證明是合理的程度。一段時間過後，這一點開始被商品持有者察覺，於是價格停止上漲，那些認定實現利得的時刻已經到來的商品持有者將急於拋出商品。然後，價格開始下降，商品持有者大量湧入市場，以避免蒙受更大的損失。而且很少有人願意在價格正在下跌的市場上購買商品，因此價格下降的速度將比上漲的速度更快。那些以較高價位（高於合理計算的價格水準）買進商品的人，以及那些在他們察覺之前受到價格驟降衝擊的人，都是受損者；他們受到的損失，與價格下跌的幅度以及他們所持有的或者必須償付的商品數量成比例。

今天，在不知信用爲何物的社會中，所有這些結果都可能發生。某些商品的價格可能由於投機而上漲到最高限度，然後迅速地跌落。但是如果沒有信用這種東西，對於一般商品來說，這種情況就難以發生。如果所有的購買均使用現金，那麼對於一些漲價商品的支付就會使社會的貨幣以更大比例流入這些商品市場，同時必然會從其他商品市場中退出，導致其他商品的價格下降。當然，事實上，流通速度的增加可能會部分地塡充這種貨幣眞空，透過這種方式，在投機活躍時期，社會中的貨幣量實際上會增大，因爲人們很少將貨幣保留在手頭，而是在收回貨幣之後便儘快地將貨幣用於某些帶有誘惑性的投機上。然而這種方法的作用總是有限的，總體來看，如果貨幣的數量保持不變，則人們就不可能在不減少對某些物品花費的條件下增加對其他物品的花費。但是人們可以透過擴大信用做到這一點。當人們進入市場使用他們所期望的、日後可能得到的貨幣進行購買時，他們可利用的貨幣量是無限的，而不再是有限的。於是，得到支持的投機活動可以在多種商品上展開，而不會妨礙其他商業活動的正常進行，它甚至可以在所有商品上都同時展開。我們可以設想，在賭博的狂熱像流行病一樣蔓延開來的時候，所有的商人都會在他們的資本和信用允許的範圍內，開始搶購他們能夠獲得的所有商品，而不再是僅僅照常向生產商或者種植者訂購他們所經營的商品。即使不增加貨幣，不利用票據信用，只依靠帳面貸款的擴大，也會造成所有商品的價格大幅度上漲。一段時間之後，那些購入商品的人急於賣出手中的商品，結果造成價格崩盤。

這就是典型的所謂商業危機的情況。當大多數商人同時發現或者意識到他們難以兌現自己的承諾時，商業危機就已經開始了。在人們投機熱情高漲進而導致眾多商品價格上揚之後，價格的回落是造成這種普遍的困窘局面的最常見的原因。某些激發價格上漲預期的偶然事件，例如，國外新市場的開放，或者多種主要商品同時出現供給不足的現象，可能導致許多主導行業同時發生投機行為。價格上漲，商品的持有者能夠實現或者似乎有能力實現高額利得，在公眾的某種心理狀態下，它們將會吸引大量的模仿者，致使投機行為不僅會大大超出最初預期價格上漲的原因所決定的限度，而且還會進一步擴張到完全不具備這些原因的商品上。然而只要在這些商品上也發生投機行為，那麼它們就會像其他商品一樣價格上漲。在這個時期，信用會發生急劇的擴張。那些遭受感染、蔓延的人不僅比平時更加毫無顧忌地使用信用，而且他們也的確擁有了更大的信用。因為他們似乎正在製造利得，還因為到處瀰漫著不計後果的冒險情緒，使得人們比其他時候都更願意提供信用和接受信用，並且把信用提供給那些資格不夠的人。正是以這種方式，在以投機聞名的一八二五年以及本世紀的其他各個時期，許多主要商品的價格都曾出現過大幅度的上漲，而其他商品的價格卻並沒有出現任何下降。因此人們一般認為，一般的價格上漲並無不當之處。價格如此上漲之後，反作用出現了，於是價格開始下降。雖然最初很可能只是由於商品持有者想要實現利得而終止了投機性的購買，但是如果到此為止，那麼價格只會下降到它們上漲之前的水準，或者下降到由消費和供給之狀況所確定的合理水準。然而，價格下降的幅度會大得多。因為在價格上漲時期，每個人表面上都在獲取財富，所以很容易獲得幾乎任何數量的信用；而現在，每個人則似乎都在虧損，許多人已經完全破產，以至於以可靠性著稱的公司按照常規獲取信用都會遭遇困難，這會為人們帶來極大的不便。因為所有的商人都需要清償債務，卻沒有人可以肯定委託給他人使用的資產能否按時收回，沒有人願意放棄現金或者延遲收回現金。在極端的情況下，除了這些合乎情理的擔憂，還瀰漫著一種無端的恐慌，與當初無由的自信一樣毫無道理。人們幾乎不計成本地進行短期借款，以及即使血本無歸也要讓貨物出手，只要他人用現金付款即可。於是在商業收縮時期，一般價格將下降到正常的水準以下，正如當初在投機擴張時期上漲到正常的水準以上。下降與上漲，均非源於任何影響貨幣的因素，而是源於信用的狀況。在前期，信用使用的擴張非同尋常；而在後期，信用使用的縮減又永無窮期。

然而，在信用縮減——作爲商業危機的徵兆——爆發之前，並非必然發生異常的沒來由的信用擴張，還有其他原因可能導致危機。例如，一八四七年的危機是近年來最爲嚴重的危機之一，但即使如此，危機爆發之前，也並沒有發生任何特別的信用擴張，除鐵路股票上的投機之外，沒有任何其他的投機行爲。雖然鐵路股票投機嚴重過度，但在多數情況下，投機都是以投機者能夠承擔損失的那部分資產來進行的，不可能導致大面積的破產。造成這次危機的原因是，人們慣常進行大規模投資的商品的價格發生了劇烈的變動。一八四七年的危機屬於另一類商業現象，即同時發生的偶然情況導致供給信貸市場的大量資本紛紛退出這個市場。在現在這個例子中，由於對外支付額增加（由於偶然出現的棉花價格上漲和糧食大量進口所引起），再加上鐵路催繳股款以及鐵路公司的貸款交易持續性地加大了對於公司流動資本的需求，結果造成流動資本轉換爲固定資本，使之無法繼續用於放款。一如既往，上述種種需求集中作用於信貸市場：進口糧食很大的一部分——儘管不是最大的一部分——實際上是由政府貸款的收益來支付的；穀物和棉花的購買者以及鐵路的股東們所必須進行的額外支付，不是使用他們個人的存款，就是使用臨時籌措的款項予以完成的。如果是第一種情況，那麼他們會從銀行中提取存款，從而切斷信貸市場的一部分資金的來源；如果是第二種情況，則無論他們是出售證券融資，還是支付利息尋求貸款，實際上都是從信貸市場中吸取資金。借貸需求的增加與可貸資金的減少相互結合，導致利率升高。除非獲得非常好的擔保，否則想要借到錢是不可能的。於是一些經營缺乏遠見並且不善於變化的企業，將使公司的資本變得暫時地或者永久地不再適用於信用的變化，而這種信用正是這類企業得以苟延殘喘的基礎。這些企業中斷付款，進而不同程度地使那些曾經信任它們的公司受到牽連；而且往往在這種情況之下，通常被稱爲恐懼的一種不信任情緒就會開始蔓延，如果不出現近乎偶然的情況，使政府得以透過極爲簡單的舉措（暫停執行一八四四年《英格蘭銀行特許狀法案》）幸運地發揮消除恐懼的力量，則極有可能引發與一八二五年相同的信用危機。不過，僅就此舉措本身而言，它並不具有消除恐懼的力量。[1]

§四　很明顯地，如果信用所採取的任何具體方法或者形式，與其他的方法或者形式相比，對價格所產生的作用比上述所說的更大，則基本可以斷定，信用的這種具體方法或者形式爲信用交易的增加提供了更大的便利與激勵。例如，如果鈔票或者匯票對價格的影響比帳面信貸更大，那麼這並非是由於信用交易本身有什麼不同（無論用哪種方式進行交易，本質上都是一樣的），而是由於信用交易的數量多了。與僅僅依靠帳面信貸提供信用相比，如果將鈔票或者匯票作爲信用工具，則可以在更爲廣泛的領域內將信用作爲購買能力來使用。在此限度內——也僅僅在此限度內——我們有理由認爲，前者對於市場的影響力比後者的還要大。

現在看來，確實存在這樣的差別。A從B處購買貨物，無論是利用簡單的信用，也無論是使用匯票，或者使用銀行家C借給他的鈔票來進行支付，僅就這一具體的交易而言，都不會對價格產生不同的影響。不同之處可能發生在交易之後。如果A用帳面信貸購買貨物，那就不存在顯而易見的或者簡便易行的方法使B能夠以A的債務爲手段，以便擴張自己的信用。他是否擁有信用，取決於人們對於他的償付能力的一般評價。B不能特意將A的債務抵押給協力廠商作爲借用貨幣或者購買貨物的擔保，但是如果A給予他等額的匯票，則他可以拿它去貼現，這相當於利用A與他自己的聯合信用來舉債；或者他可以在進行商品交換時出示這張票據，這相當於利用上述聯合信用來購買貨物。無論屬於哪一種情況，都有以第一次信用交易為基礎的新的信用交易發生，而且如果沒有某種票據介入第一次信用交易，則第二次信用交易就不會發生。當然，也沒必要就此終止交易，因為匯票在承兌之前可以多次貼現，也可以多次購物。有人認為，這些接連的匯票持有者，即使不曾擁有這張匯票，也可以達到目的——即利用他們自己的信用向商人購買貨物。這種看法其實未必正確。因為他們不一定都是具有信用的人，或者他們已經充分地利用了自己的信用。況且，無論怎樣，藉助於兩個人的信用，總是比一個人的信用更容易達到舉債或者購物的目的。只要匯票的付款人具有眾所周知的償付能力，那就沒有人會認為，一位商人僅憑他個人的信用就借到一千鎊，是一件與拿等量金額的匯票去貼現一樣容易的事。

現在讓我們假定，A並未使用匯票，而是使用從銀行家C處借來的鈔票購買B的貨物，這樣我們就會發現兩者之間存在著很大的差別。現在，B甚至可以不再依賴於貼現者。只有熟知A的償付能力的人才會願意接受他開具的匯票，而對於一般公眾來說，銀行家是具有信用的人，每個人都使用銀行鈔票進行支付，至少在銀行的周邊地區是如此。所以按照約定俗成的慣例，用鈔票來進行支付，對於付款人來說，是完全可以清償的。然而，如果他使用匯票進行支付，而且開立人在匯票到期時沒有付款，則他仍然負有償還債務的責任。因此B可以花光所有銀行鈔票而不會牽涉到個人的信用。除了他因持有鈔票所具有的購買能力，他還毫髮無損地擁有自己在此之前利用帳面信用購買貨物的能力。對於每一位相繼得到鈔票的人來說，均是如此。只有A，鈔票的第一位持有者（他利用自己的信用向發行人舉債得到鈔票），也許會發現他在其他方面所擁有的信用因而減少了。不過，即使就他的情況來看，結果也可能並非如此。因為雖然就道理來說，公眾可能瞭解他的所有情況，但他透過個人信用進行的每一次借貸，都應當相應地減少他能夠獲得更多信用的能力。因此，實際上經常發生的情況剛好與此相反，他得到的某個人的信任，往往被作爲其他人可以安全地信任他的證據。

因此可以看出，在提高價格方面，鈔票是一種比匯票更有效力的信用工具，而匯票則是比帳面信貸更有效力的信用工具。當然，這並不意味著當人們可以更多地使用信用時，人們就一定會這樣做。如果經濟狀況並沒有對人們利用信用進行大規模購買產生特殊的誘惑，則商人們便可能僅使用一部分信用，至於究竟使用何種形式的信用，它往往取決於某種信用的便利性。只有當市場環境和商人的心理狀態促使人們想要極度地擴張信用時，各種不同的信用形式才會展示出各自的特點。已經以帳面信貸的形式極度擴張的信用，可以利用匯票進一步地加以擴張，也可以利用鈔票更進一步地加以擴張。這是因爲，第一，每一位商人自己的信用，加上他向其他人提供的信用，將會創造出更大的購買力；第二，銀行家與公眾的信用一起融入鈔票之中，宛如金銀錠鑄成便於攜帶和分割的硬幣一樣，可以使相繼持有鈔票的每一個人，在他利用自己的信用所獲得的購買力之外還增加相當大的購買力。換一種方式來說，在帳面信貸的形式下，信用的能力僅被使用一次，它只是一次性購買的基礎。但是如果開立匯票，則同一部分信用可以按照匯票轉手的次數被多次使用。至於所發行的每一張鈔票，都會基於它的數額，使銀行家的信用成爲後續鈔票持有人手中的購買力，而不會減少持有人利用自己的信用進行購買的能力。簡言之，信用具有與貨幣完全相同的購買力。貨幣並非簡單地以其數量成比例地影響價格，而是以其數量與其轉手次數的乘積成比例地影響價格，信用也是如此；而且與只能進行一次性購買的信用相比，可以轉手的信用所具有的效力，將以該項比例爲基礎成倍地擴張。

§五 不過所有這些購買力如何對價格產生影響，取決於它們被運用的次數。因此只有在信用的使用處於極度擴張的狀況下，人們才能察覺到這種後果。我們認爲，在這種情況下——即在投機時期——不容否認的一點是，與使用匯票進行投機性購買相比，使用鈔票進行投機性購買更易於造成價格上漲；與使用帳面信貸進行投機性購買相比，使用匯票進行投機性購買更易於造成價格上漲。不過，實際上，這一點遠不如人們最初想像的那樣重要。因爲事實是，在絕大多數情況下，人們既不使用鈔票也不使用匯票，而幾乎全都使用帳面信貸來進行投機性購買。有關這個問題的權威人士說：[2]「請求英格蘭銀行擴大貼現的情況（對於其他銀行的這類請求也是如此），在商品投機擴張時期開始時或者進程中，即使曾經出現過，也是非常少見的。這些投機交易的絕大部分，儘管不是全部，最初都是使用各個行業慣用的具有特定期限的信用開始進行的。因此當事人無須在他們自己可利用的資本以外爲投機立即借入可能需要的大筆資金。這一點特別適用於以轉賣爲目的的現貨投機性購買。但是一般來說，這只涉及信用交易的一小部分。因預期價格上漲而進行的投機交易，大部分與進口外國商品有關。對於商品出口的投機交易來說，如果大部分是以發貨人或者收貨人的信用進行，那麼上述觀點就是正確的。只要客觀環境持續揭示這具有良好的前景，那麼投機者利用自己的信用就可以維持下去。如果他們當中的一些人希望兌現利得並退出，則其他擁有資本和信用的人隨時可以取而代之。如果各種跡象充分證明開展投機交易的理由是有根據的（因此可以及時地將貨物脫手供人們消費從而收回所占用的資本），那麼維持投機交易就並不會對借貸資本產生特別大的需求。只有當政局動盪、季節變化或者其他偶然事件的出現，使人們預感到近期的供給量將超過當初估計的消費量進而導致物品價格下降時，人們對於資本需求加大的情況才會發生。這時，市場利率上升，會有更多人向英格蘭銀行提出要求貼現的申請。」因此，鈔票以及其他可轉讓票據的增加，在大多數情況下，都不會帶來投機或者助長投機；鈔票以及其他可轉讓的票據，主要是在局勢發生逆轉並且人們逐漸感到困難的時候開始發揮作用。

僅利用帳面信貸極少增加一般所說的通貨，也可能使投機發展到非常嚴重的程度。瞭解這一點的人很少。圖克先生指出，[3]「實際上不熟悉投機市場的人根本無法想像，擁有資本和信用的人所具有的購買力究竟有多大……如果人盡皆知某人擁有充足的資本，足以應付日常交易的需要，他在行業中又享有很好的信用，而且如果這個人樂觀地認爲自己所經營的商品價格看漲，並且在他投機開始時以及進程中一切都很順利，則這個人就會大量地購進這種商品，購進的數量會遠遠超出他所擁有的資本額。」圖克先生透過一些著名的實例肯定了這種說法。這些實例表明，鈔票或者匯票之外的信用也可以發揮巨大的購買力，並且造成價格上漲。

在一八三九年英國與中國發生糾紛期間，認爲茶葉價格看漲並早期進行投機的人，幾乎就是幾位零售商和茶商。當時業內人士的普遍意向是囤積居奇，即立即儲存一定數量的茶葉，以滿足他們的客户數月後的需求。然而他們中間有些人比其他人更爲樂觀也更愛冒險，利用自己與茶葉進口商和批發商的信用，購進了大大超過自己經營所預期需要的數量。由於這種購買目的乍看表面上——同時很可能在實際上——是無可非議的，而且是在他們正常的業務範圍之內進行的，因而當事人可以在不付任何保證金的條件下進行購買；反之，如果進口商和批發商知道他們是投機商，則會要求他們支付每箱二鎊的保證金，以補償付款期限之前可能漲價而出現的價差。對於茶葉這種物品來說，付款期限通常爲三個月。因此他們不曾以任何方式付出丁點兒實際的資本或者通貨，就購進了相當多的茶葉。在此實例中，當他們的購買量大到引起人們的注意時，他們就可以利用轉賣部分存貨所實現的利潤，繳納進一步購買所需要支付的保證金。他們以這種方式，直到付款期限即將結束之前，投機將一直繼續下去，致使價格不斷上漲（達到百分之百以上）；而且如果當時的情況證明當時普遍存在的擔憂——即未來所有的供給將會中斷——是有道理的，則價格可能會進一步上漲，或者至少不會回落。在這種情況下，投機者們即使不能實現他們所預期的全部利潤，也能賺到非常可觀的一筆利潤，他們藉此可以大大地拓展自己的業務，或者帶著以過人的智慧獲取成功的好名聲隱退。但是結局卻並非如此圓滿，運載茶葉的兩、三艘船此時剛好抵達英國，並且出人意料地獲准報關進口，並且發現了更多的間接裝運的運送正在進行。如此一來，供給的增加超出了投機商的估計，與此同時，消費量卻由於價格上漲而減少。結果是市場上的茶葉價格大跌，投機者們不得不以虧本的價格出售，造成其中的一些人破產。據說，其中某人所擁有的資本不超過一千二百鎊，並且被鎖定在個人的業務上，但是他卻千方百計地購進了四千箱茶葉，其價值超過八萬鎊，他所遭受的損失約爲一萬六千鎊。

我有必要列舉的另外一個實例是，一八三八年至一八四二年間穀物市場上所進行的投機交易。某人在進行大規模投機時所擁有的資本不超過五千鎊，但是投機初始他就大獲成功，而且進一步的投機又極爲順利，以至於當他完成債務償付時，人們發現，他已經設法使他的購買金額高達五十萬鎊至六十萬鎊之間。我還可以列舉其他實例做進一步的說明，那些根本沒有資本的人，只依靠信用，也能夠在市場環境對他們有利的情況下完成巨額的購買。

值得注意的是，這些投機行爲發生在一八三九年和一八四〇年，當時的貨幣市場正處於極度緊縮的狀態，或者用現代術語表述，即當時貨幣的稀少性極大。

雖然投機性購買的主要工具是帳面信貸，但是不容人們否認的是，在投機時期，匯票和鈔票的數量的確都在增加。當然，在投機初期，僅就鈔票而言，很少出現這種增加的現象：人們向銀行舉債（正如圖克先生所觀察到的）往往不是爲了購買貨物，而是爲了——在通常的信貸期限已到且價格尚未達到預期的高價位時——繼續持有貨物而不必出手。不過，圖克先生提及的茶葉投機商在信貸期限結束後（該行業的信貸期限通常爲三個月）將無法繼續進行投機，除非他們能夠從銀行家那裡獲得幫助。當然，如果有關價格上漲的預期仍未破滅，那他們是極有可能做到這一點的。

於是，由於在提高價格方面鈔票這種形式的信用是比帳面信貸更爲有效的工具，因此無限制地使用這個工具就會使投機性價格上漲的期限延長並且程度加劇，從而使之後的價格回落幅度更大。但是其程度究竟如何？我們又應該對這種可能性賦予何等重要的意義？如果留意投機時期鈔票的最大增加量占匯票——而非占全國的信用總額——的比例，可能有助於我們對此做出某種判斷。有人認爲，任何時期匯票存量的平均額度都大大超過一億鎊。[4]英國和愛爾蘭的鈔票流通額則很少超過四千萬鎊，在投機時期增加的數額頂多二千萬鎊或者三千萬鎊。而且正如我們已經看到的那樣，這種增加在投機時期的高峰到來之前很少出現；即使出現，屆時由於勢頭的轉變已有端倪，因而商人們一般也都只顧著忙於償付現有的債務，而不再謀求拓展；而現存的匯票額度，則從投機伊始就大規模地增加了。

§六 眾所周知，近年來許多政治經濟學家以及大部分公眾都認爲，人爲地限制鈔票的發行是防止（如果不能防止則會減輕）過度投機非常有效的手段。這種觀點也得到了立法機構的關注與認可，並因此通過了一八四四年的《通貨法案》。然而，我們對於這種觀點所做的研究得出的結論是，雖然我們承認鈔票對於價格的影響力大於匯票或者帳面信貸，但是我們卻沒有理由認爲，這種較大的影響力是引起投機時期價格上漲的重要原因，因而也不能認爲，對這種工具加以限制，就能夠像人們經常設想的那樣，有效地緩和價格的上漲，以及價格上漲過後的回落。當我們考慮到信用交易的第四種方式——與鈔票極其相似，對於信用的擴張提供同樣的便利，且對於價格的影響幾乎同樣有力，即銀行支票與銀行轉帳——時，我們就更無法苟同上述觀點了。用富拉頓先生的話來說：[5]「今天，使用英格蘭銀行發行的鈔票所能夠得到的一切，同樣可以透過以下方式得到，即每個人均在銀行開立帳戶，用支票進行五鎊和五鎊以上的支付。」銀行無須借給商人鈔票，而是爲批發商或者經銷商開設帳戶，並將自己同意墊付的金額授信於該帳戶。按照約定，商人可以用支票進行必要的支付，收款人憑支票可以從該帳戶中提款，除此之外，他不能以其他任何方式提取那筆款項。這些支票也可能會像鈔票那樣被轉手；不過最爲常見的是，支票的接收者將支票存入自己開立帳戶的銀行中，當他需要用錢的時候再開一張新的支票支取。於是反對者也許會爭辯道，由於原支票很快就需要兌付，屆時必須使用鈔票或者硬幣，因此必須準備等額的鈔票或者硬幣作爲最終的結算工具。然而情況卻並非如此。支票的接受者可能在同一家銀行開立了帳戶，因而這張支票可能會回到開立支票的那家銀行；這種情況在農村地區非常普遍。若是如此，那銀行就不必付款，只需要進行轉帳就可以完成交易的結算；即使將支票交給另一家銀行，銀行也可以不必立即付款，而是透過與另一家銀行的支票相互沖銷結算。而且在有利於銀行信用普遍擴張的環境中，一家提供信用較多從而需要兌付的支票也較多的銀行，必然會收到較多應由其他銀行兌付的支票，並且僅需要提供足以支付差額的鈔票或者硬幣即可。爲此，對於精明的銀行家來說，只需要備有相當於債務三分之一的通常準備金就足夠了。現在，如果銀行家透過發行自己的鈔票來提供更多的信用，那麼也同樣需要用硬幣或者英格蘭銀行的鈔票作爲通常的準備金。因此正如富拉頓先生所說，銀行家透過鈔票流通的信用方式所提供的一切便利，均可以透過所謂支票流通的信用方式加以提供。

透過銀行轉帳實現的信用擴張，與我們上述已經描述過的依靠鈔票實現的信用擴張一樣，均會對價格產生極大影響。交付給某人一張面値二十鎊的鈔票，相當於給予他超過他自己所擁有的任何信用的基於信用的二十鎊購買力；交付給他一張支票，情況也是如此。因爲儘管他不能使用這張支票購買任何物品，但是他可以將支票存入銀行，並且據此開出支票提款。由於這種以交換、付訖支票再開立另一張支票的行爲，與使用鈔票進行購買的行爲一樣，可以反覆進行，因此它同樣可以導致購買力的增加。銀行向其客戶提供的初始貸款或者信用——作爲購買商品的一種手段——在隨後償還部分信貸的人手中可能會大幅增加，正如同鈔票的購買力在鈔票回到發行者手中之前，藉助於它在人們之間轉手的次數得以增大。

近來人們普遍地相信，透過人爲地限制鈔票的發行，可以緩解商業的動盪。但是另外種種不同的考慮，在很大程度上又否定了這種做法的重要意義。只有在我們針對外匯以及金銀錠的國際間流動進行討論之後，才能對這種限制所造成的一切後果加以分析，並對贊成或者反對的意見做出判斷。現在，我們只關注有關價格的基本理論，重點在於信用的各種形式對價格所產生的不同影響。

§七　對於信用的某些形式——尤其是鈔票——是否應當視爲貨幣的問題，人們已經進行了大量的討論以及爭論。

這個問題完全是咬文嚼字，根本不值一提，並且若沒有某些權威人士依然堅持社會學和政治經濟學創立時期的理論，則人們將難以理解爲什麼這個問題被賦予了如此重要的意義。（政治經濟學認爲決定一般價格的是相對於商品數量的貨幣的數量，有必要證明只有鈔票才是貨幣，而信用的其他形式都不是貨幣，以維護只有鈔票能夠影響價格，而其他形式的信用都不能影響價格的論斷。）然而顯而易見的是，價格並不取決於貨幣，而是取決於購買。存在銀行裡未被提取的貨幣，或者不是爲了進行購買而被提取的貨幣，均與不曾使用的信用一樣，對價格不會產生影響。用於購買商品的信用，則和貨幣一樣會對價格產生影響。因此在對價格的影響上，貨幣與信用完全一樣。從這一點出發，無論我們將鈔票歸類於貨幣還是信用，都無關緊要。

然而，由於我們已經提起有關術語的問題，所以看起來給予一定的解答是有必要的。認爲鈔票是貨幣的理由是，按照法律和慣例，鈔票與金屬貨幣一樣，一般具有對交易進行最後結算的功能；而把一個人的債務轉移給另一個人的信用的其他形式，則不具有這種功能。這裡率先提出的觀點很容易使人聯想到的是，按照這種說法，剛好證明起碼私人銀行的鈔票不是貨幣，因爲償還債務時不能強迫債權人接受這種鈔票；如果債權人同意接受，則交易當然可以得到結算；不過根據相同的假設，一匹衣料或者一桶葡萄酒也可能具有這種功能，但是它們並不因此被視爲貨幣。貨幣是由法律規定的，這似乎是貨幣概念的本質部分。某種經由法律規定的不可兌換票據，可以作爲普遍被接受的貨幣。在法語中，「紙幣」一詞的實際含義就是不可兌現性，而可兌現紙幣指的則是「不記名票據」。基於可兌換性的法則，只有英格蘭銀行的鈔票遇到了麻煩。因爲雖然這種鈔票在由該銀行以外的所有其他人支出時是一種法定貨幣，但是由該銀行自己支出時卻不是法定貨幣。對於買方來說，無疑可以使用英格蘭銀行鈔票進行交易結算。一旦他以英格蘭銀行鈔票進行支付，人們就不可能要求他再次支付。但是我承認，我還不能理解，對於賣方來說，如果他只有在英格蘭銀行遵守兌付承諾的條件才有可能得到他的商品的價格，那麼我們怎麼能夠認爲他的交易就已經結清了呢？對於可能因爲公司破產而喪失一切價值的票據來說，從貨幣與信用相互對立的任何意義來講，這種票據都不可能是貨幣。它或者不是貨幣，或者既是貨幣又是信用，我們將它描述爲鑄幣形態的信用，也許最爲恰當；而對於信用的其他形式，我們則不妨稱爲鑄錠形態的信用以示區別。

§八　某些高級權威人士斷言，在對價格的影響方面，鈔票與信用的其他形式之間的差別，比我們已經分析過的原因所造成的差別更大，且不是程度上的差別，而是本質上的差別。他們用以下事實作爲這種差別存在的依據，即一切匯票、支票以及帳面債務都是在最初就打算而且實際上最後也是以硬幣或者鈔票予以清償的。因此按照這些權威人士的說法，流通中的鈔票和硬幣是其他一切信用手段的基礎，因爲上層建築是與其基礎成比例的，因而鈔票的數量決定其他一切信用形式的數量。在他們看來，如果鈔票增加，那麼匯票、使用支票進行的支付都會增加，並且我猜想，帳面債務也會增加。而且他們還認爲，透過調節和限制鈔票的發行，將會使其他一切的信用形式間接地受到類似的限制。我相信，我已經準確地表述了這些權威人士的觀點，儘管我在任何地方都沒有看到有關這些觀點的清晰解釋，以至於使我感到我已經確切地理解了。依據鈔票的數量較多或者較少，一般可以斷定（雖然並非總是如此）其他各種形式的信用也會較多或者較少。這一點也許是事實，因爲導致信用的一種形式增加的外部環境，也會導致信用的其他形式有所增加。不過我認爲沒有理由相信其一即爲另外一個的原因。誠然，如果我們從硬幣和鈔票決定價格之假定出發（我懷疑人們暗中就是這樣假定的），則這項被堅持的推斷就在情理之中。因爲隨著價格的提高或者降低，同樣的購買必將引起匯票、支票和帳面債務數額的增多或者減少。不過這項推理的前提條件恰好是有待證明的命題。如果放棄此前提，我眞不知道這項推斷如何才能得到證實。人們向與之交易的某人所提供的信用，並不取決於當時流通中鈔票或者硬幣的數量，而是取決於人們對於他的償付能力所做的判斷。如果他們在估算時還要考慮某種更具普遍性的問題，則那僅僅是在信貸市場不景氣時期才會出現的情況，因爲這時他們無法確定自己能否獲得通常可以得到的信用。不過即使在這種情況下，人們所關注的也是信貸市場的一般狀況，而不是鈔票的數量（排除預先的假說）。到目前爲止，我們僅關注了商人們是否願意提供信用的問題。而商人們是否願意使用他們的信用，則取決於他們對盈利的預期，即取決於他們對商品未來價格的判斷，這種判斷以已經發生的價格上漲或者下跌爲依據，或者以他們對供給以及消費的速度所做的事前估計爲依據。如果商人們加大購買量，超過了他們立即支付的能力，而與他人約定在某一指定時間付款，那麼他們之所以這樣做，或者是因爲他們預期在付款時刻到來之前交易能夠順利完成，或者是因爲他們預計那時自己將從其他交易的收益中獲得足夠資金。這些預期能否實現，主要取決於價格，並非特別地取決於鈔票的數量。毋庸置疑，商人們也會捫心自問，如果預期落空，則在最壞的情況下他們有多大把握可以指望獲得臨時的貸款以便履行承諾。不過，首先，人們對於未來在度過難關的過程中將會遭遇多少困難的考慮，似乎總是不足。在被認爲應當大膽冒險的時期，對於充滿自信且敢於以超出自己的財力去爭取成功的人們來說，這種考慮不足以成爲一種自制的力量。其次，我認爲，他們自信在萬一運氣不好的情況下也能獲得救助，這主要憑藉他們對於個人信用的估計，以及對於信貸市場的一般狀況的考慮，而與通貨的數量無關。他們當然清楚，如果發生商業危機，那麼他們將難以獲得貸款。但是如果他們有預感在自己賣出商品、收回貨幣之前很可能發生商業危機，則他們就不會進行投機。只要一般信用不出現巨大緊縮，而且他們的業務狀況使放款人確信完全有望收回貸款，則他們就有把握獲得自己確實需要的貸款。

◆註解◆

[1] 一八六四年的商業困境雖然還不是商業危機，但是起因基本上是相同的。高價進口棉花形成的巨額支付，以及銀行和其他聯合投資項目所進行的大規模投資，再加上外國政府的貸款業務，從信貸市場上抽走了大量的資金，導致商業票據的貼現率高達百分之九。

[2] 參閱圖克，《物價史》，第四卷，第一二五—一二六頁。

[3] 參閱同上，《通貨原理研究》，第七十九頁，第一三六—一三八頁。

[4] 利瑟姆先生（Mr. Leatham）基於官方公布的印花稅收入所做的估計，最為人們稱道。其結果如下表。圖克先生指出，「利瑟姆先生說明了他根據印花稅收入的資料得出相關結果的步驟。我傾向於認為，在資料的性質所容許達到的限度內，他得出的結果是最接近事實的。」參閱同上，《通貨原理研究》，第二十六頁。紐馬奇先生（Mr. Newmarch）（《一八五七年英格蘭銀行法案委員會報告》，附錄三十九；以及《物價史》，第六卷，第五八七頁）提出了形成這種觀點的依據，即一八五七年匯票的流通總額略小於一點八億鎊，不過有時會增加到二億鎊。

[5] 《論通貨的管理》，第四十一頁。

年分	大不列顛和愛爾蘭出具的匯票，根據印花稅辦公室公布的印花稅收入	各年某一時期的平均流通額
1832年	356,153,409鎊	89,038,352鎊
1833年	383,659,585鎊	95,914,896鎊
1834年	379,155,052鎊	94,788,763鎊
1835年	405,403,051鎊	101,350,762鎊
1836年	485,943,473鎊	121,485,868鎊
1837年	455,084,445鎊	113,771,111鎊
1838年	465,504,041鎊	116,376,010鎊
1839年	528,493,842鎊	132,123,460鎊

第十三章　關於不可兌換紙幣

§一

經驗已經證實，只要在沒有內含價值的紙片上註明該紙片等價於一定數量的法郎、美元或者英鎊，那麼就能夠按照這一標註的金額流通，並使發行者獲得同樣數量硬幣所能帶來的一切利益。各國政府開始考慮，如果它們能夠不受私人發行紙幣時所受的條件限制，即如果人們要求兌現就必須支付與票面金額相同數量的貨幣，然後才能將這種利益據爲己有，那麼這種做法就完美無缺了。它們決定放手一試，看看能否擺脫上述令人不悅的義務，而且僅僅憑藉將一張紙片稱爲一鎊，就可以作爲一鎊而流通，同時允許人們用它納稅。幾乎所有已經成立的政府都是這樣做的，而且它們基本上成功地達到了這個目的。我相信，我可以說它們在一定的時期內獲得了成功，不過只要它們公然濫用這種權力，它們就會失去這種權力。

在人們所設想的情況中，執行貨幣功能的物品所擁有的執行貨幣功能的權力，完全來自於慣例。不過這種權力的授予僅憑慣例就已經足夠了。因爲要想使某人接受將某種物品作爲貨幣，甚至接受任何任意規定的價值，需要做到的不過是使他確信其他人也會按照相同的條件從他那裡接受這種物品。唯一的問題是，是什麼決定了這種通貨的價值？因爲它的情況與黃金、白銀（或者可以隨意兌換黃金、白銀的紙幣）的情況——價值取決於生產成本——不可能相同。

不過我們已經看到，即使對於金屬通貨來說，決定其價值的直接因素也是它的數量。如果它的數量能夠由政府人爲地加以規定，而不再受制於由獲利或者虧損所決定的普通的商業動機，那麼它的價值將取決於政府的法令，而不再取決於生產成本。紙質通貨的持有者不能隨意用紙幣兌換金屬，故紙質通貨的數量是可以人爲地予以確定的。特別是如果發行者是擁有最高權力的政府，則情況更是如此。因此這種通貨的價值完全是人爲地予以規定的。

試想，完全以金屬硬幣作爲通貨的某個國家突然發行紙質通貨，它不是由銀行發行，也不採取貸款的形式，而是由政府發行，用於支付工資和購買商品，其發行額度相當於流通中的金屬硬幣的一半。這時，流通中的通貨突然增加了二分之一，所有商品的價格均會上漲，其中，所有金銀製品的價格也會上漲。一盎司黃金製成品將變得比一盎司金幣更爲值錢，價值差額將超出通常用於補償加工費的水準。因此銷毀金幣，將其加工爲製成品將是有利可圖的。這種銷毀會一直持續下去，直到金幣的減少額等於紙幣的發行額爲止。之後，價格將回落到最初的水準，除原有金屬通貨的一半被紙質通貨取代之外，沒有發生其他方面的任何變化。現在，我們假設再次發行紙幣，那麼一系列相同的結果會再次產生，這種情況會一直持續下去，直到全部的金屬貨幣都消失爲止。也就是說，如果紙幣的最小面值與鑄幣的最小面值相同，那麼金屬硬幣便會消失；若非如此，則會有一些硬幣被保留下來，以方便進行小額支付。可用於製作裝飾物品的黃金、白銀數量的增加，將會使金銀製品的價值暫時略下降，在這種情況下，即使紙幣的發行額等同於當初金屬硬幣的流通額，但也會有一些硬幣被保留下來繼續和紙幣一起流通，這將導致通貨的價值降低到與金屬材料已經下降的價值相當的水準。不過當金屬材料的價值降到其生產成本以下的時候，礦山的供給就會停止或者減少，這將使剩餘的金屬硬幣透過正常的銷毀過程而消失，同時金屬材料和通貨將回復到它們的自然價值的水準上。在這裡，我們仍然假定——就像我們一直假定的那樣——某國擁有自己的礦山，而且與其他國家沒有商業往來。因爲在開展對外貿易的國家中，紙幣的發行會使得硬幣顯得多餘，因而硬幣會被人們以更快的方式加以清除。

到目前爲止，我們發現，無論紙質通貨能否兌換成硬幣，它的作用都是基本相同的。當金屬硬幣完全被取代並被排除在流通之外時，可兌換紙幣與不可兌換紙幣之間的差別才開始顯現出來。假設在黃金或者白銀已經全部退出流通並被等額的紙幣取代之後，繼續增加紙幣的發行額，則一系列相同的現象將會重演：價格上漲，其中包括金銀製品的價格將會上漲，因而和過去一樣，人們將想方設法獲取硬幣並將其銷毀爲金銀錠。於是硬幣不再流通。但是如果紙質通貨是可兌換的，那麼人們仍然可以用紙幣從發行者那裡換取硬幣。因此在金屬硬幣被完全取代之後，所有增加發行的強制流通的紙幣將會回到發行者手中並被兌換成硬幣；他們將無法使流通中的可兌換紙幣數量保持在較高水準上，以至於它的價值低於它所代表的金屬的價值。然而對於不可兌換紙幣來說，情況就不一樣了。它的增加（如果法律准許）沒有障礙，發行者可以無限地增加發行紙幣，並且成比例地使其價值降低，使物價升高；換言之，他們可以無限地使通貨貶值。

這種權力無論授予什麼人，都是一種無法承受的罪惡。流通媒介價值的所有變動都是有害的，它們攪亂了現有的各種契約和預期，同時發生這種變動的可能性也使一切長期的金錢契約變得極不可靠。爲自己購買或者給予別人一百鎊年金的人，不知道幾年之後這一百鎊將相當於二百鎊還是五十鎊。這種麻煩，即使是由偶然事件引起的，但也已經很大；如果是由個人或者集團的隨意處置而造成，則其弊端更甚；相關個人或者團體可以透過財產價值的人爲變動而得到很大的實惠。由於紙幣的發行就是利潤的源泉，因此無論怎樣，他們都懷有強烈的興趣以盡可能大量發行紙幣。毫無疑問，降低通貨的價值可以使發行者獲得直接的利益，而在以政府紙幣作爲通貨的情況下也總是如此，因爲其債務正是用這種媒介予以計算的。

§二　爲了防止人們有意改變通貨的價值，並且盡可能地控制它因偶然事件所發生的變動，一切文明國家都已經採用了所有已知商品中的價值最不容易變動的物品——貴金屬——作爲流通媒介價值的標準；凡是價值與貴金屬不一致的紙幣均不准許存在；即使那些極端濫用增發不可兌換紙幣特權的政府，也不能完全無視這個基本限制。如果那些政府沒有表示（像它們通常所做的那樣）它們準備在遙遠未來的某一個不確定的時刻用硬幣兌換紙幣，那麼它們至少也會爲所發行的紙幣冠上硬幣的名頭——雖然一般均爲假象——以表示自己打算使紙幣的價値與硬幣的價値相互一致的意願。即使對於不可兌換紙幣來說，要做到這一點，也不是不可能的。誠然，在這種情況下，不存在可兌換條件下的那種自行調控的力量，但是卻可以採用某個清晰而且確切的指標，對通貨是否貶値以及貶値的程度做出判斷。這個指標就是貴金屬的價格。如果紙幣的持有者無法要求把硬幣兌換成金銀錠，而且硬幣在流通中已經不復存在了，則金銀錠的價格就會和其他物品的價格一起漲跌；並且如果金銀錠的價格高於鑄幣的價格，例如，如果一盎司黃金可以鑄成三鎊十七先令十點五便士的硬幣，但卻能兌換到四鎊或者五鎊紙幣，則可以斷定，通貨的價値已經依照相同的程度下降到金屬通貨的價値以下了。因此如果不可兌換紙幣的發行受到許多嚴格的規則限制，規則之一爲，每當金銀錠的價格高於鑄幣的價格時，發行者就應當減少發行額，直到金銀錠的市場價格與鑄幣的價格再次相互一致時爲止，如此一來，這種通貨就不會產生通常不可兌換紙幣所固有的任何缺陷。

不過這種通貨制度的優點仍不足以說明採用它是合乎道理的。依據金銀錠的價格進行調節的不可兌換通貨，其一切變動均與可兌換通貨的變動完全一致，因而採用這種制度所能獲得的唯一利益只是消除了儲備貴金屬的必要性。但是這一點並非十分重要，對於政府來說更是如此。只要信用未曾遭受懷疑，政府就不會像私人發行者那樣必須持有大量的準備金，因爲人們對於政府的償付能力從未眞正產生過懷疑，所以政府不大可能遭遇重大的、突然的承兌要求。反對這種蠅頭小利的意見指出，在這種通貨制度下，首先，存在著爲了影響通貨而以欺詐手段擾亂金銀錠價格的可能性，正如《穀物法》在其有效期間遭受衆多正當的指責一樣，因爲有些人採用虛假出售的方法影響了穀物的平均價格。其次，更爲重要的是，應該採用即使不曾接受任何教育的人也能夠確切理解的簡單規則，使所有人都能夠理解可兌換性，使每個人都知道，在任何時候均可以與五鎊相交換的物品都價値五鎊。依據金銀錠的價格進行調節是一個比較複雜的概念，其含義無法透過人們熟知的相關的東西自行得到展示。人們對於接受這種調節的不可兌換通貨的信任程度，遠不如對於可兌換通貨的信任程度，而且最有學問的人也有理由懷疑，這個規則是否有可能被嚴格地執行。只要公眾尚未充分地理解執行這個規則的依據，就無法形成嚴格執行這個規則的輿論，而且在某些困難的情況下，人們也許還會發表反對意見。同時對於政府本身來說，與對於在某種程度上可能被看作是人爲的規則相比，可兌換性的終止似乎是更爲激烈和更爲極端的措施，因而人們有充分的理由認爲，即使是調節得最好的不可兌換通貨，也不如可兌換通貨可取。在財政緊張時期，過度發行的誘惑是如此強烈，以至於能夠使執行力道有所削弱的任何方面的措施都是不被允許的，哪怕是在任何微小程度上的削弱，都有可能限制過度發行。

§二 雖然在政治經濟學領域沒有其他論斷比以下論斷具有更爲確鑿的依據，即如果紙質通貨未能透過可兌換性或者未透過某種限制規則與某種金屬保持相同的價值，則會帶來惡果。而且儘管這一觀點經過多年的討論已經深入人心，但是持不同意見的人仍然很多，不時會有策劃者建議透過無限制地發行不可兌換紙幣的方法來消除社會的一切經濟弊端。老實講，這種想法確實具有很大的誘惑力，一旦有人眞的相信紙片上印幾個數字就可以用來償還國債，而無須徵稅就能償付政府的支出，並最終造福全社會，那倒眞是前景光輝燦爛了。煉金術士的點石成金也不過是如此罷了。

然而，儘管這些計畫經常以失敗告終，但卻總是會有人又重新提出，因此考察策劃者本身受到蒙蔽的各種謬誤並非多此一舉。最爲常見的一種謬論是，認爲如果每一張紙幣都代表一份財產，或者說紙幣以現實的財產作爲依據，則紙質通貨的發行就不會過度。所謂代表或者依據這些用語，大多不具有任何清晰或者確切的含義；而當它們具有含義時，無非是指，紙幣的發行者必須擁有與其所發行的全部紙幣價值相當的財產，無論這些財產是他們自己所擁有的還是別人委託他們代爲保管的；儘管爲何必須如此，似乎並不明確。因爲如果不能用紙幣交換這種財產，那麼人們就很難猜想究竟透過什麼方式，僅僅依靠這種財產的存在就能維持紙幣的價值。不過我推測人們是打算用它作爲一種擔保，如果發生造成一切業務癱瘓的麻煩事件，那麼便可以使紙幣的持有者最終得到賠償。以這個理論爲基礎形成了許多實踐措施，例如「以全國的土地爲擔保發行貨幣」等。

如果人們認爲這種想法或多或少地有點道理，那是因爲人們混淆了紙質通貨易於產生的兩種截然不同的弊端：其一是發行者無力償付。如果紙幣是以發行者的信用爲依據，即如果承諾見票即付或者在將來的某一時期兌付現金，那麼這將剝奪紙幣源於這種承諾的所有價值。而且不論如何適度地使用紙幣，這種弊端產生的可能性均相同。爲此，我們不妨規定所有的發行均需「以財產爲依據」，例如，規定紙幣只能在由某種貴重物品作爲擔保並明確將以這種物品進行賠償的條件下發行，才能夠有效地予以防範。但是這一觀點忽略了另外一種弊端，這一弊端即使是最有償付能力的企業、公司或者政府發行的紙幣也在所難免，那就是，因爲過量發行而造成的紙幣貶值。法國大革命時期的指券，就是根據這些原則所發行的通貨之一。這種指券「代表」著數額巨大、極其貴重的財產，即王室、教會、修道院和移民的土地，總量可能高達法國國土的一半。實際上，指券就是上述大宗土地的訂單或者轉讓書。革命政府的想法正是要把這些土地的指券轉換成貨幣。不過，平心而論，它最初並未打算加大發行量，但是後來卻不得不這樣做，因爲其他一切資金的來源都枯竭了。按照革命政府的設想，指券會迅速地回到發行者的手中以換取土地，同時政府可以不斷地重新發行指券，直到土地全部賣出爲止，並且不會造成流通中指券的數量過大。但是革命政府的希望落空了，土地的出售並不像政府所預期的那樣迅速，購買者們不願意將他們的貨幣投資於財產，因爲如果革命失敗，這些財產很可能被無償地收回。代表土地的紙片令人吃驚地變得越來越多，無法繼續維持它們的價值，就像如果在市場上同時出售所有的土地，而土地本身的價值就無法維持一樣，結果是，購買一磅奶油最終需要支付六百法郎的指券。

法國指券這個實例被認爲不具有結論性，因爲指券只代表一般的土地，而不代表確切數量的土地。有人斷言，防止指券貶值的恰當方法是，對沒收的一切財產均按照金屬價值進行評估，同時以評估價值爲限發行指券，並且賦予指券持有者一種權利，他們可以按照革命政府註冊的土地價值使用等額的指券換取任何一塊土地。毫無疑問，這種方法要優於實際所採用的方法。如果這麼做，那麼指券的貶值就不會達到如此紊亂的程度。因爲無論指券相對於其他物品來說購買力下降了多少，都將保持相對於土地的購買力，而在指券的市場價值過度流失之前，人們起碼有可能用它們換取土地。然而我們必須記住它們不貶值的前提條件是，其流通數量不得大於若它們是可兌換現金的通貨時的流通數量。因此在革命時期，作爲一種以最小的損失迅速出售大量土地的手段，這種一經要求即可兌換土地的通貨的使用，不管怎樣都具有便利性。但是如果作爲國家永久性的制度，卻很難看出它與可兌換硬幣的通貨相比具有什麼優越性，而它的缺點卻是顯而易見的。因爲土地的價值比黃金、白銀的價值更容易發生變動，不僅如此，對於大多數人來說，除可以與貨幣相互交換之外，土地不僅僅是一種合理的財產，而且還是一種債權。因此只有當通貨的貶值達到相當程度之後，人們才會提出兌換土地的要求，而在此之前，人們早已提出兌換黃金、白銀的要求了。[1]

§四 不可兌換通貨的支持者所仰仗的另一種謬論是有關通貨增多可以加速產業發展的學說。這種思想最初見於休謨的〈論貨幣〉一文，之後又出現了眾多的支持者，以阿特伍德先生（Mr. Attwood）爲著名代表人物的伯明翰通貨學派就是其中之一。阿特伍德先生堅持認爲，紙質通貨的增加所引起的物價上漲將激發每一位生產者的極大熱情，並促使一國的全部資本和勞動都獲得充分利用，而且在物價上漲幅度極大的所有時期都將不可避免地出現這種情況。然而我認爲阿特伍德先生所描述的那種使一切從事生產的人煥發出巨大熱情的東西，必然是生產者的一種期望，即期望用自己勞動的產品一般地換取更多的商品和更多的實際財產，而不是換取更多的紙片。但是根據上述假設條件，這種期望一定會落空。因爲如果假定所有的價格都以相同方式上漲，則沒有人能夠用自己的商品換得比過去多一些的其他物品。與阿特伍德先生持有相同觀點的人要想成功，就只有延長實際上的某種幻覺，使人們非同尋常地努力工作才行；即使貨幣價格的上漲逐步加快，使每一位生產者感到他們所獲得的報酬似乎也在相應地逐步增加，儘管實際上他們什麼也沒有獲得。對於這個方案，除需要指出它完全無法實行之外，我們無須再列舉其他任何反對的理由。它打算讓全世界都相信紙片越多就越富有，而且使人們永遠不會發現，使用這種紙幣卻買不到比過去更多的任何東西。在任何一個高物價的時期，人們都沒有犯過像該學派如此嚴重的錯誤。阿特伍德先生認定的繁榮時期實際上是投機時期（如果採用可兌換通貨制度，則在每一個高物價時期一定會如此），在此期間，投機者認爲之所以他們能夠變得更加富有，並非是因爲高價位得以持續下去，而是因爲高價位不再持續下去，並且因爲在高價位持續時期實現利得的人發現，在價格回落之後，他們所擁有的數量較多的英鎊的價值並沒有損失。如果在投機即將結束時發行一種紙幣，並使其數量能夠維持漲價期間物價的最高水準，則最感失望的人莫過於投機者本人了。因爲他們原以爲透過及時脫手會實現一定的利得（以其競爭者的損失爲代價，這些競爭者在投機者出售時買進，而在物價下降之後不得不賣出），但現在，這些將從他們的手中流失，他們除可供點數的紙票多了幾張之外，一無所得。

休謨對於這種觀點的闡述與阿特伍德先生略有不同。他認爲所有商品的價格不會同時上漲，因而如果某些人在賣出他們需要出售的物品並獲得較多的貨幣後，他們想要買進的物品價格尚未上漲，則這些人就能夠獲取實實在在的利得。而且能夠獲取這種利得的人總是第一個開始行動的人（他似乎是這樣認爲的）。不過似乎顯而易見的是，與據此獲取超額利得的每一個人相對應，一定會有其他一些人的利益遭受損失。如果像休謨所設想的那樣，則受損者就是那些價格上漲最晚的商品的賣方；根據假設，他按照原價格將貨物賣給透過新價格而獲益的買方，賣方出售他的商品只能獲得通常數量的貨幣，而用這些貨幣卻已無法買到像從前那樣多的某些物品了。因此如果他們瞭解這一點，他們就會提高價格，從而使買方無法獲得那種使其行業備受激勵的利得；反之，如果賣方不瞭解這種情況，只是當他支出貨幣時才發現事已至此，那麼他的勞動和資本報酬就會低於正常水準；而且在其他商人的行業受到激勵的同時，似乎他所屬的行業一定會由於相反的原因而遭受挫折。

§五 價格普遍持久地上漲，或者換言之，貨幣貶值，如果不使某些人受損，就不可能使任何其他人獲利。用紙幣替代金屬通貨能夠使國家受益，但是超過限度增發紙幣，則無異於搶劫。

紙幣的發行顯然可以為發行者帶來利益，因為在紙幣被要求承兌之前，發行者可以把紙幣作為眞正的資本加以使用；而且只要通貨不因紙幣的發行而持續增加，而只是取代等量的黃金或者白銀，則發行者的收益是不會為任何人造成損失的，並且他使社會節省了消耗昂貴材料的支出。但是若沒有黃金或者白銀可以被替換——即如果在原有通貨的基礎上增加發行紙幣，而不是用紙幣替代金屬貨幣的一部分——則所有的通貨持有者均會因通貨的貶值而遭受損失，損失的程度剛好與發行者獲取的利得相當。實際上是發行者為了獲取自己的利益而向人們徵稅。某些人將反對這種觀點，理由是，那些因紙幣增加發行而獲得貸款的生產者和商人也會獲利。然而他們所獲取的並非是什麼額外的收益，而不過是發行者在損害貨幣持有者的利益前提下所獲取的收益一部分。發行者並沒有把對公眾徵稅所獲得的盈利全部留給自己，而是與他的客戶一起分享了。

不過，除了發行者或者其他人透過發行者在損害一般公眾前提下所獲得的利益，還有另外一種不正當的利益，由更為廣泛的階層，即由那些承擔固定的金錢債務的人所獲得。所有這樣的人都因通貨貶值而擺脫了一部分債務或者其他責任，換言之，他們的債權人的一部分財產無償地轉讓給了他們。從表面來看，人們也許可能會認為這對產業是有利的，因為生產性階層是主要的借款人，並且一般來說，他們欠非生產性階層（如果我們將實際上不從事經營活動的所有人都包括在內）的債務多於非生產性階層欠他們的。尤其如果將國家債券包括在內，則更是如此。只有在這種情況下，物價的普遍上漲——透過緩解生產者和商人所承受的固定負擔的壓力——才能為他們帶來利益。如果誠實和信譽對於世界——特別是對於工業和商業來說——並不重要，則可以認為這的確是一種利益。然而，很少發現有人提出應當設法讓通貨貶值，理由僅僅是掠奪原本屬於國家的債權人以及私人的債權人的一部分債券是值得的。具有這樣傾向的各種方案，幾乎總是出於某些特殊的、偶然的原因才被實施。例如，需要對以前在相反方面所造成的不公平給予補償等。

§六　在英國，自一八一九年以後的許多年內，都有一些人態度強硬地指出，現存的大部分公債和大量私人債務，均是在一七九七年至一八一九年間拖欠下來的，當時英格蘭銀行被豁免不必用現金承兌它所發行的鈔票。現在，對債務人（若是公債，則是對所有納稅人）來說，用全額價值的通貨支付相同名目金額的利息——該筆借款是於通貨貶值時期借來的——是非常不公平的。根據某位學者的估計與客觀情況，當時貨幣貶值的平均水準為百分之三十、百分之五十或者百分之五十以上，並由此得出結論，或者我們應當恢復使用與之相當的貶值的通貨，或者應當針對過去拖欠的公債、抵押貸款或者其他私人債務扣除與貶值幅度的估計值相當的百分比。

對於這個結論，人們通常做出以下回答：姑且承認恢復現金支付而不降低標準的這種做法對於債務人來說是不公平的，這將迫使他們承擔與通貨貶值時期借款數額相同的但價值已經升高的通貨的債務。但是現在對這種損害做出補償為時已晚。今天的債務人和債權人已經不是一八一九年的債務人和債權人了：

歲月的流逝已經完全改變了社會的金錢關係；現在無法確認當時的受益人和受害人是誰，若是試圖追溯，不僅不能修正錯誤，而且會在已有的不公平之上附加另一種普遍的不公平。對於實際問題來說，這種爭辯帶有結論性，不過這個結論是以極其狹隘、極其粗淺的理由作為依據。它承認一八一九年的《皮爾法案》正如人們所說的那樣是不公正的，該項法案規定重新按照三鎊十七先令十點五便士的標準來支付現金。這是與事實完全相違背的。國會別無選擇，它理應堅持過去所承認的標準。對此，我們可以根據三種不同的理由加以證實，其中兩種理由是屬於事實方面的，另一種是屬於理論方面的。

事實方面的理由如下。首先，有一件事並非事實，即在英格蘭銀行限制兌換現金時期所發生的私人或者公共債務合約，是以低於現在支付利息的通貨價值的通貨為標準而簽訂的。不過，停止履行承兌義務，賦予英格蘭銀行降低通貨價值的權力，這的確是事實。英格蘭銀行實際行使了這種權力，這也是事實，儘管程度遠未達到其經常聲稱的狀態；因為在此期間的大部分時間裡，黃金的市場價格與造幣廠的估價之間的差別是極其微小的，即使在戰爭的最後五年中差價最大的時候，也沒有超過百分之三十。通貨以此差值為限發生了貶值，這也就是說，通貨的價值低於國會公開宣稱所要堅持的標準。但是當時歐洲的情況是，由於貴金屬被人們大量地儲藏，並且被橫掃歐洲大陸的龐大軍隊的軍事金庫所吸收，因此標準本身的價值就大大提高了。最具權威的人士——其中我們僅列舉圖克先生的大名就足夠了——在進行了認眞的調查研究之後，他們相信紙幣與金錠之間的差別並沒有超過黃金本身價值提高的程度，而且紙幣的價值雖然相對地低於當時黃金的價值，但是並沒有低於其他時期的黃金或者不可兌換紙幣的正常價值。若這是事實（圖克先生的《物價史》明確地指出了這個事實），那麼以通貨貶值為理由，反對公債持有人和其他債權人等全部問題的依據均被推翻了。

不過，其次，即使在英格蘭銀行限制兌換時期，通貨的價值也是按照相對於標準的貶值程度而降低的。我們必須記住，只有一部分公債或者其他長期債務是在英格蘭銀行限制兌換時期內發生的，一大部分是在一七九七年以前簽訂，還有一大部分是在限制兌換時期的最初幾年裡簽訂，當時紙幣與黃金之間的差別還很小。對於第一部分持有人來說，他們遭受了損失，有二十二年是以已經貶值的通貨支付利息；對於第二部分持有人來說，則在以相對於借款時期已經貶值的通貨支付利息的幾年時間也遭受了損失。假如按照較低的標準恢復現金支付，將使這兩部分債權人遭受永久的損失，以便避免給予第三種債權人——在通貨貶值程度最大的幾年間借出資金的那些人——不正當的利益。若是如此，那麼將會造成對一部分人償付不足而對另一部分人又償付過多的情形。已故的穆希特先生（Mr. Mushet）不厭其煩地對兩個數額進行算數比較。透過計算，他斷定，如果針對一八一九年的公債持有人基於紙質通貨背離兌換標準所獲取的利益以及所遭受的損失進行計算，則可以看出，他們全都是遭受損失者；因此如果以通貨貶值爲理由認爲給予補償是正當的，那麼全體公債持有人都應當獲得補償，而不應由他們提供補償。

這就是問題的實際情況。但是這些事實方面的理由並不是最具說服力的，還有某種理論方面的理由更具說服力。假設不是一部分債務而是全部債務都是基於已經貶值的通貨簽訂，那麼通貨不僅與其兌換的標準相比已經貶值，而且與其本身之前以及之後的價值相比也貶值；現在，我們要用比簽約時的通貨價值高出百分之五十甚或百分之百的通貨來支付這種債務的利息。如果當初的契約規定了這樣的支付條件，那麼將會使支付的責任有何不同呢？現在這已經不僅僅是事實，而且事實已並非僅此而已。契約爲公債持有人所規定的條件比他已經接受的條件還要好。在英格蘭銀行限制兌換的整個期間，國會曾經做出一項承諾，即在全面簽約之後的最多六個月之內，就要按照過去的標準重新兌付現金，對此將由立法機構承擔任何其自身所能承擔的最高義務。因而，這已經成爲每筆貸款的實際條件；這個實際條件的確是較爲有利的。假如沒有這樣的規定，則除非遵照向印度本土王室貸款的條件，否則政府根本別想獲得貸款。如果當時政府暗示或者明言，在借到這筆款項之後，其計息標準將持續地降低，直到借款人的立法機構的「集體智慧」認爲恰當爲止。那麼這樣誰會知道如何制定利率，才能誘使具有常識的人們使用儲蓄進行這樣的冒險呢？無論公債持有人由於恢復現金兌付而獲取了多少利益，均爲契約條件所承諾對於他們的付出應當給予的利益。他們所提供的價值超過了他們所得到的價值；因爲並非在簽約後的六個月以內，而是在簽約多年以後，現金兌付才得以恢復。因此除最後這一點之外，即使排除我們的一切議論，承認有關這個問題的反方所堅持的所有事實，但是公債持有人也仍然沒有得到不正當的利益，而是受害者。同時，如果沒有受到由審判的不可能性所造成的嚴格限制，如果不是應當遵循法律和政策方面的一項有益的基本準則，即凡事早晚總要有個結果，那麼他們還是擁有要求賠償權。

◆註解◆

[1] 一些聰穎的作者竟然讚許某些十分荒唐的通貨方案。方案之一如下：國家應該收取某種形式或者數量的財產——例如土地、股票等——作為擔保品或者抵押品，然後再貸給這些財產的所有者——與其估計值相當的——不可兌換紙幣。這種通貨甚至不具備正文中所肯定的指券的優點。因為得到這些紙幣的人們將它們支付給別人，但別人卻不能把它們交還給政府以要求兌換土地或者股票；這些土地或者股票僅僅抵押給政府，不曾轉讓給政府。類似指券的這種紙幣無法回流，它們的貶值是沒有限度的。

第十四章　關於供給過剩

§一　在前面幾章對貨幣理論進行初步的闡述之後，我們將轉而探討價值基本理論中的一個問題，但是在對貨幣的性質和作用沒有一定程度的瞭解之前，是無法令人滿意地討論這個問題的。因爲我們必須批判的謬論主要來自對於貨幣作用的某種誤解。

我們已經看到，任何物品的價值都趨向於某一確定的中心水準（被稱之爲自然價值），即在此中心水準，每件物品與其他物品都按照其生產成本的比率進行交換。我們還看到，實際價值或者市場價值只是在多年平均的水準上才與自然價值相互一致或者接近一致；同時，由於需求的變動，或者由於供給偶然的變動，它會時而高於或者時而低於自然價值。不過透過供給的自行調整，這種與對應於自然價值的商品需求相適應的趨勢，從長期來看是可以自動得到調整的，即使出現偏差，但最終也會相互平衡，最終形成某個一般的中心水準。對於所有商品來說，都會出現供給不足或者短缺的情況，以及供給過剩或者用商業語言來說是供過於求的情況。在前一種情況下，如果商品持續短缺，那麼生產者或者銷售者就會獲得非同尋常的高額利潤率；而在後一種情況下，由於商品的供給超過需求，因而價格無法提供正常的利潤，因此銷售者不得不滿足於較少的利潤，而且在極差的情況下還得承受虧損。

因爲對於每一種商品來說都有可能發生供給過剩，繼而爲生產者或者商人帶來不便或者虧損的情況，因此許多人——包括一些著名的政治經濟學家——都認爲存在著所有商品同時發生這種情況的可能性，即可能出現財富總體上的生產過剩以及商品的總供給超過總需求的情況，進而造成各類生產的蕭條與衰退。這個學說的主要倡導者，包括英國的馬爾薩斯先生（Mr. Malthus）、查默斯博士（Dr. Chalmers），以及歐洲的西斯蒙第先生（M. de Sismondi），在第一編中我已經表示不贊同這種觀點。[1]但是在我們當時的研究中對於這種謬論（我這樣認爲）進行充分剖析是不可能的，因爲它實質上源於對價值和價格現象的誤解。

在我看來，這個學說的各個概念之間不夠協調，因此我感到難以迅速地對其做出任何明確的同時也使其支持者們滿意的論斷。他們堅持認爲，產品生產總體上超過產品需求的情況是可能發生的，而且有時的確發生了。如果出現這種情況，則產品就無法按照與包含一定利潤在內的生產成本相當的價格出售，即存在著使價格或者價值（他們很少精確地對兩者加以區分）普遍下降的壓力，因而生產者生產的產品越多，就會使自己變得越窮，而不是越富有。而且，查默斯博士相應地向資本家灌輸、鼓吹透過道德來對利益的追求進行抑制的做法；而西斯蒙第則反對機械裝置以及可以提高生產能力的各項發明。他們兩人都認定，對於從事生產與積累的人們而言，資本的積累不僅相對於他們的道德來說過快了，而且相對於他們的物質利益來說也過快了。於是他們叮囑富人們要大量地進行非生產性的消費，以防止出現這種弊端。

§二 在這些學者談論商品的供給超過需求時，他們並未明確地指出在需求的兩個構成要素中究竟哪一個是占有商品的欲望，哪一個是購買商品的能力。他們的意思究竟是指，在這些情況下，現有消費品的數量多於公眾想要消費的數量呢？還是僅僅是指消費品的數量多於人們所能購買的數量呢？由於這一點不能確定，因此在這裡我們有必要考察這兩種假想的情況。

首先，讓我們假設生產的商品數量不大於社會上的人們想要消費的數量。在這種情況下，是否會產生因支付能力不足而對所有商品缺乏需求的問題呢？認爲有可能產生這種問題的那些人，沒有認眞考慮商品的支付手段是由什麼構成的——它仍然是商品。每個人購買他人產品的手段，是由他們自己所擁有的產品構成。根據詞義，所有的銷售者不可避免地也是購買者。如果我們能夠使一國的生產能力突然增加一倍，那麼我們也將使每個市場商品的供給增加一倍；不過我們同時也將使人們的購買能力增加一倍。每個人都會產生雙倍的需求以及供給：每個人都有能力購買雙倍的物品，因爲每個人都擁有雙倍可供交換的物品。誠然，某些物品現在有可能是過剩的。雖然社會想要使消費總量增加一倍，但是社會可能對某些物品占有的欲望已經飽和，因此它寧願使其他物品的消費增加一倍以上，或者寧願將所增加的購買能力用來購買其他新的物品。若是如此，那麼供給將會自行調整，同時物品的價值將繼續與其生產成本保持一致。無論如何，有些人認爲所有物品的價值會同時下降，致使所有的生產者都得不到充分的報酬，這是極其荒謬的。如果價值保持不變，則價格改變是無關緊要的，因爲生產者的報酬並不取決於在交換他們的物品時他們可以得到多少貨幣，而是取決於他們可以得到多少可供消費的物品。不僅如此，貨幣也是一種商品；如果假定一切商品的數量都增加了一倍，那麼我們就必須假定貨幣也增加了一倍，因此價格並不會跌到價值水準以下。

§三　普遍的供給過剩，或者所有商品的供給超過需求的情況，就需求是由支付能力所構成的這一點來說，是不可能出現的。不過也許會有人假設，短缺的是占有的欲望而不是購買的能力，產業的總產量可能大於社會想要消費的數量，至少大於社會中能夠爲其提供等價物的那部分人的消費欲望。顯而易見的是，生產將創造出產品市場，一國也將擁有可以用來購買一國所有財富的財富。但是擁有購買能力的人也許並沒有消費的欲望，而具有消費欲望的人也許並沒有購買的能力，因而基於有些人具有消費欲望但是卻缺乏購買能力，或者有些人擁有購買能力但是卻缺乏消費欲望，所以被生產出來的商品中將有一部分找不到市場。

上述觀點似乎是這個學說最合乎情理的表達形式，不像我們前面所探討的那種觀點，包含著某種矛盾。任何特定商品的數量都有可能大於擁有購買能力的人們想要購買的數量。可以設想，對於所有的商品來說，都有可能發生這種情況。謬誤之處在於，抱持這種觀點的人沒有察覺到，雖然所有能夠提供等價物進行購買的人所想要的可供消費的物品可能已經獲得充分的供給，但是他們仍然繼續增加生產；這個事實就證明了實際情況並非如此。爲此，我們可以做出最爲有利的假設：在一個有限的社會內，每位成員都已經擁有他所想要的一切必需品以及他已知的各種奢侈品。由於無法想像欲望已經完全得到滿足的人們爲了獲得他們並不想要的物品而去從事勞動和厲行節約，因此我們不妨假定來了一位外國人，他生產當地已經非常充足的某種物品，使其數量有所增加。有人會說，這就是生產過剩。的確如此，這是該種特定物品的生產過剩，社會並不需要更多的這種物品，但卻需要別的物品。的確，當地的居民已經不再需要什麼了，但是這位外國人也不需要什麼嗎？當他生產這種過剩的物品時，難道他是在沒有動機地勞作嗎？他生產的是不恰當的物品，而不是恰當的物品。他可能需要食品，但卻生產了每個人都已經得到充分供給的鐘錶。這位新來者爲該國帶來了他對某種商品的需求，這等於他的聰明才智所能生產的一切，而他的責任就是確保他所帶來的供給能否滿足這種需求。如果他不能生產某種物品以激發社會新的需求或者欲望，使某人爲滿足這種欲望而願意生產更多食品與其進行交換，那麼他就只能透過兩種方式自行生產食品：如果哪裡還有未被占有的荒地，他就在哪裡開荒耕作，否則他就只有充當已經占有土地、想要減少個人部分勞動的某人的承租人、合夥人或者僕人。他生產了人們不需要的物品，而不是人們需要的物品，同時他本人很可能也不是人們所需要的那種類型的生產者。但是並未出現生產過剩的情形，只是不夠協調。前面我們看到，將額外的商品帶進市場的人，同時也帶來了額外的購買能力。現在我們看到，他還帶來了額外的消費欲望。因爲如果沒有這種欲望，他就不會自尋煩惱地從事生產活動。因此當發生額外供給時，需求的兩個要素均未缺少；儘管完全有可能出現如下情況，即人們需求的是某種物品，而供給卻遺憾地是由其他物品所構成。

進退無路的反對者很可能辯解道，有些人完全是出於習慣才進行生產和積累；不是因爲他們想要變得富有，也不是因爲他們想要增加任何方面的消費，而是因爲慣性。他們繼續開展生產，是因爲機器已經安裝，他們進行儲蓄並且將儲蓄用來再投資，是因爲他們不想將儲蓄用於其他方面。我承認這是可能的，而且可能在某些少見的情況下已經發生。不過這些絲毫不影響我們的結論。原因爲，這些人將他們的儲蓄用來做什麼呢？他們將儲蓄用於生產性的投資，即用來僱用勞工。換言之，他們不知道如何使用其擁有的剩餘的購買能力，於是他們將剩餘的購買能力用於勞動階層的一般利益。現在，勞動階層是否也不知道如何使用它呢？我們能否也假定勞動階層的需求已經完全得到滿足，並且他們繼續進行勞動也僅僅是出於習慣呢？在這種情況發生之前，在勞動階層達到滿意之前，無論資本積累得多快，都不缺乏對於生產的需求。因爲如果資本無法用於其他方面，那麼它也總是能夠用來生產勞動階層的必需品或者奢侈品；而且，當勞動階層不再需要更多的必需品或者奢侈品時，他們可以透過減少自己的工作來享受工資的進一步增加所帶來的利益。只有在這種條件下，生產過剩的情況才有可能首次在觀念上出現。不過儘管如此，由於勞工的缺乏，生產過剩的情況在實際上也不可能出現。因此無論以什麼方式考察這個問題，即使我們盡一切可能做出對其有利的假設，關於普遍的生產過剩的理論也都是荒謬的。

§四　對於經濟現象做過深入思考的人們，甚至曾以富有原創性的探索爲理解這些現象做出過貢獻的人們，爲什麼也會信奉如此荒謬的學說呢？我認爲那是由於他們受到了有關某些商業事實的錯誤見解的蒙蔽。他們設想，商品普遍供給過剩已經有了經驗的證明，因而其可能性是存在的。他們相信自己在一定的市場狀況中還看過這種現象；其實，對於這種市場狀況的正確解釋是完全不同的。

我們已經描述過與所謂的商業危機相伴的商品的市場狀況。在此期間，所有商品確實超過了貨幣需求，換言之，出現了貨幣供給不足的情況。大量信用的突然喪失，導致每一個人都不願意放棄現金，許多人由於渴望獲得現金而不惜承受任何損失。因此，幾乎人人都是銷售者，而不存在任何購買者，以至於的確會出現（雖然只是在危機持續期間）一般物價水準大幅下跌的情況。人們將這種情況不加區別地稱爲供過於求或者貨幣短缺。但是，像西斯蒙第那樣，認定商業危機是普遍的生產過剩所產生的結果，是極大的錯誤。商業危機不過是過度進行投機性購買所帶來的後果。低物價水準並不是逐步形成的，而是從非同尋常的高物價水準上突然跌落下來的，其直接原因是信用的收縮，因此補救的辦法並非是減少供給，而是應該恢復信心。同樣顯而易見的是，這種暫時的市場混亂之所以會成爲一種弊端，也僅僅因爲它是暫時的。下跌的只是貨幣的價格，如果物價不再回升，則任何商人都不會蒙受損失。因爲對他而言，現在較低的價格所具有的價值，等同於過去較高的價格所具有的價值。這種解釋方式，與那些著名的經濟學家對於生產過剩這種現象的弊端所做的描述，完全不可同日而語。那些學者認爲，由於缺乏市場，所以生產者的狀況會長期惡化。這種觀點不符合商業危機的性質特徵。

易於引人贊同的另外一種——似乎支持一般財富過剩或者積累過剩觀念的現象——具有較爲長期的性質特徵，即隨著人口的增長和生產的發展，將不可避免地出現利潤和利息水準下降的情況。利潤下降的原因是，維持勞動的成本增加了，而這種成本的增加則是基於人口的增長，導致對食品需求的增加超過農業技術的進步水準所造成的。對於各國經濟發展過程中所出現的這個重要性質特徵，我們將在下一編予以詳盡的考察與論述。[2]這與缺少商品市場顯然不是同一回事，儘管生產階層與商人階層在發洩不滿時經常將兩者相互混淆。近代或者現代工業經濟的實際情況說明，如果人們滿足於獲取小額的利潤，則幾乎可以開展任何規模的經營。對此，所有勤勞而且精明的商界人士都心知肚明。但是即使那些遵從他們時代的必然性的人們，也會對他們所遵從的事物有所抱怨，他們希望所需要的資本少一些，或者像他們所說的那樣，存在的競爭少一些，以便獲得更高的利潤。然而，低利潤與需求不足是不同的兩回事；只是利潤低一些的生產和積累，並不能被稱爲供給過剩或者生產過剩。這種現象究竟是什麼？其作用與必要的界限又如何確定？關於這些，我們將在討論這個特殊問題時再予以說明。

據我所知，除我已經專門分析過的兩點之外，其他任何經濟事實都不會使人們透過實際經驗形成有關商品普遍生產過剩的觀念。我確信，無論需要解釋商業方面的何種事實，都不需要我們做出這種荒誕的假定。

這一點非常重要，在這一點上所形成的任何不同意見，都會使政治經濟學領域裡眾多的概念出現根本性的差別，在其實際應用方面更是如此。一方面，我們僅僅必須考慮的是，如何使充分的生產盡可能地與最佳的分配結合；而另一方面，還有第三件事必須被考慮，即如何才能爲生產創造市場，或者如何才能使生產不超出市場能力的限度。不僅如此，這種在本質上自相矛盾的理論，必然導致整個學說的核心部分混亂，使它無法清晰地解釋許多較爲複雜的社會經濟現象。我認爲，這個錯誤對前面提及的三位卓越經濟學家——馬爾薩斯、查默斯和西斯蒙第——所建立的體系造成了致命傷害，雖然他們都令人羨慕地感受到並且說明了若干基本的政治經濟學原理，但是這種錯誤的觀念宛如一道帷幕，把這些原理與學說中較爲棘手的部分分隔開來，一絲光線也難以穿透。更爲嚴重的是，它不斷地在智力可能略遜一籌的人們的頭腦中造成同樣的混亂與迷茫。爲了公平地對待以下兩位傑出的人物，我有必要提請大家關注如下事實，即對於這個最爲重要的問題給予正確解答的榮譽，主要歸功於歐洲大陸卓有見識的賽伊（J. B. Say），以及我國的詹姆斯 · 彌爾先生（Mr. James Mill）。彌爾先生（除在其《政治經濟學原理》一書中對於這個問題進行了權威性的論述之外）在爲參與當時的論戰而印行書名爲《爲商業辯解》的這本一時間引起廣泛爭議的小冊子中，頗具說服力、清晰地闡述了正確的觀點。在其諸多著作中，這本小冊子是使他成名的第一部作品；而且他之所以特別珍愛這本小冊子，還因爲正是透過它，他得以結識了大衛 · 李嘉圖（David Ricardo），並與之建立起了自己一生中最爲寶貴的和最爲親密的友情。

◆註解◆

【1】參閱本書第一編第五章§二—四。

【2】參閱本書第四編第四章。

第十五章　關於價值尺度

§一　政治經濟學家之間關於價值由來已久且屢屢見諸報端的極端爭論，使人們對於這個問題的重視程度超出了它應被關注的程度之外，而且有關這個問題的某些著述也的確授人以柄，使人們指責這些政治經濟學家之間的爭辯實爲口舌之爭。這種指責雖然略顯誇張，但卻並非毫無根據。然而，哪怕只是爲了表明對此需要說明的其實很少，但我們也有必要提到這個問題。

根據尺度這一詞的通常含義，價值的尺度應當是指某種物品，透過與之相互比較，我們可以確定任何其他物品的價值。如果我們進一步考慮到價值本身是相對的，需要有獨立於衡量價值的第三種物品以外的兩種物品才能形成價值，那麼我們就可以將價值的尺度定義爲：將任何兩種其他的物品，與某種物品相互比較之後所得出的與這兩種其他物品之間的價值關聯。

從這個意義來講，任何商品在一定的時間和一定的地點都可以作爲價值的尺度。因爲只要我們知道兩種物品各自與任何第三種物品相互交換的比率，就可以得出這兩種物品相互交換的比率。可以成爲一種便利的價值尺度的商品，將會被選爲交換的媒介。人們習慣性地都以這種商品爲尺度，估計所有其他物品的價值。我們說一種物品值二鎊，另一種物品值三鎊，就算不特別說明，人們也知道前者值後者的三分之二，或者這兩種物品按二比三的比率相互交換。貨幣就是衡量其價值的一種完美尺度。

不過政治經濟學家渴望得到的並不是各種物品在同一時間和同一地點的價值尺度，而是同一物品在不同時間和不同地點的價值尺度，即尋求一種物品，將任何其他物品與之相比較，就可以知道其他物品現在的價值是大於還是小於一個世紀以前的價值，或者其他物品在英國的價值是大於還是小於在美國或者在中國的價值。如果我們能夠獲取相同的資料，如果我們能夠將這個尺度不僅與一種商品，而是與價值的概念所必需的兩種或者更多種的商品相互比較，則貨幣或者任何其他商品就能夠與在同一時間和同一地點的條件下一樣，完全實現這個目的。如果現在一夸脫小麥值四十先令，一隻肥羊也值四十先令，而在亨利二世（Henry the Second）時一夸脫小麥值二十先令，一隻羊值十先令，則我們可以斷定，當時一夸脫小麥值二隻羊，而現在僅值一隻羊，進而也可以斷定，以小麥估算的肥羊的價值，現在是當時的兩倍。此時，無論就這兩種物品而言，還是就其他各種無須給予任何假設的商品而言，這兩個時期的貨幣的價值都是與此無關的（相對於我們假設的兩個時期，貨幣的價值下降了）。

然而，有關這個問題的專家們渴望尋求的似乎是這樣一種尺度，即只需將某種商品與該尺度相互比較，而無須特別地與任何其他給定的商品相互比較，就可以確定這種商品的價值。他們希望僅憑一夸脫小麥現在值四十先令而過去值二十先令這個事實，不用選擇第二種商品，例如，一隻羊與小麥進行比較，就可以斷定小麥的價值是否發生了變動以及變動的幅度有多大。因爲他們想要瞭解的不是小麥的價值相對於羊的價值發生了多大的變化，而是相對於一般物品的價值發生了多大的變化。

一般交換價值的必然的不確定性成爲了價值的首要的障礙，它不是相對於某種商品的價值，而是相對於所有的商品的價值。即使我們確切地知道在從前的某一時期，一夸脫小麥可以分別與多少提供給市場出售的各種物品相互交換，並且確切地知道現在一夸脫小麥可以與較多的某些物品相互交換，同時可以與較少的另外一些物品相互交換，但我們還是經常地發現，要判斷小麥的價值相對於一般物品來說究竟是上漲還是下跌了，仍然是不可能的。如果我們只知道小麥的價值相對於這種尺度發生了多大的變動，那想要做出上述判斷就更加不可能。要使某種物品在兩個不同時期的貨幣價格能夠衡量該物品所能交換的一般物品的數量，相同的貨幣總額就必須在這兩個時期內均與相同數量的一般物品相對應，即貨幣必須始終具有相同的交換價值以及具有相同的一般的購買能力。現在，不僅對於貨幣來說，而且對於任何其他商品來說，情況都並非如此。我們甚至無法想像，究竟在什麼樣的假設條件下，情況才會如此。

§二　因而，在交換價值的尺度不可能存在的情況下，學者們便在價值尺度的名義下構想出某種概念，他們認爲將這個概念稱爲生產成本的尺度更爲恰當。他們設想某種物品總是由相同數量的勞動生產出來。對於這個假設我們必須附加一點，即生產中使用的固定資本必須始終與直接勞動的工資保持相同的比例，而且必須始終具有同樣的耐久性。簡言之，必須在相同的時間內墊付相同的資本，以便使由利潤所構成的價值要素以及由工資所構成的價值要素都保持不變。於是我們將得到某種物品，它總是在一種不變的影響永久性價值的所有環境因素組合下被生產出來。這種物品的交換價值根本無法保持不變；因爲（即使不考慮供給與需求方面的暫時波動）這種物品的交換價值會因爲與它相互交換的各種物品之生產環境因素的變化而變化。不過假如的確存在這樣一種物品，則我們可以從中獲得如下利益，即每當任何其他物品與這種物品的關係發生永久性的變化時，我們就可以斷定，變化的原因不在於這種物品，而在於其他物品，因而這種物品不適合作爲其他各種物品價值的尺度，但是適合作爲它們生產成本的尺度。如果一種物品相對於這種不變的物品取得了較大的永久性購買能力，則這種物品的生產成本必定會變得更大；反之，則一定會減小。這種成本的尺度，就是政治經濟學家一般所指的價值的尺度。

不過，雖然成本的尺度是完全可以想像的，但是它與交換價值的尺度一樣，實際上是不存在的。不存在生產成本不變的物品。黃金、白銀的生產成本變動最小，但是即使對於這些物品來說，由於原有的供給源泉的枯竭、新的供給源泉的發現以及開採方法的改進，它們的生產成本也會發生變化。如果我們試圖透過某種物品的貨幣價格的變動來推斷其生產成本的變動，則應當盡可能地參照貨幣本身的生產成本在此期間所發生的變動，而對所得出的結論加以修正。

亞當・史密斯（Adam Smith）認爲，有兩種物品特別適合用作價值尺度：穀物與勞動。關於穀物，他指出，穀物的價值雖然每年變動很大，但是各世紀之間的變動不大。現在，我們知道這種看法是錯誤的，無論是在英國，還是在依靠英國供給穀物的其他國家，穀物的生產成本都會隨著人口的增長而加大，隨著農業的改良而減小。他所設想的穀物生產成本的固定不變取決於能否保持這兩種相互對抗的力量的完全平衡。然而即使這種完全的平衡眞的實現過，那也是極爲偶然的。亞當・史密斯關於勞動作爲一種價值尺度的論述反覆不一。有時他將其視爲在短期內適合的價值尺度，並表示，勞動的價值（或者工資）雖然在各代人之間的變動很大，但是在每年之間的變動不大。在其他場合，他又說，對於一位男子而言，通常可以將每天的體力勞動視爲等量的努力或者犧牲，因此勞動在本質上可以成爲最適合的價值尺度。不過無論這種說法本身能否被人們接受，它都澈底背離了交換價值的概念，而將其替換爲某種完全不同的更類似於使用價值的概念。如果在美國一天的勞動可以買到的普通消費品比在英國多一倍，那麼有人堅持認爲兩個國家的勞動具有相同的價值，只是其他各種物品的價值彼此不同，這似乎是一種徒勞的辯解。在這種情況下，無論是市場還是勞動者本人，都應該承認美國勞動的價值是英國勞動價值的兩倍。

如果目的在於獲得某種近似衡量使用價值的尺度，那麼最適合的物品或許是每天維持一位普通男子生存所需要的必需品，可以用非熟練工人階層通常每日消費的食物加以計算。如果在某一國家，一磅玉米粉可以維持一位男性勞工一天的生活，則可以根據某種物品交換到的玉米粉的磅數，認定其價值更大一些或者更小一些。如果某種物品以其本身或者以其所能交換到的物品可以維持一位男性勞工一天的生活，而另一種物品可以維持他一週的生活，則基於人類正常的使用，有理由斷定後者的價值是前者的七倍。但是這卻無法衡量該物品相對於它的所有者來說究竟具有多大的價值。這個價值可能在任何程度上大於（儘管不可能小於）用這種物品所能交換到的糧食價值。

我們千萬不要把價值尺度的概念與價值的調節器或者價值的確定原則相互混淆。當李嘉圖以及其他一些人說一件物品的價值是由勞動量來決定的時候，他們並不是指該物品所能交換到的勞動量，而是指生產它所需要的勞動量。他們想要肯定的是，這種勞動量決定了它的價值；是它具有它本來的價值而不具有另一價值的原因。不過當亞當・史密斯與馬爾薩斯說勞動是價值的尺度時，他們並不是指生產某種物品的勞動，或者能夠生產這種物品的勞動，而是指這種物品所能夠交換到或者購買到的勞動量，換言之，是用勞動加以估計的這種物品的價值。同時，他們的意思不是說，這種勞動量決定了物品的一般交換價值，或者在決定物品的一般交換價值應該多大的問題上具有任何作用，而是確定物品的一般交換價值有多大以及它是否會因爲時間和地點的不同而發生變化；如果發生變化，那麼變化的程度如何。混淆這兩個概念，無異於忽略溫度計與火之間的差別。

第十六章　關於價值的某些特殊情況

§一　在上述章節，我們已經研究了在同一個國家中、在商品交換所有比較重要的情況下，一般的價值法則是什麼。首先，我們研究了壟斷的情形——價值取決於自然的或者人爲的數量限制，即取決於需求與供給。其次，我們考察了自由競爭的情形——人們能夠以不變的成本生產出數量不受限制的物品；物品的永久性價值取決於生產成本，只是價值的變動取決於供給與需求。再次，我們考察了混合的情形——人們能夠生產出數量不受限制的物品，但是成本發生了變動；物品的永久性價值取決於爲獲得所需要的供給所產生的最大成本。最後，我們發現貨幣本身屬於某種第三類商品，在自由狀態下，其價值與同類中其他各種商品的價值一樣，受到相同法則的支配，因而價格與價值都遵循著相同的法則。

由此可以看出，需求與供給支配著所有情況下的價值與價格的變動，並且除了自由競爭的供給機制，還左右著其他一切情況下的所有物品的永久性價值與價格。但是在競爭機制下，平均而言，各種物品是以一定的價值相互交換，並以一定的價格出售，使所有類型的生產者能夠獲得相同的預期利益。不過只有當各種物品按照它們的生產成本的比率相互交換時，這一點才能實現。

然而，現在我們有必要關注一下某些特殊的情況，這些特殊情況的具體特徵決定了在這些情況下，交換價值的法則是不適用的。

有時，兩種不同的商品具有所謂的聯合生產成本。它們是同一生產活動或者同一組生產活動所生產出來的產品，其支出是爲生產兩者而發生的，並非部分支出是爲一種產品，部分支出是爲另一種產品。如果人們根本不需要或者不使用其中一種產品，那麼另外的一種產品就必須承擔全部的支出。具有這樣的關聯性的商品生產的例子並不少。例如，焦炭與煤氣是利用同一種原料，經由同一生產活動生產出來的。從不完全的意義來講，羊肉和羊毛也是其中的一例。還有牛肉、牛皮和牛脂，小牛和乳製品，雞肉和雞蛋等，也是如此。在決定聯合商品中每種商品的相關價值方面，生產成本不能發揮任何作用，它只能決定它們的聯合價值。煤氣和焦炭必須一起償付它們的生產費用以及正常的利潤。為此，一定量的煤氣連同其副產品——焦炭——必須以它們的聯合生產成本的比率，與其他物品相互交換。但是生產者的報酬有多少來自焦炭，又有多少來自煤氣，仍有待進一步的確認。生產成本並不決定它們各自的價格，而只決定它們的價格總額。目前尚不存在將生產費用在兩者之間進行劃分的基本法則。

既然生產成本在這裡無助於我們，那麼我們就不得不重新考慮先於生產成本更為基本的價值法則了，即需求與供給的法則。根據這個法則，商品的需求隨著價值的變動而變化，而價值則自行調整，從而使需求與供給相等。這種理論提供了我們所要尋求的進行劃分的法則。

假設一定量的煤氣已經被生產出來，並且以某一價格出售，其副產品焦炭也以某一價格出售，那麼煤氣的價格與焦炭的價格合起來，就能夠償付包含正常利潤率在內的各種費用。又假設煤氣和焦炭按照上述價格分別出售時，全部煤氣都很容易賣出，沒有剩餘和不足，而和煤氣相對應的焦炭卻未能全部售出，則在這種情況下，為了把焦炭全部賣出去，必須壓低焦炭的價格。但是這種較低的焦炭價格，加上煤氣的價格，不能提供足夠的補償，以至於整個產業都不能償付包含正常利潤在內的各種費用，進而將無法在這樣的條件下繼續營運。因而煤氣必須以較高的價格出售，以彌補焦炭方面的不足。需求將相應地收縮，生產將在某種程度上有所減少；當煤氣價格的上漲和焦炭價格的下跌同時發生，使前者的銷量減少，後者的銷量增加，進而使煤氣產業在一定的規模下所生產出來的全部煤氣以及由此而生產出來的全部焦炭都有了市場時，這兩種產品的價格才會穩定下來。

或者，假設情況與此相反；按照現行的價格，焦炭的需求大於滿足煤氣需求之生產所能供給的數量。現在，焦炭的供給短缺，將造成焦炭的價格上漲。全部生產活動將產生高於正常的利潤率，從而吸引更多的資本進入煤氣產業。在這種情況下，原先未被滿足的對焦炭的需求現在會得到充分的供給；不過，不同時增加煤氣的供給，就無法實現這一點；由於當前對於煤氣的需求已經得到充分的供給，因此只有降低追加供給的煤氣的價格，才能找到足夠的煤氣市場。結果是，雖然兩者將共同提供足以補償它們的聯合生產成本所需要的收益，但是在這種收益中，由焦炭所提供的部分將比過去多，而由煤氣所提供的部分將比過去少。當對於一種物品的需求與對於另一種物品的需求非常吻合，以至於一種物品的需求量，恰好等於滿足另一種物品的需求量的生產之產出數量時，便可以實現均衡。如果任何一方存在著任何剩餘或者不足，我們假定對焦炭有需求，而對與其同時生產出來的煤氣卻完全沒有需求，或者情況與此相反，則這兩種物品的價值和價格將自行調整，直到兩者都找到市場爲止。

因此，如果兩種或者兩種以上的商品具有聯合生產成本，則它們彼此相對的自然價值將根據生產過程中所提供的各種物品的數量的比率，爲每種物品創造出某種需求。這種理論本身並不十分重要，但它說明了需求法則，以及在生產成本法則不適用的情況下可以其他法則填補空白，這種想法是值得關注的。我們將在下一章中發現，在一些更爲重要的場合，會發生非常類似的情況。

§二 另外一種值得關注的有關價值的情況，是不同種類的農作物的價值的問題。這比上一個問題更爲複雜，需要留意的影響價值的因素更多。

如果不同的農作物可以在相同的土地上或者在完全不同的土地上種植，並毫無差別地帶來同等的利益，那麼就不存在需要我們特別關注之處。困難產生於以下兩點：第一，與種植另外一種農作物相比，大多數土地更適合種植某一種農作物，但也不是絕對地不適合種植任何農作物；第二，輪作的實行。

爲簡化起見，我們將限定假設條件爲兩種農作物，例如小麥和燕麥。如果所有土地都同樣適合種植小麥和燕麥，則所有的土地都將沒有差別地種植這兩種農作物，它們在各處都以相同的相對生產成本決定它們的相對價值。如果在某一地塊上投入相同的勞動，種植小麥可以收成三夸脫，種植燕麥能收成五夸脫，則三夸脫小麥與五夸脫燕麥將具有相同的價值。又比如，小麥和燕麥根本不能種植在相同的土地上，則各自的價值將取決於爲滿足現有的需求在最差的土地上種植它們的生產成本。然而實際上小麥和燕麥幾乎在任何土地上都可以種植。不過有些土壤，例如韌黏土，較適合種植小麥；而另一些土壤（砂質土），則較適合種植燕麥。投入相同的勞動，有些土壤能夠生產出四夸脫燕麥或三夸脫小麥，而另一些土壤卻生產出不足三夸脫小麥或五夸脫燕麥。在存在這些差異的情況下，是什麼決定著兩種農作物的相對價值呢？

很顯然，每種農作物都會被優先種植在對其最爲適合的土地上；而且如果只依靠這些土地就能夠使需求得到滿足，那麼兩種農作物的價值便毫無關聯。但是當這兩種農作物的需求不僅要求將兩者分別種植在對其特別適合的土地上，而且還要求將兩者種植在——對它們幾乎同樣適合，而不是對兩者中的一種特別適合的——中等土地上，則耕種中等土地的生產成本將決定這兩種農作物的相對價值；特別適合種植某一種農作物的土地的地租，將由土地所具有的生產能力所決定，種植這種農作物的具體的適合程度，體現了土地生產能力的水準。對於熟悉一般的價值法則的人來說，到目前爲止，這些問題並未顯示出任何疑難。

然而，還可能出現的情況是，對於兩種農作物中的一種農作物（例如小麥）的需求，可能大大地超過對於另外一種農作物的需求，以至於不僅在特別適合種植小麥的土地上種植小麥，而且在所有同樣適合種植兩者的土地上種植小麥，甚至侵占了部分更爲適合種植燕麥的土地。要誘使人們如此不均等地耕作分配，就要使小麥的價格必須相對地高於它在中等土地上耕種的生產成本，而燕麥的價格則必須相對地低於它在中等土地上耕種的生產成本。它們的相對價值必然與耕種某種肥力的土地成本成比例，不論土地的肥力如何，對於兩種農作物的相對需求而言，都要求人們必須在這種肥力的土地上同時種植兩種農作物。如果需求狀況使兩種農作物都種植在某一塊土地上，而與另一種農作物相比，該地塊更適合種植這一種農作物，那麼與我們首先假設的那種成比例的需求狀況相對比，在這兩種農作物之間，或者相對於一般物品而言，這一種農作物將會較為便宜，而另一種農作物則較貴。

於是，我們由此獲得新的例證，它以多少有些不同的方式揭示了需求的作用，說明需求並不是價值偶然性的干擾因素，而是與生產成本一起或者作為生產成本的補充，或者作為價值永久性的決定因素。

實行輪作的情況與具有聯合生產成本的情況一樣，例如，與煤氣和焦炭的生產情況一樣，因此無須我們專門加以分析。如果所有的土地都隔年地輪作白色農作物與綠色農作物，而且對於兩種農作物來說，這種輪作都是同樣必需的，那麼農民將透過一年種植白色農作物獲取的農產品價格，與另一年種植綠色農作物獲取的農產品價格，補償兩年的費用；同時，兩種農作物的價格將自行調整，以便形成可以接受同等面積種植的白色農作物與綠色農作物的某種需求。

發現有關價值的其他例外情況並不困難，對其加以討論也是一種有益的訓練。但是，在本書這樣的著作中，超出闡述原理所必要的限度去做更為詳盡的論述，既不妥當也不可能。因此現在我們將開始探討一般交換理論中唯一尚未涉及的部分，即有關國際交換的問題，或者更籠統地講，相距遙遠的兩地之間的交換問題。

第十七章　關於國際貿易

§一　爲了方便消費起見，商品似乎應當在盡可能接近銷售市場的地方生產，但是有時卻是從遠方運來，對於造成這種情況的原因，人們的認識往往相當膚淺。有些物品如果不是自然地處於特定的溫度、土壤、水或者空氣的環境中，就無法進行生產。但是也有許多物品雖然能夠在本國毫無困難地且數量不受限制地被生產出來，但卻依然從遠方進口。對於這種情況的一般解釋是，進口比生產更便宜；這是一個正確的理由。但是我們有必要揭示這個理由本身成立的原因。在同一地點生產的兩種物品，如果一種比另一種更便宜，則其原因是，前者耗用的勞動和資本較少，或者說，耗用的生產成本較低。難道這也是在不同地點生產的物品之間發生這種情況的原因嗎？物品是否僅從生產所需要的勞動（或者成本的另一要素——時間）較少的地方進口，運送到成本相對較高的地方呢？適用於毗鄰兩地所生產的物品的法則，以及物品的永久性價值與其生產成本成比例的法則，是否同樣適用於相距遙遠的兩地之間所生產的物品呢？

我們應該發現情況並非如此。有時，以最低的價格出售的商品並非是在能以最少的勞動和資本進行生產的地方生產出來的。英格蘭可能從波蘭進口農產品，用紡織品償付，雖然英格蘭在農產品和紡織品的生產上都比波蘭具有更大的優勢；英格蘭也可能向葡萄牙出口紡織品以換取葡萄酒，雖然葡萄牙能以少於英格蘭的勞動和資本進行紡織品的生產。

這種情況不會發生在毗鄰的兩地之間。如果泰晤士河北岸的製作鞋子的條件優於南岸，則不會有鞋子在南岸被製作出來；鞋匠們會連同他們的資本遷往北岸，或者從一開始就在北岸創業。因爲與北岸是同一市場上的競爭者，他們不能依靠犧牲消費者的利益來彌補自己的損失——數額將完全取決於他們的利潤。因此若他們只要簡單地跨過河去經營就可以增加利潤，則他們就不會長期地滿足於較小的利潤。不過在遙遠的兩地之間，尤其是在不同的國家之間，利潤很可能一直都是互不相同的。因爲如果沒有非常強烈的動機，則人們本身或者他們的資本，一般都不會向遠方轉移。如果資本向世界遙遠的地方流動，與向同一城鎮的另一地流動一樣容易，而且無需太大的誘因，如果人們爲節省少量的費用，隨時都願意將他們的工廠遷至美國或者中國，則在世界的範圍內，利潤將會趨同（或者相等），並且一切物品都會在以相同的勞動和資本可以生產出數量最多、品質最佳的地方生產。即使在今天也可以看到這種趨勢：資本變得越來越具有世界性；在較爲文明的國家之間，風俗和制度方面的相似之處比過去多了，而情感方面的隔閡卻比過去少了。現在，只要存在比以前小很多的誘因，人口和資本就會從這些國家中的一國向另一國轉移。但是在整個世界的範圍內，各個地方的工資和利潤之間的差別仍然非常大，往往只需要存在極小的誘因，就可以促使資本甚至人口自瓦立克郡轉移至約克郡；但是卻需要存在極大的誘因才能促使資本或者人口自英國轉移至印度、其他殖民地或者愛爾蘭。也許資本向法國、德國或者瑞士的轉移，幾乎與資本向殖民地的轉移一樣容易；但語言和政體的差異卻恰如氣候的差異和距離那樣，有可能形成很大的障礙。除非存在能夠獲取極大的超額利潤的誘因，否則資本絕不會向依然處於野蠻狀態的國家或者剛剛步入文明的國家——例如俄國或者土耳其——轉移。

因此，在一定程度上，在所有相距遙遠的地區之間，尤其是在不同的國家之間（無論是否接受共同的最高政府的統治），在勞動和資本報酬方面，可能仍然存在著極大的不均衡；但是並未促使勞動和資本由一地向另一地轉移，並進而達到足以消除這種不均衡的規模。屬於一國的資本大部分會長期滯留在本國，即使當本國的資本的生產力已經低於其他國家時也是如此。不過即使在這種情況下，一國也仍然可能繼續與其他國家進行貿易，甚至有可能將某些物品出口到能夠用少於本國所花費的勞動和資本而進行該物品生產的國家；因爲雖然某些國家可能在所有物品的生產上都比它更具有優勢，但是與生產其他物品相比，某些國家生產某些物品可能更爲有利，因而它們發現，進口自己在生產上優勢最小的物品，以便使用更多的勞動和資本來生產自己優勢最大的物品，對於它們自身來說是有利可圖的。

§二　繼李嘉圖（對於這個問題的論述做出最大貢獻的思想家）[1]之後，我曾經在其他地方[2]也指出，「決定交換的不是絕對的生產成本的差異，而是比較成本的差異。儘管英格蘭的礦山和棉紡織廠的生產能力可能都高於瑞典，但是我們仍然可以從用棉紡織品交換瑞典生產的生鐵中獲益；因爲如果我們在棉紡織品生產方面所獲得的利益超出了瑞典的二分之一，而在生鐵生產方面所獲得的利益超出了瑞典的四分之一，並且我們可以按照瑞典自行生產它們時所必須支付的數額作爲價格將棉紡織品出售到瑞典，那麼我們在換取到瑞典生鐵方面的利益，將與棉紡織品一樣，超出瑞典的二分之一。透過與外國人進行貿易，我們往往能夠使用比外國人自行生產所花費的勞動和資本還要少的成本獲得他們的商品。而這樣的交易對於外國人來說也是有利可圖的。因爲外國人透過交換所獲得的商品，儘管對於我們來說生產成本較低，但是對於他們來說生產成本卻仍然較高。」

爲了說明兩國之間在什麼情況下會進行商品交換，在什麼情況下不會進行商品交換，詹姆斯·彌爾先生在《政治經濟學原理》一書中曾經假設，[3]波蘭在紡織品和農產品的生產上都比英格蘭更具有優勢。他首先假定，這兩種商品在生產方面所具有的優勢是相同的：每種商品的生產，在波蘭各需要一百天的勞動，而在英格蘭則各需要一百五十天的勞動。「由此產生的結果必然是，英格蘭用一百五十天的勞動生產出來的紡織品如果運到波蘭，則將相當於波蘭用一百天的勞動生產出來的紡織品；因此如果與農產品進行交換，那麼只能換到波蘭用一百天的勞動生產出來的農產品。但是我們已經假設，在波蘭需要用一百天的勞動生產出來的農產品，在英格蘭需要耗費一百五十天的勞動。因此英格蘭用一百五十天的勞動所生產出來的紡織品，在波蘭能夠交換到的農產品，只相當於它在國內用一百五十天的勞動所生產出來的農產品的數量，而且它在進口時還需要支付運費。在這種情況下，兩國之間是不會進行商品交換的。」在此情況下，假設兩種物品在英格蘭和波蘭的比較成本相等，儘管它們的絕對生產成本有所不同，但我們可以看到，根據這種假設條件，兩個國家分別限定自己只生產兩種產品中的一種，而從國外進口另外一種，這樣做並不能節省勞動。

當兩個國家的兩種物品不僅絕對成本互不相同，而且比較成本也互不相同時，情況就完全兩樣了。這位學者繼續指出，「如果在波蘭需要用一百天的勞動生產出來的紡織品，在英格蘭需要用一百五十天的勞動才能生產出來，而在波蘭需要用一百天的勞動生產出來的農產品，在英格蘭需要用不少於二百天的勞動才能生產出來，則兩國之間將產生進行交換的充分動機。英格蘭用一百五十天的勞動所生產出來的紡織品，雖然只能在波蘭購得用一百天的勞動生產出來的農產品，但是波蘭用一百天的勞動所生產出來的農產品的數量，卻與英格蘭用二百天的勞動所生產出來的農產品的數量一樣多。」因此，英格蘭從波蘭進口農產品，用紡織品進行償付，就可以用一百五十天的勞動換取它所需要耗費二百天的勞動生產出來的農產品，每進行一次這樣的交易，就可以節省五十天的勞動。這對於英格蘭來說，不但是一種相對節省，而且從絕對的意義來看它也是一種節省；因為這種節省的實現並不以損害波蘭的利益為前提，波蘭用它需要耗費一百天的勞動所生產的農產品，換到了如果在國內生產也需要耗費一百天的勞動才能生產出來的紡織品。因而在這種假設條件下，波蘭沒有遭受損失，不過它也沒有從這種交易中獲取利益。它所進口的紡織品，如果在本國生產，也需要耗費等量的勞動。要使波蘭能夠從這種交易中獲取一定的利益，就必須對英格蘭的收益予以扣除。波蘭用一百天的勞動所生產的農產品的數量，必須要能從英格蘭購買到比在波蘭用等量的勞動所能生產出來的紡織品的數量還要多的紡織品，因而必須多於英格蘭用一百五十天的勞動所能生產出來的紡織品的數量。於是，英格蘭要換到需要它耗費二百天的勞動生產出來的農產品的數量，就必須耗費超過一百五十天、但不超過二百天的勞動成本。因此英格蘭不再獨占兩國相互之間進行貿易所共同節省的勞動的總量。

§三　透過這個論述，我們可以看到國際交換的利益之所在，或者換言之，從外國商品獲取利益之所在。姑且忽略某些國家憑藉它可以獲得本國完全不能生產的商品這一點，它的利益還體現於世界的生產要素得到了更爲充分的有效的利用。如果相互交易的兩國試圖在物質條件允許的範圍內分別爲自己國家生產目前相互進口的物品，那麼兩國的勞動和資本就不會具有像現在這樣高的生產能力，兩國透過它們的產業所獲得的商品總量，也將小於如果兩國將它們分別用於爲本國同時也爲另一國生產自己勞動效率相對最高的物品時可能獲得的商品總量。因此兩國產品總量的增加是進行貿易的利益之所在。很可能存在的情況是，兩國之中的一國所擁有的生產能力整體上處於劣勢，此時，它的勞動和資本如果全部轉移至另一國，將會得到最爲有利的使用。沉沒於荷蘭房地產業中的勞動和資本，如果轉移至美國或者愛爾蘭，一定會產生更大的收益。如果所有物品都是在對其生產具有最大的絕對利益的地方生產出來，則整個世界的產出一定會比現在更多，或者整個世界所耗費的勞動一定會比現在更少。但是，至少在目前，國民是不會大規模遷移的。因此當一國的勞動和資本仍然滯留在本國時，如果本國在任何物品的生產上都不具有優勢，則這些勞動和資本就應當用於爲外國市場以及本國市場生產本國具有最小劣勢的物品。

§四　在進行深入探討之前，讓我們將上述有關國際商業利益的見解，與就此問題曾經十分流行而且至今仍在一定程度上相當流行的其他各種觀點相互比較一下。

根據現在陳述的觀點，從外國商品中獲得的唯一直接利益存在於進口。一個國家可以透過進口獲得本國完全不能生產的某些物品，或者獲得本國必須耗費比其出口物品的成本更多的勞動和資本才能生產的某些物品。因而，一個國家可以透過耗費一定數量的勞動和資本獲得更爲充分的必需品的供給；或者可以透過耗費較少的勞動和資本換得一定數量的供給，再以節餘的勞動和資本去生產其他物品。庸俗的理論無視這種利益，認爲通商的利益存在於出口：似乎一國對外貿易的利益並非來自於它所獲得的東西，而是來自於它所放棄的東西。這些理論在提及開展對外貿易的用途和可取之處時，總是提到對外貿易能夠擴大國內生產的產品的市場，增加本國商品的消費水準，爲本國的剩餘產品找到溢流口。我們只要考慮到迄今爲止就商業問題發表見解的作家和意見領導者均屬於銷售階層，就不難理解這種觀點了。這實際上是重商主義理論遺留的產物。根據這個理論，貨幣是唯一的財富；銷售，或者換句話說，用商品換取貨幣，（對於本國沒有貴金屬礦藏的國家來說）是致富的唯一途徑；而進口商品則意味著失去貨幣，將使利益相應地有所減少。

認爲唯有貨幣才是財富的觀點已經過時，但是仍然有許多殘餘思想遺留下來，甚至我們從這個理論的摧毀者亞當·史密斯的某些觀點中也可以找到；這是一些無法追溯到任何起源的觀點。亞當·史密斯有關對外貿易的利益的理論，認爲對外貿易可以爲一國的剩餘產品提供出路，並使該國的一部分資本能夠在保證一定的利潤的條件下實現自行補償。這種說法所包含的思想，是與人們透過現象所形成的清晰的概念不一致的。剩餘產品這種表述，似乎含有一國處於某種必須生產其出口的農產品或者紡織品的狀態。因此，不由本國消費的那部分產品，如果別國並不想要而且也不消費，則生產出來就純粹屬於一種浪費；或者，如果不進行生產，則相應的那部分資本就會處於閒置狀態，該國的產品總量就會相應地減少。這兩種設想中的每一種都是完全錯誤的。一國生產超出本國需要的可供出口的物品，並不是出於什麼內在的必然性，而是因爲這是本國獲得其他物品供給的最經濟的方式。如果剩餘物品的出口受阻，則該國就會停止生產這些物品，並且不再進口任何物品，因爲無法提供與之交換的等價物品。不過，用於生產出口物品的勞動和資本，會轉而用來生產該國所需要的當初從他國進口的物品；或者，在某些進口物品是本國無法生產的情況下，就用來生產進口物品的替代品。當然，生產這些物品的成本，必然會大於當初生產用於購買外國物品的出口物品的成本。但是這些物品的價值和價格將成比例地有所提高，因而資本的重置，恰如當初爲國外市場生產物品時一樣，可以獲得正常的利潤。唯一的受損者（在變化所造成的暫時的不便過去之後）是此前一直消費進口物品的人們；他們或者被迫停止使用它們，轉而消費他們不大願意使用的某些替代品，或者爲了使用它們而必須支付比過去更高的價格。

究竟商業對於一個國家產生什麼作用，在常見的理論中存在著許多錯誤的觀點。當談到商業是國民財富的源泉時，人們的注意力往往鎖定在商人所獲得的巨額財富上，而無視消費者所支付的較低的價格。但是如果商人不獨自享受優惠政策，則他們的收益是不會大於用於國內的資本所獲得的利潤。如果有人說現在用於對外貿易的資本在供給國內市場時將無用武之地，那我可能給予的回答是，這正是我在前面的章節中已經論述過的一般的生產過剩的謬論，不過在這個具體情況下，問題已經過於明顯，以至於我們無須再援引任何一般性的理論加以說明。我們不僅知道商人的資本會找到用途，而且知道會找到什麼用途。被創造出來的用途，等同於被排除的用途。出口終止，等量價值的進口也會終止，因而一國的收入中當初花費在進口物品上的部分，將立刻花費在國內生產的同種物品或者其他物品上。商業模式實際上是使產品更爲便宜的一種模式，而且在所有類似的情況下，消費者都是最終的受益者。當然，無論購買者支出他的貨幣後得到的物品是多還是少，商人最後都會獲得自己的利潤。這種說法無損於使商品價格降低並進而有可能產生使利潤提高的作用（關於這一點，我們在前面已經提到過，後面還將進行充分討論）。當降價的是勞工所消費的某種商品，從而進入勞動的成本，並對利潤率的產生發揮決定作用的時候，情況就是如此。

§五 這些都是對外貿易的直接的經濟利益。不過，除此之外，還有間接的作用必須被視爲更高層次的利益。其一是市場的每一次擴張都具有改進生產工藝的趨勢。爲超出本國市場更大的市場提供產品的國家，可以實現勞動的更爲廣泛的分工，可以更多地使用機器設備，而且更容易實現發明創造以及生產工藝的改進。促使在同一國家所生產的任何物品的數量有所增加的所有因素，均有助於世界生產能力的普遍提高。[4]還有另外一種考慮，主要適用於產業發展的早期階段。一國的國民可能因爲他們的全部偏好已經完全獲得滿足，或者全然未被開發，而處於沉寂、怠惰、愚昧的狀態，而且因爲缺乏任何明確的追求目標，所以他們不能發揮出自己全部的生產能力。開展對外貿易，透過讓他們接觸各種新的物品，或者讓他們獲得以前從未想過可能得到的物品，有時會在一個基於國民缺乏動力和抱負以至於資源未獲充分開發的國家，誘發某種產業革命：誘導當初滿足於有限的舒適品和少量工作的人們，爲了滿足對於新的物品的喜好而更加勤奮地工作，甚至爲了更加充分地滿足對於未來的新的物品的喜好而節省和積累資本。

不過，商業對於知識和道德所產生的作用，比商業的經濟利益更爲重要。在今天人類進步的水準較低的情況下，使人們接觸與自己不同的人、與自己不同的思維方式和行爲模式，其價值是難以估量的。過去主要是透過戰爭，而現在商業已經成爲實現這種接觸的主要源泉。來自已開發國家的商業冒險家，往往成爲野蠻人早期的文明使者。同時，商業已經成爲文明國家之間進行絕大部分交往的目的。這種交往，尤其是在當代，一直是進步的主要源泉之一。對於人類來說，就目前所接受的這種教育而言，即使要養成一種良好的品質，也很難不出差錯。因此，人們將他們自己的觀念和習慣，與處境不同的人們的經驗和實例進行充分的相互比較，是非常必要的。任何民族都需要向其他民族借鑑某些東西，不僅需要借鑑具體的技術或者實踐，而且需要借鑑優於自身的其他民族的基本的民族特性。最後，商業首次教育各個民族滿懷善意地看待彼此的富強與繁榮。過去的愛國者，除其中富有教養、能夠將世界視爲自己國家的人之外，無不希望本國以外的一切國家都貧窮而且管理不善。現在，他們將其他國家的富裕和進步視爲本國富裕和進步的直接源泉。正是商業貿易透過鞏固並增加與戰爭天然對立的個人利益，使戰爭迅速遭到廢棄。可以毫不誇張地講，作爲世界和平基本安全屏障的國際貿易的全面開拓和迅速發展，已經成爲人類種族的思想、制度和素質不斷進步的偉大而且永久的保證。

◆註解◆

【1】有一段時間，我相信李嘉圖先生是政治經濟學家們現在普遍承認的關於一國源於對外貿易的利益的性質與尺度的學說的唯一創始者。不過，托倫斯（Torrens）上校早期著作《經濟學家的反駁》的再次發表，至少證明他應該與李嘉圖共同成為這個學說的創始者。

【2】《政治經濟學有待解決的若干問題論文集》，論文一。

【3】參閱本書第一編第十三章§三。

【4】參閱本書第一編第九章§一。

第十八章　關於國際價值

§一　在同一地點所生產的商品，或者在方便資本自由流動的一些毗鄰的地區所生產的商品，為了簡單起見，我們不妨說，在同一國家所生產的商品，其價值（暫時的波動除外）取決於它們的生產成本。但是從遙遠的地方——尤其是外國——運來的商品，其價值並不取決於它們在產地的生產成本。那麼其價值取決於什麼？在任何地方，一件物品的價值都取決於在當地獲取它的成本。對於一件進口物品而言，即是指用於支付它而出口的物品的生產成本。

因為所有的貿易實際上均屬於以物易物，因此貨幣不過是實現物品之間相互交換的一種工具。為求簡單起見，我們首先假定國際貿易在形式上（實際上也總是如此）採取用一種商品與另一種商品進行實物交換的方法。基於到目前為止的分析，我們已經看到，無論是否使用貨幣，有關交換的所有法則基本上均不發生變化。貨幣從來沒有支配過而且總是服從於這些基本法則。

於是，如果英格蘭從西班牙進口葡萄酒，為每桶葡萄酒支付一捆布料，則一桶葡萄酒在英格蘭的交換價值將不取決於這桶葡萄酒在西班牙的生產成本，而是取決於這捆布料在英格蘭的生產成本。雖然在西班牙生產這桶葡萄酒也許只需要耗費十天的勞動，但是如果在英格蘭生產這捆布料需要耗費二十天勞動，那麼將這桶葡萄酒運到英格蘭，則可以換取英格蘭二十天的勞動的產品並外加運輸成本，以及進口商的資本在進口期間因未作他用而應該得到的正常利潤。

因此，在任何國家，一件外國商品的價值均取決於為交換這件商品而必須付出的本國產品的數量，換言之，外國商品的價值取決於國際交換的條件。不過這些條件又取決於什麼呢？在假想的情況中，是什麼使得來自於西班牙的一桶葡萄酒，恰好可以與某一確切數量的英格蘭的布料相互交換呢？我們已經看到，並不是它們的生產成本。如果布料和葡萄酒都是在西班牙生產，則它們就需要根據其在西班牙的生產成本相互交換；如果它們都是在英格蘭生產，則它們就需要根據其在英格蘭的生產成本相互交換。但是現在所有的布料都是在英格蘭生產，而所有的葡萄酒又都是在西班牙生產，我們曾經明確指出，就它們的狀況而言，生產成本法則不再適用。正如我們在前面遭遇到類似困難時所做的那樣，我們必須相應地回到在此之前的法則，即回到供給與需求法則，就可以再次找到解決該難題的答案。

在我前面提及的論文集中，我在一篇獨立的文章裡討論過這個問題。引用當時所做的部分說明，能夠最貼切地反映我現在對此問題的見解。我必須提醒大家注意的是，我們現在所討論的問題是政治經濟學領域中最爲複雜的問題，它是無法予以簡化的，而且要理解一系列的推論，必須比以前付出更大的不懈的努力。不過我們即將掌握的線索本身還是簡單並且容易理解的，唯一的困難是，如何在國際交換錯綜複雜、曲折纏繞的關係中緊緊抓住這個線索。

§二　在兩國之間的貿易關係建立起來以後，兩種商品的交換就將按照相同的比率進行，且應扣除運輸成本；不過我們目前對其不予考慮或許更爲方便。因此爲了便於討論，我們假定將商品由一國運送到另一國無須耗費勞動，也不存在成本，則貿易一旦開始，以兩種商品相互估算的價值將會在這兩國家之間達到某一同等的水準。

假設十碼寬幅布的成本在英格蘭與十五碼亞麻布所耗費的勞動相同，在德國與二十碼亞麻布所耗費的勞動相同。與我的大多數前輩們一樣，我發現在這些複雜的研究中，用數字舉例說明概念具有明確性和穩定性，這是可取的。這些例子有時必然來自於純粹的設想，恰如現在這種情況一樣。我本應選擇眞實的例子，但是重要的是，這些數字在由它們所構成的一系列組合中應該易於把握。

根據上面的假設，英格蘭從德國進口亞麻布是有利的，而德國從英格蘭進口寬幅布是有利的。如果各國爲自己同時生產這兩種商品，則在英格蘭十碼寬幅布可以交換到十五碼亞麻布，在德國十碼寬幅布可以交換到二十碼亞麻布。現在十碼寬幅布在兩國都應與相同碼數的亞麻布相交換，那麼碼數應爲多少呢？如果是十五碼，則英格蘭將與過去完全一樣，而德國將獲得全部利益；如果是二十碼，則德國將與過去完全一樣，而英格蘭將獲得全部利益。如果碼數介於十五碼和二十碼之間，則利益將由兩國分享。例如，如果十碼寬幅布可以交換十八碼亞麻布，則英格蘭將從每十五碼中獲得三碼的利益，而德國將從每二十碼中節省二碼。問題是，到底是什麼因素決定了英格蘭的寬幅布與德國的亞麻布相互交換的比率？

在這種情況下的交換價值，與任何其他情況下一樣，是不斷變化的，因此無論我們開始假定它是多少，都無關緊要。我們很快就會看到，是否存在著某一固定點，交換價值在其附近擺動，並且總是具有趨近並保持在這一點上的傾向。然後，讓我們假定，透過亞當．史密斯所說的市場議價的作用，十碼寬幅布與十七碼亞麻布在兩國之間相互交換。

正如我們在前面已經指出的那樣，對於某種商品的需求，即能夠找到買方購買它的數量，將隨著價格的變動而變動。現在，在德國十碼寬幅布的價格相當於十七碼亞麻布，或者相當於與十七碼亞麻布等值的貨幣量。與此價格相對應，存在著一定碼數的寬幅布爲人們所需求，或者按照這個價格可以找到購買者。如果寬幅布多於這個碼數，則就無法按照這個價格被銷售出去；如果少於這個碼數，則按照這個價格銷售就無法充分滿足需求。我們不妨假定這個碼數是十碼的一千倍。

現在讓我們的注意力轉向英格蘭。在英格蘭，十七碼亞麻布的價格相當於十碼寬幅布，或者相當於與十碼寬幅布等值的貨幣量。一定碼數的亞麻布以這個價格銷售將剛好能滿足需求。我們假定這個碼數是十七碼的一千倍。

因爲十七碼亞麻布等價於十碼寬幅布，因而一千乘以十七碼亞麻布等價於一千乘以十碼寬幅布。按照現在的交換價值，英格蘭所需要的亞麻布，恰好可以支付德國在同樣的交換條件下所需要的寬幅布。一方的需求恰好與另一方的供給相互抵銷。需求與供給法則所需要的條件獲得滿足，這兩種商品將按照我們所假定的十七碼亞麻布對十碼寬幅布的交換比率不斷地進行交換。

但是我們的假設可能與此不同。如果按照假設的交換比率，英格蘭所願意消費的亞麻布的碼數不超過八百乘以十七碼，很顯然，按照假定的比率，這個碼數不足以支付我們假設的德國依照此設定價值所需要的一千乘以十碼寬幅布。按照這個價格，德國所能獲得的寬幅布將不超過八百乘以十碼。德國爲了獲得其餘的二百乘以十碼，別無選擇地只能提高價格，即提供十七碼以上的亞麻布來交換十碼寬幅布；讓我們假定它提供十八碼。按照這個價格，英格蘭也許願意購買較多的亞麻布。同時按照這個價格，它或許願意消費九百乘以十八碼的亞麻布。另一方面，由於寬幅布的價格上漲，因而德國對寬幅布的需求或許會減少。如果現在它滿足於九百乘以十碼而不是一千乘以十碼的寬幅布，則這個數量恰好可以支付英格蘭按照改變後的價格願意購買的九百乘以十八碼亞麻布，一方的需求又恰好與另一方的供給相互抵銷，同時十碼寬幅布對十八碼亞麻布將成爲兩國間商品相互交換的比率。

假定英格蘭按十比十七的交換比率需要一千二百乘以十七碼的亞麻布，而不是八百乘以十七碼，那麼將出現相反的情況。在這種情況下，英格蘭的需求沒有得到充分滿足，爲了得到較多的亞麻布，這次英格蘭需要改變交換比率，但會使自己遭受損失，因而在兩國間，十碼寬幅布的價值將跌到十七碼亞麻布的價值以下。由於寬幅布跌價，或者說由於亞麻布漲價，則德國對寬幅布的需求將增加，英格蘭對亞麻布的需求將減少，交換比率將自行調整至直到寬幅布與亞麻布的供需恰好能夠相互抵償時爲止；而且一旦達到這一點，價值就將保持在這一水準上並不再發生變動。

因此可以斷定，當兩國相互交換這兩種商品時，這兩種商品的相對交換價值將按照兩國消費者的喜好和境況自行調整，以便使一國所需要的由他國進口的商品數量，與後者所需要的由前者進口的商品的數量相互抵償。由於消費者的喜好和境況不能概括爲任何法則，所以這兩種商品的交換比率也不能概括爲任何法則。我們知道，這種變動不能超出的界限是，這兩種商品在其中一個國家生產成本的比率，以及這兩種商品在另一個國家生產成本的比率。十碼寬幅布不能與二十碼以上的亞麻布相互交換，也不能與十五碼以下的亞麻布相互交換，但是它們可以按照兩者中間的某一比率相互交換。因此兩國可能以多種比率分享貿易的利益。對於那些間接決定兩國分享比率的各種情況，我們只能籠統地說明。

甚至可以設想，由交換產生的利益全部由一國獲取而另一國毫無所獲的極端情況。很可能無論在什麼價格水準下，人們所需要的某種商品的數量都是固定的，人們一旦獲得這個數量的該種商品，則無論交換價值如何降低，都不能吸引新的消費者，或者促使已經獲得供給的那些人增加購買。我們做這樣的假設並無任何荒謬之處。我們假定寬幅布在德國的情況就是如此。德國在與英格蘭展開貿易之前，獲得十碼寬幅布需要耗費的勞動與獲得二十碼亞麻布所耗費的勞動一樣多，這時，德國消費了在任何情況下都需要消費的那麼多的寬幅布，因而即使它能夠以十碼寬幅布對十五碼亞麻布的交換比率獲得寬幅布，也不會增加對於寬幅布的消費。假設固定的數量是一千乘以十碼，然而按照十比二十的交換比率，英格蘭所需要的亞麻布的數量將多於與此固定數量的寬幅布等值的亞麻布，因而英格蘭會以較高的價值來換取亞麻布，換句話說，它會以較低的比率提供寬幅布。但是由於價值的降低並不能誘使德國購買更多數量的寬幅布，因此，在英格蘭對亞麻布的需求基於亞麻布價值的提高而減少到一千乘以十碼寬幅布所能換取到的亞麻布的數量以前，亞麻布價值的上升或者寬幅布價值的下降都將會不斷地進行下去。最終的情況很可能是，寬幅布的價值不降到十碼寬幅布與十五碼亞麻布相互交換的比率上，就無法充分實現英格蘭對亞麻布的需求的減少。於是德國將獲得全部利益，而英格蘭的情況則與貿易開始以前的情況剛好一樣。然而德國保持自己生產的亞麻布的價值略低於英格蘭生產的亞麻布的價值，以免遭受英格蘭生產者的排擠，這對於德國本身來說是有利的。因此英格蘭總會由於貿易的存在而獲得一定的利益，儘管這種利益可能是微不足道的。

我認爲，以上論述包含著有關國際價值的最基本原理。在這種抽象和假想的事例中，我不可避免地對各種情況做出了遠比實際情況簡單得多的假定：首先，運輸成本忽略不計；其次，假定只有兩個國家間相互進行貿易；最後，假定它們僅相互交換兩種商品。但是爲了完整地闡述這個原理，有必要重新考慮前面出於簡化目的而暫時予以忽略的各種情況。熟悉任何類型科學研究的人們，或許無須正式的論述就能理解引入這些情況並不會改變與此問題相關的理論。不論多少個國家之間開展貿易，也不論它們相互交換多少種商品，都必然遵循與兩國的兩種商品之間貿易相同的基本原理。引入大量本質相同的因素不會改變它們活動的規律，正如增加天平兩側的砝碼不會改變引力法則一樣。這樣做，只不過改變了數字的結果。然而爲了使論述更加完整，我將像分析比較簡單的情況那樣詳細分析各種複雜的情況。

§三　首先，我引入運輸成本這個因素。這時發生的主要變化是，寬幅布和亞麻布在兩國不再以剛好相同的比率相互交換。亞麻布必須運到英格蘭，因而它在那裡將變得昂貴，因爲必須加上運輸成本；寬幅布在德國的情況也是如此。以寬幅布計算的亞麻布在英格蘭的價值將高於它在德國的價值，高出金額相當於兩種物品的運輸成本；以亞麻布計算的寬幅布在德國的價值也是如此。假定每種物品的運輸成本等值於一碼亞麻布；又假定，如果它們的運輸成本爲零時，交換條件爲十碼寬幅布對十七碼亞麻布。乍看之下，似乎各國將支付本國的運輸成本，即支付本國進口物品的運輸成本。在德國，十碼寬幅布將與十八碼亞麻布相互交換，即當初的十七碼加上用於支付寬幅布的運輸成本的一碼；而在英格蘭，十碼寬幅布只能交換到十六碼亞麻布（當初爲十七碼，爲支付亞麻布的運輸成本而從中扣除了一碼）。然而情況並非必然如此。只有當英格蘭的消費者願意以十比十六的交換比率購買的亞麻布，恰好可以償付德國的消費者願意以十比十八的交換比率購買的寬幅布時，情況才會如此。不管兩者的價值是多少，都必須建立這種平衡。因此，就像在利益的分配上不能制定絕對的法則一樣，在運輸成本的分配上也不能制定絕對的法則，而且不能斷定運輸成本與利益是以某種相同的比率進行分配。即使能夠排除運輸成本這個因素的影響，我仍然無法斷言，獲得利益較大的一方是生產國還是進口國，這將取決於國際需求的作用。

運輸成本還具有另外一種影響。如果無須支付運輸成本，則各種商品會經常地進口或者出口（假定貿易是自由的）。在這種情況下，各國將只生產那些同時為本國和其他國家所需要的物品。但是在需要支付運輸成本的情況下，就會有許多國家或者幾乎所有國家，都將在國內自行生產各種物品，特別是大宗物品。在各個國家出口自行生產最為有利的各種物品並且進口自行生產最為不利的各種物品之後，還存在著許多居於兩者之間的物品，它們在該國與其他國家之間的相對的生產成本差額很小，以至於透過進口一種物品的同時出口另一種物品而節省下來的那些生產成本，不足以抵償運輸成本。大量的日常消費品就是如此。在大量的品質較差的食品和製成品中，其中品質較好的已成為國際間貨物運輸的主要標的。

§四　現在讓我們將更多的商品引入到目前為止一直都侷限於兩種商品的假設條件之中。不過我們仍然假定在英格蘭和德國相對生產成本差異最大的商品還是寬幅布與亞麻布，因而如果兩國之間的貿易僅限於這兩種商品，則英格蘭和德國開展寬幅布與亞麻布的貿易獲利最大。我們現在不妨仍然忽略運輸成本，因為前面已經證實，它並不影響問題的本質，而只會對問題的說明造成不必要的干擾。接著我們假定英格蘭對亞麻布的需求，或者比德國對寬幅布的需求大得多，或者很容易隨著亞麻布價格的下降而增大，因而如果德國願意從英格蘭購買的商品只有寬幅布一種，那麼英格蘭會把交換條件提高到十碼寬幅布僅僅交換十六碼亞麻布，其結果是，英格蘭所能得到的利益僅為十五碼和十六碼之間的差額，德國所能得到的利益則為十六碼和二十碼之間的差額。但是現在我們假定，英格蘭還有一種商品，例如生鐵，是德國所需要的；在英格蘭與十碼寬幅布具有相同價值的生鐵數量（讓我們稱此數量為一英擔），如果在德國生產，則將耗費與生產十八碼亞麻布同樣多的勞動，因此如果英格蘭按照十七碼亞麻布的價格出售生鐵，那麼就會把德國生鐵的生產者擠出市場。在這種情況下，亞麻布對十碼寬幅布的比率不會提高到十六碼，而將停留在當初假定的十七碼上；這是因為，雖然按照此交換比率，德國不會購買足以抵償滿足英格蘭需求的亞麻布數量的寬幅布，但是不足的部分可以由德國所購買的生鐵來抵償，而且對於英格蘭來說，它提供一英擔生鐵與提供十碼寬幅布的情況完全相同。因為兩者的生產成本是一樣的。如果我們現在在英格蘭方面再加上煤炭或者棉花，而在德國方面再加上葡萄酒、農產品或者木材，那也不會對相關法則造成什麼影響。每一國的出口必然恰好抵償進口；這裡所說的出口和進口是指總出口和總進口，而不是指個別商品的出口和進口。英格蘭五十天勞動的產品，無論是寬幅布、煤炭、生鐵，還是其他出口產品，都將根據國際需求，與德國四十天、五十天或者六十天勞動的產品，例如亞麻布、葡萄酒、農產品或者木材相交換。這裡存在著某一交換比率，按照此交換比率，兩國各自對於對方產品的需求剛好完全一致。因此英格蘭供給德國的各種物品，將由德國供給英格蘭的各種物品完全抵償。這將相應地決定英格蘭產品與德國產品所耗用的勞動之間的相互交換的比率。

所以，如果有人要問，什麼樣的國家可以透過開展貿易獲得最大的利益？答案就是，其產品在其他國家具有的需求最大，而且這種需求又最容易隨著價格的降低而增加，這樣的國家將透過貿易獲取最大的利益。只要某一國家的產品具有這種特性，那麼該國就能以較低的成本獲得所有的外國商品。外國對該國出口產品的需求越大，該國獲得進口產品的成本就越低；該國本身對進口產品的需求程度越低，該國獲得進口產品的成本就越低。市場總是提供需求最小者最低的價格。一個國家如果只需要少數幾種外國產品，而且需要的數量也很有限，同時該國自己的各種商品在外國卻擁有很大的需求量，則這個國家以極小的成本即可獲得它所需要的有限的進口產品；也就是說，以自己極少的勞動和資本所生產的產品，就可以與這些進口產品相互交換。

最後，除了將兩種以上的商品引入當初侷限於兩種商品的假設條件之中，在此基礎上，我們還可以將兩個以上的國家也引入當初只討論兩個國家的假設條件之中。在英格蘭對德國亞麻布的需求將交換比率提高到十碼寬幅布交換十六碼亞麻布以後，假設英格蘭與另外一個同樣出口亞麻布的國家開始貿易往來。我們假設，如果英格蘭只與這第三國進行貿易，國際需求的作用將使它能夠以十碼寬幅布或者其等價物，從第三國交換到十七碼亞麻布。但很明顯的是，英格蘭不會再以十比十六的交換比率從德國購買亞麻布，德國的亞麻布將處於滯銷狀態，於是德國不得不與第三國一樣也提供十七碼亞麻布進行交換。在這種假設條件下，與德國的狀況相比，第三國的生產和需求的狀況對英格蘭更為有利；但是若條件並非必須如此，比如假定英格蘭不與德國開展貿易，那麼英格蘭就必須向第三國提供曾給予德國的同樣有利的條件，即十碼寬幅布交換十六碼甚至十六碼以下的亞麻布。即便如此，但與第三國開展貿易仍然對英格蘭的利益產生很大的影響。現在，英格蘭出口產品的市場已經加倍，而英格蘭對於亞麻布的需求卻與過去相同，這種情況必然使英格蘭獲得較為有利的交換條件。兩個國家對英格蘭的產品的總需求，將大於其中的任何一個國家的需求，因而為了獲得更多的英格蘭的產品，它們不得不以較低的價值提供本國的出口產品，以刺激其他國家對自己國家出口產品的需求。

值得注意的是，即使需要英格蘭產品的第三國不生產英格蘭想要購買的任何產品，但上述那種由於英格蘭出口產品市場的擴大所產生有利於英格蘭的影響也依然存在。假設第三國雖然需要英格蘭的寬幅布或者生鐵，但是卻不生產英格蘭所需要的亞麻布或者任何其他產品。當然，它也生產某些可供出口的產品，否則它將無法償付進口產品的價值。它的出口產品雖然不符合英格蘭消費者的需求，但是卻可以在其他國家找到市場。由於我們假定只有三個國家，所以我們必須假定第三國在德國找到了自己國家的出口產品的市場，並且使用德國客戶的匯票支付自己從英格蘭進口的產品。因此德國除了必須爲本國從英格蘭進口的產品付款，還因爲第三國而對英格蘭負有債務，而且付款和還債所需要的資金都需要來自本國的出口產品。德國因而必須以對英格蘭十分有利的條件向英格蘭提供出口產品，以便形成與這兩項債務相當的需求。這時所發生的一切就像第三國先以本國生產的產品購買德國的產品，然後再向英格蘭提供德國的產品，以換取英格蘭的產品一樣。對於英格蘭產品的需求增大了，這種增大的需求必須以德國的產品來抵償，而要增加英格蘭對於德國產品的需求，就只有降低德國的出口產品的價值才行。由此可見，任何國家對某一國出口產品的需求增加，都會降低該國所支付的進口產品的價格，哪怕這些進口產品來自於其他國家，情況也是如此；反之，如果該國對任何其他國家的產品的需求有所增加，則在其他條件不變的情況下，該國將不得不對自己進口的所有外國商品都支付較高的價格。

我們現在已經說明的法則可以被貼切地命名爲國際需求方程式。不妨將它概括闡述如下：一國的產品總是按照能使該國的全部出口產品剛好抵償該國的全部進口產品所需要的價值，與其他國家的產品相互交換。有關國際價值的這個法則，不過是更爲基本的價值法則，我們稱之爲供給與需求方程式[1]的擴展形式。我們已經知道，某種商品的價值總是這樣自行調整，以便使對於它的需求剛好與它的供給相等。不過，所有貿易——無論是國家之間的還是個人之間的——均屬於某種商品交換。在這種交換過程中，人們分別需要出售的物品即構成人們進行購買的手段：一方的供給構成了他對另一方供給的需求。因此供給與需求不過是相互需求的另外一種表達形式，而且如果說價值這樣自行調整，以便使需求與供給相等，那麼實際上就是等於說，價值將這樣自行調整，以便使一方的需求與另一方的需求相等。

§五

透過研究各個方面的細枝末節，探求有關國際價值這個法則的種種後果，已經超出了我們這裡爲此目的所能提供的篇幅。不過在此我們要說明這個法則的一種應用，因爲這種應用本身是很重要的，而且與我們下一章所要討論的問題有關，同時這種應用格外有助於我們更加完整和清晰地理解這個法則。

我們已經看到，一國購買外國商品所支付的價值，與這種商品在出口國的生產成本並不一致。現在我們假定，其生產成本發生變化；例如，製造工藝改進了，那麼其他國家能夠充分獲取這種改進的利益嗎？商品在國內的生產成本降低了，在向外國人出售時，它的價值是否也會相應地降低呢？這個問題，以及爲解決這個問題而必須加以討論的相關問題，都很適合用作檢驗該法則的價值。

首先，讓我們假定，改進實質上開發出了該國出口產品的一個新系列，使外國到該國購買當初它們在本國生產的產品。根據這個假設，外國對該國的新系列產品的需求增加了；這必然會改變國際價值，使之更加有利於該國而更加不利於外國，因此儘管外國分享了新產品的利益，但是它們必須以高於過去的交換比率來支付該國所有的其他產品，才能購買到這種新系列產品以及分享到新的利益。交換比率高出多少，將取決於在這些新的條件下重新確立國際需求方程式所需要達到的水準。這些結果以一種確鑿的方式體現著國際價值法則的威力，因此我不想占用更多的篇幅加以論述，而打算探討一種更爲常見的情況，即改進並未開發出新的出口產品，而是降低了該國已經出口的產品的生產成本。

藉助於確切的數量關係來討論這種複雜的問題較爲有利，因此我們回到前面曾經援引過的例子。十碼寬幅布如果在德國生產，那麼將耗費等同於生產二十碼亞麻布所需要的勞動與資本；不過在國際需求的作用下，德國可以用十七碼亞麻布從英格蘭換到十碼寬幅布。現在假定，德國實現了機械方面的某種改進，而且這種改進無法移植到英格蘭，結果是，過去用來生產二十碼亞麻布的勞動和資本，現在可以生產出三十碼亞麻布。在德國市場上，亞麻布的價值相對於德國生產的其他商品而言下降了三分之一，這樣它與英格蘭的寬幅布的價値相比是否也將下降三分之一，從而使英格蘭和德國一樣，享受到這種改進的全部利益？或者（我們不應該這麼說），由於英格蘭獲得亞麻布所需要的成本並非取決於德國生產亞麻布所需要的成本，所以英格蘭當初就沒能獲得以十碼寬幅布交換德國所能生產的二十碼亞麻布的全部利益，而只能換到十七碼亞麻布。不過，難道僅僅因爲這種理論上的限制性增加了十碼，英格蘭現在就應該獲得更多嗎？

顯而易見的是，在初始階段，這種改進將使德國亞麻布的價値相對於德國市場上所有其他商品的價値有所下降，其中甚至包括那些進口商品，例如寬幅布。比如當初十碼寬幅布可以與十七碼亞麻布相交換，而現在則可以交換到此數量的一點五倍，即二十五點五碼亞麻布。不過這種狀況是否會持續下去，將取決於亞麻布價格的降低對於國際需求所造成的影響。英格蘭對於亞麻布的需求可能會有所增加，但是這種需求增加的幅度可能與價格下降的幅度成比例，也可能大於或者小於價格下降的幅度。

如果需求的增加與價格下降的幅度成比例，那麼英格蘭購買的亞麻布當初是十七碼的若干倍，現在則應該是二十五點五碼的同樣的倍數。英格蘭爲購買亞麻布所支付的寬幅布或者寬幅布的等價物——它的國民爲購買亞麻布所支付的總體數量——將與過去一樣多。德國相對於此交換比率所需要的寬幅布的數量很可能與過去一樣，因爲它在寬幅布上支付的成本，實際上與過去一樣。在德國市場上，現在二十五點五碼亞麻布的價値與當初十七碼亞麻布的價値相等。因此在這種情況下，十碼寬幅布交換二十五點五碼亞麻布，就是在新的條件下使國際需求方程式得以成立的交換比率；同時英格蘭將以比過去低三分之一的價格獲得亞麻布，其所獲得的利益水準與德國相同。

然而，亞麻布價格的大幅度下降，有可能使英格蘭對於亞麻布的需求增加的幅度，大於亞麻布價格下降的幅度。因此如果英格蘭以前需要一千乘以十七碼亞麻布，現在則可能需要一千乘以二十五點五碼以上的亞麻布才能滿足需求。在這種情況下，國際需求方程式就不會按照上述的交換比率加以確立。爲了抵償亞麻布，英格蘭必須以更爲有利的條件提供寬幅布，例如，以十碼寬幅布交換二十一碼亞麻布。因此英格蘭不會得到亞麻布生產改進所帶來的全部利益，而德國則除獲得這種利益之外，還可以減少對寬幅布所進行的支付。不過同樣地，有可能英格蘭甚至不想按照亞麻布價格降低的幅度來增加對於亞麻布的消費，很可能它想要購買的亞麻布不足一千乘以二十五點五碼，在這種情況下，德國就必須提供二十五點五碼以上的亞麻布交換十碼寬幅布，以便增加英格蘭的需求；亞麻布的價值在英格蘭會比在德國下降得更爲嚴重，而德國將以更爲不利的條件——即高於過去的交換價值——來交換寬幅布。

在對上述做過說明之後，我們並無必要進一步地詳細討論：如果將更多的國家和更多的商品引入假設條件之中，會如何改變相關的結果。不過有一種情況會改變這些結果。基於上述假設條件，德國的消費者由於亞麻布價值的下降會有部分人的收入可供自由使用，他們固然可以用這部分收入增加對亞麻布的消費，但也可以用來購買其他商品，包括寬幅布或者其他進口商品。這將成爲國際需求中的一個新的因素，它或多或少地改變著交換的條件。

在價格下降所造成的需求可能發生的三種變化中——即需求的增加超過價格下降的幅度、需求的增加與價格下降的幅度相同、需求的增加小於價格下降的幅度——發生哪一種變化的可能性較大呢？這取決於特定商品的性質和購買者的偏好。如果這種商品是人們普遍需要的，那麼與過去相比，價格的下降將使能夠購買它的人增多，如此一來，需求增加的幅度往往大於價格下降的幅度，一般來說，人們就會將更多的貨幣用於購買這種商品。當咖啡的價格由於稅收負擔的減輕而降低時，這時所發生的情形就是如此。糖、葡萄酒和大量其他商品可能也是實例，雖然不是必需品，但是消費量很大，許多消費者在它們價格較低時會隨意享用，而在它們的價格昂貴時則減少消費。但是更爲常見的情況是，某種商品價格下降後，用於購買這種商品的貨幣卻比以前少了：消費的數量增加了，但是消費的價值量卻沒有相應地增加。由於物價下降而節省了貨幣的消費者，很可能將所節省的部分貨幣用於增加其他商品的消費，因此除非這種商品降價能夠吸引大量的新的購買者（這些人過去不消費這種物品，或者只是少量地、偶然地購買這種商品），否則花費在這種商品上的貨幣總量將會有所減少。因此一般來說，在我們所列舉的三種情況中，第三種情況發生的可能性最大，也就是說，某種出口產品的改進，很可能帶給外國與出口產品的生產國同樣的（如果不是更大的）利益。

§六　上述就是本書的第一版和第二版已深入探討有關國際價值理論的內容，但是睿智的批判（主要來自於我的朋友威廉・桑頓先生（Mr. William Thornton）等人）以及其後進行的深入研究均表明，前面各個段落的論述雖然是正確的，但是尚未形成有關此問題的完整理論。

如前所述，兩國之間（或者，如果我們假定多於兩個國家，那麼在一國與世界各國之間）的出口與進口，必須在總量上相互抵償，因而它們相互交換的價值必須與國際需求方程式一致。然而考慮到以下一點，我們就不難理解這種表述未能揭示出有關這個現象的完整法則，即有時存在著可以同樣滿足此項法則所需要的條件的幾種不同的國際價值比率。

我們曾經假定，英格蘭能用生產十五碼亞麻布的勞動生產出十碼寬幅布，而德國必須用生產二十碼亞麻布的勞動才能生產出十碼寬幅布。兩國之間開展貿易之後，英格蘭專門生產寬幅布，德國專門生產亞麻布。如果十碼寬幅布可以交換十七碼亞麻布，則英格蘭和德國就剛好能夠分別滿足對方的需求。例如，按照這個交換比率，如果英格蘭需要一萬七千碼亞麻布，而德國卻恰好需要一萬碼寬幅布，那麼這個交換比率下的一萬碼寬幅布就是英格蘭為了獲得一萬七千碼亞麻布所必須付出的。在這些假設條件下，十碼寬幅布交換到了十七碼亞麻布，似乎這就是實際上的國際價值。

但是其他的某種比率，例如十碼寬幅布交換十八碼亞麻布，也完全有可能滿足國際需求方程式的條件。假設按照後面這個比率，英格蘭所需要的亞麻布將比交換比率是十比十七時多一些，但是需求增加的幅度卻未能達到亞麻布價格下降的幅度；即英格蘭不需要一萬八千碼亞麻布，這是它現在用一萬碼寬幅布可以買到的，而是只需要一萬七千五百碼，爲此它只需要支付九千七百二十二碼寬幅布即可（按照十比十八這個新比率）。由於德國必須以高於十比十七的比率來購買寬幅布，因此它可能會將寬幅布的消費量減少到一萬碼以下，有可能剛好減少到九千七百二十二碼。在這些條件下，國際需求方程式仍然可以成立。因此，十比十七的比率以及十比十八的比率，都同樣能夠使需求方程式得到滿足，同時許多其他比率也同樣能夠使需求方程式得到滿足。可以想像，能夠假定的每一個數字比率，都可能同樣滿足相關的條件。因此國際價值自行調整的比率中仍然有一部分是不能確定的，這表明，國際價值比率的影響因素並未被全面考察。

§七 我們將看到，爲了彌補這個缺陷，我們不僅需要考察各個國家對於進口商品的定量需求（這是我們已經做過的考察），而且還需要考察各個國家滿足需求的能力範圍，這是各國透過調整自己的產業方向自由形成的。

爲了說明這一點，我們有必要選擇比之前所用的更爲簡便的數位。假定開展貿易以前，在英格蘭一百碼寬幅布可以交換到一百碼亞麻布，在德國一百碼寬幅布可以交換到二百碼亞麻布。開展貿易以後，按照某種交換價值的比率，英格蘭向德國提供寬幅布，德國向英格蘭提供亞麻布，這種交換價值比率，部分取決於前面我們已經討論過的因素，即價格的降低分別使兩個國家需求增加的相對程度；部分取決於我們尚未予以考察的某種其他因素。爲了將未知因素與已知因素相互分離，我們有必要對已知因素做出某種確切不變的假設。爲此，讓我們假定，對於兩國的兩種商品來說，價格下降對於需求所造成的影響共同遵循著某種簡單的規律。最簡單和最便利的辦法就是讓我們假定，價格的下降將使兩國的消費都嚴格地成比例增加；或者換句話說，花費在這種商品上的價值——即爲獲得這種商品所發生的成本——總是不變的，無論由這筆成本所提供的這種商品的數量是較大一些還是較小一些。

現在讓我們假定，在開展貿易之前，英格蘭需要一百萬碼亞麻布；在英格蘭，其價值相當於一百萬碼寬幅布的生產成本。如果將過去用來生產亞麻布的全部勞動和資本轉而用來生產寬幅布，則英格蘭就可以生產出可供出口的一百萬碼寬幅布。我們又假定，這正好是德國通常所消費的數量，那麼英格蘭可以按照德國的價格在德國將這些寬幅布全部賣掉；當然，在將德國的生產者逐出市場以前，它不得不同意按較低的價格將這些寬幅布賣給德國。不過德國的生產者一旦被逐出市場，它就能夠以一百萬碼寬幅布與二百萬碼亞麻布相交換了；這二百萬碼亞麻布，相當於德國紡織行業的生產者將其用於生產寬幅布的全部勞動和資本轉而用來生產亞麻布時所能生產的亞麻布的數量。於是英格蘭獲得了貿易的全部利益，而德國則一無所獲。這完全符合國際需求方程式：因爲英格蘭（按照前面的假設）現在需要二百萬碼亞麻布（用過去獲得一百萬碼亞麻布的同樣成本就能夠交換到現在的二百萬碼亞麻布），當寬幅布的價格在德國沒有發生變動時，德國仍然與過去一樣恰好需要一百萬碼寬幅布；而當德國自由地將從寬幅布生產中釋放出來的勞動和資本用來生產英格蘭所需要的二百萬碼亞麻布時，它也能夠獲得這一百萬碼寬幅布。

到目前爲止，我們一直假定英格蘭將以前生產亞麻布的全部勞動和資本轉而用來生產寬幅布，多生產出來的寬幅布剛好可以滿足德國現在對於寬幅布的全部需求。但是下面我們不妨假定，這些寬幅布滿足德國的需求之外還有剩餘。假定英格蘭能夠利用釋放出來的資本生產可供出口的寬幅布爲一百萬碼，但是德國目前所需要的寬幅布僅爲八十萬碼，就德國的生產成本而言，僅相當於一百六十萬碼亞麻布。因此英格蘭不能按照德國的價格在德國將一百萬碼寬幅布全部賣掉。可是，無論價格高低（按照我們的假設），英格蘭都想獲得與一百萬碼寬幅布相交換的那麼多的亞麻布，而且這些亞麻布只能從德國購買，或者以較高的成本在國內生產；這一百萬碼寬幅布的持有者將因相互競爭而被迫以能夠誘使德國購買全部寬幅布的任何條件（只要不低於英格蘭的生產成本）向德國提供寬幅布。這些條件的內容可以透過我們所做的假設確切地界定。德國消費的八十萬碼寬幅布，其成本在德國與一百六十萬碼亞麻布相當，而且無論德國透過這筆成本的支出能夠獲得多少寬幅布，它願意花費在寬幅布上的成本就是這些，永遠不會改變。因此英格蘭爲了誘使德國購買一百萬碼寬幅布，不得不同意用一百萬碼寬幅布與一百六十萬碼亞麻布相交換。於是國際價值的交換比率應當爲一百萬碼寬幅布比一百六十萬碼亞麻布，它介於這兩種物品在英格蘭的生產成本的比率與在德國的生產成本的比率之間；同時兩國將分享貿易的利益，英格蘭總計多得六十萬碼亞麻布，而德國則多得二十萬碼寬幅布。

現在讓我們將上述假設進一步加以擴展，假定德國當初消費的寬幅布不僅少於英格蘭因爲停止在國內生產亞麻布而能夠提供出口的一百萬碼，而且少於的程度相當於英格蘭在生產上所占有的優勢比例，即德國只需要五十萬碼寬幅布。在這種情況下，德國完全停止生產寬幅布，可以增加生產一百萬碼亞麻布（不過也只是一百萬碼亞麻布）；同時這一百萬碼亞麻布的生產成本相當於它過去五十萬碼寬幅布的生產成本，所以無論寬幅布的價格如何下降，這都是德國在寬幅布上所能花費的所有成本。英格蘭出於自身的競爭而不得不付出整整一百萬碼寬幅布來換取這一百萬碼亞麻布，就像它在前面的情況下不得不付出一百萬碼寬幅布以換取一百六十萬碼亞麻布一樣。不過英格蘭完全能以相同的成本自行生產一百萬碼亞麻布。因此在這種情況下，英格蘭沒有從國際貿易中獲得任何利益。德國則獲得全部利益；現在，它可以利用過去購買五十萬碼寬幅布的成本得到一百萬碼寬幅布。簡而言之，德國在第三種情況下所處的地位，與英格蘭在第一種情況下所處的地位剛好相同。我們把數字顚倒一下，就可以很容易地對此加以證明。

根據上述三種情況的一般結果，我們可以提出如下定理，即在我們假設需求恰好與價格下降的幅度成比例的條件下，可以將國際價值法則描述如下：

英格蘭將過去專門用於亞麻布生產的資本轉而用於生產寬幅布所獲得的全部寬幅布，可以與德國將過去專門用於寬幅布生產的資本轉而用於生產亞麻布所能獲得的全部亞麻布相交換。

或者，更爲一般地，兩國可以透過使用進口所釋放出來的勞動和資本轉而用於分別生產出口產品，然後再進行相互交換。

此項法則以及有關利益分配的三種不同情況發生的可能性，可以運用代數符號簡便地予以概括：

假設英格蘭使用從亞麻布生產中釋放出來的勞動和資本所生產的寬幅布數量爲n碼。

假設德國過去（按照德國的生產成本）所需要的寬幅布的數量爲m碼。

則n碼寬幅布總是剛好可以與二乘以m碼亞麻布相互交換。

因此如果n等於m，則全部利益將歸於英格蘭。

如果n等於二乘以m，則全部利益將歸於德國。

如果n大於m，但是小於二乘以m，則兩國共同分享這種利益；英格蘭以前只獲得n碼亞麻布，現在則可以獲得二乘以m碼亞麻布；德國以前只獲得m碼寬幅布，現在則可以獲得n碼寬幅布。

無須我們指出的是，這裡反覆出現的數字「二」，是用來表示以寬幅布估計德國在亞麻布的生產上所具有、超過英國的優勢，也是（同樣地）以亞麻布估計英格蘭在寬幅布的生產上所具有、超過德國的優勢。如果我們假定在開展貿易之前，在德國一百碼寬幅布可以交換到一千碼（而不是二百碼）亞麻布，則n（在開展貿易之後）便可以交換到十乘以m碼（而不是二乘以m碼）亞麻布。如果我們假定一百碼寬幅布只能交換到一百五十碼（既不是一千碼也不是二百碼）亞麻布，則n就只能交換一點五乘以m碼亞麻布。總之，如果寬幅布在德國的成本價值（以亞麻布估計），以p比q的比率，超過其在英格蘭以相同的方式估計的成本價值，則開展貿易之後，n便可以與$\frac{p}{q}$乘以m相互交換。[2]

§八　現在，我們已經得到了一項似乎更爲簡明並且更爲基本的國際價值法則了。但是我們在研究這個法則時，從一開始便人爲地假定了需求與價格下降之間的關係。我們曾經假定它們之間的關係是固定的，儘管這種關係基本上是可變動的。我們還曾經假定每次價格下降時，需求均按照價格下降的幅度成比例地加大；換句話說，花費在某種商品上的價值總是恆定不變，不論這種商品的價格是低還是高；同時，我們所研究的此項法則只是在這種假設條件下，或者在實際上與此相當的其他假設條件下，才得以成立。因此現在讓我們將這個問題中的兩種可能變動的因素結合起來考察，之前我們已經考察了它們各自發生變動的情況。讓我們假定，需求與價格下降之間的關係發生變化，導致按照上述定理所確定的交換法則不再滿足國際需求方程式的條件。例如，假定英格蘭對亞麻布的需求恰好與其價格的下降幅度成比例，但是德國對寬幅布的需求與其價格的下降幅度不成比例。我們重新考察上述三種情況中的第二種情況，即英格蘭透過停止生產亞麻布，可以多生產可供出口的一百萬碼寬幅布，而德國透過停止生產寬幅布，則可以多生產一百六十萬碼亞麻布。如果這些寬幅布與亞麻布恰好可以相互交換，則基於我們目前的假設條件，英格蘭的需求恰好可以得到滿足，因爲它需要一百萬碼寬幅布所能換取到的所有的亞麻布；可是德國雖然在耗費與一百六十萬碼亞麻布相當的成本時需要八十萬碼寬幅布，但是當它能以同樣的成本獲得一百萬碼寬幅布時，它所需要的寬幅布也許不足一百萬碼，或者也許超過一百萬碼。首先，假定德國不需要這麼多的寬幅布；只需要現在能用一百五十萬碼亞麻布換取到的寬幅布的數量。英格蘭卻仍將提供一百萬碼寬幅布來換取這一百五十萬碼亞麻布；但是它仍然無法誘使德國購買一百萬碼寬幅布。而且我們還假定不論亞麻布的價格如何，英格蘭都將繼續在亞麻布上付出剛好相同的總成本，那麼爲了誘使德國購買一百萬碼寬幅布，英格蘭就不得不容忍德國用任何數量的亞麻布（但不少於一百萬碼亞麻布），與自己的一百萬碼寬幅布相交換。假定這個數量爲一百四十萬碼，那麼現在英格蘭透過貿易所獲得的利益已不再是六十萬碼亞麻布，而只是四十萬碼亞麻布；而德國除多得到的二十萬碼寬幅布之外，還花費了過去自行供給寬幅布時所耗費的勞動和資本的八分之七，它可以將節省下來的成本用於增加自己對亞麻布或者任何其他商品的消費。

反之，假定德國在交換比率爲一百萬碼寬幅布比一百六十萬碼亞麻布時，需要一百萬碼以上的寬幅布。如果英格蘭不縮減當初保留給國內的數量，則就只有一百萬碼寬幅布可供出口，而德國爲了獲得額外的寬幅布，就不得不將一百六十比一百的交換比率提高到某一水準上（比如說一百七十比一百），從而或者將國內對寬幅布的需求降低到一百萬碼的限度內，或者誘使英格蘭放棄一部分原先用於國內消費的寬幅布。

接下來讓我們假設需求與價格下降幅度之間的比例關係，不是在一國成立而在另一國不成立，而是在兩國都不成立，並且在兩國發生的偏差的類型都相同；例如，兩國中任何一國需求增加的幅度與價格下降的幅度都不相同。根據這種假設，在交換比率爲一百萬碼寬幅布交換一百六十萬碼亞麻布時，英格蘭並不需要全部的一百六十萬碼亞麻布，而德國也不需要全部的一百萬碼寬幅布：如果兩國需求不足的程度恰好相同，即如果英格蘭所需要的亞麻布的數量僅爲一百六十萬碼的十分之九（即一百四十四萬碼），而德國所需要的寬幅布的數量僅爲九十萬碼，則交易將繼續按照相同的交換比率進行下去。此外，如果英格蘭所需要的亞麻布數量比一百六十萬碼多出十分之一，而德國所需要的寬幅布數量也比一百萬碼多出十分之一，則結果也是如此。顯而易見的是，這種一致性（需要注意，它的前提條件是，價格下降造成需求相應地增加，但是增加的幅度並非與價格下降的幅度相同）[3]是不可能出現的，除非發生極爲偶然的情況，因而在任何其他情況下，國際需求方程式都要求對國際價值做出不同的調整。

於是，我們能夠確立的唯一一般法則如下。一國產品與外國產品相互交換的價值取決於兩點因素：第一，取決於外國對於該國商品的需求相對於該國對於外國商品的需求的數量以及可擴展性；第二，取決於該國可以從供自己消費的國內商品生產中釋放出來的資本。外國對於該國商品的需求超過該國對外國商品的需求越多，以及與外國爲該國市場用於生產的資本相比，該國爲供給外國市場的產品的生產資本越少，則交換條件就對該國越有利；也就是說，該國動用一定數量的本國商品，就可以換得較多的外國商品。

不過這兩個影響因素實際上可以歸結爲一個。因爲一國從供給自己國內使用的商品的生產中釋放出來的資本與該國對外國的商品需求（無論它占該國總收入的比例如何）成比例，而當該國的產品失去國內市場時，則同樣比例的資本將無用武之地。因此我們爲進行科學的修正而引進國際價值理論的這個新的因素，對於實際結果似乎並未產生實質性的影響。看來能夠以最爲有利的條件開展對外貿易的國家，是那些對於外國商品的需求最小，而外國對其商品的需求最大的國家。我們由此可以得出的諸多推論之一是，在其他條件相同的情況下，最富裕的國家從一定量的對外貿易中所獲得的利益最少。因爲一般來說，它們對於商品的需求較大，所以對於外國商品的需求很可能也較大，從而使交換條件變得更加不利。毫無疑問，它們從對外貿易中獲取的總收益，一般均大於比較貧窮的國家所獲取的收益，因爲它們所進行的國際貿易的規模較大，而且可以基於較大的消費量獲取價格下降的利益；但是就所消費的每一種商品而言，它們的利得卻較小。

§九 現在，我們轉向有關國際價值理論的另一個方面的基本組成部分。一國透過對外貿易能夠較爲便宜地獲得商品，這具有雙重的含義：即價值方面的含義與成本方面的含義。就第一重含義而言，由於這些商品相對於其他各種商品的價值下降了，因而一國能夠較爲便宜地獲得這些商品：以同樣數量的商品可以交換到的國內其他產品的數量比過去少了。我們不妨回到當初列舉的數字；在英格蘭，開展貿易之後，亞麻布的所有消費者以過去只能換到十五碼亞麻布的一定量的其他物品，便可以換到十七碼或者更多數量的亞麻布。從這一重含義來講，價格下降的幅度取決於前幾節中我們長篇累牘地加以說明的國際需求法則。但是另一重含義，即成本方面的含義，是指一國耗用一定數量的勞動和資本能夠獲得較多數量的某種商品，它意味著該國能夠較爲便宜地獲得這種商品。從這一重含義來講，價格的下降在很大程度上取決於與前者性質不同的另一種因素，即一國所獲得的進口產品的價格下降，與其國內產業的一般生產能力成比例，與其勞動的一般效率成比例。從總體來看，一國勞動的效率可能比另一國的還要高，雖然兩國都能夠生產全部的或者大部分的商品，但是其中一國生產的絕對成本比另一國低得多。我們已經看到，這一點並不妨礙兩國間進行商品交換。享有較大優勢的國家從別國進口的物品，自然是該國生產上所具有的優勢最小的物品；不過該國透過進口這些物品所獲得的利益，即使相對於這些物品而言，也與該國從爲換取它們而出口的物品上所獲得的利益相同。因此，能夠以最低成本獲得其自行生產的產品的國家，也就是能夠以最低成本獲得進口產品的國家。

如果我們假定兩個國家相互競爭，那就更容易說明這一點了。英格蘭將寬幅布運到德國，用十碼寬幅布交換十七碼亞麻布，或者交換在德國與十七碼亞麻布等值的其他物品；另外一個國家，例如法國，也採取相同的做法。一國既然以十碼寬幅布交換一定數量的德國商品，那麼另一國也必須這樣做。因此如果在英格蘭生產十碼寬幅布所需要的勞動，僅爲在法國生產所需要的勞動的一半，則德國的亞麻布或者其他商品在英格蘭所需要的勞動，就僅爲法國所需要的勞動的一半。於是英格蘭可以按照它在寬幅布的生產上比法國高的勞動效率的比率，以低於法國的成本，獲得它的進口產品。在我們所設想的實例中，一般可以採用一國勞動效率的近似估計值。因爲法國與英格蘭一樣，也選擇寬幅布作爲它的出口產品，相對來看，這表明寬幅布在法國也屬於勞動效率最高的商品。由此可見，所有國家獲得進口產品時所付出的較低的成本，都與該國的一般勞動效率成比例。

西尼爾先生最先理解並且闡述這個命題，[4]但是他認爲這個命題僅適用於貴金屬的進口。我認爲有必要指出的是，這個命題同樣適用於所有其他的進口商品，而且進一步地講，它不過是揭示了眞相的一部分。因爲在假定的情況下，對於英格蘭而言，它以十碼寬幅布換得的亞麻布的成本，並非僅僅取決於英格蘭自行生產十碼寬幅布的成本，還部分地取決於它透過交換能獲得多少碼亞麻布。英格蘭爲進口產品所負擔的成本是兩個變數的函數，即英格蘭用於交換進口產品的本國商品的數量，以及這些商品的成本。在這兩個變數中，後者僅僅取決於英格蘭的勞動效率；前者則取決於國際價值法則，即取決於相對於英格蘭對於外國商品的需求而言，外國對於英格蘭商品的需求所具有的強度與可擴張性。

在當前假設的英格蘭與法國相互競爭的情況下，國際價值的狀況對於兩個相互競爭的國家所產生的影響相同，因爲假設它們都與同一個國家進行貿易，而且出口和進口相同的商品，因而它們爲進口產品所負擔的成本之間的差異，僅僅取決於另外一個因素，即兩國勞動效率之間的差異。它們付出了相同的數量，但差異卻只能來自於生產的成本。如果英格蘭用寬幅布與德國進行交易，而法國用生鐵與德國進行交易，則德國對於這兩種商品的相對需求，將在一定程度上決定英格蘭和法國爲獲得德國的產品所負擔相對成本（以勞動和資本的形式）。如果德國對於生鐵的需求大於對寬幅布的需求，則法國的損失將會透過這個途徑而得到部分的補償；反之，則法國的損失將會進一步地加大。因此一國的勞動效率並不是決定該國爲獲得進口產品所負擔的成本的唯一因素。其實，無論在決定它們的交換價值方面，或者在決定它們的價格方面，我們即將看到，勞動效率都未發揮任何作用。

◆註解◆

【1】參閱本書第三編第二章§四。

【2】也許有人會問，為什麼我們假設n的極限是m和二乘以m（或者$\frac{p}{q}$乘以m）？為什麼n不能比m小或者比二乘以m大；若是如此，又會出現什麼結果呢？

現在，我們將對此給予檢驗。實際上，當我們這麼做時，n似乎總是被限制在上述範圍之內。

例如，假設n小於m，或者回到我們之前的數字，英格蘭可以生產的一百萬碼寬幅布不能滿足德國現在的需求（讓我們假定該項需求為一百二十萬碼）。乍看之下，英格蘭會在一百萬碼的限度內向德國供給寬幅布，而德國則自行生產以便繼續供給其餘的二十萬碼寬幅布，而這一部分供給將決定全部寬幅布的價格。因此英格蘭將能夠永遠按照德國的生產成本（即與二百萬碼亞麻布相交換的量），把一百萬碼寬幅布賣給德國，從而獲得貿易的全部利益，但德國的情況卻並不會比過去更好。

然而，人們很快就會發現實際結果並非如此。德國對另外剩餘的二十萬碼寬幅布的需求，為英格蘭提供了可以獲得的加大的對外貿易量的相關利益的途徑；雖然英格蘭無法再從亞麻布的生產中抽出勞動和資本轉而用於生產額外的二十萬碼寬幅布。但是與英格蘭相比，德國還在其他一些商品生產擁有比較優勢（儘管這種優勢也許不像亞麻布那樣大）；現在，英格蘭將進口這些商品，自己不再生產，從而將以前用於生產這些商品的勞動和資本轉而用於寬幅布的生產，直到滿足德國的需求為止。如果這種轉移不多不少地恰好能夠滿足二十萬碼寬幅布的需求，則現在增大以後的n就等於m，亦即英格蘭可以將一百二十萬碼寬幅布全部按在德國的價值出售，並且仍然得到貿易的全部利益。但是如果這種轉移所提供的寬幅布超過二十萬碼，則英格蘭將有一百二十萬碼以上的寬幅布可供出口，亦即n將大於m，因此在這種情況下，英格蘭必須放棄相當大的一部分利益來誘使德國購買多出的部分。於是乍看之下似乎超出了界限的情況，實際上轉化成與其中一個界限一致或者介於兩個界限之間的情況。對於我們可以假設的所有其他情況來說，結果也是如此。

【3】需求從八十萬碼增加到九十萬碼，以及從一百萬碼增加到一百四十四萬碼，不僅它們本身不相等，而且也不體現相對於價格下降幅度的相同的比例。德國對寬幅布的需求增加了八分之一，而價格卻下降了四分之一；英格蘭對亞麻布的需求增加了百分之四十四，而價格卻下降了百分之六十。

【4】《關於獲得貨幣的成本的三份講義》。

第十九章　關於貨幣，作為一種進口商品予以考察

§一　現在，我們在對外貿易理論研究領域中進展的程度，已經使我們有能力彌補當初在貨幣理論研究領域中的不足；同時在完成此項研究之後，我們就可以結束有關對外貿易問題的討論了。

在大不列顛和大多數其他國家中，貨幣或者構成貨幣的材料，均屬於一種外國商品。因此它的價值和分配並不取決於毗鄰兩國之間的通行的價值法則，而是取決於適合進口商品的價值法則——國際價值法則。

在即將進行的討論中，我們會不加區別地使用貨幣與貴金屬這兩個概念，因爲這樣做不會引起任何誤解。我們已經證實，當貨幣由貴金屬或者隨時可以兌換的紙質通貨構成時，其價值完全取決於金屬本身的價值：除非鑄造費用是由個人而不是由國家負擔的，否則兩者的價值不會長期偏離。

貨幣輸入一個國家可以採取兩種不同的方式：一是與任何其他商品一樣，將貨幣作爲一種有利的商業物品而進口（主要以金銀錠的形式）；二是將貨幣作爲交換的媒介，不論是作爲該國的商品出口還是以其他帳目的形式，爲使該國的債務得到償還而進口。人們偶然地也採取其他方式輸入貨幣，但是上述兩種方式是人們透過正常經濟活動獲得貨幣的主要方式，並且決定了貨幣的價值。貨幣輸入一個國家可以採取上述兩種不同的方式，而其他商品的進口，習慣上只採取其中的第一種方式，這就使問題變得更爲複雜和費解，因此需要任何必要、特殊且詳細的說明。

§二　在貴金屬透過正常的商業途徑進口的限度內，它的價值必然與任何其他外國產品的價值一樣，受到相同的因素影響，遵從相同的價值法則。黃金、白銀主要就是以這種方式由開採國流通到商業世界的所有其他國家中。它們是開採國的大宗商品之一，或者至少是開採國正常大量出口的商品之一，而且

像其他各種可供出口的商品一樣，是以投機的方式被運往海外。因此如果我們假定只有兩個國家，而且僅在兩種商品之間進行貿易，則一國（例如英格蘭）爲換取一定量的金銀錠所必須提供的本國產品的數量，將取決於與開採國（我們將選擇以巴西爲例）對該國所必須提供的產品的需求數量相比較的結果。它們之間相互交換的比率，必須滿足雙方的需求增加的比率，從而不再激發競爭而改變價值。英格蘭所需要的金銀錠與巴西所需要的英格蘭的棉織品或者其他商品，必須恰好相互抵償。然而如果我們以實際存在的複雜情況取代這種簡化的情況，則國際需求方程式必然不是透過英格蘭所需要的金銀錠與巴西所需要的棉織品或者寬幅布之間的關係，而是透過英格蘭全部進口產品與全部出口產品之間的關係得以體現。外國對於英格蘭的產品的需求與英格蘭對於外國產品的需求之間必須達到均衡，因此包括金銀錠在內的所有外國商品與英格蘭的產品相互交換的比率，透過影響它們爲滿足需求所進行的生產，必須保證這種均衡的建立。

貴金屬的特殊性質或者用途，並未使貴金屬擺脫一般需求法則的制約。在人們出於獲取奢侈品或者工藝品的目的而對貴金屬有所需求的限度內，對於貴金屬的需求就與對於其他任何商品的需求一樣，會以同樣的不規則的方式隨著價格的下降幅度而加大。在人們出於鑄造貨幣的目的對貴金屬有所需求的限度內，對於貴金屬的需求將會十分規則地隨著價格的下降幅度而加大，需求量總是與其價值成反比。就需求而言，這是貨幣與其他物品之間唯一的眞正的差別，而且以當前的目的來看，這種差別完全是無關緊要的。

因此如果只把貨幣視爲一種進口商品，那麼它與其他進口商品一樣，在外國對於該國出口商品的需求最大，而在該國對於外國商品的需求最小的國家中，其所具有的價值最低。然而除了這兩點，還需要附加透過運輸成本產生影響的另外兩點。獲得金銀錠的成本由兩個要素構成：爲購買金銀錠所提供的商品，以及運輸的費用。對於後者，金銀錠的出產國將在國際價值調整的過程中承擔一部分（雖然是不確定的一部分）。運輸費用包括將商品運送到金銀錠出產國的費用以及將金銀錠運回的費用。兩筆費用均受到礦山距離遠近的影響；前一筆費用還受到商品噸位的影響。在其他條件相同的情況下，出口精細加工產品的國家與只有粗重原物料可供出口的國家相比，可以用較少的費用獲得金銀錠以及所有其他外國商品。

因此我們更確切地應當說，那些可供出口的產品在海外具有最大量需求、出口精細產品且包含最大的附加價值、距離礦山最近、對於外國產品的需求量又最小的國家，就是貨幣價值最低的國家，或者換句話說，其通常物價最高。如果我們考察的不是貨幣的價值，而是貨幣的成本（即一國爲了獲得貨幣所必須耗費的勞動），那麼除了上述導致貨幣價值降低的四個條件，還應當加上第五個條件，即「該國生產性產業的效率最高」。不過最後一個條件完全不影響以商品估計的貨幣價值，它只影響包括貨幣和各種商品在內的所有物品整體的豐裕程度以及可獲得的便利程度。

因此，儘管西尼爾先生指出（他認爲這是正確的），英格蘭的勞動的高效率是其能夠以低於大多數國家的成本獲得貴金屬的主要原因，但是我卻無法認同這是造成英格蘭的貴金屬價值較低的原因，以及是它購買商品的數量較少的原因。如果這種情況屬於事實而非錯覺，那麼它必然是由以下兩個方面的原因所造成：一方面是基於外國對於英格蘭的各種主要商品的需求量很大；另一方面是基於與其他商業國家的出口產品，例如農產品、葡萄酒、木材、糖、羊毛、皮革、牛油、大麻、亞麻、菸草、原棉等相比，英格蘭的商品整體上都具有非常精細的特點。這兩個原因可以說明爲什麼英格蘭的一般物價水準在一定程度上都高於其他國家，儘管英格蘭本身對於外國商品的巨大需求，對於物價具有某種緩解的作用。然而我卻堅持認爲，對於英格蘭商品價格高和貨幣的購買力低這種情況來說，它所包含的表面現象成分多於事實。的確，食品在一定程度上是昂貴的，並且收入少但子女多的家庭在食品方面的支出所占的比重很大，因此對於這些家庭來說，英格蘭是一個物價水準很高的國家。此外英格蘭許多種服務的價格也比歐洲其他國家昂貴，它有別於歐洲大陸貧困階層生活成本較低的生活方式。但是製成品（除大部分品質要求較高的商品之外）顯然是比較便宜的，或者說，如果購買者們滿足於相同品質的材料和做工，則它們就應該算是比較便宜的。所謂的英格蘭的生活費用高，並不是必然的現象，而是由迂腐的陳規陋習所造成。在英格蘭，所有生活狀況優於按日計酬的零工的人士都斷然認定，他們所消費的物品的品質，或者應該與比他們富裕得多的人們所使用的那些物品的品質相同，或者至少應該從表面上看起來盡可能地相同。

§三　透過我們前面的論述可以看出，認爲在貨幣作爲某種進口商品的國家中，貨幣的價值必然完全地取決於貨幣在出產國的價值，而且只要開採礦藏的生產成本不發生變化，那麼貨幣的價值將不會發生永久性的上升或者下降等觀點，是極端錯誤的。與此相反，就某一國家而言，任何擾亂國際需求方程式的因素，不是可能地而是必然地會對該國貨幣的價值產生影響，即使貨幣在開採地的價值沒有發生任何變化也是如此。英格蘭新設立的出口貿易部門；外國對英國產品的需求由於貿易的自然發展或者關稅的取消而有所增加；英格蘭對於外國商品的需求由於英格蘭徵收輸入進口稅或者其他國家徵收出口稅而受到限制。所有這些以及具有類似趨勢的其他相關的一切，均會使英格蘭的進口（金銀錠與其他各種物品一起）不再與其出口相當。同時，購買英格蘭出口產品的國家不得不以較低的價格提供包括金銀錠在內的它們的商品，以便重新建立需求方程式。於是英格蘭將以較低的價格獲得貨幣，並形成較高的一般物價水準；與此相反的相關的一切將產生相反的影響——將形成較低的物價水準；或者換言之，提高貴金屬的價值。不過必須注意的是，貨幣的價值只是相對於本國的商品來說有所提高，而其價值相對於一切進口的產品來說均保持與過去一樣，因爲進口產品的價值與貨幣的價值在方向與強度等方面均受到相同的影響。基於上述種種原因能夠比較廉價地獲得貨幣的國家，也能夠比較便宜地獲得所有其他的進口產品。

對於英格蘭商品的需求增加，使英格蘭能夠以較低的價格獲得金銀錠，但是這些需求並不必然來自於金銀錠的產出國。英格蘭也許不向這些國家出口任何物品，而且也許並不是從這些國家以最低的價格獲得金銀錠，只要其他一些國家具有足夠強烈的對於英格蘭商品的需求，並且這些國家的商品間接地得到了開採國黃金或者白銀的支付即可。一個國家是以它的全部出口產品與它的全部進口產品相互交換，而不是以對於某一國家的出口產品與來自於這個國家的進口產品相互交換；同時，外國對於某一國家產品的總體需求，將決定該國必須爲其進口產品所提供的等價物，以便一般地在該國的銷售與購買之間建立起某種均衡；至於該國是否與任何國家之間單獨地保持類似的均衡關係，則與此毫不相關。

第二十章　關於國際匯兌

§一　至此，我們已經考察了貴金屬作爲與其他透過正常的貿易管道進口的商品一樣的情況，並且檢驗了在這種情況下決定貴金屬價值的各種因素。不過貴金屬還可以透過另外一種方式——作爲交換媒介——輸入。在這種情況下，貴金屬不再作爲可供銷售以換取貨幣的一種商業物品，而是本身就作爲貨幣，可以用於償還債務或者實現財產的轉讓。尙待考察的是，出於淸償債務的目的，國際之間所配送的黃金、白銀，是否會以任何方式改變我們在前面已經得出的結論？或者，此時支配貴金屬的價值法則，與在國際貿易實行直接的以物易物條件下的支配貴金屬與所有其他進口商品的價值法則之間有何不同之處？

一國將貨幣配送至另一國可能出於多種目的，例如，捐款或者救濟款的支付；與附屬國之間的財政收入往來；或者向不在國內的所有者提交租金或者其他收入；資本輸出或者向海外投資轉移資本。不過最主要的目的還是爲了償付貨款。爲了說明在什麼情況下出於這種目的或者上述我們所提及的任何其他目的，而進行國際之間的實際上的貨幣配送，我們簡要地揭示國際貿易機制的本質是很有必要的，這種國際貿易不再是以物易物，而是以貨幣作爲媒介的交換。

§二　實際上，一國的出口產品與進口產品不僅不是直接進行交換，而且往往不是由同一個人經手。每一筆交易都分別是用貨幣所購買，或者爲獲取貨幣而賣出的。然而我們已經看到，即使在同一個國家，人們在使用貨幣進行交易時，實際上也不是每一次都眞正轉手貨幣；在不同的國家之間，情況則更是如此。國際上通常使用匯票完成與商品貨款收付相關的事宜。

我們假定，英格蘭商人A出口英格蘭商品，將它們託運給身在法國的他的客戶B；法國另外一位商人C向英格蘭另外一位商人D出口法國商品，而其與A出口商品的價值等值。顯然，在法國的B不用向在英格蘭的A配送貨幣，在英格蘭的D也不用向在法國的C配送等額的貨幣。一方的債務可以用來償付另一方的債務，從而使雙方都節省了配送成本，同時規避了風險。A開出一張B所欠金額的匯票，D因在法國有等額的欠款需要償付，所以向A購買這張匯票並交付給C，匯票到期時，C就將其出示給B，要求兌現。於是法國欠英格蘭的債務以及英格蘭欠法國的債務都將得到清償，而且兩國之間無須配送一盎司的黃金或者白銀。

但是，我們在這裡假定，法國欠英格蘭的債務與英格蘭欠法國的債務在額度上相等，即兩國應該支出的與可能收取的黃金或白銀在數量上剛好相等，這將意味著（假定我們現在只關注商業活動中所發生的國際收支，而不考慮所有其他方面的國際收支）出口與進口剛好相互抵償，換言之，國際需求方程式得以建立。如果這種情況屬實，則國際貿易的債務關係無須國際之間貨幣的配送就可以得到清償。但是如果英格蘭欠法國債務的額度大於法國欠英格蘭的債務的額度，或者與此相反，則這些債務就不能簡單地透過匯票完全加以抵償。在盡可能地以一方債務清償另一方債務之後，就需要以貴金屬償付剩餘的差額。事實上，即使在這種情況下，未結清的商人也可以使用匯票進行支付。當某人需要向外國匯款時，他不必親自去尋找該國需要收款的某人，然後從他那裡得到匯票。在每一個行業都存在著經銷商或者經紀人階層，它們使買方與賣方得以相互接觸，或者居於雙方之間，向需要收取貨幣的那些人購買匯票，並將其賣給需要支付貨幣的那些人。當某位客戶從他的經紀人手中得到一張在巴黎或者阿姆斯特丹承兌的匯票時，這位經紀人賣給他的可能是自己當天早上從某位商人那裡買進的匯票，或者位於該外國城市的他自己代理商號的匯票，同時爲了使他的代理商號能夠如期地兌付他所開具的所有匯票，他會將自己已經買進以及尚未轉賣的所有匯票都寄給他的代理商號。透過這種方式，這些經紀人自己承擔了遠地之間的金錢交易的全部結算業務，並收取少量佣金，或者根據賣出、買進的每張匯票的金額收取一定百分比的手續費，以使自己得到回報。現在，如果經紀人發現一方向他們購買的匯票的金額，大於另一方向他們提供的匯票的金額，則他們也不會因而拒絕爲這筆交易提供匯票。不過在這種情況下，他們除按照差額配送一部分黃金或白銀之外，沒有其他辦法能夠使代理商號在匯票到期時承兌現金，因此他們會要求購買匯票的人額外支付一筆費用，使之足以補償黃金、白銀的運費和保險費，加上足以補償他們爲此付出的辛勞以及使他們暫時墊付的資本得到一筆補償的利潤。對於這種溢價（人們如此稱呼它），購買者是願意支付的，否則他們必須自己耗資配送貴金屬，而這種業務由專業人士去做可以節省成本。不過，雖然實際上只有一部分需要償付債務的人有必要配送貨幣，但是由於相互之間的競爭，以至於所有這些人都不得不支付溢價；出於相同的原因，經紀人也不得不向將匯票賣給他們的那些人支付溢價。如果出口金額與進口金額相互比較，一國不是需要償付逆差，而是能夠獲得順差，則會出現與此完全相反的情況。經紀人發現提供給他們的匯票金額超過需要他們承兌的匯票的金額，結果導致外國匯票的價格下跌，出現溢價；同時，經紀人之間非常激烈的競爭使他們無法將這種折價作爲自己的利潤，因而不得不將該利益轉讓給爲了對外匯款而購買匯票的人。

讓我們假定在政治進步的過程中，總有一天所有的國家將會使用同一種通貨；而且我們還不妨假定這種通貨就是英格蘭的通貨，雖然不是最好的，但卻是人們最熟悉的。如果英格蘭必須付給法國的英鎊數額與法國必須付給英格蘭的英鎊數額相等，那麼部分英格蘭商人想要獲得的匯票金額與另一部分商人想要賣出的匯票金額就應當相等；因而對法國開具的一百鎊匯票，將剛好賣到一百鎊，或者用商人的術語來說，將進行平價承兌。根據相同的假設條件，由於法國必須支付的英鎊數額與可以收取的英鎊數額也彼此相等，因此對英格蘭開具的匯票在法國也將進行平價承兌。無論何時，只要對法國開出的匯票在英格蘭實現平價承兌，則情況均是如此。

然而，如果英格蘭必須付給法國的金額大於它可由法國取得的金額，則需要購買對法國開具的匯票金額將大於需要購買到期時承兌的匯票金額。於是對法國開具的一百鎊匯票可以賣一百鎊以上，這種匯票便被稱爲溢價發行。但是，溢價不能超過配送黃金的運費和風險溢價以及小額利潤。因爲如果超過這個限度，則債務人就會自行配送黃金，而不再購買匯票。

反之，如果英格蘭可以從法國收取的金額大於應該付給法國的金額，則提供出售的匯票的金額將大於匯款所需要的匯票的金額，因而匯票的價格將跌至面值以下，一百鎊的匯票不用一百鎊就可以買到，這種匯票便被稱爲折價發行。

當英格蘭的支出大於收入時，法國的收入則大於支出，反之亦然。因此如果在英格蘭對法國開具的匯票爲溢價，則在法國對英格蘭開具的匯票爲折價；而且如果在英格蘭對法國開具的匯票爲折價，則在法國對英格蘭開具的匯票就爲溢價。如果它們在一個國家平價發行，則如前所述，它們將在兩國間均按平價交換。

這就是使用相同通貨的兩國或者兩地之間的情況。然而即使在最爲文明的國家的交易中，也仍然保留著許多原始的風尚，幾乎所有獨立的國家爲了表明獨立國的地位都選擇使用自己特定的通貨，儘管這樣做於己於人都很不便。對於我們目前的問題來說，這種情況所導致的唯一差別就是，我們不得不以等量金額這個說法代替等量貨幣。當兩種通貨是用同一種金屬製成時，等量金額指的是兩種通貨所包含的這種金屬在重量和成色上恰好相等；但是當兩種通貨是用不同的金屬鑄成時（法國和英格蘭的通貨即是如此），則等量金額指的是一種貨幣所包含的黃金數量與另一種貨幣所包含的白銀數量，在世界的一般市場上具有相同的價值，並且在不同的地點，這兩種金屬的相對價值沒有重大差異。假定二十五法郎相當於一英鎊（這與實際情況相差無幾），如果法國必須支付二十五法郎的若干倍，英格蘭必須支付一英鎊的同樣倍數，則這兩個國家的債務與債權相等。如果情況確實如此，則對法國開具的二千五百法郎的匯票，在英格蘭將值一百鎊，而對英格蘭開具的一百鎊的匯票，在法國將值二千五百法郎。這種匯兌被稱爲平價匯兌，而二十五法郎（實際上略大於二十五法郎）[1]則被稱爲法國的外匯平價。如果英格蘭應該付給法國的金額大於法國應該付給英格蘭的金額，則二千五百法郎的匯票就會溢價，即值一百鎊以上；如果法國應該付給英格蘭的金額大於英格蘭應該付給法國的金額，則二千五百法郎匯票的價值在一百鎊以下，即會折價。

當外國承兌的匯票溢價時，習慣上會說匯兌逆著該國，或者不利於該國。爲理解這些術語，我們必須瞭解在商業的語言中「匯兌」一詞的眞正含義是什麼。它是指一國貨幣所具有的購買外國貨幣的能力。假定二十五法郎恰好是匯兌的平價，則當人們購買一張二千五百法郎的匯票需要花一百鎊以上的時候，一百鎊英格蘭貨幣的價值就將低於與法國貨幣相比的實際的當量，同時被稱爲不利於英格蘭的匯兌。然而在英格蘭，眞正受到不利影響的只是那些必須向法國支付貨幣的人，因爲他們作爲買方進入匯票市場，不得不支付溢價；但是這種情況對於那些從法國收取貨幣的人卻是有利的，因爲他們作爲賣方進入匯票市場可以得到溢價。不過，溢價總體上意味著英格蘭應當支付結存差額，這項差額最終必須由英格蘭以貴金屬給予清償；而且因爲根據陳舊的理論，貿易的利益就在於使本國獲得貨幣，所以這種偏見造成人們在實際中稱收到結存差額的匯兌爲有利、支付結存差額的匯兌爲不利。同時這些術語又反過來強化了這種偏見。

§三　乍看之下，人們也許會認爲，當匯兌不利時，或者說當匯票溢價時，溢價必然總是相當於配送貨幣的全部成本；因爲既然確實有結存差額必須支付，並且當人們需要匯款時一定會發生全部成本，所以他們的競爭必將迫使所有匯款人做出同樣的犧牲。如果任何註定要支付的款項都必須立即支付，則情況確是如此。要立即進行巨額對外支付的預期，有時可能對匯兌產生驚人的影響。[2]不過，進口略微超過出口，或者任何其他需要向外國償還的小額債務，通常均不會對匯兌造成嚴重影響，均不會達到相當於全部補償配送貴金屬的成本與風險的程度。信貸的寬限期一般都容許某些債務人延期付款，在此期間，結存差額就有可能發生逆轉，從而使債務和債權實際上並未透過配送貴金屬就已經達到平衡。而且這種情況是很容易發生的，因爲匯兌本身的變動具有一種自我調節的力量。進口的貨幣價值大於出口的貨幣價值，將形成匯票的溢價。不過，溢價本身將形成出口商的超額利潤，他們除了得到他們的商品的價格，還可以在開立相關貨款的匯票時得到溢價；另一方面，溢價對於進口商來說則意味著利潤的減少，他們除了支付商品的價格，還必須爲匯款支付溢價。因此，所謂不利的匯兌實際上產生了鼓勵出口、抑制進口的作用。並且如果結存差額很小，而且僅僅是基於正常交易過程中偶然出現的某些干擾因素所造成的，則結存差額可以很快地用商品加以清償，並透過匯票調整帳目，而無須配送任何金銀錠。然而，如果是由於某種永久性的原因形成進口大於出口的匯兌不利的局面，則問題就完全不同。在這種情況下，價格狀況必然是擾亂均衡的罪魁禍首，並且只有調整價格才能恢復均衡。在價格處於引起進口過多的狀況時，利用匯票溢價所形成的出口商的超額利潤，促使出口長期與進口保持均衡是不可能的。因爲如果出口與進口達到均衡時，匯票的溢價將不復存在，當然超額利潤也將不復存在。所以要想糾正這種局面，就只有採取調整商品價格的方法。

因此，可以認定，對於進口與出口均衡的干擾，以及由此產生的對於匯兌的干擾，基本上可以分爲兩類：一類具有隨機性或者偶然性，如果規模不大，則可以透過匯票的溢價自行調整，而根本無須配送貴金屬；另一類則是由一般物價水準所引起，只有減少一國流通中的貨幣量，或者廢除與此相當的信用，才能得到糾正。因爲僅僅配送金銀錠（有別於貨幣），對物價不會產生任何影響，因而也不能消除產生干擾的原因。

我們仍然需要注意的是，某一國家匯兌的狀況並不取決於它與另一國家分別核算的債務與債權的差額，而是取決於它與其他所有國家債務與債權的差額。英格蘭對於法國可能出現結存逆差，但是我們卻不能因而斷言，英格蘭與法國之間的匯兌不利於英格蘭，並且法國兌付的匯票會溢價。因爲荷蘭或者漢堡有可能對英格蘭出現結存逆差，所以英格蘭可以使用這些地方的匯票來償還自己所欠法國的債務；從專業的角度講，這種情況稱作套匯。採用這種迂迴的方式清償債務需要支付少量額外的費用，一部分屬於手續費，另一部分屬於利息的損失；在此微小差額的限度內，一國相對於另一國的匯兌，可以獨立於該國相對於其他國家的匯兌而變動。但是從總體來看，一國相對於所有國家的匯兌，是隨著該國對外貿易的基本結果是收入還是支出結存差額而一起變動的。

◆註解◆

【1】這是在兩種金屬的相對價值尚未因金礦的發現而發生變動之前所寫的。現在，以黃金和白銀為本位的通貨之間的匯兌平價變動不居，沒有人能夠預測它最終將停留在哪一點上。

【2】在波拿巴（Bonaparte）逃離厄爾巴島並且已經登陸的消息傳開後，匯票的價格在一天之內就上漲了百分之十。當然，這種溢價並非僅僅相當於運輸成本，因為像黃金這樣的物品的運輸成本，就算附加戰時保險費，也不會達到這麼高的水準。這一高價格的出現不是與配送黃金的困難相當，而是相當於獲得所要配送的黃金的預期困難；當人們估計將有大量的救濟款和軍費需要匯往歐洲大陸，國內金銀錠的儲備將會遭受巨大的壓力（當時國內已經徹底終止流通硬幣），並且至少在短期內無法得到緩解時，那麼相應地，金銀錠的價格就會突然上漲。幾乎人盡皆知的是，這種情況發生在英格蘭銀行停止兌換時期。在通貨可以自由兌換的條件下，只要英格蘭銀行不停止兌換，就不會發生這種情況。

第二十一章　關於貴金屬在商品世界中的分配

§一　我們已經考察了各國之間實際開展貿易的機制，現在需要探討這種方式是否會對我們在以物易物的假設條件下所得出的有關國際價值的結論產生影響。

最接近的比較分析使我們做出否定的回答。我們沒有發現貨幣及其替代物的介入對毗鄰地區適用的價值法則產生什麼影響。採用以物易物的方式時，價值同等的物品均等值於一定額度的貨幣。引入貨幣只不過相當於增加了一種商品，這種商品的價值與所有其他商品的價值一樣，受到同一法則的支配。因此如果我們看到在貨幣和匯票制度下決定國際價值的因素，與在以物易物制度下的一樣，那是不應該感到驚奇的。除提供一種便利的比較價值的模式之外，貨幣不具有任何其他作用。

一切交換在本質上和結果上均屬以物易物。無論誰出售商品，然後使用獲得的貨幣購買其他商品，實際上都是在用他自己的商品購買其他商品。國際之間也是如此；國際貿易不過是出口產品與進口產品之間的交換，無論是否使用貨幣，出口產品與進口產品總是剛好相互抵償。在這種情況下，國家之間相互支付的貨幣額度彼此相等，就可以利用匯票來清償債務，並且沒有結存差額需要用貴金屬加以支付。貿易似乎經常處於力學中所謂的穩定的均衡狀態。

但是，貿易偶然地偏離這種狀態之後再又重新恢復這種狀態的過程，在以物易物制度下與在貨幣制度下，至少在表面上是互不相同的。在以物易物制度下，進口多於出口的國家必須以較低的價格提供出口產品，因爲只有這樣做才能爲出口產品創造出足夠的需求以重新實現均衡。當使用貨幣時，該國的做法似乎就與此完全不同。它用與過去一樣的價格購買額外的進口產品；同時由於它未能相應地增加出口，所以國際收支會轉而出現逆差，匯兌變得不利於它，並且相應的差額必須以貨幣支付。從表面來看，這是與前者截然不同的運作過程。讓我們考察一下這究竟是本質上的不同，抑或僅僅是方法上的不同。

假定英格蘭應當支付結存差額，而法國應當收取結存差額。由於貴金屬的配送，英格蘭的通貨數量減少而法國的通貨數量增加。這種情況是我們隨意設想的。之後，我們將會看到，如果人們認爲國際收支差額的所有支付均是如此，那是十分錯誤的。必須一次付清的差額，例如，糧食歉收時由於進口較多的糧食所進行的支付，可以用儲藏的財寶或者銀行的準備金進行支付，而對於貨幣流通並不造成影響。但是現在我們假定進口超過出口的原因是國際需求方程式未能被建立，即在一般的物價水準上，英格蘭對於法國的商品的長期需求，大於在一般的物價水準上法國所能購買的對於英格蘭的商品的長期需求。在這種情況下，如果價格不發生變化，則永遠就存在一項必須用貨幣進行支付的差額。需要實現進口永久性的減少或者出口永久性的增加，只有透過價格的調整，才能實現這一點；因此即使這種差額最初可以動用儲藏的財寶或者透過配送金銀錠加以支付，但最終也會對貨幣流通造成影響，因爲若不如此，就無法終止貴金屬的流失。

因此，當價格狀況不能使國際需求方程式自行建立起來的時候，則一國所需要的進口將超出其出口所能償付的水準，並由此表明，該國流通中的貴金屬或者其替代品，多於長期流通所需要的數量，只有使其中的一部分退出不再流通才能恢復平衡。於是通貨將收縮，價格將下降，包括可供出口的物品的價格，相應地，外國的需求會增加；與此同時，進口商品的價格可能會隨著貨幣流入外國而上升，但人們卻無法做出價格整體下降的預期。但是，如果英格蘭商品價格下降的幅度不足以促使外國購買英格蘭的商品的金額有所增加，或者外國商品價格上升的（絕對的或者相對的）幅度不足以促使英格蘭購買外國商品的金額減少，則英格蘭的出口產品就將一如既往地無法抵償進口產品，並且已經開始外流的英格蘭的貴金屬也將會仍然無休止地向外流出。這種流失將一直持續下去，直到英格蘭物價的下跌導致過去從未進入外國市場的某些英格蘭商品，現在可以進入外國市場時爲止，或者直到英格蘭出口產品價格的下跌，促使外國對其需求的增加大到足以補償英格蘭的進口產品時爲止；並且也可能得益於外國商品價格的上漲，無論是絕對的還是相對的，都將造成英格蘭對外國商品的需求的減少。

這正是在我們當初所做的以物易物的假設條件下所發生的過程。因此無論是否使用貨幣，國際之間的貿易不僅都具有在出口產品與進口產品之間建立起平衡的趨勢，而且建立這種平衡的方式在本質上也是相同的。其出口產品不足以補償其進口產品的國家，將以較低的價格出售出口產品，直到創造出必要的需求爲止。換句話說，在貨幣制度下，與在以物易物制度下一樣，國際需求方程式就是國際貿易的法則。每一個國家出口和進口的物品及其數量，在貨幣制度下與在以物易物制度下並無二致。在以物易物制度下，貿易趨向於進口總量與出口總量都剛好相等的那一點；在貨幣制度下，貿易則趨向於進口總量與出口總量都剛好可以與相同數量的貨幣相互交換的那一點。同時，由於與同一物品等值的各種物品彼此間一定等值，所以貨幣價格相等的出口產品與進口產品不透過貨幣也可以嚴格地相互進行交換。[1]

§二　由此可見，國際價值法則，以及相應地，貿易的利益在開展貿易的國家之間的分配，在使用貨幣的假設條件下，與在以物易物的假設條件下是相同的。在國際交易中，與在通常的國內交易中一樣，貨幣對於商業來說有如潤滑油之於機械、鐵軌之於運輸，只是一種減少摩擦的東西。爲了進一步檢驗這些結論，我們將以使用貨幣的假定條件，重新考察在以物易物的假定條件下探討過的問題，即進口國可以享有多少因出口產品生產方面的改進所產生的利益。

這種改進也許表現在使一國主要出口產品的價格下降，或者建立起新的產業部門，或者開發出某種新的工藝，因而使從前從未出口過的物品可供出口。鑑於出現新的出口產品的情況在兩者之間略顯簡單，因此我們從這種情況談起較爲方便。

改進的最初結果是造成這種物品的價格下降，於是國外產生對於這種物品的需求。這種新增加的出口打破了平衡，改變了匯兌關係，使貨幣流入該國（我們不妨假定是英格蘭），這種流入會持續下去，直到物價上漲爲止。物價的上漲將在一定程度上抑制外國對於新出口的產品的需求，以及對於英格蘭其他傳統出口產品的需求。於是出口將減少，與此同時，英格蘭國民持有的貨幣將增加，因而對於外國商品的購買能力將增強。如果他們實際上利用了新增強的購買能力，則進口將增加；由於進口增加而出口減少，所以進口與出口會恢復平衡。這種改進對於外國的影響是，與過去相比，它們不得不爲其他進口產品支付更高的價格，但是卻可以較爲便宜地獲得這種新的產品，儘管便宜的程度不如英格蘭的水準。我們在這樣講的時候完全意識到這種物品的價格（運輸成本除外），在英格蘭和在其他國家實際上是完全相同的。然而這種物品的便宜程度不應該僅用它的貨幣價格來衡量，而且還應該用與消費者的貨幣收入相比較的價格衡量。無論對於英格蘭的消費者還是對於外國的消費者來說，該價格都是相同的；不過前者是用由於貴金屬的重新分配而增加的貨幣收入來支付此價格，而後者則是用由於相同的原因而很可能減少的貨幣收入來支付此價格。因此貿易帶給外國消費者的不是英格蘭的消費者從生產改進中得到的全部利益，而只是其中的一部分。與此同時，英格蘭又在外國商品的價格上獲得利益。因此導致建立新的出口貿易部門的任何產業改進，不僅使一國透過實現改進物品的價格下降而受益，而且還透過所有進口產品價格的普遍下降而受益。

現在，讓我們改變假設條件，假定生產的改進並未使英格蘭生產出新的出口產品，而是使某種現有的出口產品價格下降。經過考察我們已經知道，在以物易物的假設條件下，外國消費者可能獲得的利益，或者與英格蘭相同，或者比英格蘭少，甚或比英格蘭多，具體取決於物品價格的下降促使人們對於該種物品的消費量增加的程度。我們將會看到，在使用貨幣的假設條件下，這個結論同樣正確。

假定得到改進的商品是寬幅布，那麼這種改進所帶來的最初結果是寬幅布價格的下跌，以及外國市場對於寬幅布的需求增加。不過該需求量是不確定的。假設外國的消費者完全按照寬幅布價格下降的幅度來增加他們的購買，換言之，將以過去等量的貨幣用於購買寬幅布，則外國應該付給英格蘭的總金額將與過去一樣，出口與進口的平衡未遭到破壞，而且外國人將獲得寬幅布的價格下降所帶來的全部利益。但是如果外國對於寬幅布的需求所增加的比例大於價格下降的幅度，則外國人爲購買寬幅布而應支付給英格蘭的金額將比過去大，並導致英格蘭的物價（包括寬幅布的價格）上漲。不過這種價格上漲僅對外國的購買者造成影響，因爲英國人的收入將以相應的比例增加。於是外國的消費者從這種改進中所獲得的利益將比英格蘭少；反之，如果寬幅布價格的下降僅使外國對於寬幅布的需求以較小的比例增加，則外國人應該支付給英格蘭的債務總額將比過去小，而英格蘭應該向外國支付的債務總額仍然與往常相同。於是英格蘭會出現貿易逆差，貨幣將被輸出，物價（包括寬幅布的價格）將會下跌，對於外國的消費者來說，寬幅布價格下降的幅度甚至超過了這種改進促使英格蘭寬幅布價格下降的幅度。這些結論與我們在以物易物的假設條件下所得出的結論完全一樣。

我們用李嘉圖的話來對上述討論的結果進行總結：[2]「黃金、白銀已經被人們選擇作爲一般的流通媒介，商業的競爭使其在世界各國分配的比例，完全適合於不存在這些金屬的條件下各國之間開展的純粹的以物易物的自然貿易。」根據這個原理可以做出多項推斷。在此以前，對外貿易理論處於難以理解的混亂狀態，李嘉圖先生是這個原理的真正的創始人，儘管他沒有研究相關的各種細節。在他之前的學者們似乎都沒有覺察到這個原理；即使在他之後，也很少有人充分地認識到這個原理的科學價值。

§三 我們現在必須研究的是，這個透過匯兌對貴金屬進行配置的法則，是以何種方式對貨幣本身的交換價值產生影響，以及這個法則是如何與我們所發現的另一法則相吻合，即貨幣的價值是在貨幣僅僅作爲一種商品進口時所決定。從表面來看，這兩個法則是彼此相矛盾的。我們認爲，這正是使某些卓越的政治經濟學家對上述理論的證實產生牴觸的主要原因。他們的確有理由認爲，貨幣不能成爲一般價值法則的例外，與任何其他商品一樣，貨幣也是一種商品，而且它的平均價值或者自然價值取決於生產成本，或者至少取決於獲得它的成本。因此這些思想家無論如何也無法接受這樣的觀點，即貨幣在全世界國家中的配置，以及在不同地點的不同價值經常發生的變動，並不是由影響貨幣本身的各種因素所造成，而是由與貨幣無關的諸多因素所造成；這些因素影響了其他商品的貿易，以至於破壞了出口與進口之間的均衡。

不過這種情況的反常現象只存在於表面。爲恢復貿易均衡，透過匯兌促使貨幣在國際之間的流動，並因此造成貨幣的價值在某些國家較高而在另外一些國家較低的原因，與僅將貨幣作爲一種商品而進口，以及直接從開採地獲取貨幣時所決定的當地貨幣價值的原因完全相同。當一國貨幣的價值由於貿易順差和貨幣流入而長期下降時，究其原因，如果不是基於生產成本的減少，則一定是基於迫使國際需求方程式進行有利於該國調整的下列原因之一所造成：或者是外國對於該國商品的需求有所增加，或者是該國對於外國商品的需求有所減少。外國對於一國商品的需求有所增加，或者一國對於進口商品的需求有所減少，按照一般的貿易原理，是使該國能夠以較低的價格購買所有進口產品的眞正原因，因而也是使該國能夠以較低的價格購買貴金屬的眞正原因。因此，獲得貴金屬的兩種不同方式所形成的結果不僅不相矛盾，而且完全一致。對於各種商品國際需求的變化所造成的國際之間的貨幣的流動，並因而改變貨幣本身在當地的價值——這種結果形成的過程較快；而另外一種方式——相同流量的貴金屬從各產出國流向世界不同的地區——最終結果形成的過程較慢。這是兩者之間唯一的差別。所以如前所述，以貨幣作爲交換的媒介，絲毫不曾改變一個國家內部或者國際之間決定其他物品價值的法則，也不曾改變決定貴金屬本身價值的法則，因而我們在這裡所闡述的有關國際價值的全部學說，具有眞理所必須具備的統一性與協調性。

§四

在結束這個討論之前，我們有必要說明非商業性的國際支付，會以什麼方式並在什麼程度上對上述結論產生影響，並且對於這種國際支付，人們不會期待或者不會獲得無論是貨幣方面還是商品方面的等價物；例如，納貢，或者以匯款形式繳付給不在本國的地主的地租、支付給外國債權人的利息，或者政府的海外支出（例如英格蘭爲某些殖民地所承擔的管理費用）。

首先，我們分析以物易物的情況。假定每年的匯款都以商品支付，而且這些商品的出口沒有任何回報，那麼要求進口與出口相互償付已無必要；相反地，每年出口大於進口的價值，必須與匯款的額度相當。如果在該國必須進行這種常年的支付之前其對外貿易已經處於自然均衡狀態，那麼該國爲了向外國匯款，就必須誘使外國購買比以前更多的出口產品。要做到這一點，只能或者壓低出口產品的價格，或者對外國商品支付較高的價格。在這種情況下，國際價值將自行調整，進而導致出口增加，或者進口減少，或者兩者兼而有之，從而造成出口大於進口，並形成一種長期的狀況。結果是，定期向外國付款的國家，除了損失所支付的款項，還由於它的產品不得不按照較爲不利的條件與外國商品相互交換而蒙受損失。

其次，在使用貨幣的假設條件下結果也是相同的。因爲我們假設強制性的匯款開始之前商業已處於均衡狀態，所以必須使用貨幣才能完成最初的付款。這將使付款國的物價下跌，收款國的物價上揚。其自然結果是，出口的商品比過去多，進口的商品比過去少，而且僅從商業的角度來看，收款國將穩定地欠付款國某一貨幣差額。當所欠付款國的年度債務，等同於付款國的年度納貢或者其他常規支付時，則兩國之間將不會再配送貨幣；出口與進口之間也不會再保持均衡，但是收支將實現平衡；匯兌將按平價進行，兩國的債務將相互抵銷，而且納貢或者匯款實際上將採取貨物的形式進行。我們前面已經說明，這種情況對兩國的利益所造成的影響是：付款國將以較高的價格購買來自於收款國的所有物品，而收款國除獲得支付品之外，還可以按較低的價格獲取付款國的出口產品。

◆註解◆

[1] 我認為引用前面提及的文章中的一段文字，將有助於對此問題的理解。這段文字涉及經常提起的杜撰的事例，即有關英格蘭與德國之間所進行的寬幅布和亞麻布的貿易。

最初，我們可以就貨幣的價值做出任何假定。讓我們假定，在貿易以前，寬幅布的價格在兩國間是相同的，每碼六先令。由於假定十碼寬幅布在英格蘭可以交換到十五碼亞麻布，在德國可以交換到二十碼亞麻布，因此必須假定每碼亞麻布在英格蘭可以賣到四先令，在德國可以賣到三先令。像之前一樣，我們暫不考慮運輸成本和進口商的利潤問題。

顯然，在這種物價狀況下，寬幅布不能從英格蘭出口至德國，但是亞麻布卻能從德國出口至英格蘭。實際情況正是如此，而且將用貨幣對亞麻布進行償付。

貨幣從英格蘭流入德國，將提高德國的貨幣價格，降低英格蘭的貨幣價格。在德國，亞麻布的價格將提高到每碼三先令以上，寬幅布的價格將提高到每碼六先令以上。在英格蘭，從德國進口的亞麻布的價格將下跌到與德國相同的水準（因為不計算運輸費用），並且寬幅布的價格將下降到每碼六先令以下。一旦英格蘭的寬幅布的價格低於德國，就會形成出口。因此寬幅布在德國的價格會下降到與英格蘭相同的水準。只要出口的寬幅布不足以補償進口的亞麻布，那麼貨幣就會繼續從英格蘭流入德國。一般來說，英格蘭的物價將會繼續下降，德國的情況則相反。然而，寬幅布的價格在英格蘭下降，在德國也將下降，因而德國對於寬幅布的需求將會增加。同樣地，亞麻布的價格在德國上升，在英格蘭也將上升，因而英格蘭對亞麻布的需求將會減少。由於寬幅布的價格下降而亞麻布的價格上升，因而在這兩種物品之間會形成某種價格；按照該價格，出口的寬幅布與進口的亞麻布恰好能夠相互補償。於是，物價將停留在該水準上，因為這時貨幣將停止從英格蘭輸入德國。該水準究竟如何確定，將完全取決於雙方購買者的境況和喜好。如果寬幅布價格的下降沒有使德國對於寬幅布的需求大增，而且亞麻布價格的上升也沒有使英格蘭對於亞麻布的需求銳減，那麼在恢復均衡之前，英格蘭將不得不向德國配送大量的貨幣，這將導致寬幅布的價格大幅下跌，同時亞麻布的價格不斷上升，也許會升到英格蘭自行生產亞麻布所需要支付的水準。不過，相反地，如果寬幅布價格的下降導致德國對於寬幅布的需求迅速增加，而德國的亞麻布價格的上升將導致英格蘭對於亞麻布的需求（與貿易初期價格低廉時所造成的影響相比）迅速地減少，那麼寬幅布很可能會迅速地實現對於亞麻布的補償，如此一來，兩國之間就幾乎無須配送任何貨幣，並且英格蘭就會獲得貿易所帶來的大部分利益。在使用貨幣的假設條件下我們得出的結論，與在以物易物的假設條件下得出的結論完全相同。

兩國透過貿易獲得利益的方式是十分清楚的。德國在開展貿易之前對寬幅布支付的價格是每碼六先令。現在，它可以按較低的價格買到寬幅布。不過這並非是德國獲得的全部利益。由於德國其他商品的貨幣價格都已上漲，因此德國所有生產者的貨幣收入都增加了。當然，他們在相互購買時並不能從中得到任何利益，因爲他們所購買的物品價格，和他們所出售的物品價格是以相同的比率上漲的；但是當他們購買沒有漲價的物品時就可以獲得利益，尤其是購買降價的物品時將獲利更多。因此作爲寬幅布的消費者，他們不僅由於寬幅布價格的下降而獲利，而且還由於其他物品價格的上漲而獲利。假如獲利爲十分之一，那麼他們的貨幣收入中與過去相同的部分就可滿足他們的其他需求了；即使寬幅布的價格沒有下降，但由於收入總額增加了十分之一，因而剩餘的部分也將使他們能夠購買比過去多出十分之一的寬幅布。但是實際上寬幅布的價格已經下降，因此他們是雙重利益的獲得者。他們動用較少的貨幣就可以買到相同數量的寬幅布，並且擁有更多的貨幣可以滿足他們其他方面的需求。

與此相反，在英格蘭，一般的貨幣價格會下降。然而亞麻布價格下降的幅度大於其他物品，原因是亞麻布價格的下降是基於它進口自價格更爲低廉的國家，而其他物品價格的下降是基於貨幣自本國流出。因此，雖然貨幣價格普遍地下降，但是英格蘭的生產者在任何其他方面均與過去完全相同，只是透過購買亞麻布來獲得利益。

恢復平衡所需要配送的貨幣越多，德國從寬幅布價格的下降和國內一般價格的上漲中所能獲得的利益也就越大。恢復平衡所需要配送的貨幣越少，英格蘭所能獲得的利益就越大。因爲亞麻布會繼續保持低價，而國內一般價格卻不會出現大幅度的下降。然而，我們一定不要認爲高貨幣價格本身就是好事，低貨幣價格本身就是壞事。不過無論在哪個國家，一般的貨幣價格越高，該國購買進口的外國商品的能力就越強，這與造成國內物價水準居高不下的原因無關。

實際上，寬幅布與亞麻布的價格不會像我們這裡所假定的那樣在英格蘭和德國處於相同的水準。任何商品的貨幣價格，在進口國的水準均高於生產國的水準，因為進口國需要支付運輸成本以及進口商在商品平均銷售期間所墊付的資本的正常利潤。但是我們不能因此就斷言，商品的運輸成本都是由進口國負擔，因為運輸成本將附加在價格上，從而使一國的需求遭受到的抑制作用，大於另一國的需求所遭受到的抑制作用；進而使國際需求方程式以及相應的國際收支平衡可能無法維持。於是貨幣將從一國流入另一國，直到均衡透過我們前面已經闡述過的方式重新建立起來時為止；而且均衡一經實現，一國的支付很可能就大於它自己的運輸成本，而另一國支付的運輸成本則較少。

【2】《政治經濟學與賦稅原理》，第三版，第一四三頁。

第二十二章　通貨對於匯兌及對外貿易的影響

§一　在探討國際貿易法則的過程中，首先，我們闡述了在以物易物的假設條件下決定國際交換與國際價值的原理。其次，我們證明了以貨幣作爲交換媒介，不會對國與國之間以及個人與個人之間的交換法則和價值法則產生任何影響；因爲受到這些相同的法則支配，貴金屬在世界不同國家之間配置的比例，將使交換的進行以及交換的價值，與以物易物制度下的情況完全相同。最後，我們考察了基於商品的需求和供給的變化，或者基於商品的生產成本變化，所引起的貿易狀況的變化，是如何影響貨幣本身的價值。接下來，我們仍然需要考察的是，並非基於商品的變化而是基於貨幣變化所引起的貿易狀況的變化。

黃金、白銀的生產成本像其他物品一樣可能發生變動，儘管發生變動的可能性小於其他物品。外國對於它們的需求也可能發生變化。用於工藝品和裝飾品的金屬的增加，或者生產和交易的增加造成藉助於流通媒介予以完成的業務量的加大，都會使對於黃金、白銀的需求量增加。與之相反的原因，或者部分地免除已經推廣和使用的金屬貨幣的經濟性措施，則會使對於黃金、白銀的需求量減少。這些變化會對其他國家與產出國之間的貿易產生影響，並基於有關進口商品價值的一般法則，會對貴金屬的價值產生影響。在前面各章中已經對此做了詳細說明。

在本章中，我將要予以審視的不是改變決定貨幣價值的永久性條件以及它對貨幣產生影響的那些情況，而是貨幣價值偶然的、暫時的變動對於國際貿易所產生的影響，這與影響貨幣永久性價值的任何因素都毫無關係。不過這個問題非常重要，它涉及六十年來引起激烈爭論的一個實際問題，即有關通貨管理的問題。

§二一　讓我們假定，在任何一個國家，流通媒介均爲金屬貨幣，而且基於偶然的原因突然增加；例如，將先前的外國入侵或者國內動亂時期所隱藏的財寶投入流通。其結果自然是使物價上漲。這將阻礙出口，鼓勵進口；進口超過出口，匯兌將不利於該國，新獲得的貨幣存量將廣泛流入與該國進行貿易的所有國家，並進而逐漸流入整個商業世界。這樣溢流出去的貨幣將均勻地散布於所有的商業國家之中。因爲貨幣將不斷流動，直到各國彼此之間的出口與進口再度達到平衡爲止。而只有當貨幣非常均等地散布並導致所有國家的物價水準均以相同的比例提高時，才能實現這一點（因爲假定決定國際需求的永久性狀況沒有發生變化）。因而，物價的變動將失去任何實際意義；出口與進口，儘管以較多的貨幣予以估價，但實際上卻與當初的狀況完全相同。全世界貨幣價值的降低（至少相當幅度的降低），將使礦場每年的供給暫時中斷或者至少有所減少：因爲金屬的價值不再與其最高的生產成本相當。於是貴金屬每年的損耗將得不到充分的補償，通常造成損毀的原因將使貴金屬的總量逐漸減少到先前的水準；此後貴金屬的生產將重新恢復到原先的規模。由此可見，寶藏的發現只能產生暫時的影響，即在寶藏自行流散到全世界各國之前對國際貿易造成短期的擾動，然後對貴金屬的價值將造成暫時的壓力，使之降到其生產成本或者獲得成本以下；這種壓力將透過暫時減少出產國的生產和進口國的進口而逐漸得到緩解。

在以紙幣或者任何其他替代物取代貴金屬的情況下，其影響與寶藏的發現所產生的影響完全相同。假定英格蘭擁有全部由貴金屬構成的通貨二千萬鎊，然後突然間有二千萬鎊紙幣被投入流通。如果這些紙幣是由銀行家發行，那麼它們就會被用於貸款的發放或者證券的購買，並因此使利率突然降低；利率的降低，很可能在尚未來得及對物價造成顯著影響的情況下，就促使二千萬鎊金幣中絕大部分被當作資本輸出到外國以尋求較高的利率。但是我們假定這種紙幣不是由銀行家或者任何類型的放款人所發行，而是由製造商在支付工資和購買原物料時或者政府在支付日常開銷時投入使用，則全部紙幣將迅速成爲交換商品而進入市場。其合乎規律的結果如下：所有的價格都將顯著上揚，產品出口幾乎中斷，產品進口受到極大的刺激；產生大量必須償付的結存差額；匯兌變得不利於英格蘭，不利的程度高達出口貨幣的全部成本；多餘的硬幣將按照各國在地理上和商業上與英格蘭接近的程度，迅速地流向世界各地。這種流出將一直持續到各國的通貨達到同一水準時爲止；這裡所謂的達到同一水準，不是指貨幣在任何地方都具有相同的價值，而是指各處貨幣價值之間的差別恢復到先前的水準，該水準與在貨幣的獲得成本方面所存在的永久性差別相對應。如果價格的上揚以相同的程度蔓延至所有的國家，則首先，任何地方的出口與進口都將恢復原狀，實現相互之間的均衡，繼而匯兌也將恢復平價。例如，當二千萬鎊的大量的貨幣遍布於整個商品世界時，雖然足以使一般的物價水準提高一定的百分比，但是這種結果卻不會持久。因爲無論對於整個世界來說，還是對於世界上的任何具體地點來說，開採貴金屬的基本條件都沒有發生變化，所以降低的價值都將得不到補償，導致礦場的供給部分地或者全部地中斷，直到二千萬鎊都被吸收完爲止；[1]在被吸收完之後，各國的通貨在數量上和價值上都幾乎將恢復到當初的水準。我之所以說幾乎，是因爲精確地講，會產生微小的差別。由於世界上遭受損耗的金屬貨幣減少了二千萬鎊，因此現在每年所需要的貴金屬供給將略有減少。於是，爲實現礦產國與世界其他各國之間的收支均衡，將要求各個礦產國增加貴金屬以外的物品的出口，或者減少某些外國商品的進口。這意味著各個礦產國的物價水準將略低於過去，而所有其他國家的物價水準將略高於過去；前者的通貨將變得略顯稀少，而後者的通貨則變得較爲充裕。這是對於國際貿易或者對於任何國家的通貨的價值或者數量所造成的唯一永久性的變化，但是這種變化實在微不足道，除非爲了說明某個原理，否則根本無須我們予以關注。

然而，還可能產生另外一種結果。過去處於非生產形態的二千萬鎊金屬貨幣，現在轉變成或者可以轉變成生產性資本。這種利益最初由英格蘭獲得，並且以其他國家的利益受到損害爲代價；後者買走前者昂貴的非生產性剩餘物品，同時爲此向前者提供價值相當的其他物品。這些國家的損失會隨著它們從礦場進口的貴金屬的不斷減少而逐漸得到補償，最終世界使其生產性資源實際上增加了二千萬鎊。亞當・史密斯對此所做的說明雖然眾所周知，但因十分恰當，故值得再次重複。他將以紙幣代替貴金屬比喻爲在空中架設高速公路，使被道路占用的土地得以用於農業生產。在這種情況下，一部分土地從僅使其他土地可以用於生產的職能中釋放出來，其本身也可以用於生產。與此相同，發行紙幣可以使國家積累的財富的一部分從僅使其他資本可以用於生產的職能中得到釋放，其本身也可以用於生產；它當初所履行的職能將由成本無幾的一種媒介，同樣出色地予以執行。

不使用金屬貨幣爲社會節省的價値，是提供其替代物的那些人淨得的利益。他們爲使用二千萬鎊流通媒介所付出的成本，只是雕版工製作印鈔銅版的費用。如果他們將所增加的這筆財富用作生產性資本，則它將與同等數額的任何其他資本一樣，在相同的程度上使國家的產出增加，使社會受益。能否將這筆財富用作生產性資本，在某種程度上取決於紙幣發行的方式。如果是由政府發行並且用於償還債務，那它就很可能成爲生產性資本。然而政府可能更願意將這筆特別的財富用作日常開支，可能將它揮霍浪費，或者只是臨時用於替代同等數額的稅賦；在最後這種情況下，全體納稅人可以將這筆節省下來免於繳納的稅賦，或者用於增加自己的資本，或者作爲收入用於消費。當紙幣像在我們自己的國家裡那樣是由銀行家以及金融公司發行時，則這筆財富幾乎全部轉化爲生產性資本：因爲既然發行者有責任隨時償付這種價値，那麼他們就絕不會將它浪費掉，只有欺詐或者管理不善，才會發生不予償付的情況。作爲放款人的銀行家發行紙幣，只是他日常業務的某種簡單的擴展。他將這筆金額貸給農場主、製造商或者商人，用於各自的業務，如此使用，它就會像任何其他資本那樣爲勞工提供工資，爲資本提供利潤。該利潤在銀行家與一系列的借款者（大部分爲短期借款者）之間分配，銀行家獲得利息，借款者獲得支付利息後剩餘的那部分利潤或者與利潤相當的利益。從長期來看，資本本身將全部轉化爲工資，而且可以在透過產品的銷售中得到償付時再次轉化爲工資。因此它爲維持生產性勞動提供了一筆價值二千萬鎊的永久性基金，並且增加了一國的年產量，增加額相當於使用與此價值相當的一筆資本所能生產的全部產量。除此之外，還有一種利得，那就是使一國節省了每年用於補償金屬通貨的磨損與消耗所必需的貴金屬的供給。

因此，在確保安全可靠的限度內，應該儘量地使用紙幣作爲貴金屬的替代物；所需保留的金屬通貨額度，只要能夠在實際上以及公眾的信念兩個方面滿足紙幣的可兌換性即可。像英格蘭這樣具有廣泛商業聯繫的國家，往往會發生突然需要向外國支付巨額款項的情況，有時作爲貸款或者其他海外投資，有時作爲某種非同尋常的進口商品的貨款，最爲常見的情況是，作爲歉收時期大量進口糧食的貨款。爲了滿足這種需求，在流通中或者銀行的金庫裡保存大量的鑄幣或者金銀錠是非常必要的，同時基於突發事件而流出的這些鑄幣或者金銀錠，在突發事件過去之後，必須能夠重新回流。不過，由於必須用於出口的黃金幾乎無一例外地總是取自銀行的準備金，而且只要銀行具有償付能力就絕不會直接取自流通，所以爲日常的需要而特別保留一部分金屬通貨的唯一好處是，銀行可以偶然地將它們用來補充自己的準備金。

§二 當金屬貨幣被等額的紙幣取代並且不得不完全退出流通時，如果紙幣是可以兌換的，則在流通領域增發更多紙幣的任何企圖都必然澈底地歸於失敗，增發的紙幣將會再次產生一系列驅逐金幣的後果。與以前一樣，此時需要出口金屬，而且爲此目的，需要從銀行提取總量相當的過剩紙幣，使之不可能再留存於流通領域。當然，如果紙幣是不可兌換的，則其數量的增加就不會受到這種限制。當流通領域仍然留有可供取代的鑄幣時，則不可兌換紙幣發揮作用的方式與可兌換紙幣的相同；只有當全部鑄幣（除便於小額找零而保留的鑄幣之外）均被逐出流通領域之後並繼續增發紙幣時，兩者之間的差別才會顯現。只要紙幣在數量上超過它所取代的金屬通貨的數量，則物價理所當然地就會上揚，原來值五鎊金屬貨幣的物品，現在也許值六鎊不可兌換紙幣，或者視情況而定，值六鎊以上。但是這種物價的上揚與前面所考察的情況不同，它不會刺激進口和抑制出口。進口與出口是由物品的金屬貨幣的價格所決定，而不是由物品的紙幣價格所決定，只有當紙幣可以隨意與金屬相互兌換時，紙幣價格才必然與金屬貨幣的價格相當。

讓我們假定英格蘭是一個紙幣價格貶值的國家。假定其通貨爲金屬時，在英格蘭用五鎊可以買到的某種英格蘭的產品，在法國可以賣到五鎊十先令，兩者的差額可以用來償付商人的支出、風險和利潤。由於紙幣貶值，現在該商品在英格蘭的價格爲六鎊，而在法國卻不能賣到五鎊十先令以上。不過儘管如此，它卻仍然照樣輸出，爲什麼？因爲出口商在法國出售這種商品所能得到的五鎊十先令，不是已經貶值的紙幣，而是黃金或者白銀；因爲在英格蘭，金銀錠的價格已經按照與其他物品相同的比例上漲了，如果商人將黃金或者白銀帶回英格蘭，則他可以將這五鎊十先令賣到六鎊十二先令，他與過去一樣，可以多得百分之十，以此作爲對利潤與支出的補償。

由此可見，通貨貶值並不影響一國的對外貿易，對外貿易的狀況將與通貨保持原來價值時完全相同。不過，雖然貿易不受影響，但匯兌卻受到影響。在使用金屬通貨的情況下，當進口與出口實現均衡時，匯兌將按平價進行，與五金鎊等值的一張法國承兌的匯票仍然值五金鎊。但是如果在英格蘭五金鎊或者其中的含金量已經值六金鎊，那麼法國承兌的五金鎊匯票也值六金鎊。因此，當實質匯兌爲平價時，會出現一種不利於英國的名目匯兌，其不利的程度與通貨貶值的幅度相同。如果通貨貶值百分之十、百分之十五或者百分之二十，則無論實質匯兌會因國際債務和債權的變動而發生什麼樣的變動，但匯兌的報價總是與實質匯兌相差百分之十、百分之十五或者百分之二十。然而，無論這種名目溢價有多高，它也不會使人們產生將黃金運出本國的傾向，並開立以其作爲抵償的匯票，以透過溢價獲取利益。因爲這樣輸出的黃金並非像可兌換通貨那樣，可以按照平價從銀行中獲取，而是必須以較高的價格從市場上獲取。在這種情況下，比較正確的表述方式應該是說平價有所變動，而不是說匯兌不利。因為與過去相比，相對於某一相同數量的外國通貨來說，現在需要更多的英格蘭通貨才能與之相當。然而，匯兌依然按照金屬貨幣的平價計算，因而在通貨貶值時，匯兌的報價是由兩種要素構成：實質匯兌隨著國際收支的變動而變動，名目匯兌則隨著通貨的貶值而變動。只要存在通貨貶值，這種匯兌總是不利的。因為通貨貶值的大小可以依據金銀錠的市場價格超過造幣廠的估算價格的幅度精確地加以測算，所以我們擁有一種可靠的標準，可以用來確定匯兌的報價的哪一部分與通貨貶值有關，可以對名目匯兌加以扣減；如此修正後的結果則代表實質匯兌。

增加可兌換紙幣的發行額，對於匯兌以及國際貿易所造成的相同的干擾，與信用擴張所造成的干擾，具有相同的形式，正如我們在前面已經詳細說明的那樣，隨著通貨的增加，它們將對物價產生相同的影響。每當投機受到刺激而依靠信用所進行的購買極大地增加時，每個人依靠信用進行購買與使用貨幣進行購買一樣，均會造成貨幣物價的上漲，因而所有的結果必然相同。作為高物價的一種後果，出口將受到阻礙，進口將受到刺激；儘管實際上很少要等到物價上漲以後才發生進口增加的情況，但進口的增加卻往往是投機的結果，因為某些大量進口的物品，均屬於通常最早發生投機性過量交易的物品。因此往往會出現進口大大超過出口的時期；而且當這個時期到來時，相關差額必須償付，匯兌變得不利，同時黃金流出該國。黃金的流出究竟以何種確切的方式對物價產生影響，這取決於我們即將詳加討論的種種情況。不過黃金的流出將使物價回落，這一點是確定無疑的，也是顯而易見的。物價回落一旦發生，一般會導致經濟的整體崩潰，同時信用的極度擴張也將迅速轉變為信用的急劇收縮。因此當信用輕率地得到擴張以及人們過分地熱衷於投機時，匯兌就會發生轉變，銀行隨之也會承受籌措出口黃金的壓力。一般來說，這就是造成突變的直接原因。不過，雖然這些現象明顯地伴隨著被稱之為商業危機的信用崩潰，但是它們卻並不屬於信用崩潰的本質部分。我們在前面已經證實，[2]如果存在根本未曾開展對外貿易的國家，則在這樣的國家中發生信用崩潰的可能性及其所波及的範圍，也是大致相同的。

◆註解◆

[1] 在這裡，我假定黃金、白銀的開採業是一個在已知的條件下進行的永久性產業，而不是（像現在這樣）在不確定的條件下，以某種冒險精神而非正規產業的追求為支撐所開展的一種機運遊戲。

[2] 參閱本書第三編第七章§三。

第二十三章　關於利率

§一　現在，我們討論決定利率的各種因素似乎最爲合適。貸款利息實際上是有關交換價值的問題，它自然屬於我們目前討論的範疇。而通貨和貸款這兩個問題，雖然它們本身截然不同，但是在所謂的金融市場的各種現象中，兩者的聯繫卻異常緊密，以至於不瞭解這一個，就無法瞭解那一個；而且在許多人的頭腦中，這兩個問題還相互糾纏，處於難以分辨的混亂狀態。

在上一編中，[1]我們定義了利息與利潤的關係。我們看到，資本的毛利可以分爲三部分：對於風險的補償、對於勞動的補償以及對於資本本身的補償；與此相對應，我們可以將它們分別稱爲保險費、監管工資和利息。對風險給予補償之後，即對於資本由於暴露在社會的一般環境中或者具體行業的特定風險中可能遭受到的平均損失給予補償之後，還有剩餘，這種剩餘的一部分將歸於資本的所有者，作爲節欲的報酬，一部分將歸於資本的使用者，作爲耗費的時間和勞動的報酬。雙方如何分享這種剩餘，這取決於當兩種職能相互分離時，資本的所有者能夠從資本使用者那裡獲得多少報酬。這顯然是有關需求與供給的問題。在這種情況下，需求與供給的意義和作用，與在所有其他情況沒有任何差別。利率的水準將使貸款的需求與供給彼此相等。按照此利率水準，某些人想要獲得借款的數額與其他人願意提供貸款的數額剛好相等。如果供過於求，則利息將減少；如果供不應求，則利息將增加；而且在這兩種情況下，均將達到使供給與需求方程式重新建立起來的那一點。

與對於任何其他物品的需求與供給相比，對於貸款的需求與供給的波動顯得更爲頻繁。影響其他物品需求與供給的因素非常有限，而借款的欲望以及放款的意願，則多多少少地受到了所有因素的影響，這些因素總體上或者部分地影響著產業或者商業的狀況。因此，無風險的利率（在這裡我們只考察這種利率，它包含了部分風險補償在內的利息可能增大到任何水準），在各大金融交易中心幾乎沒有哪兩天是完全相同的，正如公債以及其他有價證券的報價永無休止地變動所證實的那樣。然而，與其他價值的情況一樣，這裡必然存在著某種利率，（按照亞當·史密斯與李嘉圖的說法）可稱之爲自然利率；市場利率以其爲中心而上下波動，並且總是傾向於回歸到此利率水準上。這個利率部分地取決於不打算自行使用儲蓄的人們手中所積累的資金的額度，同時部分地取決於社會的偏好究竟是積極的經濟追求，還是領取年金者的那種悠閒、安逸和獨立的生活。

§二 爲了排除偶然性的擾動，我們假定商業狀況風平浪靜，任何行業都不特別繁榮也不特別蕭條。在這種情況下，較爲成功的生產者和商人都已經充分地使用了自己的資本，並且其中許多人的業務拓展均已遠遠地超出了自有資本所能滿足的限度。他們自然而然地成爲借款人，同時他們想要借用並且有能力提供的可靠保障的款項的額度，就構成了生產性行業對於貸款的需求。除此之外，還必須加上政府、地主或者可以提供可靠保障的其他非生產性的消費者所需要的貸款，這些構成了經常性貸款需求的主體。

現在，我們不妨設想那些不想或者不能親自從事經營的人們所持有的資本總量，可能等於甚至超過上述需求。在這種情況下，放款人的一方經常會發生激烈的競爭，從而降低利率中所包含的利潤率的部分。利息將被迫下降到這樣一點，或者誘使借款人超過自己對業務需求所做的合理預期而借入更多資金，或者造成一部分放款人喪失信心以至於停止積蓄，或者開始使用自有資本從事經營，他們雖然未必親自勞作，但是承擔產業活動的風險，以盡力增加自己的收入。

另一方面，某些人寧願貸出資本以收取利息，也不願意親自監督資本的使用，這些人所擁有的資本可能無法滿足對於貸款的經常性需求。其中的絕大部分可能投資於公債和抵押貸款方面，剩餘的部分也許不足以使商業方面的需求得到滿足。如果眞是如此，則利率將大幅度地提高，並以某種方式再重新建立起均衡。當利息和利潤之間的差額很小時，許多借款人也許不再願意爲獲取如此微小的報酬而增加個人的責任並提供自己的信用；或者一些本來可能從事經營的人們，現在也許選擇安享悠閒的生活而成爲放款人、不再做借款人；或者其他一些人受到高利息和他們的資本投資疲軟影響，可能會帶著較少的財產提前退休，否則他們擁有的財產可能更多一些。或者，最後，在英格蘭和其他一些商業國家，還可以透過另外一種途徑獲得一大部分必需的貸款的供給。它不再由不參與經營活動的人們提供，提供貸款本身已經成爲一種經營活動。用於商業的一部分資本可能就是由職業放款者階層所供給。然而這些金融放款人不僅需要獲取利息，而且還必須在考慮風險和所有其他因素的基礎上，使其資本獲取正常的利潤率。但是如果那些爲開展發放貸款的業務而借入資本的人，必須把賺到的全部利潤都作爲資本的全部利潤予以支出，則他們之中的任何一位都不會感到滿意，因此只有那些除運用自有資本之外還能借出自己的信用的人，換句話說，就是還能借出別人的資本的人，才可以經營金融借貸業——一種正規地向商業提供資本的行業；他們就是銀行家，以及實際上屬於銀行家的那些人（例如票據經紀人），因爲他們接受存款形式的貨幣。用自己發行的紙幣提供貸款的銀行，是在借出從社會上借來的資本，並且對於這種借來的資本不支付任何利息。儲蓄銀行借出從社會上點滴籌集來的資本；對於這樣籌集來的資本，銀行有時不支付任何利息，例如，倫敦一些私人銀行就是這麼做的；像蘇格蘭銀行那樣的聯合股份銀行以及大多數地方銀行雖然支付利息，但是它們所支付的利息卻遠遠小於所得到的利息；因爲可以透過任何其他方式獲取蠅頭小利的存款者往往都認爲不值得爲此而去自尋煩惱，所以即使利息很少，他們也會欣然接受。正是由於擁有這種輔助性的資源，銀行家才能夠透過以提供利息的方式發放貸款，並使自有資本獲得正常的利潤率。任何其他方法都不能使金融借貸業以一種正規的經營方式發展下去，除非貸款的條件高得驚人；只有那些利益攸關的人或者身處困境的人，即瀕臨破產的商人或者入不敷出的消費者，才有可能被迫接受。存入銀行的可支配資本、銀行的紙幣所代表的資本、銀行家的自有資本，以及銀行家以某種方式利用自己的信用所獲得的可支配資本等，連同必須或者想要依靠銀行家的財產的利息過活的那些人，他們所擁有的資金便構成了一國基本的貸款資金；這筆資金的總額，與生產者和商人經常性的貸款需求，以及政府和非生產性的消費者經常性的貸款需求相互作用，就確定出長期的或者平均的利率水準；長期或者平均的利率必然總是促使這兩個量調整到彼此相等的水準上。[2]不過，雖然長期利率受到貸出的資本總額的影響，但是它的波動卻幾乎完全取決於銀行家所掌握的資本。因爲幾乎只有這一部分資本被用於短期貸款，並且需要不斷地在市場上尋找投資出路。依靠財產利息生活的那些人的資本，一般都在尋求或者已經找到某種固定的投資方式，例如，投資於公債、抵押貸款或者公營公司的債券等，如果沒有特別的誘惑或者需求，則這些投資不會發生變動。

§三　利率的波動是由貸款需求的變動或者供給的變動所引起的。供給很容易發生變動，儘管比需求的變動小一些。放款的意願在投機開始時期比平時強烈，而在隨後人們突然撤回資本時期則比平時淡然。在投機時期，放款者以及其他人都願意透過擴大他們的信用來擴展其業務，他們貸出的非自有資本比平時更多（正如其他商人和生產者階層所使用的資本比平時更多一樣）。因此這個時期是利率下降的時期；雖然還有其他原因（我們在後面將會看到）可能造成利率下降。反之，在撤回資本時期，利息總是急劇上升，因爲有許多人迫切地想要借款，而放款者大多不願意放款。這種不願意放款的心理發展到極點，就會造成所謂的恐慌。當商業領域，有時也在非商業領域，連續發生出人意料的破產事件時，人們便會彼此不再相信對方的償付能力，以至於所有人不僅不願意提供新的信用（除非借款人接受非常苛刻的條件），而且還會盡可能地收回已經提供的所有信用。銀行存款被提走；紙幣提交給發行者要求換取硬幣；銀行家提高貼現率，並且不再提供正常的墊付；商人拒絕延期商業票據。在這種時期，如果試圖藉助法律阻止人們超出一定的限度支付利息或者收取利息，則會造成最爲不幸的後果，以往的經驗已經證實了這一點。如果法律允許這樣做，則不能以百分之五的利率借到錢的人，就不是支付百分之六或者百分之七的利率，而是必須支付百分之十或者百分之十五的利率，才能借到錢；因為需要以此對放款者可能遭受法律制裁的風險給予補償，或者必須不惜血本地低價銷售自己的有價證券或者貨物才能得到現金。

在商業危機的間歇時期，利率通常會由於逐漸的積累過程而具有累進的下降趨勢。在各大商業國家中，積累的過程快得足以成為發生週期性投機的動因。因為如果若干年間沒有發生危機，而又沒有開闢出新的具有吸引力的投資管道，則不難發現，在短短幾年的時間裡，尋找投資機會的資本就會顯著增加，並導致利率大幅度下降；無論透過證券價格還是透過匯票的貼現率，均可以看出這一點。利息的減少會誘使資本所有者甘願承擔風險，以期獲得可觀的收益。

有時，利率會或多或少地受到不經常發生的偶然性因素的影響，這些因素往往會改變利息獲得者階層與利潤獲得者資本家階層之間的分配比例。作用相反的以下兩種因素就是如此。它們是在近幾年才出現的，目前已經對英格蘭形成巨大的影響。一是金礦的發現。不斷地從各個黃金出產國進口的大量貴金屬，可以肯定地講，已經完全成為信貸市場資金供給的一部分。增加的巨額資本並沒有在上述兩個資本家階層之間進行分配，而是全部附加在利息獲得者階層所擁有的資本上，進而改變了這兩個階層之間原有的分配比例，相對於利潤而言，它具有壓低利息的傾向。二是股份有限責任公司的合法化。這一新出現的事物所造成的影響與上述情況剛好相反。這些公司的股東們幾乎全部來自於放款者階層。過去，他們將可支配的資金存入銀行，並由銀行家貸出，或者將它們投資於公營或私人企業的證券以收取利息。但是當他們成為某一股份公司（唯有金融公司除外）的股東以後，就在其所持有的股份限度內成為依靠自有資本從事經營的商人。他們不再是放款者，在大多數情況下，他們甚至已經轉變為借款者。他們的認購股票的資金是從信貸市場的資金供給中抽取的，而且他們自己也成為這些剩餘資金的競爭者；所有這一切造成的必然結果是利息增加。因此，在今後相當長的一段時期內，如果在英格蘭通常的利率中，正常的商業利潤率所占比例，均比自從黃金開始流入以後的任何時期都更高，那是沒有必要大驚小怪的。[3]

與貸款供給的變動相比，貸款需求的變動要大得多，而且偏離正常年分的波動週期較長。例如，在戰爭時期，政府將從信貸市場中吸取大量的資金。在這種時期，政府一般都會陷入新的債務之中，而且只要戰爭持續下去，政府舉債通常會一次緊接著一次地進行下去，因此戰爭時期的基本利率總是比和平時期還要高，但與利潤率無關，而且生產性行業日常的貸款供給將受到限制。在最後一次對法戰爭期間的部分時間裡，政府不能以低於百分之六的成本獲得借款，當然，所有其他借款者也至少要承擔與政府相同的成本。即使政府不再簽訂其他借款合約，但這些借款的影響也不會完全消失。因爲已經簽約的借款繼續在爲該國大幅度增加的可支配資本進行投資，一旦政府清償了國債，則這些資本就會附加在尚在尋找投資機會的資本之上，而且與暫時性的擾動無關，它不能永久地但是在某種程度上會使利率下降。

突然開發出來某種新的具有普遍吸引力的長期投資方式，對於利息所產生的影響，與戰爭時期政府貸款所產生的影響相同。在近代歷史上，其規模可以與戰爭貸款相提並論的唯一事例，是鐵路建設對於資本的吸納。這些資本一定主要來自於銀行的存款，或者來自於原本也會形成存款的儲蓄，而且這些資金註定將最終用於購買有價證券，而出售證券的人則可以使用所得資金貼現票據或者發放貸款以收取利息。上述情況中的任何一種，都是對一般貸款資金的抽取。顯而易見的是，如果實際上使用的資金不是來自於專門爲開發鐵路事業所進行的儲蓄，那麼如此使用的資金就必然來自於工商業者的實際資本，或者來自於原本有可能貸給工商業者的資本。在前一情況下，工商業者因爲資本減少而資金不足，不得不成爲負債更多的借款人；而在第二種情況下，可供他們籌措的資金將會減少。無論出現哪一種情況，都具有使利率升高的傾向。

§四

到目前爲止，我們把貸款和利率作爲與一般資本有關的問題加以考察，這與普通的觀點剛好相反，人們通常都將它們視爲僅與貨幣有關的問題。我們卻認爲，貸款與人們所進行的所有其他貨幣交易一樣，被轉讓的貨幣只是媒介，而商品才是眞正被轉讓的物品——交易的實際目標。而且這基本上是正確的，因爲在正常的經營過程中，借入貨幣的目的就在於獲得購買商品的能力。在一個勤勞並且商品化的國家裡，人們祕而不宣的動機通常都是將商品用作資本；但是即使貸款的目的是爲了進行非生產性的消費，例如揮霍或者政府的貸款，貸款的金額也是來自於當初的積累，這些積累如果不貸給他們使用，那很可能會貸給生產性的產業部門；因此這些金額也是對於（可以正確地稱之爲）可貸資本的某種扣除。

然而，在少數情況下，借款人借錢的目的往往與我們這裡所設想的不盡相同。借款人借錢既非將其用作資本，也非用於非生產性消費，而是用於償還以前的債務。在這種情況下，他所需要的就不是購買能力，而是法定貨幣，或者債權人願意作爲債務的等價物所接受的物品。他尤其需要貨幣，而不是商品或者資本。源自於此項動因的需求造成了幾乎所有大幅度的、突然的利率變動。此種需求形成了商業危機初始階段的特徵之一。在這個時期，已經簽訂合約的眾多業內人士，基於情況的變化而不能及時獲得他們原本打算用來履行合約的資金，但他們必須不惜一切代價獲得這些資金，否則就得破產。如果不能首先換成貨幣，那麼無論他們掌握多少其他資本都將於事無補；反之，即使一國的資本沒有增加，而增加的只是流通中的信用工具（恰如一八二五年大恐慌時期英格蘭銀行金庫中的一箱從其他任何角度來看都是毫無價值的面值僅爲一鎊的紙幣），但只要允許借款者使用它們，他們就可以有效地達到自己的目的。以貸款的形式增加發行紙幣就可以滿足此種需求，並且消除與其相伴隨的恐慌。然而在這種場合，儘管借款人所需要的既非資本也非購買能力，而是貨幣，但是轉讓給他的卻不僅僅是貨幣。不論貨幣流通到哪裡都會把購買能力帶到哪裡；而投入信貸市場的貨幣，由於它具有購買能力，所以實際上會使一國所增加的一部分資本轉到貸款方面。雖然借款人所需要的只是貨幣，但是資本在轉手；同時我們仍然可以正確無誤地講，正是由於可貸資本的增加，才使利率的上升受到抑制並得以修正。

不過，除此之外，在貸款與貨幣之間還有一層實際關係不容忽視，即所有可貸資本都處於貨幣形態，而準備直接用於生產的資本都可以表現爲許多形態，但是打算用於放款的資本卻通常只有一種形態。就此而言，我們就應該確定透過資本或者貨幣直接地對利率產生影響的某些原因。

利率與流通中的貨幣的數量或者價值之間沒有必然的關聯。流通媒介的永久數量無論大小都只影響價格，而不影響利率。通貨貶值一旦成爲既成事實，就無從影響利率。誠然，通貨貶值的確使貨幣對商品的購買能力下降，但是卻沒有使貨幣對貨幣的購買能力下降。如果一百鎊可以購買每年四鎊的永久年金，那麼通貨貶值就會使這一百鎊的價值比過去減少一半，但是由於通貨貶值也將使四鎊年金的價值受到相同影響，所以兩者之間的關係並不會發生任何變化。用於表示一定眞實財富的記帳單位的數目無論是大還是小，都不會對放款者或者借款者的地位或利益產生任何影響，從而也不會對貸款的需求和供給產生任何影響。貸出和貸入的實際資本量是相同的，因而如果對放款者手中的資本以較多的英鎊加以表示，則由此所引發的物價上漲，將使借款者現在需要使用較多英鎊才能達到他們的目的。

不過，雖然貨幣的數量本身並不會對利率產生影響，但是貨幣的數量由少變多或者由多變少，卻可能並且確實會對利率產生影響。

假定貨幣正處於貶值的過程中，政府爲償付開支而發行不可兌換通貨。這一事實絕不會減少人們對於實際貸款資本的需求，但是將減少實際可貸資本；因爲這種資本只存在於貨幣形態上，它的價值因通貨數量的增加而下降。以資本計算的供給量減少了，但需求量卻與過去相同。以通貨計算的供給量與過去相同，但需求量卻因物價上漲而增大了。不管怎樣，利率必然上升。在這種情況下，通貨的增加確實對利率產生了影響，不過結果卻與通常所設想的剛好相反；它將使利率升高，而不是降低。

收回貶值的通貨或者減少貶值通貨的數量，會產生與此相反的影響。放款者手中的貨幣與所有其他貨幣一樣，價值將會升高，即將有較大量的實際資本在尋找借款者，而借款者所需要的實際資本卻與過去相同，貨幣額度減少了，因此利率將趨於下降。

於是我們看到，貨幣僅僅在其貶值的過程中具有提高利率的傾向，而有關通貨將進一步貶值的預期會對這種結果有所強化。因爲放款者預期借款者用於支付利息甚至償還本金的通貨價值，將低於他們所貸出的通貨的價值，所以自然地會將利率提高，使之足以補償這種非常規的損失。

但是如果增加的貨幣不是透過購買而是透過貸款進入流通領域，則上述作用將不足以與反向的作用相抗衡。在英格蘭和大多數其他商業國家中，通常使用的紙質通貨都是由銀行家提供，除了用於購買黃金、白銀的那部分，全部都是以貸款方式發行。因此，增加通貨也就是增加貸款；在最初階段，所增加的全部通貨將使信貸市場擴張。若把增加通貨看成是增加貸款，則增加的通貨便具有降低利息的傾向；而從增加通貨會使通貨貶值這一角度看，增加通貨又具有提高利息的傾向；通常前一種傾向會大於後一種傾向，因爲前一種傾向的作用取決於新增的貨幣與已貸出的貨幣之間的比率，而後一種傾向的作用則取決於新增的貨幣與全部流通的貨幣的比率。因此，由銀行發行的通貨增加時，在其增加的過程中，將趨向於降低利率，或者使利率保持下降的態勢。金礦的發現所造成的貨幣的增加，也將產生相同的作用。如前所述，當新開採出來的黃金輸入歐洲之後，它們幾乎全部都附加到銀行的存款中，從而增加了貸款的數量；當銀行將這種存款投資於證券時，則可以釋放出等量的其他可貸資本。在經濟狀況一定的條件下，只有透過降低利率才能使新增加的黃金找到投資機會，所以在假定所有其他條件不變的情況下，與不輸入黃金的情況相比，只要黃金持續地輸入，利率就必然會保持在較低的水準上。

因爲更多的黃金、白銀流入信貸市場並具有降低利率的趨勢，所以它們以任何可觀的規模從一國流出，均將不可避免地使利率升高；即使這種流出發生在貿易的過程中，例如，在農業歉收時期爲增加進口所進行的支付，或者恰如現在對於從世界各地以高價進口的棉花所做的支付，也是如此。用於完成這些支付所需要的貨幣，首先來自於銀行家手中的存款，並在此限度內削減了信貸市場的供給。

利率本質上而且永久地取決於以貸款方式所供給的以及所需求的實際資本的相對數額，不過也受制於源自於流通媒介的增加與減少所形成的各種暫時的干擾；這種干擾所產生的作用有些複雜，有時與最初的表面現象恰好相反。所有這些區別都被不恰當的誤用詞語所掩蓋和混淆了，人們用於表示利率的術語（「貨幣的價值」）實際上指的是流通媒介的購買能力。社會公眾甚至商人都習慣性地認爲，貨幣市場的寬鬆程度，即以較低利率融資的便利程度，是與流通中的貨幣的數量成比例的。因此他們不僅假定銀行的紙幣發揮通貨的作用（其實只有當銀行的紙幣形成貸款時才能發揮通貨的作用），而且習慣性地忽略了並未附帶任何通貨變動的貸款的變動所產生的後果，哪怕其性質相似、強度也更大。

例如，人們在考察銀行的活動對於刺激過度投機所產生的影響時往往認爲，主要的影響來自於銀行鈔票的發行，而且直到最近幾乎都不曾關注銀行對於存款的運用；儘管實際上銀行草率地進行信用擴張，更經常依靠存款，而不是依靠發行鈔票。圖克先生指出，[4]「毋庸置疑，無論是私人銀行還是聯合股份銀行，如果經營不善，則無論在商業中，或者在過度進口和出口的交易中，還是在建築業或者採礦業中，都會造成以投機爲目的的信用極度擴張，而且銀行的經營也確實常常不盡如人意，在某些情況下甚至使自己陷於破產的境地，同時也使那些自認爲他們的資源從屬於銀行的人最終一無所獲。」但是，「假設某位銀行家所接受的都是鑄幣形式的存款，那他是否就有別於發行鈔票的銀行家，不會受到不好意思拒絕的客戶要求貸款或者貼現的糾纏，或者不會受到高利息的誘惑？他可能不被誘使大量挪用手頭存款，以至於在某些情況下不能滿足儲戶的提款要求?完全使用金屬通貨的銀行家與現在倫敦的銀行家究竟在哪些方面有所不同?他不是貨幣的創造者，他不能像某位貨幣發行者那樣利用特權開展他的其他業務但是倫敦的銀行家過度發行貨幣的可悲事件是存在的」。

同樣，在多年來有關英格蘭銀行的經營及其對於信用狀況所產生的影響所進行的爭論中，雖然近半個世紀以來，每當發生商業危機時，英格蘭銀行都會受到強烈的指責，人們不是指責它引發了危機，就是指責它加劇了危機，但是幾乎都一致認定，人們所能察覺到的英格蘭銀行的行爲都只是透過流通中的鈔票的數量產生影響，而且如果能夠阻止它自行酌情處置的權力（這是其地位的一種特徵），那它就不再具有任何可以濫用的權力。這實在是一種錯誤，起碼在經歷了一八四七年之後，我們希望這種錯誤不再重犯。那一年，英格蘭銀行作爲一家發行銀行的權力受到了完全的控制，但是它透過作爲一家儲蓄銀行所開展的業務活動仍然與過去任何時期一樣，對利率或者信用狀況產生了巨大或者顯著影響；它遭受到強烈的指責，指責它濫用影響力，並爆發了一場空前猛烈的商業危機。

§五　在結束本章之前，我願意給出明確的結論，即利率決定著所有那些可銷售物品的價值和價格，而人們想要並且購買這些物品，並非是爲了得到這些物品本身，而是爲了得到它們所能提供的收入。公債、聯合股份公司的股票以及各種證券的價格，往往隨著利率的下降而上升；它們的銷售價格不僅能爲購買所支出的資金提供市場利率，而且還能爲在所承擔的風險，或者在所處環境的便利程度方面存在的所有差異提供補償。例如，國庫券的銷售價格，基於它與債券所提供的利息的比例，通常均高於統一債券的價格（因爲雖然安全性相同，但是國庫券的持有人除非將其展期，否則每年均可以按照證券的面值得以償付），因此這種證券的購買者（除非不得不在發生一般緊急情況時將其售出），除他在購買時可能支付的溢價之外，在轉賣證券時不會遭受到任何損失。

土地、礦山和所有其他提供固定收入的資源的價格，均以相同的方式取決於利率。土地的銷售價格，相對於它所提供的收入而言，通常均高於公債的價格。這不僅是因爲人們認爲購買土地比較安全，而且還因爲在人們的頭腦中，權力和尊嚴與占有土地相關聯，即使在英國也是如此。不過這些差別是或者幾乎是經久不變的。在其他條件相同的情況下，土地的價格將隨著利率的長期變動（當然不是每天的變動）而變動。利息低，地價自然昂貴；利息高，地價自然低廉。上一次長期戰爭期間，出現了有關此項法則的某種不容置疑的例外，因爲當時土地的價格和利率都非常高。然而這種情況的發生有其特殊原因。多年來農產品的平均價格持續高漲，導致地租提高的幅度，甚至超過了利息增加的幅度，以及固定收入銷售價格下降的幅度。假如沒有發生主要因歉收所造成的偶然事件，則土地的價值必然與公債一樣顯著下降。如果今後爆發類似的戰爭，則土地的價值也很可能就會下跌，進而達到使地主和農民感到失望的地步；因爲他們從非常時期的偶然事件中演繹出一般性的推斷，長期以來一直使自己相信所謂的農業利益，即戰爭狀態對於農業特別有利，而和平狀態則對於農業特別不利。

◆註解◆

【1】參閱本書第二編第十五章§一。

【2】我沒有將用於公債和其他證券投機交易的資本包括在一國基本的貸款資金之內，這筆資本的數額有時很大。買進證券的人確實在當時增加了用於貸款的資金的額度，並在一定程度上使利率降低。但是我在這裡提到的這些人買進證券的目的，只是為了再以較高的價格賣出證券，因此他們交替地處於放款人和借款人的地位；他們的交易，有時使利率下降，有時又使利率以完全相同的幅度上升。與從事投機交易的所有人一樣，他們的作用不是使商品的價格提高或者降低，而是使之平均化。當他們謹慎地進行投機交易時，他們將緩和價格的波動；而當他們輕率地進行投機交易時，則往往使價格的波動加大。

【3】關於正文中提及利率上升的原因，尚需增加另外一項，那就是一八六五年一月《愛丁堡評論》刊載的優秀論文的作者一再說明的正在不斷增強的輸出資本以進行海外投資的意願，因為進入外國已經非常方便，而且從外國不斷獲取的大量資訊，使對外投資已經不再因不知底細而令人望而生畏了；資本將義無反顧地流向預期可以提供較高利潤的任何地方；同時整個商品世界的信貸市場正在迅速整合。因此，世界上資本流動最為自由的那些地區的利率，不會再像過去那樣，顯著地低於其他地方。

【4】參閱《通貨原理研究》，第十四章。

第二十四章　關於可兌換紙幣通貨的管理

§一　在過去的半個世紀中，多次反覆發生的令人苦惱的一系列被稱爲商業危機的現象，促使經濟學家們與政治實務家們對於如何防止或者至少緩和這種危機所造成的弊端，給予了極大的關注。在英格蘭銀行管制時期，人們逐漸養成一種習慣，即將物價的漲跌都歸因於銀行所發行的紙幣，並導致研究者基本上把緩和物價變動的希望都寄託在對於銀行紙幣加以管理的各種方案上。有一個具有這種性質的方案，在獲得權威人士的贊同之後日益深入人心，在得到普遍認可的情況下，已於一八四四年在英格蘭銀行營業執照的更換過程中形成了法律。此項法律現在依然有效，儘管受歡迎的程度已經大打折扣，而這項法律的信譽也因執行者的責任所造成的兩次暫停兌付而遭到損毀，其中較早一次發生在相關法律實施剛滿三年的時候。所以我們在這裡考察可兌換銀行紙幣通貨管理方案的是非曲直是妥當的。在談及羅伯特·皮爾爵士（Sir Robert Peel）一八四四年法案的實際條款之前，我應該簡單地說明此項法案所依據的理論的性質及其建立的基礎。

許多人都認爲，一般的發行銀行，或者尤其是英格蘭銀行，擁有將紙幣投入流通領域從而任意提高價格的權力，而這種權力僅僅受到銀行在行使權力時自己感覺適當的克制程度的限制；當銀行的發行量一旦超過正常的數量時，就會造成物價上漲，使人們產生商業投機的心理，從而促使物價進一步上漲，最終形成某種反作用力，導致物價回落，而且在某些極端的情況下還會爆發商業危機；令商人們記憶猶新的發生於英國的每一次危機，無不是由這種原因所引起，或者是由這種原因所加重。一些著名的政治經濟學家所贊同的實際上只是這種通貨理論的比較緩和的形式，他們並沒有將這個理論擴展到如此極端的地步。不過我並沒有誇大這種大行其道的流行觀點；這個顯著事例充分表明，能夠將一種深受歡迎的理論推進到什麼程度，並不取決於能力往往受到蔑視的相關問題的學者，而是取決於自負已經掌握實際知識或者至少擁有充分的機會獲得實際知識的世俗人士或者商界人士。他們關於通貨是價格變動的首要原因的觀念頑固不化，不僅使他們對於造成幾乎所有的投機活動以及幾乎所有的價格變動的眞正原因視而不見，而且對於供給預期的變化所顯示的種種跡象也視而不見，並且在爲滿足他們的理論所要求的銀行發行量的變動與價格的變動之間在時間的一致性上，他們還在事實與日期之間玩弄騙局。如果不是一位著名且富有經驗的權威人士不辭辛勞地根據歷史事實披露，簡直令人難以置信。凡是熟知此問題的人們一定知道，我在這裡所提及的乃是圖克先生的《物價史》。圖克先生在一八三二年向英國下議院有關英格蘭銀行特許經營問題委員會所提供的證詞中介紹了自己的研究成果，並且在他自己的著作中予以記載：「根據我的研究，從事實與歷史的角度看，在每一次顯著的實例中，物價的上漲或者下跌都先於紙幣發行量的增大或者縮減，因此它不可能是紙幣發行量增大或者縮減的結果。」

通貨理論家們放縱的言論，把幾乎所有物價的上漲或者下跌都歸因於銀行紙幣發行量的增大或者縮減，由於反作用力的影響，已經造就了一種與之截然相反的理論。在科學論戰中，這個理論最著名的代表人物就是圖克先生和富拉頓先生。這種對立的理論認爲，只要維持可兌換性，紙幣就不具有任何提高物價的能力，而且除依據交易量成比例地增加鈔票發行量之外，銀行根本不具有任何增加鈔票發行量的能力。對於後一種說法，所有地方銀行家在接受歷屆國會相關問題委員會的聽證時都一致表示贊同。他們證實（以富拉頓先生的話來講[1]）：「地方銀行的發行額完全由各地的交易量以及支出的額度加以調節，並隨著生產和價格的變動而變動，它們既不能超出交易量和支出額度所規定的限度增加發行量（否則增發的鈔票必然會立即回流要求兌換），也不能縮減發行額，否則不足的部分必然會由其他源泉予以補充。」依據這些前提條件，圖克先生和富拉頓先生做出如下推斷，即如果需求沒有增加，則銀行的鈔票發行量就不會增加，因此銀行發行的鈔票不會提高物價，不會刺激投機，也不會引發商業危機；人們試圖透過人爲控制鈔票發行量的辦法來防止這種弊端，絕不會實現所要達到的目的，而且很可能會產生其他極爲有害的後果。

§二　在我看來，這個學說中建立在證據之上而非建立在推理之上的部分是無可辯駁的。我對地方銀行家們所做的證言完全相信，我剛才所引用的富拉頓先生的論述，十分清晰而且準確地將其概括於一個狹小的範圍之內。我相信，除他們所說的情況之外，在任何其他情況下他們都不會增加鈔票的發行量。我也相信，以事實爲依據的富拉頓先生的理論包含著許多正確的東西，並且比任何形式的通貨理論都更接近全部眞理。

存在著兩種市場狀態：一種可以稱爲平靜的狀態；另一種則爲預期的狀態或者投機的狀態。在前一種狀態下，絕大多數工商界人士都沒有擴大經營規模的打算。因爲他們預期商品的銷路不會迅速擴大，因此生產者只按照平時的產量生產商品，並且商人們也只按照平時的銷量進貨。每個人都只按照通常的營業額進行交易，或者只是隨著資本和客源的增長而相應地擴展業務，或者只是隨著社會繁榮所引起的對他們的商品需求的逐步增加而擴展業務。由於生產者和商人都不打算非同尋常地擴展自己的業務，因此他們並不需要從銀行家和其他放款人那裡獲得多於平時的貸款；由於銀行家增加鈔票發行量只是爲了擴大貸款，所以在這種情況下，即使增加鈔票發行量，也只能是暫時的。如果在一年中的某一時期，一部分公眾需要償付的款項比其他時期更大一些，或者如果某個人出於某種特殊的原因迫切需要得到額外的貸款，那麼這些人就會要求提供較多的鈔票，並且會得到這些鈔票；但是這些鈔票就像英格蘭銀行爲了支付紅利而每三個月增發一次的鈔票那樣，是不會長期保留在流通領域中。最終得到這些鈔票償付的人由於沒有額外的支出，也沒有特殊的迫切需求，因此他們會將這些鈔票置之不用，或者存入銀行，或者用來償還以前某位銀行家向他們提供的貸款。在任何情況下，他們都不會使用這些鈔票去購買商品。因爲按照我們的假定，沒有任何動機誘使他們願意儲存比過去更多的商品。即使我們假定銀行家們將自己的放款利率降到市場利率之下，人爲地刺激對於貸款的需求，但銀行所發行的鈔票也不會保留在流通領域之中。因爲當借款人利用這些鈔票進行交易或者償還債務時，債權人或者接受鈔票的商人如果不必立即使用這些超出需求量的鈔票時，則將會把它們存入銀行。因此在這種情況下，銀行家們並不能隨意地增加一般的流通媒介。他們所增發的鈔票不是回到銀行中，就是閒置在公眾手中，不會引起物價的上漲。

但是，還有一種與上述狀態完全不同的市場狀態，即人們普遍認爲，無論這種看法是否具有充分的根據，但某種或者許多種大宗商品的供給可能無法滿足正常的消費。對於這種狀態，圖克先生和富拉頓先生的理論並不明顯適用。在這種情況下，所有與那些商品有關聯的人都想要擴展業務。生產者或者進口商想要增加產量或者進口量；投機商人想要囤積更多的商品，以便透過預期價格的上漲而獲利；持有這種商品的人則想要獲得更多的貸款，以便繼續持有這種商品。上述各階層人士都想比平時更多地利用他們的信用，不可否認的是，對於這種需求，銀行家們經常處置失當。任何東西只要能夠激發人們獲得超額利潤的幻想，從而使工商業受到刺激，都會產生與此相同的後果。例如，外國對於某種商品的需求突然大幅度增加，或者對外國需求突然大幅度增加的預期，均是如此。在英國與西班牙所屬的美洲國家通商的初始階段，以及英國與美國多次通商的過程中，都曾經發生過這種情況。這類情況的發生往往導致出口產品的價格上漲，引發投機行爲；這種投機有時是合乎情理的，但是（只要大部分工商界人士偏好刺激，而非偏好安全）多數時候卻是不合乎情理的，或者不夠節制的。在這種情況下，商人階層或者其中的一部分人，想要超出平時的限度，將他們的信用進一步轉化爲購買能力。這種經營狀況發展到極致，就會引發所謂的商業危機的突變；而且眾所周知的事實是，在投機時期，在投機發展過程中的某些階段，幾乎總是伴隨著鈔票的大幅度增加。

然而，圖克先生和富拉頓先生對此做出這樣的回答，即通貨總是在物價上漲之後而非之前才有所增加，因此通貨的增加不是物價上漲的原因，而是物價上漲的結果。首先，促使物價上漲的投機性購買並非是使用鈔票，而是使用支票，或者更經常地使用帳面信用；其次，即使投機性購買使用了專為此項特殊目的而從銀行家那裡借來的鈔票，那麼當這些鈔票用於這個目的之後，如果當前的交易不再需要，則獲得鈔票的人又會將之存入銀行。對此我完全贊同。我還認為，在投機的鼎盛時期，只要投機還僅限於商人與商人之間的交易，則鈔票的發行量一般都不會顯著地增加，也不至於造成投機性的物價上漲。這種觀點在科學和歷史上都已經得到證明。然而在我看來，當投機深入發展進而影響到生產者時，就不能再堅持上述看法了。商人向製造商發出投機性的訂單，誘使他們擴展業務，並向銀行家提出增加貸款的申請，如果銀行家使用鈔票提供這種貸款，而且這些鈔票未曾償付給會將它們送回銀行儲蓄的人，而是部分地用於支付工資，從而流入零售商業的各種管道，則它們就會對物價的進一步上漲直接產生影響。我不得不認為，在法律允許面值為一鎊和二鎊的鈔票流通的年代，用於支付工資的鈔票必然會對物價產生強有力的影響。雖然現在禁止發行面值為五鎊以下的鈔票，這極大地限制了使用鈔票對工資的支付，因而鈔票在這方面所發揮的作用相對來說已經很小，但是在投機的後期，鈔票還是以另外一種方式在發揮作用，這已經成為比較溫和的通貨理論支持者的主要論據。雖然為進行投機性購買而要求銀行家貸款的人很少，但是不成功的投機商人卻會為繼續進行投機而紛紛提出貸款要求；這些投機商人為了得到可貸資本而相互競爭，甚至導致並不從事投機活動的人們為了獲得他們所需要的貸款，也比過去更加依賴銀行家。在投機的鼎盛時期與急轉直下的時期之間存在著一段抑制物價下跌的時期，有時是幾週，有時則長達數月。在此期間，發生轉變的跡象已經出現，但是進行投機商品的所有者仍然不願意在價格下跌的市場上出售他們手中的商品，然而即使是爲了履行日常的合約，他們也需要資金。這時，鈔票的流通額度明顯加大，它構成了這個時期的顯著特徵。誰也不會否認此類增加的確經常發生。同時我還必須承認的是，這種增加會延長投機的持續時間；使投機性的價格得以維持更長的一段時間，否則就會暴跌；因而延長和增加可供出口的貴金屬的流出，這是商業危機發展過程中這一階段的主要特徵。這種持續的流出最終會危及銀行見票即付的承兌能力，促使銀行必須在物價下跌已成定局的時候非常突然地和嚴厲地收回它們的信用；如果此前它們不曾增加貸款支持投機，則無須如此。

§二　爲了防止物價急劇下跌並最終釀成嚴重後果，奧弗斯頓爵士（Lord Overstone）、諾曼先生（Mr. Norman）和托倫斯上校率先提出了一個通貨管理方案，該方案略加修改後已經形成法律。[2]

未經修改的原始方案僅限定一家機構發行流通中的本票，而且根據國會通過的計畫，現有的一切發行者都獲准保留這種特權，但是國會今後不再將這種特權授予更多的人，即使已經享有這種特權的人停止發行，也不准其他人予以替代；而且，除英格蘭銀行之外，對於所有其他銀行都規定了最高發行額，並且把這個限額故意訂得很低。對於英格蘭銀行的鈔票發行總量沒有規定最高限額，僅對該行基於證券所發行的，或者換言之，基於貸款所發行的那一部分規定了最高限額。絕不允許這一部分鈔票的發行量超過限額，最初這一限額規定爲一千四百萬鎊，[3]超出限額的全部鈔票都必須與金銀錠相交換；無論人們提供多少金銀錠，英格蘭銀行都必須按照略低於造幣廠的估價用鈔票買進。因此就超出一千四百萬鎊這一限額所發行的所有鈔票而言，英格蘭銀行都是處於完全被動的地位，任何時候、任何人提出要求，它不是有責任而是有義務按照三鎊十七先令九便士的價格用鈔票買進金銀錠，或者按照三鎊十七先令十點五便士的價格賣出金銀錠以換回鈔票。

這種機制想要達到的目標是使紙幣通貨數量的變動與純金屬通貨數量的變動，在時間上和程度上完全一致。某種商品適合用作交換媒介，是基於其價值在對價值產生影響的所有環境中都具有不變性，到目前為止，貴金屬一直是最接近於這種不變性的商品，因此如果在一八四四年法案的作用下，鈔票發行量的所有變動以及價值的所有變動能夠像人們所推斷的那樣，與純金屬通貨發生的變動完全一致，則人們似乎就可以認為，一八四四年法案的過人之處已經得到了充分的證明。

現在，此項法案的所有理智的反對者與其支持者一樣，都認為貴金屬的替代品所必須具備的條件是，其永久性價值與金本位完全一致。同時，他們指出，只要貴金屬的替代品可以即期兌換硬幣，則兩者就是而且必然是完全一致的。但是當談到金屬通貨或者任何其他通貨的價值時，有兩點必須加以考慮：永久性價值或者平均價值，及其變動。紙質通貨的價值應該與金屬通貨的永久性價值一致，但是卻沒有明顯的理由說明，為什麼必須要求紙幣價值的變動與金屬通貨價值的變動一致。要求這種一致性的唯一目的是，保證價值的穩定性。相對於變動而言，唯一理想的就是變動幅度盡可能地小一些。現在，無論通貨是由黃金還是由紙幣所構成，其價值的變動均非取決於它的數量，而是取決於信用的擴張與收縮。因此，要確定何種通貨的價值與貴金屬的永久性價值最為接近，我們就必須明瞭，處於何種通貨之下，信用發生變動的機率最小進而變動的幅度也最小，是否能透過某種金屬通貨（以及因而是否在數量上與金屬通貨完全一致的某種紙幣）最佳地實現了這個目標。這正是我們現在需要解決的問題。如果能夠證實，則隨著金屬通貨數量的變動而變動的紙質通貨，與沒有如此嚴格地保持一致的紙質通貨相比，將使信用發生更為劇烈的變動；這就是說，在數量上與金屬通貨最為一致的通貨，並不是在價值上與金屬通貨最為一致的通貨。更進一步地講，它不是人們所希望的其永久性價值與金屬通貨的永久性價值最為一致的通貨。

現在我們將要探討的是，情況是否果真如此。首先，讓我們考察該項法案是否達到它的實際目標；對於該法案較為清醒的擁護者來說，它的實際目標乃是在較早時期，以較少的黃金外流，而且透過一種較爲緩和的、較爲漸進的過程，防止信用投機性的擴張。我認爲應當承認該項法案在一定程度上成功地達到這個目標。

我很清楚，對於這樣的看法，人們會合乎情理地提出什麼樣的反對意見。有人會說，當銀行爲使投機者能夠兌現承諾而遭受增加貸款的壓力的時期到來之時，即使限制鈔票發行量，也不能阻止願意提供貸款的銀行增加貸款，銀行還有它們的存款可以作爲發放貸款的源泉，使貸款超出對於一位謹愼的銀行家來說適當的水準；即使銀行拒絕提供這種貸款，但其唯一的結果也將是存款被提取，以滿足存款人的需求；這將在相同的程度上增加公眾手中的鈔票和硬幣，與增發鈔票無異。這種見解是正確的，而且澈底地駁斥了某些人的觀點；這些人認爲，之所以應該反對銀行爲扶持已經呈現出頹勢的投機活動提供貸款，是因爲銀行這樣做會使通貨增加。其實，眞正應該反對的是信用的擴張。如果銀行不增加貼現而聽任人們提取存款，則通貨照樣可以增加（至少在短期內是如此），只不過是貸款在其應當減少的時期沒有增加而已。如果銀行不使用鈔票而只利用存款來增加貼現，那麼（可以如此稱謂的）存款是有限的，是可能消耗殆盡的，而鈔票則可以無限量地增加，或者，鈔票收回以後，可以無限制地重新發行。誠然，一家銀行只要願意無限量地增加它的負債，那銀行就有能力使它的名目存款像它所發行的鈔票那樣成爲一筆無限量的基金。銀行僅利用帳面信用就可以發放貸款，即利用銀行自己的負債來創造存款，使銀行負有償債責任的貨幣成爲自己的存款，可以讓人們憑支票來提取；而在人們用支票提款時，銀行又無須藉助於鈔票，而僅透過（或者同一銀行或者票據清算所）帳戶之間的信用轉帳即可結清。我認爲，在投機時期，信用主要就是以這種方式擴張的。但是一旦局勢發生逆轉，則銀行很可能就不會繼續堅持這種方式。當銀行的存款開始外流時，銀行恐怕就不會再創建那種並不代表眞實存款而只代表新債務的存款帳戶。但是經驗證明，以鈔票方式進行的信用擴張，在過度投機所引起的物價下降已顯端倪之後仍然會持續下去。如果採取措施使人們不能再依靠鈔票阻礙物價的回落，使銀行只能利用存款和帳面信用過度發放貸款，那麼在人們開始感受到過度投機所帶來的各種困難之後，就不會再如此頻繁地或者長久地阻止利率的上升。與此相反，如果銀行發現存款正在外流而且無法以銀行的鈔票來塡補虧空，那麼爲了保持自己的償付能力，銀行就會感到有必要減少貸款的發放，從而使利率上升的速度加快。在這種情況下，持有商品的投機者便不得不忍受他們終究無法規避的損失，較早地低價銷售手中的商品，這時，物價的回落以及基本信用的崩潰行將到來。

爲了理解加速危機的到來在緩和危機的嚴重程度方面所發揮的作用，讓我們更加具體地分析一下崩潰即將爆發之前的那一時期的主要特徵、黃金外流的性質和影響。投機性的信用擴張所引起的物價上漲（如果持續的時間足夠長），即使鈔票並未成爲相應的工具，也同樣會產生使匯兌逆轉的效果，而且如果匯兌是基於這個原因發生逆轉，則只有依靠物價下跌或者利率提高才能使之恢復到以前的水準，從而使黃金停止外流。物價的下跌可以消除黃金外流的原因，使運出貨物比運出黃金更爲有利——即使是爲了償還已經到期的債務——因而使黃金停止外流。利率的提高以及隨之發生的證券價格的下跌，可以更快地達到上述目的，因爲利率的提高和證券價格的下跌會誘使外國人不將應歸於他們的黃金帶走，而將黃金留在該國進行投資，甚至將黃金運入該國，以謀取利率提高的利益。一八四七年的情況提供了有關後一種阻止黃金外流方法的典型案例。不過，除非發生上述兩種情況之中的一種，即要麼物價下跌，要麼利率提高，否則沒有任何辦法可以阻止甚或減少黃金的外流。現在，只要銀行家們繼續提供貸款，使過度擴張的信用得到支撐，物價就不會下跌，利率也不會提高。眾所周知，一旦黃金開始外流，即使鈔票的數量未增加，但首先縮減的也仍將是鈔票，因爲所需輸出的黃金總是使用英格蘭銀行的鈔票從該行換取的。但是在一八四四年以前的制度下，英格蘭銀行與其他銀行一樣，在人們強烈要求提供新的貸款時（這是該時期的特徵），可以立即而且往往也確實是立即將透過人們兌換金銀錠而收回的鈔票重新投放出去。有人認爲重新投放鈔票的舉措所帶來的弊害主要在於妨礙通貨的緊縮，這實在是一種極大的錯誤。不過這種做法的確像人們所設想的那樣，是十分有害的。只要這種做法持續下去，黃金的外流就不會停止，因爲在貸款繼續發放期間，物價既不會下跌，利率也不會提高。物價的上漲如果是在未增發鈔票的情況下發生的，則完全有可能在不縮減鈔票的情況下回落；但是物價的上漲如果是由信用的擴張所造成的，則只有透過信用的收縮才能促使物價的回落。因此在英格蘭銀行和其他銀行堅持重新發行鈔票期間，黃金的外流就不會停止，直到英格蘭銀行的黃金儲備瀕臨枯竭以及陷於停止支付的危險境地時，這才會迫使銀行最終不得不大規模地、迅速地收縮貼現業務，造成利率非同尋常的劇烈變化，並使個人蒙受極大的損失和不幸，也使整個國家的信用慘遭巨大損害。所有這些實際上都是完全沒有必要的。

我承認（一八四七年的經歷已經向那些以前忽視這一點的人證明）英格蘭銀行僅僅依靠其存款就可以在很大程度上造成上述危害。它可以在應當縮減貼現和貸款的時候，繼續甚至擴大開展貼現和貸款的業務，最終必然造成不必要的異常猛烈和極其突然的收縮。然而我還必須承認，可以利用存款犯下這種錯誤的銀行，如果除能夠利用的存款之外，還可以利用鈔票任意增加貸款，則會犯下更大的錯誤。而且我仍然必須承認，限制銀行增發鈔票，實際上會阻止銀行發放那些力圖挽回衰退的局面但結果卻造成局勢急轉直下的貸款；有人指責該項法案，說它在需要提供便利而不是設置障礙的時候設置了障礙，但是如果這種障礙確實也帶來了公認的利益，那麼這項法案還是應當受到肯定的。因此我認爲，就這一點來看，不能否認，與舊制度相比，新制度的確有所改進。

§四　然而不管怎樣，似乎對我來說，無論人們對於這些利益給予多高的評價，但它們還是不足以抵償該項法案所造成的損害。

首先，雖然當銀行家的信用已經處於膨脹狀態，並且擴大信用只能延遲並且加重崩潰的時間，但是大規模的信用擴張卻是極其有害的，而當崩潰已經發生且信用不是過多而是過少時，信用擴張卻是非常有益的；因爲這時增加貸款不是增加平常的流動信用額，而是用於補充突然受到破壞的大量的其他信用。如果英格蘭銀行在一八四四年以前曾經偶然地延緩過信用的崩潰，進而導致信用崩潰更加劇烈，從而不必要地加重了危機，那麼也可以說，英格蘭銀行在商業危機期間也經常發揮了非常有益的作用，即在其他一切票據和幾乎所有的商業信用均相對失效的情況下，它總是發放貸款對具有償付能力的廠商提供支持。在一八二五年至一八二六年空前嚴重的危機期間，這種作用表現得非常突出。在這次危機中，英格蘭銀行增發了幾百萬鎊所謂的它的流通額，用於向被人們認爲肯定具有償付能力的廠商提供貸款；如果英格蘭銀行拒絕提供這種貸款，那麼這次危機必將更爲嚴重。富拉頓先生對此做出了公允的評論，[4]他說，如果英格蘭銀行接受這種貸款申請，則「它就必須爲此而發行鈔票，因爲實際上鈔票是英格蘭銀行提供信用的唯一手段。但是銀行並不想使這些鈔票流通，實際上它們也不流通。與過去相比，對於通貨的需求並未增加。相反地，根據我們所做的假設，物價的迅速回落必然會減少對於通貨的需求。鈔票一經投放，很快就會以存款的形式回到英格蘭銀行，或者鎖在倫敦私人銀行家的抽屜裡，或者由他們分發給各地的客戶，或者被其他資本家所獲得，這些資本家在前期狂熱的投機浪潮中負債累累，也許還沒有做好準備予以面對。在這樣的危急時刻，每一個依靠借款開展經營活動的人，都被置於了防守的境地，他們的全部目標就在於盡可能地鞏固自己的地位，而只有透過盡可能大量地儲備法律規定爲合法貨幣的紙幣，才可能更爲有效地實現這個目標。這些紙幣本身絕不會透過任何途徑進入產品市場；如果它們有助於推遲（或者，我寧願說緩和）物價下跌，那麼這並不是透過哪怕在微小程度上增加對於各種商品的有效需求，也不是透過使消費者能夠購買更多的商品以供消費，並因此使商業得到刺激而實現，而是透過與此剛好相反的過程，即透過使商品的持有者能夠繼續持有商品，透過阻礙交易、抑制消費，最終才得以實現」。

在信用極度擴張之後發生的信用極度緊縮時期，對於信用給予及時的支持，是與新制度的原則一致的。因爲信用的異常收縮和物價的下跌必然會促使黃金的回流，而新制度的原則就是，只要金屬通貨增加，就允許甚至強迫增加鈔票通貨。但是此項法律原則所鼓勵的也正是這項法案的條款在這種場合所阻止的；因爲法律規定，在黃金實際流入以前不允許增加鈔票發行量。但是在危機最爲嚴重的階段尚未過去以及它所造成的一切損失和破壞尚未完全達到頂點之前，黃金是絕不會回流的。由這種制度依據的理論所開列的藥方，被這種制度的運作機制所禁止，進而導致多種目標無法及早實現。[5]

銀行所具有的彌補過度投機與急劇回落所造成的商業信用缺口的職能是不可或缺的，因此如果一八四四年法案仍未廢除，則不難想像，在商業發生巨大困難以及危機眞正而且全面開始後的每一時期，此項法案的諸多條款都會像一八四七年那樣被終止執行。[6]如果問題僅限於此，則爲防止危機而加強限制，又爲消除危機而放寬限制，並非絕對地不一致。不過對於此新制度來說，還有另外一種反對意見更加具有根本性與綜合性。

該法案在理論上要求紙質通貨數量的變動必須與金屬通貨數量的變動完全一致，因而它實際上規定了每當黃金外流時，鈔票數量都必須相應地減少；換句話說，出口的全部貴金屬實際上都應該取自於流通領域；我們一般假定，如果通貨全部由貴金屬構成，那麼情況就是如此。這種理論以及這些實際規定，適用於由於通貨或者信用的過度擴張造成物價的上漲進而導致黃金外流的情況，不過也僅僅適用於這種情況。

當黃金的外流處於因通貨的增加或者信用的擴張對物價造成的影響，相當於通貨的增加所造成一系列結果的最後階段時，人們有理由認爲，在純粹的金屬通貨制度下，出口的黃金均取自於通貨本身；因爲這種外流在本質上是沒有限度的，只要通貨和信用不減少，就必然會持續下去。但是貴金屬的出口往往不是影響通貨或者信用的原因所造成的，而只是不尋常的巨額對外支出所產生的後果；這種情況或者是由商品的市場狀況所造成的，或者是由某些非商業性質的因素所造成的。在這類原因中，影響較大並且已由近五十年來英格蘭歷史反覆證明的有如下四種：第一，政府在政治和軍事方面的巨額對外支出，例如，在革命戰爭和持續至今的對俄戰爭中的支出。第二，用作市場對外投資的大量的資本輸出，例如，對於一八二五年的危機的爆發負有部分責任的那些貸款計畫與礦山的開採計畫，以及成為一八三九年的危機主要動因的對於美洲所進行的投機活動。第三，供給英國重要工業原物料的一些國家的農作物的歉收，例如，美國的棉花歉收以至於英格蘭在一八四七年不得不以較高的價格購買棉花，因而負債累累。第四，農業歉收以及隨後大規模的糧食進口，一八四六年和一八四七年為此提供了比以前所有的經歷都更為典型的例證。

在以上各種情況中，即使通貨是由金屬構成的，但為上述目的而出口的黃金或者白銀，並非必然是，甚至不可能是全部取自於流通領域。它們往往取自於儲藏；在金屬通貨制度下，儲藏黃金、白銀的數量總是很大。在未開化的國家，黃金、白銀通常掌握在富人手中；而在文明國家，則主要以銀行家準備金的形式而存在。圖克先生在其《通貨原理研究》一書中證明了這個事實。不過令公眾感到最為清晰且滿意的解釋來自於富拉頓先生。由於我不知道是否還有任何其他學者對於通貨理論的這一內容做過同樣完滿的論述，所以我將從富拉頓先生才華橫溢的著作中引用較多的內容。

不曾在亞洲國家居住過的人士就無從知曉當地儲藏的黃金、白銀相對於當地財富總量的比例大到何等地步，而且由於世代相傳的對於財產安全的擔憂，以及尋找穩妥、有利的投資機會的艱難，以至於這種做法已經成為了當地人們的根深柢固的習慣。所有這些均遠非任何歐洲社會所能比擬的。不過凡是對於這種社會狀況具有親身經歷的人都能夠回憶起無數的實例，比如，在金融緊縮時期，可以用高利率作爲誘餌，從個人的儲藏中吸引出大量的金銀財寶，以滿足社會的迫切需求；但是當促使這些財寶投入流通的誘惑不復存在時，這些財寶將再度爲個人的儲藏所吸收。在文明和富裕程度高於亞洲的國家裡，雖然沒有人在害怕炫耀財富方面會引起當權者的貪欲，但是商品的交換仍然幾乎普遍使用金屬的流通媒介，歐洲大陸絕大多數商業國家的情況就是如此。在這些國家裡，積聚貴金屬的動機也許不像大多數亞洲國家那樣強，但是積聚的能力卻大爲提高，因而積聚的絕對數量，相對於人口來說，也許要比亞洲國家的大很多。[7]當然，在遭受外敵侵入的威脅或者社會動盪不安、危機四伏的歐洲大陸國家中，積聚貴金屬的動機仍然很強烈；此外，還有一些歐洲大陸國家，雖然在國內外都廣泛開展了商業活動，但是卻很少求助於任何形式的貨幣的金融替代品，因此爲掌握正常支付所需要的黃金、白銀儲備，也必然會儲藏一部分鑄幣通貨，但儲藏的數量很難估計。

在我國，銀行制度已經發展並且完善到遠非歐洲其他國家所能比擬的程度，並且除零售交易與對外貿易之外，已經完全取代了鑄幣的使用，私人儲藏黃金、白銀的動機已經不復存在，儲藏已經全部轉至銀行，或者更確切地講，已經全部轉至英格蘭銀行。但是在法國，鈔票的流通仍然是相對有限的。根據權威人士的最新估計，法國現存的金幣、銀幣的數量高達一點二億英鎊；基於合乎情理的變化的機率，也許根本就無法進行這種估計。我們有充分的理由相信，這筆巨額財富的很大一部分，也可能是絕大部分，已經被人們儲藏起來了。如果你拿一張面值爲一千法郎的匯票到法國銀行要求兌現，則銀行工作人員會從保險金庫中取出一個密封的袋子，並將其中存放的白銀支付給你。不僅銀行家是如此，每一位批發商和零售商也必須根據自己的財力儲備足夠的現金，以便除了能夠滿足日常支付的需要，還能夠滿足不時之需。不僅在法國，而且在銀行制度尚未建立起來的或者銀行制度尚不完善的整個歐洲大陸，這種保險金庫都不計其數，所儲藏的硬幣更是數量極大，並且可以大量動用，甚至可以大規模地從一個國家轉移至另一個國家，而且不會對物價產生什麼影響，也不會引起重大的混亂。對此我們掌握了某些確切的證據，其中最爲突出的是歐洲的一些主要國家（俄國、奧地利、普魯士、瑞典和丹麥），曾經同時大力補充它們的國庫，並且用鑄幣取代由於戰爭的需要而被迫發行的大量已遭貶值的紙幣，雖然當時全世界可資利用的貴金屬存量由於英格蘭對其金屬通貨的恢復而顯著減少，但是這些國家的努力仍然取得了顯著的成效……不容置疑的是，它們的共同行動具有極大的規模，然而卻沒有對商業或者社會的繁榮造成明顯的損害，除使匯兌發生暫時的混亂之外，沒有產生任何的其他影響；整個歐洲戰爭期間積聚在私人手中的財寶，顯然成爲這些黃金、白銀的主要來源。因此我認爲，沒有人能夠對已被證明一直大量存在的過剩的金屬做出確切的估計，雖然它們處於不活動的、呆滯的狀態，但是只要出現迫切的需求，它們就總是能夠立即進入活動狀態中。人們不應感到困惑的是，即使礦山同時封閉若干年，完全停止金屬的開採，也很可能不會使金屬的交換價值發生人們可以察覺到的變化。[8]

將這個觀點應用於通貨學說及其倡導者時，富拉頓先生指出，[9]人們可以設想，他們假定完全使用金屬通貨的國家可供出口的黃金，或者是一點一滴地從市集和市場上收集起來，或者是從雜貨商和織品商的錢櫃裡收集起來。他們甚至從未提到過人們儲藏的大量財寶的存在，儘管硬幣流通社會之間的國際支付整體有賴於這種儲藏的財寶，但即使根據通貨學說的假定，這種儲藏的財寶作爲貨幣的任何流動，都根本不可能對物價造成影響。根據經驗我們知道，硬幣流通的國家可以在毫不妨礙國內繁榮的情況下及時進行巨額支付；但是，我們何以假定這種支付完全是利用儲藏的金銀財寶呢？我們不妨設想一下，僅以貴金屬爲媒介進行一切交易的國家的貨幣市場，在必須對外支付幾百萬鎊時大概會受到什麼影響。當然，它只能依靠資本的轉移來滿足這種需求；不過這時爲占有這種轉移的資本而引起的競爭，不是必然會提高市場利率嗎？如果是由政府進行支付，那麼政府不是必須以比平時更加有利於放款者的條件籌措一筆新貸款嗎？如果是由商人進行支付，則商人不是必須從銀行提取存款，或者如果沒有銀行，則從自行掌握的儲備中提取，或者以借款人的身分在貨幣市場上融通所需要的硬幣嗎？而所有這些行爲不是必然會對儲藏的黃金、白銀產生影響，進而使貨幣交易商所積累的部分黃金、白銀受到吸引，並且儲藏財寶的貨幣交易商不正在翹首企盼這種有利可圖的機會嗎？……

在過去的四年間（現在爲一八四四年），我國與幾乎所有的歐洲國家的國際收支都是順差，黃金源源不斷地流入，流入的總量達到了前所未有的一千四百萬英鎊的程度和水準上。但是在此期間，有人聽說歐洲大陸的人民爲此而深受苦難嗎？除我國之外的其他國家的物價是否大幅度地下降了呢？工資是否下降了，或者商人是否由於他們存貨的普遍貶值而大批破產了呢？這類事件均未發生。商業與金融的狀況都很平靜而且穩定；尤其是法國，其收入的增加和商業的擴張均表明，該國的繁榮仍在持續。的確，在其大量外流的黃金中，是否包括該國正在流通的哪怕一枚拿破崙金幣，都是值得懷疑的。而且根據它平穩的信用狀況不難推斷，不僅零售市場的交易所不可或缺的硬幣供給從未中斷，而且儲藏的財寶仍然對日常的商業支付提供著必要的便利。金屬通貨制度的本質就在於，儲藏的財富在任何可能的情況下都應當一視同仁地有助於以下兩個目標的實現：其一，供給出口所需要的金銀錠；其二，補充國內的通貨，使之保持合理的數量。置身於這種制度之下，每一位商人在其經營的過程中都可能需要向外國支付巨額硬幣，因而不僅爲了滿足支付的需要，而且爲了保證自己的國內交易不被中斷，他們都必須自行儲藏足夠的財寶，或者擁有向他人舉債的手段。

像英格蘭這樣信用非常發達的國家，與歐洲大陸的其他國家有所不同，就貴金屬而言，在歐洲大陸的其他國家，黃金、白銀儲藏在許多人的手裡，而在英格蘭，黃金、白銀則全部由英格蘭銀行一家機構掌握。因此通貨學說的理論性原則要求，如果通貨純粹是由金屬構成，則外流的貴金屬可以取自儲藏的黃金、白銀，應該允許自由使用英格蘭銀行提供的準備金，而不是試圖透過減少通貨或者收縮信用予以阻止。對於這種要求，人們提不出充分的理由加以反對，除非貴金屬外流的數量過大，有耗盡準備金從而停止兌付的危險；不過對於這樣的危險，人們可以採取適當的措施進行預防，因為在我們所考察的幾種情況下，外流的貴金屬都是用於一定數額的對外支付，這種支付一經實現，貴金屬的外流立即就會停止。而且在任何制度下，人們都認為，英格蘭銀行經常擁有的準備金將會超過由經驗確定的這種外流的貴金屬可能達到的最大數額；富拉頓先生斷言這一極限為七百萬鎊，但是圖克先生建議應該保存平均水準為一千萬鎊的準備金，他在他的最後一部著作中還提出應保存一千二百萬鎊。在這種情況下，英格蘭銀行的經常性準備金無須用於貼現，而只用於承兌支票或者鈔票，故可完全應付這種危機。因此英格蘭銀行無須採用緊縮信用或者減少通貨等導致危機加重的方法，危機就會過去。不過，這是在這種情況下所能達到的最好的結果，它不僅與該項制度所公開宣稱的原則一致，而且也正是這個原則所要求的結果。但是該制度的鼓吹者卻聲稱，該制度的最大優點就是防止出現這種結果。他們誇張地說，黃金一旦外流——不論其原因為何，也不論在金屬通貨制度下是否造成信用收縮——英格蘭銀行就不得不立即削減貸款。但需要注意的是，他們認為即使當時不存在需要修正的物價上漲，也不存在需要緊縮的異常的信用擴張，而只是由於政府進行對外支付，或者只是由於農業歉收而大量進口農產品，進而產生了對於黃金的需求，英格蘭銀行也必須削減貸款。

此外，假定準備金不足以應付對外支出，則所需資金必須取自國內的可貸資本，利率一定會上升；

在這種情況下，貨幣市場將不可避免地遭受壓力，不過把英格蘭銀行劃分爲銀行部與發行部則會進一步加大這種壓力。按照通常的說法，一八四四年法案只能以這樣的方式發揮作用，即當英格蘭銀行需要以（比如說）三百萬鎊的金銀錠兌換鈔票時，就必須防止它再以這些鈔票進行貼現或者用作其他貸款。但是該項法案的實際作用卻遠非如此。眾所周知，黃金的流出總是首先對銀行部產生影響。銀行存款構成一國可利用的閒置資本的絕大部分，因此對外支付所需要的資本幾乎總是主要地取自於存款。假定所需要的金額爲三百萬鎊，而這三百萬鎊鈔票首先要從銀行部提出（直接從英格蘭銀行提出，或者從將其準備金主要存放於英格蘭銀行的私人銀行提出），然後獲得三百萬鎊鈔票的人們將向發行部兌換用於出口的黃金。如此一來，就一國而言，流出的金額僅爲三百萬鎊，而就英格蘭銀行而言，實際流出的金額則爲六百萬鎊。存款減少了三百萬鎊，發行部的準備金也減少了相同的額度。只要繼續執行一八四四年法案，則這兩個部門即使處於極端的困境，也無法相互救助，而必須各自爲本身的安全採取預防措施。因此從英格蘭銀行的角度看，無論以什麼方式測算，在舊制度下需要流出六百萬鎊，而現在僅需要流出三百萬鎊。發行部根據該項法案的規定進行自我保護，不再發行已經收回的三百萬鎊鈔票。但是銀行部因其準備金減少了三百萬鎊，所以必須採取措施予以補充。由於存款減少了三百萬鎊，因而銀行部的負債也相應地減少了三百萬鎊，根據通常的銀行經營原則，準備金的額度相當於負債的三分之一，其準備金可以減少一百萬鎊。但是對於其餘的二百萬鎊來說，銀行部則必須透過收回相同額度的貸款且不再予以重新發放的措施來取得。銀行部不僅必須提高利率，而且無論採取什麼辦法，都將使票據貼現總額減少二百萬鎊，否則就必須出售相同金額的證券。銀行部爲補充準備金而在貨幣市場上採取的一系列的過激行爲，完全是由一八四四年法案引起。如果不存在該項法案所規定的種種限制，則英格蘭銀行就不必縮減貼現額度，而只需由發行部向銀行部劃撥二百萬鎊的黃金或者鈔票即可；這種劃撥並未將資金貸給公眾，只是保證了銀行部的償付能力，使其可以滿足儲戶隨時提款的需求。而且除非黃金繼續外流，並且其流出的額度似乎有可能超過兩個部門的黃金儲備的總額，否則即使在壓力持續期間，英格蘭銀行也可以按照與增加的需求相對應的利率水準，向商界發放正常情況下所需要的貸款，而無須終止貸款。[10]

我意識到有人會認爲，允許這種性質的黃金外流在其自行停止之前不受限制地對英格蘭銀行的準備金產生影響，並不能阻止而只能延緩通貨和信用的收縮。因爲如果不在這種外流發生之初就採取限制鈔票發行的辦法對其加以阻止，則以後爲達到無可迴避的補足銀行準備金的目的，透過影響物價的途徑來收回大量外流的黃金，就必須對發行量實行同等程度的甚至更大程度的限制才行。不過這種考慮忽略了以下幾點。首先，黃金可以不透過物價下跌的途徑，而透過更爲迅速、便捷的途徑——即透過提高利率——得到收回；利率的提高使證券價格下跌，而其他物品的價格卻並未受到影響。這時，或者外國人會購買英格蘭的證券，或者英格蘭會將其所持有的外國證券在國外出售，一八四七年商業危機期間，這兩種交易都曾經大行其道，不僅阻止了黃金外流，而且扭轉了局面，並且也購回了黃金。因此，黃金的購回並非依靠通貨的縮減，儘管在這種情況下，黃金的購回確實是依靠貸款的縮減才得以實現。不過縮減貸款也並非總是必需的。因爲，其次，黃金的回流並不必須具有與黃金外流一樣的突發性，其中的絕大部分很可能透過正常的商業途徑，以外國支付黃金流出國的出口產品的貨款的方式收回。在外國商人和生產者透過英格蘭的額外支付而獲得的額外利益中，很可能有一部分會被用於增加英格蘭商品的購買，以供消費或者投機，雖然它在制止黃金外流方面所發揮的作用不會像第一種情況下那樣迅速地顯現出來。這種額外的購買將使收支差額轉爲對英格蘭有利，從而使英格蘭得以逐漸收回已經出口的部分黃金；其餘的部分則無須英格蘭大幅度提高利率，只依靠外國增加的幾百萬鎊黃金的可貸資本所造成的利率的下降，就可能收回。實際上，發現金礦之後，澳洲每年生產的大量黃金，以及來自於加利福尼亞州的大量黃金，都是經由英格蘭分流到其他國家，幾乎每個月都有大批黃金運進英格蘭，因此即使英格蘭不重新輸入過去外流的黃金，英格蘭銀行的準備金也可以自行得到補充。英格蘭銀行所需要的只是黃金外流的間斷，哪怕短暫的間斷就已經足夠了。

根據這些理由我認爲，儘管一八四四年法案在某種商業危機（由過度投機引起）的最初階段發揮過有益的作用，但是它卻在整體上增加了商業劇變的嚴重程度。同時這項法案不僅使信用縮減得更爲猛烈，而且使之發生得更加頻繁。喬治・沃克先生（Mr. George Walker）在《亞伯丁信使報》上所發表的一系列觀點明確、不帶偏見、結論突出的論文（它們是目前有關這個問題的最好論述）中指出，「假定現有一千八百萬鎊黃金，其中一千萬鎊在發行部，八百萬鎊在銀行部。其結果與在金屬通貨制度下只有八百萬鎊準備金，而不是一千八百萬鎊準備金是一樣的……《英格蘭銀行法案》的作用是，在發生黃金外流時，英格蘭銀行所要採取的措施並非取決於銀行金庫中的黃金總量，而是或者應該是取決於其中只屬於銀行部的那一部分。如果它可以同時支配全部黃金，則只要黃金外流時還保存有適量的準備金，它就無須干預信用或者壓低物價。但是此時它只能支配銀行部的準備金並且在狹小的範圍內經營，爲此，它不得不採取更加強硬的措施來阻止一切外流，進而對商品世界造成更大的損害；如果它不這樣做或者沒有做好，則它必然破產。因此在《英格蘭銀行法案》的控制之下，利率的變動極大且頗爲頻繁。一八四七年之後，英格蘭銀行才看清自己的眞實處境，並且意識到伴隨著準備金的每一次變動，都應調整利率作爲防護措施，是非常必要的。」因而要消除這項法案所造成的危害，英格蘭銀行除了在發行部保存全部所需的黃金，還必須以黃金或者鈔票的形式在銀行部單獨保存有大量的準備金，其額度必須達到足以爲舊制度下發行和存款兩個方面所提供的擔保水準。

§五 近幾年來，關於鈔票通貨還有兩個方面的問題引起了不少爭論：一是發行鈔票的特權是否應該僅限定爲一個機構所專有，例如，歸英格蘭銀行所專有，還是應該准許多家發行機構共享；二是在後一種情況下，爲了保護鈔票持有者在發行機構喪失償付能力時免於蒙受損失，採取某些具體的防護措施是否必要或者恰當。

前面的分析過程使我們意識到，與其他信用形式相比，鈔票獨有的重要性遠遠低於一般流行觀點所賦予的程度。因此有關僅占信用總體很小一部分的鈔票管理問題，不可能像某些人所設想的那樣具有非常重大的意義。然而到目前爲止，鈔票也確實具有某種非常特殊的性質，即只有這種信用形式可以實現流通的所有目標，並且可以在國內交易的各個方面完全取代金屬貨幣。雖然支票的推廣和使用將會逐漸減少鈔票的數量，正如同若廢除鈔票，則金鎊或者其他鑄幣將會取而代之一樣；但是我們可以肯定地說，在今後很長的一段時期內，在商業信用或多或少地依然存在而且准許人們自由使用鈔票的任何地方，鈔票仍然會被大量供給。因此，如果發行鈔票的特權專門歸於政府或者某一機構所有，則必將形成一個巨大的獲取金錢利得的源泉。將這種利得歸於整個國家是切實可行的，也是更爲理想的；而且如果眞如一八四四年法案所規定的那樣，鈔票通貨的管理應當完全機械地依照一成不變的規則來進行，則似乎更沒有任何理由不從公共財富的角度出發而從某位私人發行者的利益角度出發去安排其運作機制。不過，在政府的職權範圍不斷擴大的情況下，如果仍然採用由發行者自行決定發行額的任何變動方案，則再將如此繁瑣的職責歸於政府是不恰當的，而且也不應分散政府首腦的注意力，使他們無暇顧及重大問題，而被要求發行紙幣的申請所淹沒，成爲易受攻擊的目標，不過有關通貨管理的任何行爲，無論如何細微，政府都將負有責任，因而無法免於受到攻擊。更爲恰當的方案或許是，在不超過鈔票通貨最低發行額度的前提下，由政府發行一定數量的即期承兌的國庫券，所需要的剩餘的鈔票則委託一家或者若干家私人銀行供給。或者政府委託像英格蘭銀行那樣的獨家機構供給全部通貨，條件是該機構無息借給政府一千五百萬鎊或者二千萬鎊鈔票，國家由此得到的金錢利益，與它親自發行相同數額的鈔票所能獲得的利益相同。

多家發行機構並存的制度，英格蘭在一八四四年法案生效之前曾經實行，目前在一定的限制條件下仍在實行。不過，它通常遭到攻擊的理由是，這些發行機構之間的競爭會導致它們將鈔票的發行額增加到有害的程度。但是我們已經看到，銀行家所擁有的增加發行量的能力，以及他們憑藉這種能力所能造成的損害，與當前對其過高的估計相比較，實在是微不足道。正如富拉頓先生所指出的那樣，[三]聯合股份銀行的建立雖然大大加劇了銀行業的競爭，且有時競爭得非常激烈，但是卻毫無能力增大鈔票流通的總額；與此相反，流通總額實際上是有所減少的。如果沒有任何特殊的情況可以成爲貫徹執行產業自由的一般原則的例外，則當然應該倡導產業自由。然而似乎仍然有必要保存一家像英格蘭銀行這樣的大型機構，使其在以下方面與其他發行銀行有所區別，即只有這家機構負有承兌黃金的責任，其他銀行則可以自由地以這家中央機構的鈔票承兌它們自己發行的鈔票。這樣做的目的是，使一家機構承擔起保存足夠數量的貴金屬儲備的責任，以應付可能發生的任何合理預期的黃金外流。如果把這種責任分別交給若干家銀行，則任何一家銀行都不會有效地承擔起責任。如果規定其中的一家銀行擔負起這種責任，則其他所有銀行所保留的黃金儲備都將成爲純屬浪費的閒置資本；爲了避免這種浪費，必須允許其他銀行可以自由地以英格蘭銀行的鈔票進行承兌。

§六　仍然有待我們討論的問題是，在多家發行機構制度並存的情況下，是否有必要採取某種特殊的防範措施，以保護鈔票的持有者免於遭受銀行無力承兌的損失。一八二六年以前，發行銀行無力承兌曾經成爲一種屢見不鮮且極爲嚴重的弊害，往往爲整個地區帶來災難，使勤勉的行業苦心經營和長期積累的財富毀於一旦。這是國會在一八二六年禁止銀行發行面值五鎊以下的鈔票，以便至少使勞動階層儘量免於遭受這種苦難的主要原因之一。作爲附加的保護措施，有人曾經建議，賦予鈔票持有者比其他債權者優先獲得賠償的權利，或者要求銀行家儲存公債或者其他政府證券，以作爲其發行總額的擔保。當初，英格蘭的鈔票通貨不可靠，部分地是由法律方面的因素所造成。爲了鞏固英格蘭銀行在金融業中的實際上的壟斷地位，法律禁止城市或者鄉村建立由六名以上股東組成的發行銀行或者儲蓄銀行，這實際上是使組織建立可靠的金融機構的行爲成爲應接受處罰的違法行爲。這種規定的確體現了原始的壟斷與管制制度的特點。自一八二六年起，不論是就發行銀行還是儲蓄銀行的建立而言，除以倫敦爲中心的六十五英里半徑以內的地區之外，其他地區均已廢除了這個規定；而且在一八三三年，僅就儲蓄銀行的建立而言，倫敦地區也廢除了這個規定。人們曾經希望多家聯合股份銀行的建立能夠使通貨變得更加可靠，並且希望在這些銀行的影響下能夠使英格蘭的銀行系統，對於公眾來說，與兩百年來蘇格蘭的銀行系統（蘇格蘭的銀行業始終是自由經營的）一樣安全。但是，其後的事實顯示，這些機構因不負責任和進行欺詐所造成的管理不善幾乎達到了令人難以置信的地步（雖然在一些典型的案例中，失職的機構並不是發行銀行），所有這些不過十分清楚地表明，至少在特威德河以南的地區，將股份制經營的原則運用於銀行業，並不像人們過於自信地所設想的那樣可以充分地保障鈔票持有者的利益。因此，只要允許多家發行機構並存，就很難批駁堅持將某種保護鈔票持有者利益的特殊措施作爲前提條件的觀念。

◆註解◆

[1]《論通貨的管理》，第八十五頁。

[2] 我認為可以肯定的是，緩和商業突變所造成的影響是一八四四年法案真正的而且唯一重要的目的。我十分清楚，該法案的支持者（特別是在一八四七年以後）特別強調的是，該項法案極為有效地「維護了英格蘭銀行鈔票的可兌換

性」。但是我必須指出的是，我並不像他們那樣認為在該項法案所謂的特點中的這一點具有非常重大的意義。在舊制度下，人們曾經不惜任何代價來維護英格蘭銀行鈔票的可兌換性，即使未通過這個法案，人們也會這樣做。奧弗斯頓爵士在他的證詞中曾經指出，英格蘭銀行可能總是透過對信用採取非常猛烈的措施以及犧牲商界公眾的利益來挽救自己。一八四四年法案緩解了這個過程的殘酷程度，僅從這一點來看，就有理由使它獲得人們的支持。除此之外，如果我們假定在沒有實施該項法案時，英格蘭銀行在經營上發生了重大失誤，造成銀行難以維持鈔票的可兌換性，那麼在實施該項法案的情況下，同等程度（或者程度較低）的管理失誤同樣也會造成銀行停止承兌；英格蘭銀行被強制性地劃分為兩個部門，使銀行停止承兌的可能性比過去大為增加，而且還可能造成倫敦所有的私人銀行停止承兌，並且還可能停止對國債的債權人支付紅利。這是比暫停承兌鈔票更為巨大的、直接的災難。所以為了使英格蘭銀行恢復支付存款的能力，如果事實表明暫停執行一八四四年法案仍然於事無補，則政府就會毫不猶豫地停止承兌鈔票。

【3】是允許超過最高限額的，但是必須以與地方銀行達成協議為前提，該地區銀行停止發行鈔票，而由英格蘭銀行的鈔票取而代之；但是即使在這種情況下，英格蘭銀行增加發行鈔票的額度也不得超過所取代的地方銀行鈔票的三分之二。根據這個規定，現在英格蘭銀行有權基於證券而發行的鈔票將近有一千四百五十萬鎊。

【4】第一〇六頁。

【5】事實上，英格蘭銀行可以利用它的存款擴大貸款，而它的存款的數額可能是非常大的，因為在過度緊縮時期，每個人都把自己的資金存入銀行以備不時之需。但是這種存款並非總是足夠的，這一點在一八四七年間得到了確切的證實。當時英格蘭銀行利用存款所能提供的最大財力挽救商業，但是卻未能緩和危機，可是當政府決定暫停執行此項法案的時候，危機就又立刻結束了。

【6】時隔不久，一八五七年所發生的商業危機證實了這個預言，當時政府不得不再度自行終止執行這項法案的諸多條款。

【7】透過確鑿的事實我們瞭解到，從遙遠的年代開始，法國農民就養成了攢錢的習慣，他們手中隨時都有很多錢，數量比人們所能想像的要大得多；甚至在愛爾蘭這樣貧窮的國家裡，我們近期也發現，小農儲蓄的錢與他們展示於他人的生活面貌完全不同。

【8】參閱富拉頓，《論通貨的管理》，第七十一—七十四頁。

【9】同上，第一三九—一四二頁。

【10】我所謂的「外流的雙重作用」，曾經被人們不可思議地理解為，似乎我認定英格蘭銀行為三百萬鎊的外流必須放棄價值六百萬鎊的財產。這當然是十分荒謬的，根本沒必要給予任何批駁。我所說的外流的雙重作用，並非是指英格蘭銀行本身的財產狀況，是指銀行為阻止黃金外流而不得不採取的措施。由於這僅僅三百萬鎊的外流，雖然英格蘭銀行本

身並未變得更窮，但是它的兩種準備金，即銀行部的準備金和發行部的準備金，卻各自減少了三百萬鎊。同時，在兩部門分立的情況下，與如果兩個部門能夠相互救助的情況相比，則每一個部門都必須像兩個部門合併在一起時那麼強大才行，因此現在三百萬鎊的外流所導致的英格蘭銀行必須在貨幣市場上採取的緊縮措施，將相當於在舊制度下因為六百萬鎊的外流才會採取的措施。與不發生外流相比，由於銀行部的準備金將少於發行部擁有的金銀錠總量，而且由於外流的金額首先要由這一部分已經減少的準備金來承擔，所以全部的流出額加在半數準備金上的壓力，將會使人感到有如雙倍的流出額加在全部準備金上的壓力一樣大；而且為終止外流，需要採取同樣嚴厲的措施。正如我在其他場合曾經指出的那樣（一八五七年對下議院銀行法案委員會所做的證詞）：「如果禁止一個人同時使用雙手舉起重物，每次只允許他使用一隻手，則他每一隻手都必須像兩隻手同時使勁時那樣有力才行。」

【三】第八十九—九十二頁。

第二十五章　關於不同國家在同一市場上的競爭

§一

在商業系統的詞彙中，即在可以稱之爲——與購買者或者消費者有別的——銷售階層的政治經濟學基礎的語言和學說中，頻繁出現的含義激進的用語莫過於低價銷售一詞了。對其他國家進行低價銷售——而不是被其他國家削價競爭——過去這樣講，現在仍然經常這樣講，低價銷售幾乎成爲進行生產和發展商品經濟的唯一目的。數百年來，在各國之間競爭的生意人頭腦中普遍存在的這種對立情結，已經完全被某種基本的社會意識所取代，即商業國家可以從彼此的繁榮中獲得利益。商業精神在歐洲歷史上的某一時期，曾經是激發戰爭的主要原因，而現在則成爲阻止戰爭的最強有力的因素之一。

雖然目前人們對於國際通商的性質和後果均已有了較爲開明的見解，但是我們仍然有必要占用一定的篇幅（儘管篇幅不大），對商業領域的敵對行爲加以闡述。國家像個體商人一樣，可能在某些商品市場上成爲利益衝突的競爭者，而在另外一些商品市場上又具有互爲客戶的密切關係。通商的利益並不像過去人們所設想的那樣，存在於銷售的商品之中。不過，由於賣出商品是實現買進商品的手段，所以如果一個國家不能誘使其他國家將其任何商品作爲交換對象，則它就無法獲取通商的眞正利益，即無法獲取進口商品；同時，與其他國家的競爭程度相對應，它被迫壓低出售商品的價格，則它透過對外貿易獲得進口商品的成本就越高。

我們在前面幾章中已經對這些觀點做了恰當的——儘管是附帶——闡述。但是，由於這個問題在經濟理論中，以及在政治家、商人和製造商的實際憂慮中，曾經占有而且今後仍將占有非常重要的地位，因此在我們結束有關國際交換問題的討論之前，對於造成或者避免各國進行相互削價競爭的情況進行簡要的考察，則是十分必要的。

一個國家要在某一市場上對另一個國家進行削價競爭，達到將另一個國家完全驅逐出市場的目的，必須具備兩個條件：首先，它在兩國共同出口的物品的生產上，必須具有比另一國更大的優勢；所謂更大的優勢（正如我們前面已做詳細論述的那樣），並非是指絕對的優勢，而是指與其他國家商品相互比較而言的優勢。其次，它與客戶國對於彼此產品的需求狀況，以及由此形成的國際價值之間的關係，使得它給予客戶國的利益大於該競爭國擁有的全部利益，否則競爭國仍然有可能在該市場上立足。

讓我們回到前面所設想的英格蘭與德國在寬幅布與亞麻布之間的交易上。英格蘭生產十碼寬幅布的成本與生產十五碼亞麻布的成本相當，德國生產十碼寬幅布的成本與生產二十碼亞麻布的成本相當，於是這兩種商品以某一中間比率（運費除外），比如說十比十七，在兩國之間進行交換。如果沒有另外某個國家願意不僅僅以十七碼以上，而且是以二十碼以上的亞麻布，與十碼寬幅布進行交換，那麼在英格蘭市場上，德國就不會永久地遭遇削價競爭並被驅逐出去。如果另外一個國家的出價在二十碼亞麻布以下，則這種競爭僅僅使德國不得不以較高的代價換取寬幅布，而不會使德國終止出口亞麻布。因此，能夠透過削價競爭將德國逐出英格蘭市場的國家必須具備的條件是：首先，它生產亞麻布的成本與寬幅布的生產成本相比較，比德國的還要低；其次，它必須對寬幅布以及其他英格蘭的商品具有極大的需求，以至於它獨占市場後能夠給予英格蘭的利益，比德國所能放棄的全部利益還要大，例如，以二十一碼亞麻布與十碼寬幅布進行交換才行。因為若非如此，則如果在德國被逐出英格蘭市場以後，國際需求方程式規定的比率為十八比十，那麼德國仍然可以參與競爭；在這種情況下，德國將是以較低的價格出口亞麻布的國家，因而有可能形成某一比率，比如說十九比十，使兩國都能夠在英格蘭市場上立足，而且可以按照重新調整後的交換條件所決定的它們的需求，在英格蘭出售足以償付它們所需要的寬幅布或者其他英格蘭商品的亞麻布。同樣地，作為寬幅布出口國的英格蘭，只有在某一競爭國具備以下條件的情況下，才會被逐出德國市場，即這個國家在寬幅布的生產上占有較大的優勢，能以十碼寬幅布與十五碼以下——而不僅僅是十七碼以下——的亞麻布進行交換，而且該國對於德國產品的需求十分強烈，使它必須按照這樣的比率進行交換。在這種情況下，如果英格蘭繼續進行這種貿易，則必然會蒙受損失；但是只要還沒有達到上述程度，英格蘭就只不過是必須以碼數多於過去的寬幅布，與德國交換較少的亞麻布而已。

由此可見，人們或許過於擔心遭遇到永久性的削價競爭了；實際發生的情況可能並不是完全喪失貿易，而只是開展貿易的利益有所減少而已；由此而蒙受損失的並不是主要出口產品的生產者或者商人，而是外國商品的消費者。即使某一國家在某一特定的時期內在外國市場上出售寬幅布的價格，略低於英格蘭出售寬幅布的價格，但也不應該成為英格蘭寬幅布生產者擔憂的充分理由。假定英格蘭的生產者在外國市場上暫時失利，繼而他們的出口減少，於是進口將超過出口，貴金屬的分配將發生變動，英格蘭的物價將下跌，從而英格蘭的生產者所有的貨幣支出均將減少，進而促使他們能夠再度與競爭對手展開競爭（如果事態的發展還沒有達到上述所描述的嚴重程度）。英格蘭所遭受的損失不會落在出口商的身上，而只會落在消費進口商品的人們的身上；這些人的貨幣收入總量減少了，但是卻不得不以相同的甚至更高的價格購買外國生產的物品。

§二　我認為，這就是有關低價銷售的正確理論或者基本原理。不難看出，這種理論並未涉及到我們經常聽說的所謂造成一國遭遇削價競爭的原因。

根據上述學說，一個國家在任何商品上之所以遭遇削價競爭，只是因為競爭國具有比它更為強烈的將其勞動和資本專門用於生產這種商品的動機；這種動機是由如下事實所產生，即這樣做可以節省大量的勞動和資本，而且由此產生的利益可以在該競爭國與其客戶國之間進行分配，並且世界的產品總量將極大地增加。因此，低價銷售雖然使遭遇削價競爭的國家蒙受損失，但是卻使整個世界獲得利益；與遭遇削價競爭的商業相比，取而代之的商業可以節省更多的人類的勞動和資本，增加更多的人類共同財富。當然，這種利益體現爲能夠使所生產的商品的品質更好，或者所消耗的勞動更少（與其他物品相比），或者並非消耗的勞動更少，而是消耗的時間更少，使其所用資本的滯留時間更短。這種情況的出現很可能源於自然的優勢（例如土壤、氣候和礦藏的富饒程度），或者源於勞動者先天或者後天較強的能力，或者源於更爲合理的分工、更爲先進的工具或者機械設備。不過對於工資較低的這種情況，這個理論卻完全未予理會。然而在廣爲流行的理論中，低工資正是進行低價銷售的有利因素。我們不斷地聽說，英國的生產者在外國市場上，甚至在本國市場上，都由於外國的競爭者所支付的工資較低而處於不利地位。有人說，正是低工資這一點使外國的競爭者能夠或者幾乎總是能夠以較低的價格銷售商品，而將英格蘭的製造商從得不到人爲保護的一切市場上驅逐出去。

對於這種觀點進行理論上的剖析之前，值得花費一點時間把它作爲一個實際問題考察一下。外國製造業工人的工資確實比英格蘭的低一些，但是從任何意義來講，這種低工資是否爲資本家帶來某種優勢呢？根特或者里昂的手工業工人每天掙得的工資或許較少，但是他所做的工作不也較少嗎？如果考慮到效率的高低，那他的勞動對於他的雇主來說眞的是成本較低嗎？雖然歐洲大陸工資可能低一些，但是勞動的成本卻與英格蘭的幾乎相同，而勞動的成本不才是眞正的競爭要素嗎？資深的批評家們似乎都持有這種觀點，而且英格蘭與歐洲大陸各國之間的利潤率相差很小這一事實，更進一步證實了這一點。若是如此，則人們認爲英格蘭的生產者會由於這個原因而遭遇歐洲大陸競爭者的削價競爭，就沒有道理了。只有在美國，從表面來看，這種觀點似乎才是可以接受的。在美國，如果我們將工資一詞解釋爲勞工的每日收入，那麼美國勞工的工資的確比英格蘭的高很多。但是，美國的勞動生產力是如此之高——勞動的效率與有利的工作環境相互結合，以至於這種勞動對於其購買者來說具有極高的價值，致使美國的勞動成本還是比英格蘭的低一些；美國的一般利潤率和利率都較高的事實說明了這一點。

§三　但是，低工資——即使是從低勞動成本的意義上確定的低工資——眞的能使一國以較低的價格在外國市場上銷售商品嗎？當然，我們在這裡所說的低工資，是指該國所有生產性行業的工資都比較低的情況。

如果提供出口產品的任何產業部門的工資，基於人爲或者某種偶然的原因，低於該國一般工資率，那麼這將成爲該國在外國市場上的一個眞正有利的條件。它減少了這些物品與其他物品的相對生產成本，這與減少生產這些物品所消耗的勞動具有相同的效果。我們不妨以美國的某些商品爲例。在美國，菸草和棉花這兩大出口產品是由奴隸勞工生產，而食品和製成品則一般是由爲自己的利益工作或者領取工資的自由勞工生產。儘管奴隸勞工的效率很低，但是毋庸置疑的是，在自由勞工的工資水準很高的國家裡，能夠驅使奴隸工作對於資本家來說都是有利可圖的，且不管這對資本家有利到什麼程度。這種並非普遍如此而且僅限於某些行業的較低勞動成本，的確會在國內市場和國外市場上降低產品的價格，就像這些產品是用較少的勞動生產出來的一樣。不過如果南部各州的奴隸全部都被解放，而且他們的工資提高到美國自由勞工的一般收入水準，則美國也許不得不從出口產品的目錄中刪除那些由奴隸種植的產品，它一定不可能再按照以往的價格在外國市場上繼續出售這些產品。這些產品的價格低廉在一定程度上是人爲造成的，可以與對於生產或者出口提供補貼所造成的價格低廉相提並論；或者，如果考慮到實現它所採取的手段，則與偷盜來的物品的價格低廉相提並論，可能更爲妥當。

家庭手工業擁有某種優勢，這種優勢具有相同的經濟性，但是卻具有完全不同的道德特徵；有些家庭利用閒暇時間織布，他們的生存並不依賴於這些產品的生產，因此只要他們認爲值得，就會以任何價格出售自己的產品。我在論述其他問題時曾經提到蘇黎世州的一份報告，其中有這樣一段敘述：[1]「蘇黎世的勞工今天是製造業的生產者，明天又變成農場的經營者，他的職業隨著季節的變化而改變，不停地循環反覆。製造業和種植業齊頭並進並緊密結合，正是純樸而且不曾接受過教育的瑞士製造業的生產者，之所以總是能夠堅持進行競爭、能夠抗衡經濟和技術（這是更重要的）力量都很強大的企業而不斷發展壯大自己的祕訣。即使在蘇黎世州的製造業最爲發達的地區，也只有七分之一的家庭專門從事製造業，但卻有七分之四的家庭是兼營製造業和種植業。家庭手工業擁有的優勢主要體現於以下事實，即它可以與所有其他的副業相互結合，或者在一定程度上也可以將它視爲一種補充性的職業。冬季，全家人在住處從事家庭手工業，但是春天一來，負責早春田間勞動的人們就會放棄室內的工作；許多織布機停止運轉；隨著田間勞動的增多，家庭成員就會先後參與，最終，到了收成季節，即『農忙』時期，全家人都會下田勞動；但是在天氣不好的時候以及所有其他空閒時間，人們就會恢復室內的工作，而當不宜於農作物生長的季節再次到來之時，人們就又會按照一定的順序逐漸恢復室內工作，直到全家人都重新開始進行室內工作爲止。」

對於這種家庭手工業而言，決定各國之間交換條件的相對生產成本比起所消耗的勞動來說，要低得多。這些勞工家庭成員的實際的生活支出，如果依賴於織布機的收入，則也只是部分地依賴，因此與必須以此項收入維持家庭全部支出的勞工家庭相比，即使他們獲得的報酬低於在行業中得以長期生存的最低的工資率，他們也會繼續工作。他們不是爲雇主而勞動，而是爲自己勞動，因此除購置織布機和原物料的少量成本之外，幾乎不需要任何其他成本就可以從事生產；而且生產的產品可以按照很低的價格銷售，因爲他們並不完全以此爲生，只要所獲取的報酬足以使他們不至於厭煩將自己的閒暇時間用於工作即可。

§四 奴隸勞動和家庭手工業這兩個事例，說明了在什麼條件下，低工資可以使一國在外國市場上廉價出售它的商品，從而對競爭國進行低價銷售，或者避免被競爭國削價競爭。但是如果在所有產業部門都實現了低工資，則該國就不再具有這種優勢。普遍的低工資不會成爲任何國家能夠對競爭國進行低價銷售的原因，普遍的高工資也不會阻礙任何國家對競爭國進行低價銷售。

要證明這一點，我們必須回顧前面已經討論過的一個基本原理。[2]即在一個國家的內部，普遍的低工資不會造成低物價，普遍的高工資也不會造成高物價。一般物價不會因爲工資的提高而上漲，就像它不會因爲所有生產所消耗的勞動量的增加而上漲一樣。對所有商品產生相同影響的成本，對物價毫無影響。如果寬幅布或者刀具的製造商必須支付較高的工資，而其他製造商都無須這樣做，那麼就像他必須僱用較多的勞動力一樣，他的商品價格就會上升，否則他所獲得的利潤就會小於其他製造商，從而任何人都不會再從事該行業的生產。但是如果所有的製造商都必須支付較高的工資，或者都必須僱用較多的勞工，則大家都必須承受這種損失；因爲這種情況對所有人都會產生相同的影響，誰也不能期望透過改行而予以規避，因此每個人都只能容忍較低的利潤，從而使物價保持在過去的水準上。同樣地，工資普遍地降低，或者勞動生產力普遍地提高，均不會使物價降低，而只會使利潤增加。如果工資下降（在這裡以工資作爲對於勞動成本的衡量），生產者爲什麼會因而降低他的價格？有人可能會說，他是迫於欲進入其所在行業的其他資本家的競爭壓力，才不得已而爲之。但是其他資本家也支付較低的工資，透過與其競爭，除獲得與他已經獲得的相同的利得之外將一無所獲。因而勞動報酬比率的高低，以及勞動量消耗的多寡，除非僅限於某種商品所特有，而非一般商品所共有，否則就不會對商品的價值和價格產生任何影響。

既然低工資並不是國內形成低物價的原因，當然也就不能促使該國以較低的價格向外國市場供給商品。誠然，如果美國的勞動成本低於英格蘭，則美國就能夠以低於英格蘭的價格向古巴出售紡織品，同時仍然能夠獲得與英格蘭的製造商相同的利潤。但是美國棉織品商進行比較的對象並不是英格蘭的生產商，而是美國其他行業的資本家。這些資本家與棉織品商一樣都享有低廉勞動成本的利益，從而享有高額的利潤率。棉織品商也一定要獲得這種高額利潤，而不會滿足於英格蘭的較低的利潤。不過，在一段時間內，他可以在那種低利潤率下持續經營而不必轉換行業，而且有時會在很長的一段時間內，在遠低於當初利潤率的條件下進行某種交易。勞動成本較低而利潤較高的國家，雖然不能以此對其他國家進行低價銷售，但是在遭遇其他國家削價競爭時，卻能夠以此進行頑強的抵抗。因爲生產者往往能夠在利潤下降時仍然堅持生產，甚至擴大生產。不過他們的優勢所能帶給他們的利益僅此而已，而且一旦局勢發生變化，確切表明他們不可能再獲得與本國其他資本家相同的高額利潤時，他們也就不會繼續堅持進行這種抵抗了。

§五　還有一類從事貿易和出口的社會，似乎需要我們略加說明。這類社會幾乎不能看成是與其他國家進行商品交換的國家，將其看成是從屬於一個較大社會的、遠離中心區域的農業區域或者工業園區更爲妥當。例如，我們的西印度殖民地就不能被視爲自行擁有生產性資本的國家。如果曼徹斯特不是處於當前的位置而是處於北海的某塊岩石上（不過它繼續經營當前的產業），則它仍然是英格蘭的一座城市，而不是與英格蘭進行貿易的國家；它會與當前一樣，只是英格蘭便於經營紡織業的一個地區。同樣地，西印度群島也是英格蘭便於進行糖、咖啡以及其他熱帶商品生產的地區；那裡所運用的全部資本都是英格蘭的資本；所經營的全部產業幾乎都爲英國人所利用；除上述大宗商品之外，那裡幾乎不生產任何其他物品，而這些大宗商品被運到英格蘭，並不是爲了交換輸往殖民地以供當地居民消費的各種物品，而是爲了英格蘭居民們的利益。因此，英格蘭與西印度群島之間的貿易，幾乎不應視爲對外貿易，而更類似於城市與鄉村之間的貿易，並受到國內貿易法則的支配。殖民地的利潤率應當受制於英國的利潤；預期利潤必須與英格蘭的大致相當，同時附加對於遙遠地區從事冒險事業所遭遇的困難的補償；而且在對於這些不利因素給予補償之後，西印度群島的產品在英格蘭市場上的價值和價格，應當與英國的任何商品一樣，由其生產成本所決定（或者當初就是如此決定的）。不過，在過去的十二年或者十五年間，此項法則曾被廢除不用：最初，由於勞動力的缺乏造成供給增加無望，而供給不足又導致價格持續上漲超出生產成本的比率；

之後，由於允許外國參與競爭，又導入另外一種因素，以至於西印度群島的某些產品被低價銷售。究其原因，與其說是由於那裡的工資遠遠高於古巴和巴西，不如說是由於那裡的工資高於英格蘭。因爲若非如此，則牙買加按照古巴的價格出售蔗糖，雖然不能獲取與古巴同樣的利潤率，但是仍然能夠獲取與英國同樣多的利潤率。

還有一類更爲獨立的小型社會也値得我們予以關注；它們的生存與發展幾乎不依賴任何自行生產的產品（除船舶和港口設施之外），而只依賴於轉口貿易以及貨物集散，即購買某國的產品，然後再轉賣給其他國家並從中獲利。例如威尼斯以及漢薩同盟的成員城市。這些社會的情況非常簡單。它們不是將自己以及自己的資本用作生產產品的工具，而是用作完成其他國家產品之間的交換的工具。參與這些交換爲這些國家帶來了利益——增加了產業的總收益——其中的一部分由代理商獲得，用於補償必需的運輸費用，而其餘部分則作爲他們所用的資本報酬，以及他們商業才能的報酬。這些國家本身並沒有開展此類業務的可支配資本。當威尼斯人最初成爲南歐一般商業活動的代理人時，他們幾乎沒有競爭對手：如果沒有他們，那麼或許南歐就無法與世界其他的地方通商，因而他們的利潤實際上是不受限制的；如果有限制，那也只是孤陋寡聞的封建貴族們，在初次看到自己所不知道的奢侈品時，能夠並且願意支付的價格。之後出現了競爭，與其他經營活動一樣，此項經營活動的利潤也受到自然法則的支配。自行生產本國產品同時積累了大量資本的荷蘭最早開始從事轉口貿易；歐洲其他國家現在也擁有閒置資本，可以自行開展對外貿易；但是出於種種原因，荷蘭的國內利潤率較低，因此它在爲其他國家運送貨物時，在貨物原始成本之上附加的費用，低於這些國家的資本家運送貨物時所附加的費用；於是荷蘭承擔了許多國家絕大部分的轉口貿易運輸量，這些國家不曾像英格蘭那樣，爲了明確的目標，制定了具有自我保護性質的《航海法案》。

◆ 註解 ◆

【1】參閱《瑞士歷史地理統計圖表》，第一部，第一〇五頁，一八三四年。

【2】參閱本書第三編第四章。

第二十六章　關於分配，當它受到交換影響的時候

§一　在與我們的宗旨和限制相對應的範圍內，我們已經探討了一個國家的產品在其居民所屬的不同階級之間進行分配的機制。這種機制就是交換機制，而且這種機制的運作規律遵循著價值法則和價格法則。現在，我們將利用已經獲得的見解回顧一下分配問題。如果完全排除交換的影響，則似乎產品在勞工、資本家和地主這三個階級之間的分配，取決於某些基本法則。我們現在需要考察的是，透過複雜的交換機制和貨幣機制進行分配時，這些法則是否仍在發揮作用，或者這種機制的屬性是否將干擾並進而改變上述法則。

我們已經看到，人類透過努力和節儉而獲得的產品，最初被分成了三份，即工資、利潤和地租，然後以貨幣的形式，並且透過交換的過程，分配給有權得到它們的人；或者更為確切地講，基於社會通常的安排，由掌握產品的資本家以貨幣形式，向其他兩類分享者支付他們的勞動和土地的市場價值。如果我們探討勞動的金錢價值和土地使用權的金錢價值究竟取決於什麼，那麼我們就會發現，決定這些金錢價值的原理，與在不存在貨幣和商品交換的條件下支配工資和地租的原理是完全相同的。

很明顯地，首先，工資法則不受交換或者貨幣存在與否的影響。工資取決於人口與資本之間的比率；無論是世界的所有資本均為一家公司的資產，還是分享世界資本的資本家各自建立自己的企業並生產供社會消費的全部物品，因而根本不存在商品的交換，工資仍然取決於人口與資本之間的比率。對於所有古老的國家來說，這個比率均取決於人們控制人口過快增長的努力程度，以流行的方式我們不妨說，工資取決於對人口的控制。如果飢餓或者疾病仍不足以控制人口的增長，則工資就取決於勞動者的精明和遠見；可以說，無論哪一個國家，如果勞動者寧願承受低工資也不願意控制人口繁育，那麼該國的工資通常

就處於最低的水準。

然而，這裡的工資是指勞工實際的舒適程度；即勞工獲得的物品的數量，出於天性或者習慣，勞工需要或者喜愛這些物品的程度：這種意義上的工資對於工資領取者來說是重要的。對於工資支付者具有重要意義的工資，並不完全取決於如此簡單的法則。第一種意義上的工資決定勞工的生活水準，我們稱之爲實際工資或者實物工資。第二種意義上的工資，我們不妨暫且稱之爲貨幣工資；並合理假定，此時貨幣還是一種恆定不變的標準，這種流通媒介本身的生產或者獲取的條件也未發生變化。如果貨幣本身的成本不發生變動，那麼勞動的貨幣價格就是對於勞動成本的一種精確的衡量，可以作爲表示勞動成本的一種簡單符號。

勞工的貨幣工資是由兩種要素共同決定：第一，實際工資或者實物工資，或者換言之，勞工所獲得的日常消費品的數量；第二，這些物品的貨幣價格。在所有古老的國家中——它們的人口增長在很大程度上受到獲得生活必需品的辛苦與艱難的抑制——勞動通常的貨幣價格使勞工們彼此之間剛好能夠購買這些商品；沒有這些商品，他們就不可能或者不願意維持慣常的人口出生率。在他們生活水準一定的條件下（這裡是指勞工寧願控制人口繁育，也不願意放棄的那種工人階級的生活水準），貨幣工資取決於勞工通常消費各種物品的貨幣價格，從而取決於這些物品的生產成本；這是因爲，如果他們不能獲得一定數量的這些物品，那麼他們的人口增長就會放緩，工資就會提高。在這些物品中，最重要的莫過於食品以及其他農產品，而除此之外的任何物品的作用均可以忽略不計。

正是基於這一點，我們才有可能求取第三編所闡述的種種原理的幫助。在前面的章節中，我們已經分析了食品和農產品的生產成本，它們取決於根據社會需要投入農業生產領域中的最爲貧瘠的土地或者生產效率最低的那部分資本的生產能力。正如我們已經看到的那樣，在這些最惡劣的條件下種植糧食的生產成本，決定了全部糧食的交換價值和貨幣價格。因此，在勞工的生活習慣保持不變的情況下，他們的貨幣工資就取決於最爲貧瘠的土地的生產能力，或者生產效率最低的農業資本的生產能力，即取決於耕作的退化程度——耕作向貧瘠的土地拓展的程度，以及對於肥力較佳的土地的榨取程度。當前，人口增長是促使耕作退化的主導力量，而阻止耕作退化的反作用力則是農業科學技術的進步，這種進步可以使原來的土地在不增加勞動投入的情況下增加產量。在任一時刻，成本最高的那一部分農產品的成本水準，都可以確切地展示人口與農業技能總在相互競爭、背道而馳的狀況。

§二　查默斯博士曾經指出，在政治經濟學中，許多最爲重要的思想都產生於人類從事耕作最後所達到的邊際狀況，即人類在耕種土地時與各種自然界的力量進行鬥爭所達到的最後一點。最後的邊際狀態下的生產力水準，可以作爲勞工、資本家和地主這三個階級之間的產品分配現狀的一項指標。

當不拓展耕種更爲貧瘠的土地，或者伴隨著土地遞減的收益，不再新增投入於已經耕種的土地時，那麼隨著人口的增長，增加的對於糧食的需求就無法得到滿足，就必須率先提高農產品的價值和價格，這已經成爲了增加農業產出的一項必要條件。但是，價格一旦上升到足以爲追加的資本提供正常的利潤後就不會繼續上升了；也就是說，價格不會上升到爲新開墾的耕地或者爲原有耕地新追加的投入既提供利潤又產生地租的程度。爲滿足需要，最後投入使用的土地，即處於查默斯博士所說的耕作邊際上的土地，現在不產生任何地租，今後也不產生任何地租。雖然這種土地或者資本不產生任何地租，但是所有其他土地或者農業資本都會產生地租，其地租額正好等於這些土地或者資本生產的產品超過最後投入使用的土地或者資本產品的部分。糧食價格的平均水準將剛好使最貧瘠的土地以及投放於較優土地上的生產效率最低的資本，能夠收回相應的支出並獲得正常的利潤。如果條件最爲不利的土地和資本能夠做到這一點，那麼所有其他土地和資本均將提供一種額外利潤，數額相當於它們較高的生產能力所生產的額外產品的收益；而且透過競爭，這種額外的利潤將變成地主的酬勞。因此，交換和貨幣對於地租法則並不產生影響：它仍然與我們當初所考察的一樣。地租是農業資本在特別有利的條件下使用時所提供的額外收益；它相當於這種有利條件使生產者得以節省的生產成本，因爲產品的價值和價格取決於不具有利條件的那些生產者的生產成本，即取決於在最爲不利的條件下所使用的那一部分農業資本的收益。

§三 用貨幣支付的工資和地租和以實物分配的工資和地租，都受到相同法則的支配，由此我們可以推斷，利潤也是如此。因爲支付工資和地租之後的剩餘就構成了利潤。

我們在第二編的最後一章中看到，當分析資本家的墊付的最終構成要素時，可以將其歸結爲勞動的購買或者維護，或者先前資本家的利潤。因此，歸根結柢，利潤取決於勞動的成本：勞動成本增加，則利潤減少；勞動成本減少，則利潤增加。讓我們較爲深入地探討一下此項法則所發揮的作用。

由勞工的貨幣工資（假定貨幣不發生變化）確切地予以表示的勞動成本，可以透過兩種方式增加。勞工所獲得的舒適程度提高了，即實物工資——實際工資——可能增加了；或者，人口的增長迫使人們不得不在更爲貧瘠的土地上耕作，並且採用成本更高的耕作方法，因而提高了勞工所消費主要物品的生產成本、價值和價格。在上面假設的每一種情況下，利潤率都會下降。

如果勞工獲得更多的商品是基於這些商品的價格比較便宜；如果勞工獲得的商品的數量多了，但是付出的總成本卻沒有加大，則實際工資有所增加——但是貨幣工資卻並未有所增加——而且不會對利潤率產生任何影響。但是如果勞工獲得的商品的數量多了，而這些商品的生產成本卻並未降低，則他的獲得成本較高，即他的貨幣工資就較高。貨幣工資提高所增加的支出將全部由資本家予以承擔，資本家無法擺脫這種負擔。也許人們會說（當初人們經常這麼說），資本家可以透過提高產品的價格來擺脫這種負擔。但是我們已經多次駁斥這種觀點。[1]

的確，我們在前面已經觀察到，工資提高將引起物價相應提高的說法實際上是自相矛盾的：因爲若是如此，那麼工資就等於沒有提高。不管勞工的貨幣工資如何增加，他所能得到的商品都不會比過去多，實際工資也不可能提高。這種觀點與理論和事實都是相違背的，很明顯地，貨幣工資的提高不會促使物價上漲；高工資並非高物價的原因。工資的普遍提高將會使利潤遭受損失，而不可能產生其他結果。

我們已經闡述了由於勞工獲得較多的實物工資進而導致貨幣工資和勞動成本增加的情況。現在，讓我們假定，貨幣工資和勞動成本的增加是由於勞工所消費的各種商品的生產成本的增加所引起的，而這些商品的生產成本的增加，則是由於人口增長但是農業技術卻沒有得到相應改進所造成的。只有當糧食價格上漲的幅度足以補償農場主所增加的生產成本時，才能實現人口增長所需要的更多的糧食供給。不過在這種情況下，農場主將承受雙重不利因素的影響。首先，他不得不在生產能力比過去更爲不利的條件下從事耕作。由於這種不利因素只有作爲農場主的他才會面對，而其他雇主並未分擔，所以基於價值的基本法則，農場主可以透過提高他的商品價格的方式得到補償；實際上，在他的商品價格上漲以前，他是不會將所需要增加的產品供給市場。但是，其次，正是這種價格的上漲使他必須面對另外一種不利因素，而且他不能因而得到任何補償，即他必須向他所僱用的勞工支付更高的貨幣工資。由於他與所有的其他資本家都必須這樣做，因此這一點就不能成爲提高價格的理由。價格將上漲到保證他的利潤與其他雇主的利潤相等的程度，即價格的上漲將使他爲生產一定數量的糧食而必須僱用更多的勞工並進而支付更多的工資得到補償。不過這種勞動工資的增加是要由所有的雇主共同面對，誰都不能爲此而得到補償。它將完全由利潤買單。

於是我們看到，如果當各種生產性勞工的工資都有所增加並且確實代表勞動成本增加時，則工資的增加總是而且必然是以利潤的減少爲代價。反之，如果工資的減少眞正代表勞動成本降低，則將以相同的方式使利潤相應地有所增加。不過，資本家階層與勞工階層之間這種金錢利益上的對立關係，在很大程度上只是一種表面現象。實際工資與勞動成本是截然不同的東西，一般來說，在以下時間和地點上，實際工資將處於最高水準：在較爲便利的條件下，土地可以生產出目前所需要的所有農產品。因此，儘管勞工所獲的報酬十分豐厚，相對於雇主而言的勞動的成本——即糧食的價值和價格——相對水準很低，從而利潤率很高。因此，我們當初提出的定理——利潤取決於勞動的成本——就完全得到了證實；或者，更爲確切地講，利潤率和勞動成本之間呈反比，它們是由相同力量或者原因共同造成的結果。

但是，如果考慮到資本家的開支中有一部分（儘管相對較小）並不是用於支付他自己的工資，也不是用於償付前期資本家的工資，而是用於償付前期資本家的利潤，那麼我們是否有必要對此命題略加修正呢？例如，假設皮革加工業的一項發明縮短了皮革在坑槽內進行鞣製的時間，鞋匠、馬鞍匠以及其他皮革製品的生產者將因此節省一部分原物料的成本，其中包含製革工匠當初投入在坑槽內的資本的利潤；而且人們可能認爲，在工資與勞動成本與過去完全相同的情況下，這種節省可以成爲使他們獲得更大利潤的一個源泉。然而在我們這裡所假設的情況下，只有消費者才是唯一的受惠人，因爲鞋子、馬具以及所有其他皮革製品的價格都將下跌，直到促使相關生產者的利潤減少到一般水準上爲止。爲了消除這種反對意見，我們不妨假設所有生產部門在支出方面都同時出現了類似的節省。在這種情況下，因爲價值和價格不會受到任何影響，所以利潤很可能就會有所提高；不過當我們更加深入地考察這種情況時，我們就會發現，利潤的提高實際上是勞動成本降低的結果。這種情況與勞動的生產能力普遍提高的任何其他情況一樣，如果勞工只得到與過去相同的實際工資，則利潤就會提高；可是所謂的與過去相同的實際工資卻代表著較低的勞動成本，因爲根據假設，所有物品的生產成本均已減少。另一方面，如果勞工的實際工資成比例地提高，以至於對雇主而言的勞動成本保持不變，則資本家的墊付與其收益的比率將與過去相同，而利潤率卻將保持不變。想要進一步探討這個問題的讀者，可以參考前面提過的論文集。[2]這個問題與其重要性相比顯得過於複雜，不適合在本書這樣的著作進行更加深入的討論；而且我只是想說，這樣的結論是基於論文集考慮的因素而得出，而在這裡討論的情況下，沒有任何東西會影響理論的完整性；這個理論斷言，在利潤率和勞動成本之間存在著確切反方向變化的關係。

◆註解◆

【1】參閱本書第三編第四章§二一，以及第二十五章§四。

【2】論文四：〈論利潤與利息〉。

第四編　社會進步對於生產與交換的影響

第一章　財富增長狀況的基本特徵

§一　我們在前三編的篇幅所允許的範圍內，已經盡可能詳細地對政治經濟學問題進行所謂的（有幸借用數學的術語）靜態研究。我們考察了：經濟事實的範疇以及這些經濟事實之間的因果關係；是哪些因素決定了產品、勞動、資本和人口的數量；由哪些法則支配著地租、利潤和工資；在什麼樣的條件下以及同時以什麼樣的比例，商品在個人之間和國家之間進行交換。於是，對於通常人們認為同時存在的社會經濟現象，我們已經有了一個整體的瞭解。我們還在一定程度上掌握了有關這些現象之間相互依存的規律。因此我們現在只要知道其中一些要素的情況，便可以基於一般的方法推斷出大多數其他要素的情況。然而，這一切只能讓我們把握靜止不變的社會的經濟規律。我們仍然需要考察的是，那些容易變化而且實際上（在較為先進的民族影響所及的一切區域）總在不斷變化的人類的經濟狀況。我們必須考察這些變化是什麼，變化的規律是什麼，變化的基本趨勢又是什麼。因此，必須在我們的均衡理論之上增加某種動態的理論，即與靜態理論相對應的政治經濟學的動態理論。

此項研究自然要從探討人們所熟知而且公認的力量所發揮的作用開始。不管社會經濟最終將發生什麼其他變化，事實上現在正在發生著某種毋庸置疑的變化。在世界的主要國家以及受到它們影響的所有其他國家中，至少年復一年地、世代相傳地持續發生著某種極少終止的向前的變動，那就是財富的增長，某種被稱之為物質繁榮的進步。我們習慣上稱之為文明國家的所有國家，都在逐漸增加其產出和人口。人們有理由相信，不僅這些國家的產出和人口將在一段時間內繼續增加，而且世界上絕大多數的其他國家，包括某些尚未建立的國家，也必將相繼步入相同的歷程之中。因此，考察這種發展變化的性質和結果、構成這種變化的各種要素，以及這種變化對於我們曾經探討其規律的各種經濟事實，特別是對於工資、利潤、地租、價值和價格所產生的影響，將成爲我們首先需要解決的問題。

§二 在文明國家經濟進步所具有的特徵中，由於與生產現象密切相關而首先引起人們關注的就是人類支配自然界的力量的不斷增長，在人類的預見能力所及的範圍內，這種增長是沒有終極限制的。我們對於物質實體的性質和規律的認識證明，還沒有跡象顯示這種增長已經接近其終極的界限，它正在以超越以往任何時期或者任何一代的速度同時往多個方面發展，使人們得以不斷領略有待開拓的未知領域的風采。我們有理由相信，人類對於大自然的認識幾乎還處於起始階段。同樣地，透過精妙的實際應用，人類不斷增長的物理知識現在正以空前的速度轉化爲物質力量。在現代的發明創造中最令人嘆爲觀止的——並非迷幻的，是實際地將魔術般的虛構變爲現實的——即電報，在其所依據的科學理論確立並經實驗驗證之後不過幾年的時間就問世了。最後，目前對於這些偉大科學成果的實際應用能力，與理論研究能力相比，也毫不遜色，社會擁有大批能工巧匠，從中尋找出或者造就技能符合要求的數量眾多的人才，完成將科學理論轉化爲實際應用的精細的工作，並非難事。這些條件的相互結合，使人們不難預見，節省勞動並增加勞動產出的發明創造必將層出不窮，並同時得到廣泛的應用，使其在更大的範圍內造福於人類。

另外一種變化則是人民的人身和財產安全的保障不斷得到強化，這種變化曾經是今後也必將仍然是文明社會進步的標誌。因爲越來越有效的司法制度和警察制度對於個人犯罪的抑制，同時也因爲某些社會階級所擁有——不受到懲罰地損害其他階級利益——的不良特權已被削弱或者廢除，所以從最爲先進到最爲落後的所有歐洲國家的國民都受到保護，並免於遭受彼此之間暴力和掠奪的侵害，且一代勝於一代。他們依靠制度或者依靠習俗和輿論使自己受到保護，並免於遭受政府專橫地行使公共權力的侵害，也一代勝過一代。即使在半蠻夷的俄國，對於個人的掠奪行爲（掠奪政治上引起爭議的個人除外）也已經不怎麼常見。在歐洲的所有國家，稅收本身以及稅收的徵繳方式都逐漸地變得不再那麼專橫。今天，幾乎在每一個國家，戰爭及其造成的破壞，一般地都僅發生在偏遠地區或者遠離文明中心的蠻荒地區。甚至不可抗拒的自然災害所造成的財產損失，也由於保險服務範圍的不斷擴展而逐漸減輕。

安全的提升所產生的必然結果之一就是生產與積累的大幅度的增加。如果人們沒有十足地把握可以享受到自己勞動和節儉的成果，則人們就不會勤奮勞動並努力節儉。這種把握越大，勤奮和節儉就越有可能成爲國民的美德。經驗表明，即使將勞動和節儉的成果的大部分換成爲固定的稅收予以徵繳，也不足以對這些美德造成損害，有時甚至會對這些美德產生激勵作用，使之成爲大規模的生產和充裕的資本的來源的原動力。不過，這些美德卻無法與高度的不確定性相抗衡。政府可以取走一部分，但是政府必須保證不再進行干預，也不允許其他任何人覬覦剩餘的那一部分。

伴隨著現代社會的進步而產生的一種最爲切實的變化，就是人類整體經營能力的增強。我並不認爲人類個體的實踐能力比過去有所增強。我更傾向於相信，迄今爲止，經濟的進步甚至產生了與此相反的影響。與只知道所謂的文明生活方式的絕大多數人相比，在蠻荒的社會狀態下，擁有天賦才能的個人可以不出差錯地做好更多的事情，爲達到目的而選擇恰當的措施的能力更強，也更能使自己和他人擺脫意外的困境。對於文明群體中的個體來說，他們在這方面能力的弱點究竟在多大程度上得到補救，以及採用什麼方法可以使之得到更爲充分的補救，並不是我們這裡所要探討的問題。不過對於文明人類的整體來說，他們得到的補救是非常充分的，人們聯合行動的能力大爲增強，完全彌補了個人能力的不足而且有節餘。他們革除了野蠻人的習慣，變得遵守紀律；他們能夠貫徹執行事前制定好的計畫，儘管計畫的制定可能並未徵求他們的意見；他們也能夠控制個人的情緒，服從事先的決定，並分別完成聯合事業分配給他們的那一部分任務。各文明國家每天都在從事野蠻人或者半開化人根本無法完成的工作，但並非因爲實際能力更強，而是因爲每個人都確信，他人一定會完成自己所承擔的那部分工作。簡言之，合作是文明人所具有的非常突出的特徵，與其他能力一樣，這種能力往往可以透過實踐不斷提高，並且不斷擴大施展的範圍。

因此，伴隨著社會進步所產生的最爲顯著的變化是，合作原則與合作實踐的持續發展。現在，由個人自願地以小額股本結成的聯合體，經營著具有產業性質的和其他許多性質的業務，這些業務是無法依靠個人或者少數人完成；或者如果這些業務僅由少數人完成，則這些人所獲得的報酬便會過高。隨著財富的增長與經營能力的提高，我們可以預期，由許多人共同出資、以產業或者其他領域的發展爲目標而組建起來的機構必將大爲擴展，這些機構或者是專業術語所稱的聯合股份公司，或者是非正式地組織起來的協會（這種協會在英格蘭很多，其目的主要在於爲公益事業或者慈善事業募集資金），或者是工人們爲生產他們共同消費的商品而組建的聯合體，現在尤其以合作社這個稱謂而廣爲流傳。

人們所期待的自然科學和技術方面取得的進步，與作爲現代國家文明顯著特徵的人民的財產安全的提升以及財產處置方式的自由度的擴大相互結合；同時，與更加廣泛、更爲精妙地運用聯合股份原則相互結合，爲資本和生產的無限擴張，以及通常與之相伴的人口增長，提供了充分的空間和廣闊的範圍。人們並不需要足夠的理由就可以斷定，人口的增長將會超越產出的增加，甚至它將與產出的增加保持同一速度，這與國民中最貧困階層的生活狀況將眞正得到改善的推測相互矛盾。然而很有可能出現的情況是，工業蓬勃發展，展示出國家欣欣向榮的景象；財富總量顯著增大，甚至在某些方面，財富的分配狀況也有所改善；不僅富人可能變得更爲富有，而且低收入者中也會有許多人富裕起來；中產階級的人數增多、力量壯大，更多人有能力享受舒適生活；不過與此同時，處於社會底層的窮苦百姓卻很可能僅僅是人數在增多，而其生活和教養均無從改善。因此無論我們多麼不希望事實是如此，但我們在考察產業發展所造成的影響時也必須假定，人口的增長將與產出和積累的增加保持相同的長期的持續性和無限性，甚至保持相同的速度。

在初步考察了一個經濟處於發展狀態的社會之所以發生變化的原因的基礎上，我們將著手更爲深入地考察這種變化本身。

第二章　產業發展與人口增長對價值和價格的影響

§一　因產業發展所引起的或者預料將發生的生產條件的變化，必然會造成商品價值的變化。

我們已經看到，既不處於自然壟斷也不處於人爲壟斷之下的所有物品的長期價值，均取決於它們的生產成本。但是人類不斷獲取的支配大自然的能力越來越強，促使人類勞動的效率日益提高，換言之，促使生產成本不斷降低。能夠使人們消耗等量勞動而生產較多的商品，或者生產等量的商品僅消耗較少的勞動，或者縮短生產過程從而減少資本墊付時間的所有發明，均會降低商品的生產成本。然而如果生產領域的所有發明和改進，在相同的程度上對所有商品普遍產生影響，則價值就不會發生任何變動；因爲價值是相對的。各種物品將以與過去相同的比率進行交換，在這種情況下，雖然人類可以獲得數量更多的物品作爲他們勞動和節儉的回報，但是這一較大數量的商品並未像只有一種物品的生產得到改進時那樣，使用商品降低後的交換價值加以衡量和表示。

至於在這種情況下價格是否會受到影響，則視生產方面的改進是否擴展到貴金屬而定。如果所有物品的生產成本普遍降低，而貨幣材料除外，則所有其他物品的價值相對於貨幣的價值而言均將有所下降，也就是說，全世界的一般物價水準均將下降。但是如果此時人們能夠像生產其他物品那樣，在相同的程度上較爲經濟地獲得更多貨幣，則價格便與價值一樣，不會受到更大的影響，市場狀況不會發生顯著的變化，只是（如果人們仍像過去那樣勞動）各種商品的數量增加了，透過數量更多的貨幣，以與過去相同的價格進行流通。

與產業發展相伴隨，有助於降低商品的生產成本或者起碼是降低商品的可獲得成本的要素，並非只有生產領域的改進。有助於降低生產成本的另外一個要素是，世界不同地區之間的交易在不斷增多。隨著貿易的擴大和試圖以關稅抑制貿易的愚昧做法被越來越多的國家所摒棄，將會有越來越多的商品在消耗人類勞動和資本最少的地方被生產出來。隨著文明的傳播，隨著世界上尚未開化地區保護人民人身和財產安全的制度的逐步建立，這些地區的生產能力必將得到更加充分的發揮，進而造福於本地居民和外國人。不過許多自然資源非常豐富的地區，目前仍然處於愚昧無知和管理不善的狀態，它們要達到歐洲最文明的地區的當前水準，也許還需要幾代人的努力。生產成本的降低在很大程度上有賴於勞動和資本往地球上未被占用地區的轉移，透過現有的大量勘測手段已經查明，這些地區的土壤、氣候和地理位置不僅能夠爲產業發展提供可觀的回報，而且還能夠爲生產原有國家市場所需要的商品提供很大的便利。固然，科學的發展和技術的推廣大大地提高了地球上的產業的整體效率，但是在未來的一段時間內，自由貿易的逐漸開展以及移民和殖民規模的日益擴大，卻很可能成爲降低生產成本的更具活力的源泉。

只要以上因素不被其他因素抵銷，則事物的發展必將使一個國家不僅能夠以越來越低的實際成本獲得本國的產品，而且能夠以越來越低的實際成本獲得外國的產品。的確，正如我們已經看到的那樣，凡是能夠降低本國產品生產成本的因素，只要具有可供出口的性質，就都能夠促使該國以較低的實際成本獲得進口產品。

§二　但是，這些趨勢眞的不會遭受相反作用的影響嗎？財富的增長和產業的發展除降低生產成本之外，不會產生其他的影響嗎？相同的過程是否會促使性質相反的因素發揮作用，以至於在某些情況下不僅折抵甚至超過前一類因素所發揮的作用，從而把生產成本遞減的趨勢轉變爲遞增的趨勢呢？我們已經知道，這樣的因素是存在的，而且糧食和原物料等幾類最爲重要的商品，就展示出了與上述趨勢截然相反的走向。這些商品的生產成本趨於遞增。

這種趨勢並不是這些商品固有的屬性。如果人口保持不變，則就不存在增加土地產品數量的必要性，也就不存在增加生產成本的原因。相反地，在這種情況下，人類還可以享受到農業或者其附屬產業的所有改良的全部利益。在這一方面，農產品和工業品之間將不存在任何差別。如果人口不增加，只有那些使用不可再生的因而可能耗盡或者部分枯竭的原物料生產出來的工業品的生產成本，才眞正有可能增加；這些原物料包括煤炭和大部分（如果不是全部）金屬；因爲即使是鐵，這種數量最多、用途最廣的金屬產品，也幾乎是所有易於開採礦藏的構成要素，以及幾乎是所有礦石的構成要素，但是僅就含量最高、最易冶煉的礦石而言，它是很容易枯竭的。

然而，當產業的發展和生活必需品的增加爲人口的增長留有餘地時，人口就總是處於增長的狀態，而且在人口處於增長的狀態時，人們對於大多數土地產品的需求，特別是對於食品的需求，就會相應地成比例地增加。於是，我們已經闡述過多次的有關土地生產的基本法則——即在農業技術水準一定的條件下，增加勞動將總是獲得以較小比例增加的產量——便會發生作用。在其他條件相同的情況下，土地產出的生產成本將會隨著需求的每一次增加而加大。

對於製成品而言，則不存在與此相同的趨勢，它的趨勢剛好與此相反。一般來說，製造業的規模越大，生產成本就越低。西尼爾先生甚至明確地將其說成是一項固有的法則，即在製造業中，生產規模越大，生產成本越低；而在農業中，生產規模越大，生產成本越高。然而即使在製造業中，我們也不能認爲生產規模越大、生產成本越低是一項法則。它是一種自然的或者經常出現的情況，但並不是一種必然的結果。

因爲製造業所需要的原物料來自於農業、礦業或者土地所提供的自然產品，所以就製造業的構成要素之一而言，它也遵循著與農業相同的法則。不過，未經加工的原物料的成本在全部生產成本中所占的比例通常很小，因此即使該項成本可能存在著遞增的趨勢，但也會被其他各項成本遞減的趨勢予以抵銷尚且有節餘；目前我們還無法確定這些成本究竟會減少到什麼程度。

於是，製造業的勞動的生產能力具有遞增的趨勢，而農業和礦業的勞動的生產能力則處於遞增和遞減兩種趨勢相互交織的狀態之中，其生產成本隨著工藝的每一次改進而減小，而隨著人口的增長而加大；由此產生的結果是，與農產品和礦產品相較，製成品的交換價值將會隨著人口的增長和產業的發展而呈現必然的並且顯著的下降趨勢。貨幣屬於一種礦產品，因此也可以確定出一條規律，即隨著社會的進步，製成品的貨幣價格趨於下降。現代國家的產業史，特別是過去一百年的產業史，充分證實了這個推斷。

§二　農產品的絕對生產成本以及相對生產成本是否加大，取決於具有相反作用的兩種力量之間的抗衡，即人口增長與農業技術改良之間的抗衡。在某些（也許是大多數）社會狀況下（考察地球的整個表面），農業技術和人口兩者不是保持不變，就是變化緩慢，因此糧食的生產成本幾乎是不發生變化的。在財富處於增長狀態的社會中，一般來說，人口的增長將比農業技術的改良更快一些，因此糧食的價格趨於上揚。不過農業的改進有時也會得到長足的發展。在過去的二十、三十年間，英國就出現過這種情況。英格蘭和蘇格蘭近期的農業技術的改良比人口的增長快很多，以至於儘管人口增長了，但糧食和其他農產品卻能夠以低於三十年前的生產成本生產出來，而《穀物法》的廢除又為改良提供了新的激勵。在其他某些國家，尤其是在法國，農業的改良顯然快於人口的增長，這是因為雖然農業的發展比較緩慢（若干省分除外），但是人口的增長更為緩慢，甚至緩慢的程度也在不斷提高；它的增長趨緩並非由於貧困（已正在緩解），而是由於人們的深謀遠慮。

在某一特定時期，如果能夠透過足夠多的年分的數據計算出不受收成影響的平均價格，那我們就可以根據農產品的貨幣價格（假設金銀錠的價值未發生顯著變化），相當準確地推斷出這兩種具有相反作用的力量究竟哪一種更占有優勢。然而，實際上這是難以做到的，因為正如圖克先生所指出的那樣，即使在半個世紀這樣長的時期裡，其所包含的豐收年分所占的比例也可能比應有的比例大得多，而歉收年分所占的比例則可能比應有的比例小得多。由於平均值具有代表準確性的僞裝，所以單純依據平均值，將會使人們得出更加錯誤的結論。透過較少年分的數據計算平均值，並根據對於收成狀況的推測進行修正，與透過較多年分的數據計算平均值但不做修正相比，發生錯誤的機率會小一些。無須贅言的是，我們在根據報價做出結論時，還應該盡可能地考慮貴金屬一般交換價值所發生的變化。[1]

§四　到目前爲止，我們討論了社會進步對於商品長期的或者平均的價值以及價格所造成的影響。尚待考察的是，社會進步是以什麼方式對它們的變動產生影響。答案非常明確，它在很大程度上傾向於抑制它們的變動。

在比如東方以及中世紀的歐洲那樣貧困和落後的社會中，由於缺少公路與運河，航海技術落後，同時交通運輸普遍不夠安全，所以限制了物品從價格低廉的地區運往價格昂貴的地區，以至於在相距不遠的兩地，同一種商品的價格有可能差別很大。直接受季節影響的物品的價值最容易發生變動，尤其很少運往遠地的糧食更是如此。作爲一般的規律，各個地方都依賴於本地和鄰近地區所生產的糧食，因而在大多數年分裡，任何大國都會出現這些或者那些地方的糧食供不應求的現象。如果一個幅員遼闊的國家具有多樣化的土壤和氣候，則幾乎每個季節都一定會對該國的某些地區不利，但與此同時，卻會對該國的其他地區有利，以至於從全國的角度看，只會偶爾出現糧食總量不足的情況，而且也會比單個地區糧食不足的情況緩和得多；而如果從世界的角度看，則糧食供給嚴重不足的情況幾乎就從未出現過。因此昔日爆發饑荒的地方，現在可能只是糧食供給不足；過去有些地方糧食供給不足，而另外一些地方糧食供給過剩，則現在到處都是供給充足。

所有其他商品也發生了相同的變化。運輸安全而且價廉，可以使某地短缺的商品得到其他地方過剩的商品的補充，而價格僅以合理的比率高於正常價格，甚至僅略高於正常價格，以至於價格的變動與過去相比大爲緩和。這種作用由於擁有大量資本的所謂的投機商人的存在而得到極大的加強，他們的業務就是買進商品然後再賣出，以賺取利潤。

這些商人當然是在價格最低的時候買進商品並儲存起來，然後在價格最高的時候再將它們投放於市場；他們的交易傾向於提高價格的均等性，或者至少有助於緩解價格的不均等性。如果沒有投機商人，則物品的價格就會有時大跌、有時暴漲。

因而，投機者在社會的經濟系統中發揮著某種非常重要的功能，而且（與一般的觀點相背）投機階層之中對於社會最爲有益的部分，是那些專門對容易遭受季節影響的物品進行投機的人。如果沒有穀物商人，則不僅穀物價格的變動會比現在大很多，而且在穀物短缺的時候也根本得不到必需的供給。如果沒有人進行穀物投機，或者在缺少投機商人的情況下，農場主不曾充當投機者，則在豐收年分，穀物的價格將無限地下跌，除必然發生的浪費之外，這種下跌將不會受到任何阻礙。能夠將豐收年的餘糧進行儲存以備不時之需，主要應歸功於農場主或者投機商；前者拒絕將穀物投放市場，後者則在穀物價格最低時將其買進並加以儲存。

§五　在那些沒有深入思考這個問題的人們當中存在著這樣的觀點，即認爲投機商人的利得往往是依靠人爲製造供給的不足而獲取；他們透過自己的購買製造高價格，然後從中獲利。要證明這種觀點是錯誤的並不困難。如果一位穀物商人從事投機性的購買，以至於穀物價格升高，而當時或者其後除他自己的購買活動之外並不存在促使價格上漲的任何其他原因，那麼毫無疑問，只要他繼續購買，則他的財富似乎就會不斷地增加，因爲他所持有的物品的報價會升得越來越高；但是這種表面上的利得似乎只有在他不想出售物品時才能爲他所擁有。例如，假設他購買了八百萬英斗的穀物並將其儲存起來、不投放至市場，結果造成每英斗穀物的價格提高了一點二五先令，那麼當這八百萬英斗的穀物被運回市場時，其價格將回落，且回落的幅度正好等於它們當初被運離市場時上漲的幅度。如此一來，穀物商人的最大願望就只能是，除利息和各項費用之外不再蒙受其他損失。如果透過逐步的、謹慎的銷售，他能夠將其儲存的一部分穀物按照升高以後的價格出售，則他也無可懷疑地必須將其儲存的一部分穀物按照他購買時的價格出售，同時，他還必須承擔遭受更大損失的風險；因爲暫時的價格上漲很可能誘使其他一些人將他們的穀物運進市場，以截取一部分利益，這些人與價格上漲的起因毫無關係，如果不出現價格上漲，那他們就根本不會進入市場。因此，他不可能憑藉自己造成的供給不足來賺取利潤，在供給正常的市場上買進商品以後，被迫在供給過剩的市場上賣出商品的情況，是非常可能發生的。

正如個別的投機商人不可能依靠他獨自提升的價格上漲獲利一樣，眾多的投機商人也不可能依靠他們整體的投機行爲，人爲地製造價格上漲的情況以共同謀利。在眾多的投機商人中，的確會有一些人由於在轉賣時機的選擇上判斷準確或者運氣頗佳而獲利，不過他們所獲得的利益並非是以損害消費者的利益爲代價，而是以損害判斷不夠準確的另外一些投機商人的利益爲代價。實際上，他們是將其他人的投機行爲所造成的價格上漲轉化爲自己的利益，而將價格回落所造成的損失留給了其他人。因此不可否認的是，投機商人的確是透過損害他人的利益而致富的。不過，他們損害的是其他投機商人的利益。一部分投機商人有所得，另一部分投機商人就有所失。

如果關於某種商品的投機行爲對於投機商人整體來說都是有利可圖，那也只是因爲在他們購買與轉賣之間的這段時期內，價格由於某些與他們無關的但是被他們所預見的原因而上漲了。在這種情況下，與不進行投機相比，他們的購買將促使價格較早地開始上漲，從而使消費者感覺物品匱乏的時期延長，但是卻會在價格達到峰值時使局勢得到緩和；顯然這對公眾是有利的。然而在這種場合下，均假設他們對於自己所期盼的價格上漲沒有做出過高的估計。因爲人們進行投機性的購買往往是預期需求將有所增加或者供給將有所不足，不過這種預期最終很可能並未成爲事實，或者即使成爲事實，也並未達到投機商人當初所預想的程度。若眞是如此，則投機不僅不會緩和價格的波動，反而會造成當初不會發生波動的價格發生波動，或者促使可能發生波動的價格波動得更爲猛烈。在這種情況下，雖然某些人可以透過投機獲得很大的利益，但是對於投機商人整體來說，這種投機卻是失敗的。投機行爲所造成的價格上漲，並未對投機商人整體帶來任何利益，因爲價格因他們的購買而升高，同時也將因他們的出售而在相同的程度上有所下降。而當他們一無所獲時，他們卻遭受損失，這不僅是因爲他們耗費了精力與金錢，並且會由於人爲地提高價格而抑制消費，或者促使供給出人意料地增加，進而使他們付出更大的代價。因此，投機商人的交易在對他們自己有利的時候就總是對公眾有益，儘管由於這種交易有時沒能發揮通常緩和價格波動的作用，反而加劇了價格的波動，從而損害了公眾的利益，但是每當發生這種情況時，遭受最大損失的總是投機商人自己。簡言之，投機商人整體的利益與公眾的利益是相互一致的。由於投機商人不爲公眾的利益服務就得不到他們個人相應的利益，所以促進公眾利益的最好的方法就是，聽任投機商人完全自由地追求他們自己的利益。

我並不否認投機商人會加重某一地方的供給不足。他們從農村收購穀物然後供應城市，會將糧食匱乏的情況帶到農村的各個角落，否則他們本來可以透過自己的那份糧食避免這種情況。在同一地方買進和賣出，有助於緩和當地的供給不足的狀況；在此地買進而在彼地賣出，則會加重此地的供給不足，而緩和彼地的供給不足；彼地的價格較高，因而按照我們的假設，彼地也很可能將承受更爲嚴重的商品短缺之苦。而且這種痛苦總是非常無情地落在最爲貧困的消費者的身上，因爲若是富裕的人們願意，那他們可以支付較高的價格，並照常獲得所需要的供給。因此，從穀物商人整體的經營中受益最大的莫過於窮人。不過，偶然也有例外，窮人的利益會受到損害：農村的窮人在冬季完全依靠穀物過活，因而這時穀物的價格低廉對於他們來說可能更爲有利，即使穀物在春季的價格昂貴也無妨大局，因爲此時他們已經可以獲得部分的替代品了。而在冬季，他們卻不可能獲得大量用於製作麵包的穀物替代品；如果冬季可以獲得大量替代品，那麼到了春季，穀物的價格就會下降，而不會像平常那樣持續上漲到臨近收成的時候。

就像在賣方和買方之間所存在的關係一樣，在進行銷售的時候，穀物商人和消費者之間總是存在著直接利益相互對立的關係；糧食短缺的時期是投機商人獲利最大的時期，所以在他獲得利潤而別人蒙受損失的時期，他會成爲別人厭惡和嫉妒的對象。然而如果認爲穀物商人的經營活動可以爲他帶來極其巨大的利潤，那就錯了：他並不是經常獲利，而是在特定的時期獲利，儘管有時獲利可能很大，但是從總體來看，在競爭如此激烈的經營中，其獲利的機會並不比其他經營更多。穀物商人獲利豐厚的歉收年分，往往不到年底便會發生價格回落，以至於他們當中的許多人進入破產者的行列。很少有哪一年像一八四七年那樣，使穀物商人大獲其利，可是當年的秋天卻突然變成了投機商人破產最多的季節。在這種最不安全的經營中，遭遇失敗的機會抵銷了偶爾獲取的巨額利潤。如果在糧食匱乏時期，穀物商人以低於由消費者的競爭所確定的價格銷售他所儲存的糧食，則他是在爲慈善事業或者出於博愛而犧牲他的經營活動所應該獲得的正常利潤，因此也完全有理由要求具有相同資產的任何其他人做出同樣的犧牲。既然他的經營活動是有益的，因而允許促使他繼續經營的正常的激勵因素存在，就符合公眾的利益，而且法律或者輿論都不應該對於這種伴有個人利益但有益於公眾且可以與完全自由的競爭和諧共存的經營活動製造障礙。

於是，預計由供給或者實際需求（有別於投機所造成的需求）的變動所引起的價值和價格的變動，似乎會隨著社會的進步而趨緩。至於由計算錯誤——特別是由在商業現象中占有顯著地位的信用的急劇膨脹和過度收縮的交替變動所引起的價值和價格的變動——是否也會隨著社會的進步而趨於緩和，則我們不能同樣有把握地確定。迄今爲止，隨著資本的增加以及產業的發展，這種發端於不合理的投機、終止於商業危機的變動，次數未見減少，強度也未見減輕，倒是情況變得更加嚴重，人們經常說，這是競爭不斷加劇所造成的結果；但是我卻傾向於認爲，這是因爲利潤率和利率過低，使資本家無法滿足採用正常的方法所獲得的可靠的商業利潤。這種低利潤率的形成與人口的增長以及資本的積累有關，這是我們以下章節中所要說明的要點之一。

◆註解◆

[1] 用農產品估算勞工工資增減的額度，也許比正文中建議採用的標準更好。

第三章　產業發展與人口增長對地租、利潤以及工資的影響

§一 對處於產業發展狀態的社會所發生的經濟變化的本質進行探討之後，我們將繼而考察產業發展對分享產品的各個階級之間的分配會產生怎樣的影響。我們行將考察的分配制度是最爲複雜的分配制度，它實際上包括了所有其他的分配制度，其中，製成品是在勞工和資本家這兩個階級之間進行分配，農產品是在勞工、資本家和地主這三個階級之間進行分配。

通常所謂的產業發展大致具有三個特徵：資本增加、人口增長以及生產改進；從最爲廣泛的含義上理解最後一個特徵，它不僅包括商品生產工藝的改進，而且還包括透過遙遠的地區生產商品的過程的改進。其所發生的其他變化都是這三種變化的結果；例如，糧食的生產成本遞增的趨勢，是由需求的增加所造成；而需求的增加，或者是由人口的增長所造成，或者是由資本和工資的增加使窮困階層得以增加消費所造成。我們不妨先逐一分別考察這三個特徵，然後再考察它們以我們認爲恰當的任何方式相互結合時的情況。

首先，讓我們假設人口增長，而資本和生產技術保持不變。環境的這種變化將帶來某種顯而易見的結果：工資將下降，勞工階層的境況將惡化。反之，資本家的境況將得到改善。資本家利用同樣多的資本可以僱用更多的勞工，獲得更多的產品。他的利潤率將提高。由此可以證明，利潤率取決於勞動的成本；因爲勞工獲得的商品數量減少了，在假定生產商品的環境沒有改變的條件下，勞工獲得的商品數量減少就意味著勞動成本的降低。勞工不僅只得到較少的實際報酬，而且只得到較少數量的勞動的產品。前者關係到勞工自身的利益，後者則關係到雇主的利益。

到此爲止，任何商品的價值均沒有透過任何方式受到影響，因而我們也就沒有理由認爲地租將會升

高或者降低。但是如果我們深入考察這一系列的影響所造成的另外一種狀況，則就可以看到如下結果：勞工的數量增加了，他們的處境將會相應地惡化；因爲數量增加的勞工，只能分享與以前數量同等的勞動的產品。不過他們可能節省其他舒適商品的消費，卻無法節省糧食的消費；與以前相比，每個人可能會消費相同數量和品質的糧食，或者，即使消費的數量可能會有所減少，但是也不會按照勞工人數增加的比例而減少。基於這種假設，儘管勞工的實際工資有所降低，但人口的增長仍將需要更多的糧食。不過由於我們已經假設工業技術和知識水準保持不變，所以只能透過耕種劣質土地或者採用相對於支出的比例而言的生產能力不高的生產方法，才能獲得更多的糧食。人們不會缺少擴大農業生產所需要的資本；因爲雖然根據假設現有的資本並沒有增加，但是由於勞工不得不減少另外一些不那麼迫切的需求，因此可以從生產那些物品的產業裡節省出足夠的資本。所以人們可以生產出更多的糧食，但卻是以較高的成本生產出來；農產品的交換價值必然上漲。也許有人會反駁說，既然利潤增加了，那麼生產糧食的額外成本就可以由利潤來支付，因而價格根本不會上漲。毫無疑問，額外的成本雖然可以由利潤加以支付，但是實際上，卻不會由利潤來支付。因爲如果由利潤來支付，則與其他資本家相比，農場主的處境將會惡化。利潤的增加是工資減少的結果，因而所有雇主的利潤都會增加。糧食生產成本的增加，是不得不以較高的成本耕種土地所造成，僅對農場主造成影響。這是一項特殊的負擔——與正常利潤率水準的高低無關，他必須爲此得到特殊的補償。如果其他資本家的利潤不減少，那麼他就不會聽任自己的利潤無限制地減少，只有當農業增加投入的資本所帶來的利潤與其他領域投入的資本所帶來的利潤的水準相當時，他才會擴大耕種面積。因此他的產品的價值將增加，增加的幅度與生產成本增加的幅度相同。於是，農場主所承受的特殊的負擔將因而得到補償，同時也將與所有其他的資本家一樣享受到較高的利潤率。

根據我們已經熟知的原理不難推斷，在這種情況下，地租將升高。任何土地均能提供地租，或者在自由競爭的條件下均將提供地租；地租的額度等於該土地的產品超出——耕種最貧瘠的土地時，或者在最爲不利的條件下使用等量資本時所獲得的——報酬以上的部分。因此當農業被迫轉向更爲貧瘠的土地或者採用更爲不利的耕種方法時，地租均會升高。這種升高是雙重的，因爲，首先，實物地租，亦即穀物地租，將會升高；其次，既然農產品的價值已經升高，那麼用製成品或者外國商品予以估算的地租（在其他條件相同的情況下，可以用貨幣地租加以表示）也將會進一步升高。

對於以上過程進行分析的步驟（若在上述說明之後仍有必要進行回顧）如下：穀物價格上升，以便以正常的利潤償付爲生產更多的穀物——在更爲貧瘠的土地上耕種，或者採取成本更高的方法進行耕種——所需要投入的資本。對於增加的穀物來說，上漲的價格只不過相當於增加的費用；但是當所有穀物的價格都上漲時，則除最後生產的穀物之外，上漲的價格會爲所有的穀物提供某種超額利潤。假設某位農場主習慣於按照每八英斗四十先令的價格生產小麥八百英斗，現在社會需要九百六十英斗小麥，那麼其中最後的一百六十英斗小麥只能按照每八英斗四十五先令的價格生產。在這種情況下，他就不僅僅是從最後的一百六十英斗小麥上，而是從全部的九百六十英斗小麥上，按每八英斗四十五先令出售多獲得五先令。因而他除了得到正常的利潤，還可以得到二十五鎊的超額利潤。不過在自由競爭的條件下，他並不能將超額利潤據爲己有。然而人們也不能強迫他把超額利潤轉讓給消費者，因爲如果價格低於每八英斗四十五先令，那他就不會生產最後的一百六十英斗小麥，於是價格會保持在每八英斗四十五先令這個水準上。而在競爭的作用下，這二十五鎊超額利潤並未轉讓給消費者，而是轉讓給了地主。因此，在生產條件沒有被改善的情況下，如果對於農產品的需求增加，則地租上漲是不可避免的。在對這個事實做出以上最終的闡述之後，我們就可以將其視爲一件理所當然的事情。

現在引入一個新的因素，即對於糧食新增加的需求，除了造成地租上漲，還會擾亂產品在資本家和勞工之間的分配。人口的增長將減少勞工的報酬；如果勞動的成本與勞工的實際報酬同等幅度地減少，則利潤便會全額增加。然而，如果人口的增長要求生產更多的糧食，而增加的糧食又必須以較高的成本來生產，則勞動的成本與勞工的實際報酬就不會同等幅度地減少，因而利潤也就不會增加如此之多，甚至有可能完全沒有增加。也許勞工原先的生活很好，出於需要或者選擇，勞工現在所遭受的損失只體現在減少勞工其他方面的喜好上，而並未減少勞工消費的糧食的數量，也並未降低勞工消費的糧食的品質。爲增加的人口生產糧食會使生產糧食的費用大大增加，以至於勞工工資雖然在數量上有所減少，但很可能仍然代表與以前一樣多的勞動的成本，很可能仍然是與從前一樣多的勞動所生產的產品，同時，資本家很可能根本沒有受益。基於這種假設，勞工所遭受的損失部分地被追加生產的最後那部分農產品所需要增加的勞動所吸收，而其餘的部分則成爲地主的利得，只有地主才總是能夠獲得人口增長所帶來的利益。

§二 現在讓我們把假設條件顚倒一下，不再假設資本保持不變、人口增加，而是假設資本增加、人口保持不變，且不論是自然的還是人們經過努力獲得的生產條件，都與以前一樣未發生變化。現在，勞工的實際工資不再下降，反而會上升；因爲勞工所消費的物品的生產成本沒有減少，所以工資的上升也就意味著相應地增加了勞動的成本，同時減少了利潤。我們不妨以另外一種方式進行同樣的推導：既然勞工的人數沒有增加，那麼他們的勞動生產力也就僅僅保持在與過去同等的水準上，故產出不會增加；因此增加工資就必然會使資本家遭受損失。勞動成本增加的比率，也並非不可能大於勞工實際報酬增加的比率。勞工生活條件的改善會增加對於糧食的需求。也許勞工以前的生活很窘迫，甚至忍飢挨餓；但現在很可能會增加對於糧食的消費，或者用一部分甚至全部增加的收入購買品質好一些的糧食；例如，不再吃燕麥或者馬鈴薯，而改吃小麥。這種農業生產的擴張通常意味著生產成本的增加、價格上漲，結果是，勞動的成本除了由於勞工報酬的增加而上升，還會由於構成勞工報酬的商品更爲昂貴而進一步上升（同時利潤進一步下降）。相同的原因將導致地租的上漲。此時，資本家的損失會超過勞工所獲得的部分，有些會轉移給地主，有些則被在更爲貧瘠的土地上種植糧食或者採用生產水準更低的方法種植糧食的成本所吞噬。

§三 我們已經考察了兩種相對簡單的情況：一種是人口增長，而資本保持不變；另一種則是資本增加，而人口保持不變。接下來我們將考察兩種增長要素相互結合的情況，即人口與資本同時增長。如果其中一個要素的增長快於另一個要素，則它們與前面已經討論過的兩種情況相差無幾。因此，我們應該假設兩者以相同的速度增長；檢驗速度是否相同的方法，我們不妨以每位勞工得到與以前相同種類和相同數量的商品，作爲兩者均等性的標準。讓我們考察一下這種雙重的增長對於地租和利潤所產生的影響。

人口增長而勞工的狀況並沒有惡化，當然會增加對於糧食的需求。由於假設生產技術保持不變，所以增加的糧食必然要以更高的成本來進行生產。爲補償生產較多的糧食所支付的較高的成本，必然促使農產品的價格上漲。儘管只是一部分糧食的生產成本有所增加，但是價格的上漲卻會擴展到所生產出來的全部糧食上，因此超額利潤會大爲提高，並在競爭的作用下，將超額利潤轉移到地主手中。無論是以產品的數量還是以產品的成本加以衡量，地租都會上漲；與此同時，既然我們假定工資所包含的產品在數量上保持不變，則其所包含的產品在成本上便會更大。勞工獲得與以前相同的必需品，貨幣工資當然需要提高；同時，由於這種提高將波及所有的生產行業，因此資本家無法透過改變經營項目來使自己得到補償，損失也就必然要由利潤來承擔。

於是我們可以看出，資本和人口的增長傾向於以降低利潤爲代價進而促使地租上漲；不過損失的利潤並未全部轉移到地租上，其中的一部分是被增加的生產成本所吸收，即被用來僱用或者養活更多的勞工以便生產一定數量的農產品。當然，這裡的利潤應當理解爲利潤率；因爲如果資本總量增加，即便利潤率降低，從絕對量的角度看，毛利也仍然有可能增大，儘管毛利相對於產品總量的比例有所下降。

這種利潤下降的趨勢經常被生產領域的改進所抵銷：無論這種改進是基於知識的增加，還是基於原有知識利用範圍的擴大。這就是我們正在研究的影響產品分配的三個要素中的第三個要素所發揮的作用；與研究另外兩個要素的方式相同，我們在研究第三個要素時，也首先研究它單獨發揮作用的情況。

§四　於是，讓我們假設在資本和人口保持不變的情況下，生產技術突然得到了改進；因爲發明了效率更高的機器設備，或者採用了更爲經濟的生產工藝，或者利用對外貿易打通了獲得廉價商品的管道。

這種改進涉及的可能是勞工階層日常消費的必需品或者習慣消費的享樂品，也可能是專供富人消費的奢侈品。不過產業領域所發生的巨大的進步，很少僅對最後一類產品產生影響。農業改良，除那些僅涉及稀有產品的改良之外，會直接影響勞工支出中所包含的主要物品。蒸汽機以及其他各種動力設備的發明，適用於所有物品的生產，當然也適用於勞工所消費的物品的生產。甚至動力織布機和珍妮紡紗機，雖然最初只用於生產最爲精美的紡織品，但是同樣可以用於生產勞工階層穿的粗糙的棉紡織品和毛紡織品。對於交通運輸的各種改進，不僅降低了奢侈品的運費，而且也降低了必需品的運費。新的貿易部門設立，幾乎總是會直接地或者間接地降低某些大眾消費物品的生產成本或者進口費用。因此我們可以很有把握地斷言，生產領域的改進一般都會降低勞工階層所消費的商品的價格。

如果某項改進並不對勞工一般消費的商品產生影響，那麼在這種情況下，這項改進就不會對產品分配產生影響。受到影響的那些特殊的商品確實會降價；既然可以用較小的成本生產它們，那麼它們的價值和價格也就必然會降低，而所有消費它們的人們，無論是地主、資本家還是具有熟練技能並享有特權的勞動階層，都會提高獲得享受的能力。但是，問題是利潤率並未提高。按照商品的數量計算，毛利固然增大了。但是按照這些商品計算，資本的價值也提高了。利潤相對於資本的比率與以前相同。資本家不是以資本家的身分而受益，而是以消費者的身分而受益。如果地主和享有特權的勞動階層也消費這些商品，則同樣分享這種利益。

如果生產上的改進降低了勞工生活必需品的生產成本，或者降低了廣大勞工慣於消費的商品的生產成本，則情況就大不相同了。此時，各種不同的力量所發揮的作用相當複雜，需要我們進行更爲深入的分析。

正如我們在前面已經看到的那樣，[1]農業領域的改良可以分爲兩種：某些農業改良只能節省勞動，從而可以用較低的成本生產出一定數量的糧食，但是並未減少土地的耕種面積；另外一些農業改良則不僅使一定面積的土地能以較少的勞動生產出與以前同樣多的產品，而且還可以生產出比以前更多的產品，因而，如果不需要更多的產品，就會使原有耕地的一部分被閒置。由於被閒置的土地往往是生產能力最低的，所以市場就將由比以前最差的土地再好一些的土地予以支配。

爲清晰地闡述農業改良的作用，我們必須假設它是突然發生的，以至於資本和人口在此期間沒有時機發生任何增長。其作用首先是使農產品的價值和價格下降。這是上述兩種農業改良尤其是後一種農業改良所帶來的必然結果。

第一種改良沒有增加產品，也就不會使任何土地閒置；耕作的邊際狀況（援引查默斯博士的用語）保持不變；農業生產無論在耕種面積上還是在耕作方法的精細程度上都不會退縮，決定農產品價格的仍然是過去的那些土地和資本。不過，既然這些土地或者資本以及所有其他生產糧食的土地或者資本現在能以較低的成本生產糧食，那麼糧食的價格一定會相應地降低。如果生產費用節省了十分之一，則糧食的價格就一定會下降十分之一。

但是，我們假設發生的是第二種改良，這就不僅使土地能夠節省十分之一的勞動但卻生產出與以前一樣多的糧食，而且還使土地能夠使用與以前一樣多的勞動但卻生產出比以前多十分之一的糧食。在這種情況下，影響也是比較明顯的。此時，可以縮減土地耕種的面積，用較少的土地便可以滿足市場的需求。即使現在面積較小的土地與過去面積較大的土地具有相同的平均品質，但糧食價格也會下降十分之一，因爲現在節省十分之一的勞動便可以生產出與以前同樣多的糧食。不過既然被閒置的那部分土地的肥力最差，以後決定糧食價格的土地就是比過去更爲肥沃的土地。因此，生產成本除了最初所降低的十分之一，還會由於農業的「邊際」轉向肥力較高的土地而得到進一步的降低。於是糧食的價格將發生雙重的下降。

現在讓我們考察這種突然發生的改良對於產品分配所產生的影響；首先是對於地租的影響。兩種改良的前一種將使地租下降，而後一種改良將使地租進一步下降。

假設對於糧食的需求要求人們耕種三個等級的土地，這三個等級的土地以相同的面積和相同的生產成本可以分別生產出一百、八十和六十英斗的小麥。小麥的價格平均剛好使第三等級的土地耕種獲得正常的利潤。所以，第一等級的土地將提供四十英斗小麥的超額利潤，第二等級的土地將提供二十英斗小麥的超額利潤，所有這些都將形成地主的地租。現在，第一，我們試著改良，在未能使土地生產出更多的穀物的情況下，卻能因節省四分之一的勞動進而生產出與以前同樣多的穀物。此時，小麥的價格將下降四分之一，八十英斗小麥的售價將與過去六十英斗小麥的售價相同。但是出產六十英斗小麥的土地所生產的產品仍然被人們所需要，並且由於生產成本與糧食價格按照相同的幅度下降，所以耕種那塊土地仍然剛好能夠獲得正常的利潤。第一等級和第二等級的土地也仍然分別提供四十英斗和二十英斗小麥的超額利潤，所以穀物地租也仍將與過去相同。不過既然穀物價格下降了四分之一，那麼穀物地租所能交換到的貨幣和所有其他商品也就相應地減少了四分之一。由此可見，如果某地主用其地租收入購買製成品或者外國產品，那麼他的生活水準將下降四分之一，亦即所獲得的收入減少了四分之一；而只有作爲穀物的消費者，他的境況才會與過去相同。

如果發生的是另外一種改良，則地租便會以更大的比率下降。假設生產市場上需要的糧食，不僅可以節省四分之一的勞動，而且還可以節省四分之一的土地。如果全部土地都用於耕種，那麼生產出來的糧食就會遠遠超過市場的需求。現在，我們必須使生產出來的糧食相當於社會需要的糧食的四分之一；由於第三等級的土地生產出來的糧食剛好等於社會需要的糧食的四分之一（二百四十英斗中的六十英斗），所以該等級的土地將被閒置。現在只耕種第一等級和第二等級的土地便可以生產出二百四十英斗的小麥；第一等級的土地生產一百三十三又三分之一英斗的小麥；第二等級的土地生產一百零六又三分之二英斗的小麥；總計正好爲二百四十英斗。現在，最差的土地是第二等級的土地，而不再是第三等級的土地，所以決定糧食價格的便也是第二等級的土地。現在如果要以正常的利潤償付資本，則需要一百零六又三分之二英斗的小麥，而不再是六十英斗的小麥。所以小麥的價格將不會像在第一種農業改良的情況下那樣，按照六十比八十的比率下降，而是按照六十比一百零六又三分之二的比率下降。但即便如此，我們仍然未能充分說明地租所受到的影響。假設現在需要用第二等級的土地的全部產品償付生產成本。那塊土地既然是目前最差的，當然也就不支付地租了。所以，第一等級的土地將僅提供二十六又三分之二英斗的地租，而不再是四十英斗的地租，即一百三十三又三分之一英斗與一百零六又三分之二英斗之間的差額。全體地主僅就穀物地租而言，就將損失六十英斗中的三十三又三分之一英斗，與此同時，其餘穀物的價值和價格還將按照六十比一百零六又三分之二的比率下降。

由此可見，普遍地突然實施農業改良肯定會有損於地主的利益。人們一直都認爲這種觀點是極其荒謬的，並且無所不用其極，竟據此將最先提出這種觀點的李嘉圖稱爲精神變態者。我們看不出這種觀點有何荒誕之處；我倒認爲攻擊這種觀點的人的思想方法有問題。只有敘述不當時，這種觀點看起來才是荒唐的。如果我們說某位地主會因爲自己的土地得到改良而蒙受損失，那肯定是站不住腳的；但是我們只不過指出，他將會因為他人的土地——當然也包括他自己的土地——得到改良而蒙受損失。毋庸置疑，如果他能夠壟斷農業改良，把——自有土地產量的提高、農產品價格保持不變——這兩種利益結合在一起，那麼他必將透過農業改良獲得巨大的利益。然而如果所有土地的產品同時增加，而且糧食價格又低於以前的水準，那麼人們就完全有理由認為，這位地主將受到損失，而不是得到好處。無論什麼因素，只要能使農產品的價格永久性地下降，那也能使地租下降，這是大家都承認的；而且堅持以下觀點也是符合常理的，即如果土地的生產力提高，因而不再需要耕種那麼多的土地，則土地的價值就會與其他物品的價值一樣，將由於需求的減少而下降。

我十分願意承認，地租實際上並沒有因為農業改良而降低。這是為什麼呢？因為農業改良從來都不是突然發生，但卻總是緩慢並逐步發生；它從未大大超過甚至反而經常遠遠地落後於資本和人口的增長。農業改良趨於降低地租，但是資本和人口的增長卻趨於相同程度地提高地租；而且正如我們即將看到的那樣，資本和人口的增長藉助於農業改良所增加的邊際，能夠極大地提高地租。不過，首先我們必須考察農產品價格突然降低是透過什麼方式影響到利潤和工資。

在初始階段，貨幣工資也許會保持不變，所以勞動者將會得到農產品價格下降所帶來的全部利益。他們可以增加食物以及其他物品的消費，並以相同的成本獲得更多數量的農產品。在這種情況下，利潤並沒有受到影響。但勞工的長期報酬卻實質上取決於我們已經提及的他們習慣上形成的生活水準，即取決於他們在決定養育子女之前身處的階層所要求達到的生活水準。如果生活狀況的突然改善能對勞工的嗜好和需求產生持久性影響，那麼勞工階層就將永遠受益。不過，使勞工可能以相同的工資購買更多的舒適品和享樂品的原因，也將使勞工有可能以較少的工資購買同樣多的舒適品和享樂品。在後一種情況下，人口便會增加，而勞工所習慣的生活條件卻並沒有降低。迄今為止，勞工通常就是以這種方式而不是以其他方式來增加任何生活必需品；他們把它簡單地轉變爲食品，用於生養更多的子女，因而人口很可能受到刺激，一代人之後，勞工的實際工資就不會高於改良以前的工資。勞工的實際工資之所以下降，一方面是因爲貨幣工資的下降，另一方面則是因爲糧食價格的上漲，同時這也是人口增長導致糧食需求增加從而使糧食的生產成本增加的結果。因爲資本家以相同的資本開支可以得到更多的效率相同的勞工，所以貨幣工資下降多少，利潤就會增加多少。於是我們將會看到，如果勞工的習慣和需求沒有提高，那麼他們的生活成本的降低，無論是基於農業改良還是外國產品的進口，通常都會降低貨幣工資和地租，但卻會提高一般的利潤率。

爲滿足生存的需要，用比較廉價的食品替代比較昂貴的食品所帶來的結果，與降低糧食生產成本的農業改良所帶來的結果相同。使用相同的勞動耕種相同的土地，如果種植玉米或者馬鈴薯而不種植小麥，則可以爲人類提供數量更多的食品。如果勞工不吃麵包，而只吃更爲便宜的食品，同時將得到的補償不是用於增加其他物品的消費，而是用於提前結婚生子，那麼勞動的成本便會極大地下降，而如果勞動效率不變，則利潤就會增加；而地租將會顯著下降，因爲現在只需要耕種當初二分之一或者三分之一的土地，就可以生產出滿足全部人口所需要的食品。同時，顯而易見的是，過於貧瘠而不能種植小麥的土地，在需要的時候卻可以用來種植馬鈴薯，生產出來的馬鈴薯也足以養活種植馬鈴薯所需要的爲數不多的勞工，而與種植小麥的方式相比，種植馬鈴薯或者玉米的方式可能會使耕作最終降到更低的水準，而地租則最終會上升到更高的水準；因爲在達到土地肥力的極限之前，土地可以供養更多的人口。

如果我們假設改良不是發生在糧食的生產方面，而是發生在勞工階層所消費的某些製成品的生產方面，則其對於工資和利潤所產生的影響最初是相同的，但是對於地租所產生的影響則大不相同；地租將不會降低；如果人口增長成爲生產改良的最終結果，則地租甚至會提高；在後一種情況下，利潤就會減少。

原因是顯而易見的，在這裡無須我們贅述。

§五　一方面，我們考察了人口和資本的正常增長將以何種方式對產品在地租、利潤和工資之間的分配產生影響，另一方面則考察了生產的改進，特別是農業的改良對於產品分配所產生的影響。我們發現，人口和資本的增長將降低利潤、提高地租和勞動成本；農業的改良則傾向於降低地租；一切能夠使勞工所消費的任何物品變得便宜的改進，都趨於降低勞動成本並提高利潤。弄清楚了每種要素單獨發揮作用時所具有的趨勢，就不難確定事物實際的發展過程所具有的趨勢，即在同時發生兩種變化而資本與人口還算穩定增長的情況下，不時發生農業生產領域的改良，同時有關改進方法的知識與應用，在社會中也被逐步地推廣與普及。

在勞工階層的習慣和需求（由此確定他們的實際工資）一定的條件下，任一給定時期的地租、利潤和貨幣工資，就是上述各種競爭力量相互作用的結果。如果某一時期農業改良的速度超過了人口增長的速度，則該時期的地租和貨幣工資就趨於下降，利潤就趨於提高。如果人口增長的速度快於農業改良的速度，則勞工將減少消費糧食的數量或者降低其品質，否則地租和貨幣工資就將不斷提高，而利潤將下降。

農業技術和知識的發展是緩慢的，它們的傳播則更爲緩慢。發明與發現的產生極其偶然，而人口與資本的增長卻總是持續不斷，因此即使在短期，也很少出現農業改良的進展超過人口和資本的增長速度的情況，並致使地租下降而利潤率有所提高。在許多國家，人口和資本的增長速度很慢，但是農業改良的速度更慢。幾乎每個國家的人口增長均與農業改良緊密相關，農業改良的成果一經產生，立刻就會被增加的人口所吞噬。

農業改良很少降低地租的原因在於，它很少降低糧食的價格，而只是阻止了糧食價格的上漲；同時，它也很少（若不是未曾）將已經耕種的土地予以閒置，而只是使更爲貧瘠的土地能夠得到耕種，以滿足日益增長的糧食需求。有時，人們所謂的一個半開化國家的自然狀態，即是指土地具有很高的生產能力但卻只需很少的勞動就可以獲得大量糧食的狀態，它實際上只有尚未被文明民族開拓過的殖民國家才擁有。在美國，最貧瘠的耕地品質也很高（有時，與市場或者交通幹線相毗鄰的耕地卻不是這樣，它們較差的品質被得天獨厚的位置所補償了）；即便農業和運輸領域沒有實現進一步的改良，但在人口和資本的增長進入停頓狀態之前，也擁有允許耕作一步一步遞減的充分餘地。可是，五百年前的歐洲，雖然人口遠比現在稀少，但是由於當時的農業生產還處於原始狀態，所以很可能那時候最貧瘠的耕地的生產能力低下的程度，與現在最爲貧瘠的耕地相同；並且，當時與現在，土地的耕作都已經接近了有利可圖的最後極限。迄今爲止，農業改良所發揮的實際作用不過是透過提高土地一般的生產能力，使人們能夠耕種比當時資本家認爲有利可圖的最貧瘠的土地還要貧瘠的土地，從而使資本和人口的大幅度增長成爲可能，並且一點一點地向相反方向推移抑制它們增長的障礙；與此同時，人口卻對這些障礙施加了巨大的壓力，以至於在人口增長與抑制人口增長的障礙之間從未留下空隙，每當農業改良把障礙朝相反方向推移一寸，人口的增長便立刻把這些空隙塡滿。因此我們不妨認爲，農業改良不足以成爲對人口增長的障礙進行反擊的力量，它不過使人口增長的束縛部分地得到了緩解。

在人口和資本增長以及農業改良的共同作用下，糧食產量的增加對產品分配所產生的影響，與我們前面討論過的兩種假設情況有很大的不同，尤其是對地租的影響截然不同。我們曾經斷言，突然而普遍的農業改良在最初階段將不可避免地使地租下降之後，在不久的社會進步的過程中，這種改良將會使地租逐漸上升，與不發生改良的情況相比，地租將達到更高的水準，因爲改良可以使更爲貧瘠的土地最終被耕種。但是在我們現在所做的更接近於事情實際發展過程的假設條件下，上述最終的結果將變成直接的結果。假設土地的耕種已經達到或者幾乎達到產業技術水準所允許達到的極限，因而在現有的技術知識水準下，地租也已經幾乎達到人口和資本的增長使之能夠達到的最高點。此時，如果突然進行大規模的農業改良，則這種改良或許會使地租大幅度下降，然後隨著人口和資本的增長，地租再逐漸恢復到當初的水準，接著再進一步上升。但是實際上，農業改良的進展總是非常緩慢，它既不會使地租下降，也不會使耕種面積縮小，而只會使地租不斷上升，耕種面積不斷擴大。這種改良甚至無須求助於更爲貧瘠的土地，而只是簡單地在不按比例增加生產成本的情況下，使現有耕地生產出更多的產品即可。如果透過農業改良，與過去相比，現有的耕地使用兩倍的勞動和資本，能夠生產出兩倍的產品（假設此時人口的增長需要這麼多的糧食），那麼全部地租也將翻倍。

爲了證明這一點，讓我們回顧一下前面章節中列舉的數字實例。三個等級的土地以相同的面積和相同的支出可以分別生產出一百、八十和六十英斗的小麥。如果使用兩倍的支出，且絲毫不曾增加生產成本，並可以使第一等級的土地生產二百英斗、第二等級的土地生產一百六十英斗、第三等級的土地生產一百二十英斗的小麥，而且人口增長也爲兩倍，他們需要所有這些增加的糧食，那麼第一等級的土地的地租就將是八十而不是四十英斗的小麥，第二等級的土地的地租就將是四十而不是二十英斗的小麥，而且每英斗的小麥的價格和價值均將保持不變，因此穀物地租和貨幣地租都將翻倍。無須贅言的是，如果實現了生產技術的改進，但是並未伴隨著對於糧食需求的增大，則將產生與此不同的結果。

因此，農業改良最終總是並且一般是以立竿見影的方式使地主受益。我們不妨補充說明的是，以這種方式發生作用，農業改良不會使任何其他人受益。當糧食需求的增加完全跟上生產能力提高的步伐時，糧食的價格不會降低；勞工甚至連暫時的利益也得不到；勞動的成本沒有降低，利潤也不會提高。產品總量更大了，更多的產品在勞工中間分配，毛利也更大了；但是工資卻要在更多的人口中間分配，利潤也要在更多的資本中間分攤，因此沒有任何一位勞工的境況會變得更好，也沒有任何一位資本家能夠從相同的資本中獲得更多的收入。

我們不妨將如此繁複的研究結論概括如下：在由地主、資本家和勞工所構成的社會中，經濟進步趨於使地主階級變得更爲富有，而勞工整體的生活成本將趨於提高，利潤趨於下降。農業改良是後兩種結果的抗擊力量；不過儘管農業改良暫時抑制第一種結果的情況時有發生，可是最終一定會使其達到某種高水準；而且人口的增長趨於將農業改良的利益完全轉移給地主。至於在如此構成的社會中，產業進步還會造成什麼其他後果，或者還需要對上述結果如何進行修正等問題，我們將在下一章中予以說明。

◆註解◆

〔1〕參閱本書第一編第七章§三。

第四章　關於利潤最小化的趨勢

§一　上一章我們已經提請人們關注利潤隨著社會的發展而下降的趨勢，對此，前期研究工商業問題的學者們早有認識；不過當時人們尚未理解支配利潤的法則，且對造成這種現象的原因持有錯誤的看法。亞當·史密斯認為，利潤是由資本的競爭決定，並且斷言，當資本增加時，這種競爭也必定會加劇，因而利潤必然下降。亞當·史密斯在這裡所指的究竟是哪一種競爭，並不十分確切。他在〈論資本的利潤〉[1]一章中指出，「當諸多富商的資本投入同一行業時，他們之間的相互競爭自然會趨於降低資本的利潤；而當同一社會中所有不同行業的資本都增加時，相同的競爭必然會在所有行業造成相同的結果。」這段話使我們不難推斷，基於亞當·史密斯的觀點，資本的競爭是透過降低物價而降低利潤；這通常作為為增加某一特定行業的投資而將降低該行業的利潤的模式。但是如果這真是亞當·史密斯的本意，那麼他忽略了這樣一點，即如果僅限於一種商品降價，則確實會降低該種商品生產者的利潤，可是一旦所有的商品都降價，那就不再具有這種作用了。因為當所有物品都降價時，實際上任何物品都沒有降價，而只是名目上降價；而且即使以貨幣進行計算，每位生產者的支出也會與收入等量減少。的確，除非當所有物品的貨幣價格都降低，而只有勞動這種商品的貨幣價格沒有降低時，情況才有所不同。若真是如此，那麼實際上是工資提高了；因此資本的利潤下降的原因是工資的提高而不是物價的降低。亞當·史密斯失察的另外一點是，他所做的有關資本之間的競爭加劇而導致物價普遍下跌的假設，實際上是不成立的。物價並非僅僅取決於賣方之間的競爭，而且還取決於買方之間的競爭，即取決於需求以及供給。影響貨幣價格的需求是由公眾用於購買商品的全部貨幣所構成，只要這些貨幣與商品的比例不降低，商品價格就不會普遍下跌。因此，無論資本如何增加，以及無論資本的增加會使商品的產量提高多少，都會有足夠的資本被用於生產或者進口貨幣，且貨幣的數量和商品的數量會按相同的比率增長。因爲如果情況並非如此，而是像亞當・史密斯的理論所假設的那樣，貨幣的購買力不斷增加，那麼生產或者進口貨幣的人就會獲得穩定增長的利潤；不把其他行業的勞動和資本吸引到生產或者進口貨幣的行業中，就不可能出現這種情況。如果眞的發生物價普遍下降、貨幣價值普遍上升的情況，那麼只能是礦藏逐漸枯竭、貨幣的生產成本增加的結果。

因而認爲資本的增加會造成或者趨於造成貨幣價格的普遍下降，這在理論上是站不住腳的。事實也並未明確顯示任何一次物價的普遍下跌，是由資本的增加所造成的。唯一可以觀察到的事實是，如果有什麼物品的價格隨著社會的進步而下降，那麼一定是在這些物品生產上實現的改進優於貴金屬生產上的改進；例如紡織品。同樣地，其他物品的價格非但沒有下降反而上漲了，是因爲它們的生產成本相對於黃金、白銀的生產成本來說都增加了，其中各種食品的價格與早期相比上漲了很多。因此，認爲資本之間的競爭會透過降低價格而降低利潤，這種觀點既不符合實際情況，也犯有理論上的錯誤。

但是我們無法肯定亞當・史密斯是否眞的持有這種觀點，因爲他討論這個問題時所使用的語言頻繁變化、前後不一，無法顯示出某種確切而清晰的含義。有時他似乎認爲，資本的競爭是透過提高工資的方式而降低利潤。但當他討論新殖民地的利潤率時，似乎已經非常接近相關問題的完整理論的邊緣了。他指出，「隨著殖民地的增加，資本的利潤將逐步減少。在肥力和地理位置都最好的土地被占用之後，耕種那些肥力和地理位置較差的土地就只能得到較少的利潤。」如果亞當・史密斯能夠更加深入地思考這個問題，從不同的角度將他所觀察到的各種變化現象相互協調，從而使他的觀點系統化，則他就會意識到，唯有最後一點才是資本增加通常造成利潤下降的眞正原因。

§二　威克菲爾德先生（Mr. Wakefield）在其對於亞當・史密斯的評註和有關殖民地開拓的重要著作中，就此問題發表了非常清晰的觀點，並且透過一系列實質上準確無誤的推導過程，得出了在我看來相當正確而且重要的實際結論；不過令人遺憾的是，他沒有把自己的寶貴見解與前人的思想成果相互結合，並使之與其他事實相互協調。查默斯博士的某些理論在其〈論資本的增長與極限〉一章，以及其後的兩章中都有所表述，其精神和傾向性與威克菲爾德先生的相互一致；不過儘管查默斯博士一如既往地把他的思想表述得十分生動、清晰，但是實際上，他有關利潤問題的思想卻比亞當・史密斯的還要混亂。顯然他受到經常遭人非議的資本的競爭會降低一般價格的這種看法影響；顯而易見的是，貨幣理論並未包括在這位思想敏銳、精力充沛的學者已做認眞研究的政治經濟學範疇之內。

威克菲爾德先生對於利潤下降所做的解釋可以概述如下：生產不僅受到資本和勞動數量的限制，而且也受到「使用範圍」大小的限制。資本的使用範圍具有雙重含義：一個國家所擁有的土地以及外國市場吸收該國所製造的商品的能力；在有限的土地上，得到使用並獲利的資本也是有限的。資本的數量越接近這一限度，利潤就越低；一旦達到這一限度，利潤便會消失；只有擴大資本的使用範圍，利潤才能得以恢復。爲此要麼設法獲得肥沃的土地，要麼在國外開闢新的市場，可以用國內資本所生產的產品在這些市場上購買食品和原物料。我認爲，這些推斷基本上是正確的，即使相關表述的詞彙更符合實際上流行的看法，而不大符合科學研究的要求，但我也不準備就此發表反對意見。在我看來，威克菲爾德先生所犯的錯誤在於，他認爲自己的學說與我們前面所談到的那些傑出的政治經濟學家們所提出的原理相互矛盾；儘管實際上那些政治經濟學家本人並未總是能夠意識到這一點。

據我所知，威廉・埃利斯先生（Mr. William Ellis）[2]一八二六年一月發表在《西敏寺評論》的一篇討論機器影響的論文，對利潤問題做出非常科學的論述；毫無疑問，威克菲爾德先生對於這篇論文並不知情，但是這篇論文儘管透過不同的途徑，卻在他之前提出了與其主要結論基本相同的觀點。這篇論文不曾引起重大的反響，一方面是因爲它採取匿名的方式發表在期刊上，另一方面則是因爲它遠遠超越了政治經濟學當時的發展水準。依據埃利斯先生有關利潤問題的見解，威克菲爾德先生和查默斯博士的研究中所遇到的問題和困難都是可以被解決的，而且得出的結論與本書所論述的政治經濟學原理不牴觸。

§二　無論何時何地，都存在著某種特定的利潤率，即誘使當時當地的人民積累儲蓄並將其用於生產領域的最低利潤率。這種最低利潤率隨著環境的變化而變化，且受到兩種因素的影響：一種因素反映的是有效的積累欲望的強度，即當時當地的人民以現在的利益爲權重對未來的利益進行估算所得到的比較值。此種因素主要影響儲蓄傾向。另一種因素，並非對人們進行儲蓄以便將其用於生產領域的意願產生多大影響，它代表的是用於產業營運的資本的安全程度。普遍的不安全狀況無疑會影響到人們將儲蓄的資金投入到生產過程。儲藏的財寶可能會成爲掛名的主人遭受更大危險的原因。不過它也可能成爲規避危險的有力手段，因而在這方面的影響很可能會互相平衡。但是，與自行看管錢財使之閒置不用相比，一個人可能擁有的作爲資本的任何資金，不論是記在自己的帳上還是借給他人使用，在使用過程中總會遭受到某種更大的風險。這種額外的風險是與社會普遍的不安全狀況成比例的，也許相當於百分之二十、百分之三十或者百分之五十，也許還不到百分之一或者百分之二；然而它一定總是某種確實存在的事實，因此預期利潤必須足夠多，以便能夠對此給予補償。

即使資本不產生利潤，人們也有充足的理由進行一定的儲蓄。人們在好年景時會爲壞年景做好準備，人們會爲患病或者衰老而未雨綢繆，會爲晚年的悠閒或者自立及早規劃，或者爲養兒育女進行儲蓄。然而，出於這些目的所進行的儲蓄是不會顯著增加長期資本的數量。這些動機只是促使人們在一生中的某一時期節衣縮食，以便在另一時期消費，或者供尚未自食其力的子女消費。能夠增加一國資本的儲蓄，通常產生於人們爲改善自身的生活狀況，或者爲子女或者爲他人提供——與他們依靠自身努力所獲得無關——給養的願望。現在，透過一定的努力和一定時期的堅持進行自我克制，人們能夠在多大程度上實現上述提出的想要達到的目標，以及對於人們的儲蓄傾向會產生多大的實質性的影響，同樣也取決於利潤率。而且在每一個國家中都存在著某一利潤率水準，低於它，一般來說，人們就不再產生為了使個人變得更為富有或者為了幫助他人而進行儲蓄的動機了。因此，能夠實現一般資本增長的積累，需要某一利潤率水準作為必要條件；一般人視為能夠對節欲以及附加風險給予補償的利潤率。當然，總有一些人的有效積累欲望值高於平均值，即使利潤率低於上述水準，他們也會進行儲蓄；不過這些輕而易舉地便會被那些花錢和享樂的欲望值高於平均值的人抵銷，他們非但不儲蓄，反而會揮霍掉他們的收入。

我曾經指出，限定資本進一步增長的最低利潤率的水準，在某些社會狀態下，可能比在另外一些社會狀態下更低一些；而且我還可以補充指出，這種具有當代文明特徵的社會進步往往會削弱它。首先，一般安全性的提高是這種進步公認的成果之一。戰爭的破壞以及個人或者公眾的暴力行為帶給人們的憂患不斷減少；教育和司法管理取得了有目共睹的成就，或者在它們出現失誤時，輿論更加受到重視，為防止欺詐和違規管理提供了集體防護。因而，現在為補償將儲蓄用於生產性投資所冒的風險所需要的利潤率水準，已經比一個世紀前低了一些，今後將會比現在還要低一些。其次，人類已經不再是眼前利益的奴僕了，人類已經變得更加善於實現遠大的理想和抱負，這也是文明進步的成果之一。強化深謀遠慮是人類能夠在更大程度上把握未來的必然結果，而且也是工業生活對於人類的情感和偏好等本性施加影響的必然結果。隨著生活變動日趨平緩，生活習慣日漸固定，除依靠長期堅持不懈的努力之外，大發橫財的機會日益減少，相應地，人們越來越願意犧牲眼前的享樂以實現長遠的目標。先見能力和自制能力的提高，除影響財富的增長之外，一定還會對其他事情產生影響，我們即將對此加以討論。不過，當前的社會進步即使無助於強化人們進行積累的欲望，顯然也有助於削減對於它的阻礙，並降低激勵人們進行儲蓄所絕對必需的利潤水準。出於這兩個方面的原因，即風險的減少和遠慮的加強，在英格蘭，目前百分之三、百分之四的利潤或者利息便足以促使資本增加；而在緬甸帝國或者在約翰王（King John）統治時期的英格蘭，則需要百分之三十、百分之四十的利潤或者利息才能夠促使資本增長。上個世紀荷蘭公債的報酬爲百分之二，即使它沒有促使資本增長，它也保證了資本不曾減少。儘管最低利潤率發生變動的可能性很大，且儘管無法確定某一時期它究竟是多少，但是這種最低利潤率總是存在；無論高低，一旦降到該水準，資本就會暫時停止進一步的增長。國家便處於政治經濟學家們所謂的停滯狀態了。

§四 我們現在已經接觸到本章所要闡述的基本命題了。如果一個國家長期以來一直擁有很大的生產規模，一直擁有巨額的淨收入可供人們進行儲蓄，因而一直擁有促使資本每年大幅增長的能力（但是不像美國那樣擁有大量尚未耕種的肥沃土地），則該國的特徵之一就是，該國的利潤率可以說是與最低利潤率相差無幾，該國因而將總是處於停滯狀態的邊緣。我這樣講，並不是說歐洲任何大國實際上即將進入停滯狀態，也不是說資本已經不能提供充足的利潤以激勵這些國家的人民進行儲蓄和積累。我的意思是說，如果資本繼續按照當前的速度增長，與此同時，環境不發生有助於提高利潤率的變化，那麼無須很長的時間，利潤就會降到最低水準。如果資本增長的界限不能持續擴展、爲進一步增長留有更大的餘地，則資本的增長很快就會達到其最後的界限。

在英格蘭，風險接近於零的公債的正常利率的估計值略高於百分之三，因此所有其他投資預期得到的利息或者利潤（不包括對於能力或者努力所給予的報酬）必須超出該數額，超出多少，應視投資所承擔的風險水準而定。讓我們假設，在英格蘭，只要有百分之一（不包括風險補償）的淨利就足以激勵人們堅持儲蓄，而低於此就不再具有充分的激勵作用。現在我預言，如果沒有發生抵銷其影響的情況，資本每年繼續像當前這樣增長，則無須幾年的時間，純淨利率就會降到百分之一。

若要滿足上述假設條件，我們必須假定用於海外投資的資本輸出全部終止。不再有資本輸出國外以修築鐵路或者提供貸款；不再有移民把資本帶往殖民地或者其他國家；銀行家或者商人也不再向其外國客戶提供貸款或者信用。我們還必須假定，政府不再透過抵押或者其他的方式爲非生產性支出融資；資本不再因企業破產而被浪費——人們爲獲得比當前穩妥的投資管道所提供的通常較低的利潤率還要高的收益，將資本投入具有破產風險的企業。我們必須假定，社會每年的儲蓄全部投資於國內的眞正的生產領域；不產生能夠開拓投資新管道的產業新發明，或者可以大規模替代傳統工藝的新的生產方法。

很少有人否認，要爲每年新增加的大量的資本尋找有利可圖的投資機會是異常困難的，因此大部分人斷言，通常所謂的普遍的生產過剩現象一定會出現，大量的商品會被生產出來，但是無法銷售出去，或者只能以虧損的價格銷售出去。但是我們在前面對於這個問題所做的全面考察已經表明，[3]這並不是困難眞正產生的方式。困難並不在於市場需求的疲軟。如果新增加的資本能夠在各種用途之間恰當地予以分配，則人們就會對新增資本生產的產品產生需求，所以這些產品絕不會比其他產品更難銷售。眞正的問題在於，要想使新增資本的使用不造成利潤率迅速降低是根本不可能的。

隨著資本的增長，人口或者增加，或者不增加。如果人口沒有增加，那麼工資便會上升，就會有更多的資本用來向人數沒有增加的勞工支付工資。既然勞工人數沒有增加，也未出現有助於提高勞動效率的改進，那麼產品的數量也就不會增加；由於資本無論增加多少，所獲得的總收益——下一年和之後每一年的利潤都與每年的全部儲蓄相減——都與以前一樣多。無須贅言，在這種情況下，利潤很快就會降到導致資本不再增長的低水準上。除非勞動效率提高（透過生產技術的發明、發現或者勞工身心教育的進一步完善），或者除非部分閒散人員、非生產性人員不斷地轉變爲生產性勞工，否則與人口增長相比，以更高速度實現的資本增長很快就會達到其增長的極限狀態。

隨著資本的增長，即使人口的確也以相同的比例有所增長，但利潤的下降也依然是不可避免的。人口的增長將增加人們對於農產品的需求。在沒有產業改良的情況下，要想使這種需求被滿足，只能耕種更爲貧瘠的土地，或者對原有耕地進行更爲精細地耕作，不管怎樣都將提高生產成本。勞工的生活成本一定會增加；除非勞工甘心忍受生活條件的惡化，否則利潤必然下降。在像英格蘭這樣的古老的國家中，如果我們假定國內的農業絲毫未得到改良，同時假定外國也不曾爲英格蘭的市場提供更多的糧食，那麼利潤的下降便會非常迅速。如果這兩條增加糧食供給的途徑均被阻斷，而人口卻按照據說每天約一千人的速度繼續增加，則在當前的農業技術水準狀態下所能耕種的荒地將迅速告罄，生產成本和糧食價格均會大幅度提高。如果透過勞工的貨幣工資上升以補償其增加的生活成本，則利潤就會迅速地降至最低點。如果貨幣工資不上升，或者上升的幅度較小，則利潤的下降將會得到延緩；不過透過降低勞工的生活水準所能得到的延緩是非常有限的。一般來說，勞工無法忍受生活水準的大幅度下降；當他們能夠忍受時，也就說明他們已經擁有了較高的生活水準；但是他們沒有，因此也就無法忍受。因而，我們大體上可以認定，例如英格蘭這樣的國家，如果每年的儲蓄像現在這樣持續地增加，而環境又未發生任何變化以削弱儲蓄降低利潤的必然趨勢，則利潤率便會迅速地降至最低水準，所有資本的進一步積累就會立即停止。

§五　那麼在現在的狀況下，堅持大致與利潤遞減趨勢相抗衡的因素究竟是什麼？它們防止了每年都有大量儲蓄的國家的利潤率趨於降至最低點，而且如果沒有這些發揮抑制作用的因素，則利潤率一定早已非常迅速地降至最低點了。我們可以將這些抑制因素劃分爲幾種類型。

首先，我們從中注意到這樣一種因素，由於它過於簡單明瞭，以至於某些政治經濟學家，特別是西斯蒙第先生和查默斯博士僅僅關注到這個因素，從而忽視了所有其他的因素。這就是在過量交易和瘋狂投機時期以及伴隨其後的商業危機的過程中，資本所遭受到的巨大浪費。的確，在這種時期所損失的很大一部分資本並沒有被完全消耗殆盡，而只是像賭徒輸掉的賭注那樣轉移給了較爲成功的投機者。然而，即便是在這些被轉移的資本中，也有很大的一部分——用來高價購買過量的外國商品——被轉移給了外國人。還有許多資本是被完全浪費掉的。人們開礦、修築鐵路、架設橋梁、興辦許多其他沒有把握產生利潤的工程，大量資本沉沒在這些工程中，這些工程不提供回報，或者所提供的回報不足以償付支出。人們超過市場需求設立過多的工廠，安裝過多的機器設備，結果卻未被充分利用；即使這些工廠和設備能夠被充分利用，但資本也還是處於沉沒狀態；流動資本變成固定資本，已經不再對工資或者利潤產生影響。除此之外，在繼一般的過度交易時期之後的停滯時期，還會發生資本大量的非生產性消耗。在停滯時期，許多企業倒閉，或者即使不倒閉但也無法獲利，大量工人被解僱，各個階層都有很多人失去收入，他們不得不依靠以前的儲蓄度日。危機過後，這些企業都或多或少地陷入了貧困的境地。這些都是商業危機所帶來的結果：商業危機幾乎是週期性的，這正是我們現在所考察的利潤遞減趨勢所造成的後果。只要幾年不發生危機，積累的資本就會大幅度增加，以至於利用它們進行投資就無法再得到正常的利潤：所有公債的價格將大幅上升，而最安全的商業證券的利率則會降到極低的水準，工商界人士都將抱怨無錢可賺。難道這些不剛好都證明，如果不存在與之相抗衡的規律，利潤便會極爲迅速地降至最低點，資本增長也會處於停滯狀態嗎？但是，既然不再那麼容易獲得穩定的利潤，那麼人們就會隨時注意那些雖然有賠本的風險但是卻有可能帶來較高利潤率的交易；於是投機活動出現了，投機活動與伴隨其後的商業危機會損耗大量的資本，或者將大量的資本轉移給外國人，從而促使利息和利潤暫時提高，爲新的資本積累開拓空間，並由此而展開相同的一輪循環。

毫無疑問，這是阻止利潤降至最低點的一個重要原因，它不時將壓低利潤的一部分資本損耗掉。不過從某些學者所使用的語言中可以看出，這並不是主要原因。如果這是主要原因，則一國的資本就不可能增長；在英格蘭，資本大幅度地、迅速地增長。這表現在幾乎所有的稅收都具有增長的傾向上；而且象徵國家財富的一切都在不斷發展，人口在迅速增長，而與此同時，勞工的生活水準非但沒有下降，反而在整體上有所提高。這些事實證明，每一次商業危機不管多麼嚴重，都遠遠沒有把自上次危機過後積累起來的全部資本消耗掉；同時證明，人們總是能夠爲不斷增長的資本尋找到或者創造出有利可圖的投資機會，從而不再迫使利潤降至更低的水準。

§六　這促使我們關注第二種抑制因素，即生產上的改進。生產上的改進顯然具有威克菲爾德先生所說那種擴大使用範圍的作用，也就是說，生產改進促使人們能夠在不壓低利潤率的情況下積累和使用更多的資本；但前提是生產改進沒有相應地提高勞工的生活習慣的要求。如果勞工階層獲得了價格下降所帶來的全部利益，換言之，如果貨幣工資不下降，那麼利潤就不會提高，利潤的下降也就不會受到阻礙。但是如果勞動人口由於生活狀況得到改善而人數有所增加，並進而導致生活條件下降到以前的水準上，那麼利潤就會上升。所有能夠促使勞工所消費的任何物品的價格下降的發明，在勞工的需求不曾相應提高的情況下，最終都會降低貨幣工資；由於貨幣工資下降，所以在利潤回落到當初的水準上之前，人們便可以積累並且使用更多的資本。

那些僅對富裕階層人士所消費的物品產生影響的生產改進，則不完全是以相同的方式發揮作用。花邊或者天鵝絨的價格下跌，絲毫不具有降低勞動成本的作用；也無法推斷有任何一種方法將提高利潤率，以便在降到最低點之前爲更多的資本開拓投資空間。不過，這種價格下降實際上會降低或者趨於降低利潤率的最低點本身，並因而產生一種與此相當的作用。首先，消費品價格的下降，將使所有的消費者在維持自己所習慣的生活方式的條件下擁有一筆結餘，這將有助於促進人們的儲蓄傾向；而且只要當初的生活水準不是非常低，就不需要人們在把一部分結餘節省下來時做太多的自我克制。其次，如果人們能夠以較少的收入生活得與以前一樣好，則人們將會情願爲較低的利潤率積累資本。如果人們現在擁有的五百鎊年收入可以享受的生活水準，與當初一千鎊年收入的生活水準相當，則與成功的希望較爲渺茫的過去相比，現在會有更多的人受到鼓勵而勇於進行儲蓄。因此，幾乎任何商品生產上的所有改進，都在某種程度上有助於拉長經濟陷於停滯狀態的間隔；不過，對於勞工所消費的物品產生影響的改進，將發揮更大的作用，因爲它們是透過兩種方式發揮這種作用的：一方面它們會激勵人們爲較低的利潤進行積累；另一方面它們還會提高利潤率本身。

§七 得到新的從外國獲取廉價商品的能力，將產生與生產改進相同的作用。必需品價格的下降，無論是源於生產的改進，還是源於外國商品的進口，對於工資和利潤均會產生完全相同的影響。除非勞工透過提高他們所習慣的生活水準而獲取了價格下降的全部利益，否則勞動成本就會下降，利潤率就會提高。只要能夠爲不斷增長的人口成功地進口價格低廉的糧食，就能夠阻止利潤因爲人口和資本的增長而不斷下降的趨勢，資本積累就會持續進行下去，而不會使利潤率趨於最低點。而且正是基於這種考慮，才使部分人相信，《穀物法》的廢除將使英國進入一個資本長期迅速增長而且利潤率並不下降的新時期。

在探討這種預期是否合理之前，我們必須先闡明以下觀點，而這些觀點是與人們通常的看法大相逕庭的。對外貿易並不必然會拓展資本的使用範圍。僅爲一個國家的產品開闢市場，並不趨於提高利潤率。如果交換到的產品只是供富人享用的奢侈品，那麼資本家的支出是不會減少的，因而利潤也根本不會提高，因此利潤不降低就不會爲資本進一步的積累開拓更大的空間；如果停滯狀態的到來最終被延緩，那也只是因爲一定程度的奢侈品消費的成本有所減少，從而使人們比以前更加情願地爲較低的利潤進行新的儲蓄。只有當對外貿易可以使獲得勞工所消費的必需品或者習慣用品的成本降低時，才能夠在相同的利潤水準上爲更多的資本開拓投資空間。對外貿易可以透過以下兩個途徑實現這一點：一是進口這些商品本身；二是引進這些商品的生產方法和工具。在一定程度上，廉價的鐵對於利潤和勞動成本的影響，與廉價的穀物所產生的影響是相同的，因爲人們使用廉價的鐵可以製造出廉價的農具，以及廉價的紡織機。如果對外貿易既不能直接地也不能間接地進一步降低勞工所消費的物品的價格，那麼它就像不能降低勞工所消費的物品價格的發明或者發現那樣，既無助於提高利潤，也無助於延緩利潤的下降，結果只是國內不再生產奢侈品，轉而爲國外市場生產商品，以至於資本的使用範圍與以前相比既未增大也未縮小。當然，在進口必需品或者原物料的國家中，很難發現處於這種狀況的出口貿易，因爲出口的每一次增長，都會使該國獲取所有進口產品的價格與以前相比有所下降。

如果某個國家像現在的英格蘭一樣，允許從世界各地自由進口各種食品、生活必需品以及生產所必需的原物料，那麼它的利潤率就不再受制於本國土地的肥力，而是取決於全世界土地的肥力。有待我們考察的是，這種資源長期內究竟能夠在多大程度上成功抑制利潤隨著資本的增長而呈現遞減的趨勢。

當然，我們必須假設，隨著資本的增長，人口也在不斷地增長，因爲儘管糧食價格下降，但是如果人口不增長，則工資將會上升從而降低利潤。於是，假設大不列顛的人口按照現在的人口增長率不斷地增長，因而每年對於進口糧食的需求都將遠遠地超過上一年，那麼糧食出口國只有透過實行大規模的農業改良或者大幅度地增加糧食生產的資本投入，才能滿足每年不斷增長的糧食需求。農業改良很可能需要經歷非常緩慢的過程，因爲歐洲各個糧食出口國的農業階層仍然處於愚昧無知的狀態，而英國的殖民地和美國基本上都已經實行了與各自情況相適應的大部分農業改良。此外，還有一種增加糧食供給的方法，那就是擴大耕種面積。對此我們需要指出的是，擴大耕種面積所需要的大部分資本仍然有待於人們去籌措。在波蘭、俄國、匈牙利和西班牙，資本的增長是極其緩慢的。在美國，雖然資本增長得很快，但還是趕不上人口的增長。目前美國用於逐年增加對英國出口糧食所需要的資本，主要是用來發展工業企業的資本的一部分，而有關糧食的自由貿易，將促使這部分資本轉而用來爲英國市場生產糧食。不過，這種供給的源泉是非常有限的，除非發生重大的農業改良，否則它將無法滿足英國迅速增長的人口對於糧食的不斷增大的需求；如果我們的人口和資本按照當前的速度持續增長下去，那麼要想使兩者之中的人口繼續獲得廉價的糧食供給的唯一方法就是，將兩者之中的資本輸出海外用來生產糧食。

§八 這一點促使我們關注最後一個抑制因素，它在資本的增長快於鄰國從而利潤更加接近最低點的國家中，阻止了利潤下降的趨勢。這個因素就是不斷地向殖民地或者外國輸出資本，以尋求比國內更高的利潤。我相信，這是多年來阻止英格蘭利潤下降的主要原因。它具有雙重作用：首先，它可以發揮與火災、洪水或者商業危機同樣的作用，消耗一部分增加的資本，從而阻止利潤下降。其次，由此而消耗的資本並沒有浪費，而主要是用於建設能夠大量出口廉價農產品的殖民地，或者用於發展並且改良傳統社會的農業。我們對於英格蘭的資本輸出所能寄予的主要希望就是，使廉價的糧食和棉花的供給與我們人口的增長保持一定的比例關係，從而使不斷增長的資本在不降低利潤的條件下在國內得到利用，以便生產可以用來償付這些初級產品的工業品。因此，資本的出口具有高效地擴展未輸出的資本的使用範圍的作用，而且在某種程度上可以說，我們輸出的資本越多，在國內所擁有並且繼續使用的資本也就越多。

因此，在產業與人口發展較快的國家中，利潤率總是低於其他國家；而在利潤率遠未降低到眞正的最低點之前，總是首先會降到某一實際的最低點，即與其他各國相比，利潤已經降到如此之低的水準，以至於如果利潤再下降，所有進一步積累的資本就會輸出國外。從世界產業當前的發展狀況來看，爲了達到實際目標，如果任何處於改良進程中的富裕的國家需要認眞考慮有關利潤最低點的問題，那麼它唯一需要考慮的就是這種實際的最低點。只要新興國家的利潤仍然很高，那麼資本增長非常迅速的古老國家的利潤就不會降至導致積累停止的那一點；利潤一旦下降到資本輸出國外的那一點，就不會繼續下降了。因此，在像英格蘭這樣的國家中，只有透過生產改進，甚至只是對勞工消費品的生產方面的改進，才能阻止利潤迅速地降至實際的最低點，以便阻止所有進一步的積累均被輸往殖民地或者其他國家。

◆註解◆

[1] 參閱《國富論》，第一編，第九章。

[2] 現在他已經是非常著名的人物了，他以個人的著述、資金以及人格的魅力，鼎力倡導普及教育的改革，特別是不遺餘力地試圖把政治經濟學基礎引進普及的教育體系之中。

[3] 參閱本書第三編第十四章。

第五章 利潤趨於最小化的後果

§一 上一章我們探討了資本積累對於利潤所產生的影響及其理論，它在很大程度上修改了依據政治經濟學的基本原理可能得出的許多實際結論。實際上，這些結論長期以來曾經得到相關權威人士的認同。

政治經濟學家一向認爲，在低利潤的國家中，政府的行爲或者政策在增加或者減少一國的資本方面發揮了異常重要的作用。但是我們在上一章中闡明的理論卻極大地忽略了這方面的作用，甚至可以說完全排除了這方面的作用。現在我們已經理解，低利潤證明了人們進行積累的積極性過高，資本增長的速度過快，超過了生產的改進與廉價必需品海外供給的增長這兩種抑制因素所發揮的作用；而且除非每年增長的資本中有相當大的一部分被週期性地損耗或者輸出用於外國投資項目，否則該國便會迅速達到積累停止或者至少自動放緩的那一點，導致資本的增長不再快於有關生活必需品的生產技術的發明前進的步伐。在這種情況下，如果沒有與任何生產力的提高相伴，則該國資本的突然增長即使出現，也是極其短暫的；因爲一方面透過壓低利潤和利息，它將相應地減少隨後一年或者兩年收入中用於儲蓄的部分，或者促使等量的資本輸出海外，或者損耗在狂熱的投機活動中。另一方面，如果減少的額度不是非常大，則資本的突然減少，也並不眞正具有促使一國貧困化的作用。數月或者數年之後，該國的資本總量就會恢復到減少以前的水準。透過提高利潤和利息，資本的突然減少將對人們的積累規律注入新的激勵因素，從而迅速補充減少的資本。的確，資本的突然減少很可能只是在一段時間內減少了輸出的資本以及進行瘋狂投機的資本。

於是在富裕而且勤勞的國家中，這種觀點首先大大削弱了那些將公共資金用於眞正有價值的（儘管是非生產性的）目的的經濟論點的說服力。如果有人建議透過舉債籌措大筆資金，去實現某種關乎社會正義或者慈善救濟的偉大目標，例如愛爾蘭的產業復興、殖民地的開拓或者公共教育的推廣等，那麼政治家就無須再擔心抽出這麼多資本會榨乾國家財富的源泉或者減少勞動人口賴以爲生的供給。爲實現這些目標所需要的支出再大，也不會使一位勞工失業，使來年少生產一厄爾布或者一英斗糧食。在貧困的國家裡，立法者必須細心管理國家的資本，必須謹防國家的資本被侵占，必須盡力鼓勵國內的資本積累以及外國資本的輸入。但是在人口眾多、農業發達的富裕的國家中，它所缺少的不是資本，而是肥沃的土地；而且立法者所追求並倡導的不應該是更高的儲蓄總量，而應該是更高的儲蓄回報，這一點可以透過改進耕作方法或者透過獲取世界上其他地方肥沃土地的產品加以實現。在這些國家，政府可以動用本國的任何一部分資本，以公共收入的方式加以支出，而不會對國家的財富產生影響：全部支出來自於每年可能輸出海外的那一部分儲蓄，或者來自於來年或者後年私人非生產性支出的削減，因爲政府每支出一百萬鎊，都會促使人們在社會達到資本外流的點之前再儲蓄一百萬鎊。當所要實現的目標很有價值並值得人民在日常享樂方面做出相應的犧牲時，如果有人反對直接從資本中取用所需要的資金，那麼從經濟的角度來看，唯一具有說服力的理由恐怕就是透過稅收籌集公共收入以及償付國債利息的過程中所包含的種種不便了。

基於相同的思考，我們也可以對那些反對透過移民來救助勞工階層的流行觀點拋在一邊。有人說，移民需要支付成本，如果因而輸出海外的資本與移民的人口一樣多，則移民不會爲勞工帶來任何利益。我相信，即使對於最大規模的殖民來說，現在也沒有人還會認爲資本將因而被成比例地帶出海外；而且即使有人接受這種站不住腳的假設，也不能認定勞工階層得不到任何利益。如果英格蘭十分之一的勞動人口移民殖民地，並同時帶走了國內十分之一的流動資本，那麼資本和人口對於土地肥力的壓力就會減輕，從而工資或者利潤便會從中受益，或者兩者同時從中受益。對於糧食的需求會減少；比較貧瘠的耕地將退耕還牧；比較肥沃的耕地將不再過度耕種，並提供比例較大的收益；糧食價格將會下降，儘管貨幣工資可能沒有提高，但是每位勞工的生活狀況都會得到改善，如果人口不隨之增長和工資不隨之下降，則這種改善將是永久性的；如果情況並非如此，則利潤將會增加，進而資本也將進一步增長，以補充損耗的資本。只有地主會在收入上遭受某種損失；不過即使對於地主來說，也只是在殖民眞正減少資本和人口的限度內才會遭受損失，如果殖民帶走的僅僅是每年增加的資本和人口，則地主是不會遭受損失的。

§二一 依據相同的原理，我們現在可以就機器以及爲實現生產性的目標而形成的一般性的沉沒資本，對勞工階層的當前利益和長遠利益所產生的影響，提出最後的結論。這種類型的產業改良的特點是，將流動資本轉變爲固定資本，這在第一編已經闡明，[1]在資本積累緩慢的國度內，機器的使用、土地的永久性改良等，在當時往往是極其有害的；因爲用於這些方面的資本很可能直接取自於工資基金，以至於人民的生存條件和就業狀況有所惡化，國家年度產出總量實際上有所下降。但是對於每年的儲蓄額度較大、利潤較低的國家來說，則人們無須擔心產生這種結果。因爲在這樣的國度內，即使發生資本輸出，或者將資本用於非生產性支出，或者把資本絕對地浪費掉等，只要數額不大，就一定不至於達到必須減少工資基金總額的地步，即不至於將流動資本轉化爲固定資本的地步（儘管仍然是生產性的），因而也就不會帶來這種結果了。這不過是使已經從那個孔中流出去的水改爲從這個孔中流出去而已；如果不這樣做，則蓄水池中的水就會更多地外溢。同樣地，儘管用於修築鐵路的巨額投資使金融市場陷於一片混亂，但是我卻不能苟同這將使國家的生產性資源遭受巨大損失。鐵路支出只不過是資本轉手，絲毫不會造成任何損失或者破壞，這一想法一點也不荒誕（熟悉相關問題要點的任何人都不屑爭辯）。我們可以認爲購買土地的資本只是資本轉手，因爲付給代理人、律師、工程師和測量師的金錢，有一部分會被儲蓄起來，然後再次轉化爲資本，但是沉沒於鐵路的資本本身卻被損耗掉並且消失了；這種資本一經支出，就無法再用來支付工資，無法再用來養活勞工；從會計的角度來看，結果會有大量的糧食、衣物和工具被消費，而國家卻得到一條鐵路。不過我所要強調的是，修築鐵路的資本大多來自每年外溢的資本，這部分資本如果不用來修築鐵路，則很可能會被輸出國外或者消費掉，因而既得不到鐵路，也得不到任何其他有形的資產。一八四四年和一八四五年的鐵路投機活動或許拯救了英國，使之免於遭受利潤和利息下降帶來的後果，並且阻止了政府債券和私人債券價格的上漲，否則很可能就會引發更加狂熱的投機浪潮，當其後果因糧食歉收而進一步複雜化時，最終造成的危機很可能要比實際上所發生的更爲可怕。如果歐洲比較貧窮的國家不是在很大程度上依靠外國資本來修築鐵路，則鐵路建設狂熱很可能會造成比英格蘭更爲糟糕的後果。我們可以把世界各國的鐵路建設視爲對於溢出資本的一種爭奪，而這種溢出資本來自於英格蘭和荷蘭這樣一些資本充裕而利潤較低的國家。英格蘭的鐵路投機活動力圖把我們每年增加的資本留在國內；而其他國家的鐵路投機活動則力圖獲得英格蘭每年增加的資本。[2]

根據上述考慮可以看出，在任何富裕的國家中，因爲修築鐵路、建立企業、建造船舶、製造機器、開鑿運河、開採礦藏或者修建水利灌溉設施，從而把流動資本轉化爲固定資本，並不會減少國家的總產出或者勞工的就業水準。當我們考慮到資本的這些轉化具有生產改進的性質時，則可以斷定上述情況會得到極大的改善，資本的這些轉化不僅沒有最終減少流動資本，反而會成爲流動資本增加的必要條件，因爲正是它們才使得一個國家的資本能夠不斷增長，但又不使利潤下降至造成積累終止的水準。與固定資本不增加相比，一個國家任何固定資本的增加，最終幾乎總是使該國在其自身的範圍內擁有並且使用更多的流動資本；因爲幾乎任何固定資本均會降低勞工通常消費的物品價格。沉沒於土地永久性改良中的全部資本，降低了糧食和原物料的成本；幾乎所有機器設備的改進，都降低了勞工的服裝、住房或者生產這些物品的工具的價格，例如，鐵路等運輸工具的改進會降低所有長途販運的消費品的價格。在貨幣工資相同的條件下，如果勞工沒有提高他們的人口增長的比率，則上述所有這些改進均將使勞工的處境有所改善。不過，如果勞工提高了他們的人口增長的比率，而且工資隨之下降，那麼至少利潤會提高，同時積累會受到直接的激勵，並且在人們具有充分的動機輸出資本之前，會爲更多的資本創造投資機會。即使某些改進不曾降低勞工所消費的物品的價格，因此不會提高利潤，也無助於將資本留在國內，然而正如我們已經看到的那樣，透過進一步降低導致人們最終停止儲蓄的利潤最低水準（在進入停滯狀態之前），這些改進可以爲實際的積累保留比以前更大的邊際。

由此我們可以得出這樣的結論，生產改進以及向世界上無人居住或者人煙稀少的地區輸出資本，然後耕種較爲肥沃的土地或者開採礦藏，這並不像表面上看起來那樣會減少國內的總產量以及對於勞動的需求；與此相反，它們恰好是國內總產量以及對於勞動的需求賴以增長的主要原因，甚至是兩者得以長期大幅度增長的必要條件。在一定的相當寬泛的限度內，可以毫不誇張地講，像英格蘭這樣的國家，在這兩個方面投入的資本越多，它保留在國內的資本也就越多。

◆註解◆

[1] 參閱本書第一編第六章§二。

[2] 無須贅言，其後的事實非常充分地證實了我在本書中的觀點。英國的資本並未因大規模地沉沒於鐵路建設之中而使總量減少，反而迅速地重新外溢了。

第六章　關於停滯狀態

§一

我們在以上幾章中闡述了有關通常意義上的社會經濟進步的一般理論，即資本的增長、人口的增長以及生產技術的改進。但是人們在關注從本質上講並非是無限的任何一種前進運動的時候，並不滿足於僅僅探討這種運動的規律，而且還會不由自主地進一步發問：這種運動追求的是什麼目標？社會的產業進步正在把社會帶往何處？當進步終止時，預期人類將會處於什麼狀況？

政治經濟學家們總是或多或少地意識到，財富的增長並不是無限的，他們將前進中的終止狀態稱之爲停滯狀態，所有財富的增長只不過是在延緩停滯狀態的到來，財富增長的每一步，都是向停滯狀態趨近的一步。前面的論述讓我們瞭解到，這個終極目標隨時都有可能徹頭徹尾地展現在我們的面前；我們總是處於它的邊緣，而且我們之所以一直還沒有抵達終點，那是因爲終點總是在我們的面前向後退縮。對於最爲富有而且繁榮的國家來說，如果生產技術得不到進一步的改進，而且如果資本不再從這些國家流向地球上那些尚未開墾的或者尚未被良好地開墾的地區，那麼這些國家很快就會陷於停滯狀態。

對於最近兩代的政治經濟學家來說，最終也無法避免的停滯狀態——人類產業的涓涓細流終將不可抗拒地匯入表面平靜的大海之中——肯定是一種令人不快甚至沮喪的前景；因爲他們在論述中所採用的語調或者姿態，總是把經濟上美好的事物與前進狀態——而且僅僅與前進狀態——緊密相連。例如，麥克庫洛赫先生（Mr. M'Culloch），繁榮並非僅僅是指財富的大量生產以及合理分配，而是指財富的迅速增長；他以利潤的高低作爲檢驗繁榮的標準；由於他所謂的繁榮——即財富的增長——趨於降低利潤，因而在他看來，經濟進步必然趨於毀滅繁榮。亞當・史密斯則始終認爲，在財富陷於停滯狀態時，民眾的生活雖然也許並不是絕對的貧困，但必然是相當拮据的，只有在前進狀態中，民眾的生活才是令人滿意的。無論連續不斷的鬥爭可能將我們的末日的到來推遲多久，但社會的進步都必然會「擱淺並且陷於悲慘的境地」，許多人仍然認爲這個學說屬於馬爾薩斯先生的罪惡的發明，其實它是由馬爾薩斯先生的許多著名的前輩們所提出的或者所默認的，而且只有依據馬爾薩斯先生的理論才能對其加以有效地駁斥。在將人口論作爲決定勞動報酬的主動力量之前，人口增長實際上是被作爲恆量加以處理；即在人口處於自然以及正常的所有狀態下，人口必然會穩定增長，因此生活必需品的穩定增長對於全人類的物質享受來說極其重要。馬爾薩斯先生的著作的出版開創了一個新紀元，從此使人們對於此問題有了比較正確的看法；儘管該書的第一版帶有許多公認的錯誤，但是很少有人能超越他的成就，在之後的幾版中，馬爾薩斯先生對此做出了更爲正確和更加樂觀的預言。

即使對於歷史悠久的國家來說，在資本不斷增長的狀態下，也必須出於良知和遠慮對人口加以限制，才能防止人口的增長超過資本的增長，避免社會底層民眾的生活狀況進一步惡化。在全體民眾或者絕大多數民眾不曾下定決心防止生活狀況惡化的國度裡（這將決定能否維持現有的生活水準），即使處於前進的狀態，但最貧窮階層的生活狀況也會下降到他們必須忍受的最低水準。相同的決定同樣有效地維持著他們在停滯狀態下的生活狀況，而且似乎只有在停滯狀態下，人們才更有可能做出這種決定。的確，即使在現在，在人口控制方面做出最大努力的國家，往往也都是資本增長最爲緩慢的國家。在爲新增加的人口提供就業機會方面尚未受到限制的國家，人們就會認爲沒有必要進行這種富有深謀遠慮的限制。如果人們清晰地看到，要使新增加的人口實現就業，就必須替代或者繼承原來已經實現就業的人口時，那麼在遠見卓識與社會輿論共同的影響下，人們就會在某種方式上加強對於未來的一代人口的增長所做的限制，使其人數剛好能夠用來補充現在一代人口的數量。

§二　然而，我卻不能以傳統流派的政治經濟學家普遍表現出來的那種赤裸裸的厭惡之情來對待資本和財富的停滯狀態。我更傾向於相信，從總體來看，停滯狀態是對我們當前的狀態所做出的重大改進。有些人認為，人類的正常狀態就是生存競爭狀態，由彼此之間相互蹂躪、傾軋、衝突和接踵所構成的當前形式的社會生活，體現了人類的最佳命運，但絕非產業進步各階段中令人厭惡的一個階段。坦白地講，我並不贊同這種生活理念，它也許是文明進程中的一個必要階段，那些至今還幸運地沒有經歷這個階段的歐洲國家，最終也可能無法倖免。它是增長的伴生物，而非衰落的標誌，因為它並不一定會使人喪失崇高的志向和英雄的美德，正如美國在其偉大的南北戰爭期間以其全體民眾以及諸多傑出人物的行動向全世界所證明的那樣，也正如人們期待英國在某一同樣富有考驗意義而且令人激動的時刻也能向全世界所證明的那樣。但是它絕不是博愛主義者想要努力幫助實現的那種完美社會狀態。的確，在財富就是權力以及盡可能地發財致富已經成為人類共同理想的狀態下，這種狀態向所有人敞開了致富的道路，既無偏袒，也無歧視。但是就人類的本性而言，最佳的狀態應該是沒有人貧窮，沒有人想要更為富有，也沒有任何人以任何理由擔心由於他人奮力前行而使自己落伍。

毫無疑問，在較為理智的人士能夠透過實施教育促使其他人追求更加美好的事物之前，與其讓人類的頭腦因無所事事而生鏽或者遲鈍，還不如讓人們為發財致富而爭鬥，就像當初為戰爭而爭鬥那樣。如果人的頭腦是粗野的，則人類需要的刺激也是粗野的，那就給予人類這種刺激好了。與此同時，對於那些並未將當前人類進步的初級階段視為人類社會的終極形態的人們，也應該予以諒解，他們對於普通政客感到歡欣鼓舞的經濟進步——即單純的人口和資本的增長——持有相對冷淡的態度。就國家的獨立和安全而言，一個國家在這些方面不要過多地落後於鄰國是至關重要的。不過如果民眾不能從人口增長或者任何其他經濟的增長中得到利益，則這種增長本身就是無足輕重的。那些資財已經超出常人所需的富人們，消費物品的能力又翻了一倍，除增加他們炫耀富有的資本之外，幾乎不會或者根本不會為他們帶來任何快樂；或者每年都有一部分人從中產階級上升為有錢階級，從辛勤忙碌的富人變成遊手好閒的富人。我真的不明白，這一切究竟有什麼值得慶賀的。只有在世界上那些落後的國家中，增加生產才仍然是一個非常重要的目標；而在那些最先進的國家中，經濟上所需要的是更加合理地分配財產，而比較嚴格的人口控制則是實現財產合理分配的必要條件。單純依靠消除差別的各項制度，無論它們是否公平，都無法實現這一點；它們或許能夠降低社會上層人士的生活水準，但是它們本身絕不會永久性地提高社會底層的生活水準。

另一方面，我們不妨假設，將個人的深謀遠慮、勤儉節約與有利於財產合理分配的法律制度相互結合，便可以實現這一點；不過這種法律制度必須確保每個人能夠享有自己的勞動成果，而不論成果的大小。例如，我們曾經設想（根據前面某一章節中所提出的建議）[1]透過法律規定人們所獲得饋贈的財產或者繼承的財產，不得超過維持中等獨立生活所需要的數額。處於這種雙重的影響之下，社會將展現出以下主要特徵：勞工整體的收入高而且富有；除了在人的一生中所能賺得的以及積累的財產，不存在任何巨額的財富；比現在還要多的人不僅可以不再承受繁重的體力勞動，而且還可以不再從事繁瑣的機械性工作，人們擁有充足的閒暇時間，可以在身心兩方面培養高尚的生活情操，從而使自己成為成長於不利環境中的各階層人士的榜樣。這種社會狀況完全優於現在的社會狀況，它不僅與停滯狀態不相矛盾，而且似乎與停滯狀態自然地具有相同的淵源。

毫無疑問，如果生產技術進一步改進，同時資本增長，那麼對於世界來說，甚至對於古老的國家來說，都仍然存在實現人口大量增長的空間。不過，即使人口增長是無害的，但我也認為不存在需要促進人口增長的理由。目前，在所有人口最為稠密的國家中，人口的密度都已經達到了使人類能夠從合作和社會交往中獲得全部利益所必需的最大限度。即使每個人都能夠得到充足的食品和衣物的供給，但人口仍然有過於稠密之嫌。對於一個人來說，必須隨時展示自己的存在並非一件好事。使世界消除寂寞是一種極其糟糕的理念。寂寞，經常是從個人獨處的意義上講的，它是思想深刻和性格沉穩所不可或缺的；同時，沉浸於大自然的美麗與莊嚴之中的寂寞，是誕生思想與抱負的搖籃，這不僅有利於個人，而且還有益於社會。設想一個完全喪失了大自然生機的世界，人們毫無滿足感可言；每一寸能爲人類種植糧食的土地都將被耕種，每一塊草木蔥鬱的荒地或者天然牧場都將被翻耕，所有不適合人類馴養的野生禽獸都將因爲與人爭食而被滅絕，所有的林帶或者茂盛的樹木都將被砍伐，在農業改良的名義下，野生灌木和花草都被視爲野草而加以剷除。如果財富和人口的無限增長滅絕了地球賦予各種事物的絕大部分的歡樂，僅僅爲了使地球能夠養活更多但不是更好的或者更幸福的人口，那麼我便要爲了子孫後代的利益著想，並且眞誠地希望他們眞應該盡可能早一些地滿足於停滯狀態，而不要拖到最後才被迫滿足於停滯狀態。

無須贅言，資本和人口處於停滯狀態並不意味著人類的進步也處於停滯狀態。在這種狀態下，各種精神文化以及道德和社會的進步，具有與以前一樣廣闊的發展前景；生活方式的改進也具有與以前一樣廣闊的發展空間，而且當人們無須再爲生存而操勞時，生活方式實現改進的可能性必將大大加強。即使工業技術方面的改進也會與以前一樣得到精心地和成功地培育，但產業進步已不再僅僅以增加財富爲目的，它將發揮更合乎邏輯的作用，即縮短工人的勞動時間。迄今爲止，所有機械發明是否眞的減輕了人類每天繁重的勞動，仍然是很值得懷疑的。它們使更多的人口過上了同樣艱苦的和貧困的生活，也使更多的製造商和其他人得以發財致富。它們提高了中產階級的生活水準。但是它至今仍未發揮出由其性質和發展趨勢所決定的、促使人類命運發生重大變化的作用。公平的制度除外，只有當人口的增長由於人類具有遠見卓識而受到控制時，科學發明家的智力和精力對於大自然的力量的征服，才會成爲人類的共同的財富，並且成爲改進與昇華人類命運的手段。

◆註解◆

[1] 參閱本書第二編第二章§四。

第七章　論勞動階層的可能的未來

§一　進行上一章研究的主要目的是對人類社會一種錯誤的理念表示異議，告誡人們不要像現在這樣單純地強調增加產出，而應該更加重視進行合理分配與增大勞工報酬這兩項急需完成的任務。在總產出無論是絕對地還是相對地達到了一定的水準之後，立法者與慈善家就無須對其給予任何過多的關注，此時最爲重要的是，應該相對地增大參與分配的人數，而這（無論人類的財富處於停滯狀態，還是以某一古老國家所曾達到的最快速度在不斷增長）必須取決於人數最多的階級，即體力勞動者階層所擁有的想法與習慣。

我在這裡或者任何其他地方所提及的勞動階層或者把勞動者說成是一個階層時，總是按照習慣用法來使用這些術語，並且用它描述一種現存的而並非必要的或者永久的社會關係形態。我並不認爲一個存在著不勞動的階層的社會形態是公正的或者是有益的。除不能勞動的人或者透過努力工作光榮退休的人之外，每個人都應當承擔人類生活中的一部分的必要的勞動。然而，只要非勞動階層這個巨大的社會弊害仍然存在，那麼勞動者也就構成了一個階層，並且可以被說成是一個階層，儘管這只是權宜之計。

近來，人們從道德和社會的角度對勞動者的狀況所做的探討和議論比過去更多了；而且人們普遍認爲，現在勞動者的狀況不能令人滿意。人們對於一些枝節性的而非根本性的問題發表了諸多見解，並且展開了激烈的辯論，在體力勞動者所應享有的社會地位方面，顯然形成了兩種相互對立的理論：一種我們不妨稱之爲依附與保護理論；另一種則可以稱之爲自立理論。

根據前一種理論，在對窮人整體產生影響的所有事件中，窮人的命運都不應該掌握在他們自己的手裡。不應該要求或者鼓勵窮人獨立思考、自身進行反思或者展望，以及在決定他們命運的過程中發表具有影響力的意見。該理論認爲，考慮窮人的事情屬於上層階級的職責範圍，正如任何部隊中的司令與軍官應該對士兵的命運負責那樣，上層階級應該對窮人的命運負責。上層階級應該有意識地自覺履行此職責，他們的言行都應該使窮人產生信賴感，使窮人被動地或者主動地服從於爲其制定的規章制度，同時在所有其他方面信任地、無憂無慮地將自身託付給上層階級，在上層階級的保護下安居樂業。基於這種理論（該理論也適用於男女之間的關係），富人與窮人之間的關係只能有一部分是命令式的；大多時候應該是融洽的、合乎道德規範的、富有情感的：一方慈愛有加，另一方感恩戴德。富人應該是窮人的父母官，要像對待子女那樣對窮人加以教導和管束。窮人方面則無須有任何的自覺行動。除完成日常的工作、講求道德、信仰宗教之外，他們也不應該對窮人提出任何其他的要求。他們應該向窮人灌輸道德與宗教的精神，並且負責使窮人從中受到應有的教育，同時確保窮人的勞動和服從在衣、食、住、情操陶冶以及正當娛樂等各個方面都得到適當的回報。

這是那些不滿現實因而緬懷並且愧對過去的人們對未來所抱有的一種理想。與其他理想一樣，它對於那些從未以任何理想有意識地指導個人行爲的人們，在思想和情感方面產生了下意識的影響。這種理想在歷史上從未眞正實現過，這一點也與其他理想相同。它訴諸我們富有想像力的同情心，具有想要光復我們祖先美好時代的特徵。但是無論對於英國還是對於任何其他國家來說，都沒有任何一個時代的上層階級曾經履行過與該理論所倡導略有相似之處的職能。它不過是以此地或者彼地某些個人的行爲和品格爲依據而形成的一種理想。所有養尊處優、大權在握的階級，都會以此爲旗號，爲個人獲取私利，而且一直以自我爲中心，狂妄自大，根本瞧不起而不是悉心愛護那些他們認爲已經墮落的、不得不爲他們工作的人。我並沒有斷言，過去一直怎樣將來就一定仍然會怎樣，也沒有斷言人類的進步無法消除這種由權力滋生的強烈自私自利之心；不過即使這種罪惡可能會有所減輕，但是在權力本身被廢除之前，它是絕不會被消除。

所以，至少在我看來，遠在上層階級取得充分的進步並能夠以假想保護神的方式進行統治以前，下層階級就會取得更大的進步，因而根本不再需要這種統治。

我非常清晰地感受到了這種理論展示的社會場景所具有的全部魅力。雖然過去並沒有關於它的眞實原型，但是卻有著關於它的情感淵源。這種理論的全部眞實性僅存在於情感之中。由於人們從本質上厭惡完全以金錢利益爲基礎的關係和感情所維繫的社會，所以那種充滿深厚的個人情感和無私的奉獻精神的社會，很自然地就變得頗具魅力和令人嚮往。必須承認，保護者與被保護者之間的關係，向來都是產生這種情感的最豐富的源泉。一般來說，人類最強烈的情感往往發生於介於他們與某種可怕的災難之間的人或者物。因此在濫施暴力、毫無安全可言的蠻荒時代，對於那些無權無勢而又得不到保護的人們來說，生活中的每一步都充滿了危險與艱辛，而慷慨地提供保護以及滿懷感激之情地接受保護，便成爲連接人與人之間關係的最強有力的紐帶；由這種關係所產生的情感是最親密的；人類所有的激情和柔情都匯聚在它的周圍；一方所表現出來的忠誠與另一方所表現出來的騎士精神，均昇華爲人類情感之中的原則。我絕不想詆毀這些特質。人們所犯的錯誤在於沒有意識到這些美德與情感顯然與阿拉伯游牧民族的宗派精神和慷慨習俗一樣，都是野蠻並且很不完善的社會形態所特有；在缺少極大的危險、人們不需要保護的社會裡，無論是在國王與臣屬之間，還是在保護者與被保護者之間，都不可能產生如此可親、可敬的情感。在當前的社會形態下，具有正常體力和勇氣的人們，有什麼理由要爲所受到的保護表示最誠摯的感激之情和最恭順的效忠之心呢？今天，只要是在法律沒有遭到廢止的地方，法律就一定能夠爲人們提供保護。一般來說，處於某人的權力之下，現在並不會像從前那樣僅僅得到安全的保障，反而會遭受到殘酷的不公平對待。在通常需要得到保護的情況下，所謂的保護者正是需要嚴加提防的人。如今每一份有關殘忍和暴虐行爲的治安彙報所涉及的大多是丈夫欺凌妻子、父母壓迫子女這樣的事件。法律還不能阻止這種殘暴行爲，法律現在不過剛剛開始畏首畏尾地試圖對這些殘暴行爲加以防範和懲處；這並不是法律本身的過錯，而是立法者和執法者的奇恥大辱。擁有或者能夠獲得獨立生活條件的男人或者女人，除法律能夠提供並且應該提供的保護之外，不再需要任何其他保護。在這種情況下，如果有人仍然想當然耳地認爲據以提供保護的這種關係必將永遠存在，但卻看不到在不需要什麼保護者保護的前提下，保護者行使保護的職責和權力必將引發與忠順相反的情感，那麼這些人就太不瞭解人的本性了。

可以肯定地講，至少在較爲先進的歐洲國家中，工人不會再屈從於宗法式或者家長式的政治制度了。情況之所以如此，那是因爲現在工人已經接受教育，有機會閱讀報紙和政論書籍；因爲各種持不同政見的人已經深入工人之間，展示他們反對上層階級所宣傳的和倡導的信仰能力與情感；因爲人數眾多的工人已經聚集在同一場所，從事社會化的生產；因爲鐵路交通已經使工人能夠便利地調整工作地點，從而使工人能夠像更換自己的上衣那樣更換自己的老闆和雇主；因爲工人已經受到激勵，認識到可以透過選舉在政府中謀得一席之地。工人階級已經開始自己管理自己的利益，並且不斷地向世人表明，他們認爲他們雇主的利益並非與他們自己的利益相互一致，而是相互對立。上層階級中的某些人士自認爲可以透過道德和宗教教育對此予以修正，不過他們爲達到這個目的所做的努力並不成功。與閱讀和寫作一樣，宗教改革的原則已經被社會底層的民眾所掌握，窮人不再接受由別人規定的道德和宗教。我們的討論主要針對英國的情況，特別是有關英國城市人口以及蘇格蘭和英格蘭北部農業最爲發達、工資水準最高的地區的情況。而在比較守舊、現代化程度偏低的南部各郡，貴族們也許仍然可以在較長的一段時間內設法使窮人像過去那樣忠誠並且服從他們，辦法是，一方面用高工資和穩定的職業安撫窮人，另一方面又要替窮人撐腰，不要求窮人做他們不願意做的事情。不過這兩個條件從未長久地也絕不可能長久地相互聯繫在一起。事實上，只有強迫窮人工作，並且至少進行道德上的規勸以抑制人口的過快增長，才能確保窮人的生存條件。因此，那些對於古代一無所知但卻渴望復興的人們將切實地發現，他們所要完成的任務實在是希望渺茫。當前迫切需要的是實施《濟貧法》，這必將使力圖透過撫慰窮人以重建宗法封建制度的夢想澈底破滅。

§二　從今以後，勞動者的幸福和德行必然分別建立在完全不同的基礎之上。窮人們已經擺脫了拽著繩索學步的辦法，不再接受家長式的管教或者對待。現在必須讓窮人們發揮自己的才能以掌控自己的命運。現代國家將不得不接受教訓，認識到一個人的幸福取決於某位公民是否得到公正的對待，以及是否具有自我管理的能力。依附理論試圖消除從屬階級的這種能力，但是從屬階級地位上的依附性現在已經日益減小，同時他們的頭腦中殘存的依附精神已經日漸衰退，他們迫切需要獨立。今後，在給予他們建議、勸告或者指導時，必須將他們視為地位平等的人，必須尊重他們的知情權。勞動階層的未來取決於勞動者能夠在多大程度上成為理性的人。

我們沒有理由認為希望過於渺茫。的確，這方面的進展至今一直都很緩慢，而且現在仍然非常緩慢。但是，一種自發的教育運動正在民眾中興起，它可以在人為的幫助下得到極大的促進。雖然來自於報紙和政治書籍的教育不是最為扎實的和可靠的教育，但是與根本沒有教育相比，這卻是一種巨大的進步。這種教育對於民眾所造成的影響，可以從棉花危機期間蘭開夏郡紡紗工和織布工的表現中略見一斑，他們始終通情達理，富有忍耐精神，得到了應有的讚賞。這只是因為他們閱讀了報紙，瞭解到造成災難的原因與雇主和政府並無關係。如果這場危機爆發於政府尚未採取有效的財政措施以及對廉價報紙的發行給予扶持之前，則工人的行為是否還會具有這樣的理性以及這樣值得效法，就很難斷言了。舉辦辯論會、演講會、公共問題討論會，組建工會，開展政治宣傳等，所有這一切都有利於提高民眾熱心公益事業的覺悟，有利於在民眾中傳播先進思想，並促使有識之士進行深刻的思考與反省。雖然知識水準極低的階級過早地獲得選舉權，不但不會促進反而會阻礙他們的發展，但是毫無疑問，爭取選舉權的鬥爭本身會極大地激發他們的進取心。與此同時，工人階級現在已經成爲民眾的組成部分；他們或者他們當中的部分人，現在已經成爲所有公共事務討論會的參與者；出版物的所有發行者，都可以把工人階級作爲發行對象；中產階級獲取資訊的途徑，現在至少城市工人也能夠利用。毫無疑問，在擁有這些資源的情況下，即使無人幫助，工人也會變得比以前更爲理智；同時，有理由相信在政府與個人的努力之下，學校教育的品質和數量將會大爲改觀，與放任自流相比，這將使民眾的思想覺悟以及與之密切相關的道德修養提高得更爲迅速和順利。

我們可以很有把握地預期，工人階級知識水準的提高將帶來以下影響。首先，他們甚至將比現在還不願意接受權威人士、顯赫的上層人士的指教、管制以及爲他們所制定的人生準則。如果他們現在已經沒有了服從上層階級的敬畏之心和宗教情感，那麼今後，他們將會更是如此。依附和保護理論對他們來說將越來越難以忍受，他們將要求由自己掌控自己的行爲和生活。其次，在許多情況下，他們很可能會要求國會干預他們的事務，要求法律對於與他們相關的各種問題做出規定，儘管他們對自身利益的看法常常不夠成熟。然而，他們會要求國會按照他們自己的意願、想法和建議，而不願意服從由其他人爲他們制定的規章制度。再次，與此完全不相矛盾的是，他們會尊重富有才能與知識的人士，並且願意在任何問題上認眞聽取這些人的意見。這種尊重深深地根植於人性之中；不過他們將自行判斷究竟誰值得尊重或者不值得尊重。

§三　在我看來，這似乎不大可能。不過，隨著工人階級智力水準、教育程度和自立精神的提高，他們的行爲習慣將變得更具有遠見，從而使人口相對於資本和就業機會的比率逐漸下降。直接體現當代良好發展趨勢的另外一種變化，將使這一最爲令人滿意的結果加速，即兩種性別的人都得到了在產業部門就業的機會。使窮人不再依附於富人的種種原因，也同樣促使婦女不再依附於男人，而且從正義的角度講

（當相對的保護變得多餘時），法律和習俗無論如何都不應該迫使能夠獨立生活的婦女依附於他人，即不應該迫使未繼承財產的婦女除爲人妻或者爲人母之外，再無其他的謀生方式。如果婦女願意僅爲人妻或者僅爲人母，當然可以聽之任之；但是，如果絕大多數婦女只能在家裡從事較爲卑微的工作，卻別無其他選擇，那就太不公正了。我們早就應該意識到，以純屬偶然的性別爲依據賦予男女不平等的權利，或者強行規定不相同的社會職能，這種做法已經成爲阻礙道德、社會乃至人們智力進步的最大障礙。現在，我只想指出的是，婦女獲得獨立的社會地位將在很大程度上消除人口過剩這個弊害。繁殖——這種動物的本能——之所以能在人類的生活中一直扮演著重要的角色，正是因爲有一半的人口專門執行這種本能，這已經成爲女性的終生職能，同時又與男性的幾乎全部生活目標糾纏在一起。

§四　在英國的現行制度之下，工人階級勢力的擴大和地位的提高以及人數上優勢的加大，正在迅速賦予多數民眾表達他們反對政府行爲的意志，這一切將產生什麼樣的政治後果等問題，其涉及的範圍很廣泛，我們這裡並不準備進行深入討論。不過如果僅從經濟的角度加以考慮，那麼雖然工人階級智力水準的提高以及法律進一步的完善，也許會使產品的分配更加有利於工人階級，但是我卻認爲，他們絕不會甘心永遠處於被僱用的地位。爲了能夠成爲雇主，他們也許願意先當雇工，但是卻不會願意一輩子都當雇工。在財富與人口都在迅速增長的新興國家，例如美國和澳洲，勞動者一般都是先當雇工，幾年以後開始獨立工作，最後成爲雇主。但是在人口稠密的古老國家，那些一開始便當雇工的人，如果不淪爲政府救濟對象，則一般來說，是會當一輩子雇工。在人類發展的現階段，平等的理念正日益廣泛地在窮人中間傳播，要想阻止它的傳播已經不再可能，除非完全取消出版自由，甚至完全取消言論自由。因此我們可以斷言，人類不可能永遠地劃分爲兩個世襲的階級，即雇主階級和雇工階級。這兩個階級之間的關係不僅對於雇工來說不能令人滿意，而且對於雇主來說也同樣不能令人滿意。如果富人將窮人視爲天經地義的奴僕和隨從，則反過來，窮人也會把富人看成是捕食的對象或者放牧的草場；他們的需求與期望的目標不僅漫無邊際，而且得寸進尺。在兩者的相互關係中，絲毫都不存在正義或者公平，正如雇主對雇工的評價也如雇工對雇主的指責那樣。我們徒然地在工人階級整體中間尋求彰顯公正的舉動，即以良好的工作對高工資加以回報；他們大多只想盡可能多地索取，盡可能少地回報。雇主與雇工之間朝夕相處的親密關係總有一天會無以爲繼，因爲兩者的利益與情感是相互對立的。資本家的利益之所在幾乎與工人的完全相同，他們都把產業經營活動建立在了同樣的基礎之上，即要使那些爲他們工作的人像他們爲自己工作那樣，對工作充滿濃厚的興趣。

我們在本書前面關於小型土地所有者和自耕農的討論中所陳述的觀點，可能會使讀者認爲我們建議透過廣泛地分散土地所有權的方法，以使農業勞工至少免於完全陷於傭傭勞動制的關係之中。然而，這並非本書的初衷。的確，我認爲農業經濟形態遭受到毫無根據的詆毀，並且就其對人類幸福的總體影響而言，它遠比目前所存在的任何形式的僱傭勞動關係更爲可取。因爲這種經濟形態頗具遠見地對人口直接產生了抑制作用，並且經驗證明很有成效；而且在英國或者任何其他古老的國家中，無論從社會保障、獨立地位的角度來講，還是從發揮動物本能之外的任何其他才能的角度來講，自耕農的狀況都絕對優於農業勞工的狀況。在自耕農制度已經存在，其運作也基本令人滿意的地方，如果人們迂腐地認爲農業改良在各種不同的條件下都一概適用，因而可以在人類目前的智力水準下廢除自耕農制度以便爲建立其他制度鋪平道路，那麼我將對此深表遺憾。我認爲，在像愛爾蘭那樣產業發展處於落後狀態的地區，與其完全採用僱傭勞動制度，不如採用自耕農制度，以便更爲有效地使一個民族擺脫閒散、浮躁的半蠻夷狀態，提高吃苦耐勞、深謀遠慮的能力。

但是，一個民族一旦在製造業或者農業中採用大規模的生產制度之後，就不會再輕易地放棄它；而且只要人口與生活必需品的供給相適應，人們也就不應該再放棄它。毫無疑問，在大規模工業企業制度下，勞動具有更高的生產能力；雖然產品的絕對數量不一定加大，但是相對於勞動消耗的產品數量一定會加大，人們付出較少的辛勞就可以享受到較多的閒暇，就可以在生活水準不變的條件下供養相同的人口；這是一種整體利益，一旦文明與進步發展到今天這種程度，整體的利益也就變成了構成整體的每個個體的利益。同時，從這個問題道德方面的意義來看，這比經濟方面的意義更爲重要，應該將更爲良好的道德狀況作爲產業進步所追求的目標，或者將地球上的人們分割成一個一個獨立的家族，而每一個家族均由專制的家長進行統治，與本家族之外的其他人幾乎沒有共同利益，也沒有必要進行思想交流。在這種情況下，家長對於家族其他成員的統治是絕對的；同時他往往把利益集中於自己的家族，並且將其作爲一種自我的擴張，以家族財產爲中心，全身心地投入到如何爲本家族獲取利益並保存財產。當然，我們可以欣慰地將這種道德狀況視爲人類擺脫純粹的動物形態向人類形態邁出的一步，視爲人類擺脫動物本能向深謀遠慮和自我約束邁出的一步。不過，如果我們希望得到的是熱心公益事業的精神、寬宏大量的或者眞正的正義與和平，那麼有助於培養這些美德的環境就不再是與利益無關的環境，而是攸關利益的環境。產業改進的目標並不是使人們老死不相往來，而是使人們在沒有依附關係的前提下相互合作或者相互服務。迄今爲止，那些自食其力的人，或者單純是爲自己勞動的人，或者單純是爲雇主勞動的人，他們別無其他選擇。但是文明與進步對於合夥經營的影響以及大規模生產的效率與經濟性所帶來的成果，不必將生產者劃分爲利益和情感相互對立的兩個部分即可獲得；大多數在提供資金的某人的命令下工作的人，除透過提供盡可能少的勞動所賺取的個人工資之外，無法在企業中獲取其他任何利益。過去五十年間人們對於這個問題的研究與討論以及過去二十年間所發生的事件，都充分證實這一點。如果即使殘暴的軍事獨裁統治者也只能延緩而不能終止這種進步，則毫無疑問，只有那些道德素質低下不適合獨立工作的人，才會淪爲僱傭勞動者；

而雇主與工人之間的關係將會逐漸地被合夥關係所取代，比如，在某些情況下，是勞工與資本家之間的合夥經營，而在另外一些情況下，則最終很可能完全成爲勞工之間的合夥經營。

§五　第一種形式的合夥經營已被實踐很長一段時間，誠然，它尚未形成規範，還屬於某種例外。在行業的若干部門中已經存在這種實例，每一位以勞動或者金錢等資源對企業做出貢獻的人，都按其貢獻價值的比例享有企業合夥人的利益。同時，拿出一定百分比的利潤獎勵特別值得信賴的人已經成爲慣例，此項原則貫徹應用於純粹的體力勞動者階層，也獲得了極大的成功。

在前往中國開展貿易的美國船隻上，長期以來形成的慣例是，每一位船員都享有該次航行所獲利潤的一部分。據說，正是由於這個原因，船員們的品行一般都很好，極少與當地政府或者民眾發生衝突。英國的康沃爾礦山也屬於這方面的實例，不過它雖然值得稱道，但卻鮮爲人知。「在康沃爾郡，礦山嚴格地按照合夥經營制度開採；礦工們與礦主的代理人簽訂合約，根據合約開採某一段礦脈，然後把礦石運到市場上出售，並從礦石的銷售款中獲取報酬。合約的期限通常爲兩個月，熟悉礦山的人們自願組建合夥團體簽訂合約。這種制度的缺點是，收入不夠穩定而且也缺乏規律性，以至於需要長期依靠借貸生活；不過這種制度的優點也很突出，足以補償上述缺點而且有結餘。在這種制度下，康沃爾礦山工人的智力、道德和獨立精神都得到了提升，從而使他們的狀況和特性均遠遠地高於勞動階層的一般水準。巴勒姆博士（Dr. Barham）告訴我們說：『作爲一個階級的組成成員，他們是聰明能幹而且富有知識的工人。』他還說：『他們有點像美國人，具有獨立的性格，合約所採取的制度賦予簽約人充分的自由，可以自行做出各種安排，以至於每個人都認爲自己是他那小企業的合夥人，能夠在幾乎平等的條件下與其雇主打交道。』……既然他們聰明能幹、富有獨立精神，因而當我們聽到有關他們情況的以下報導時並不感到奇怪。『現在，大部分礦工都在租賃的土地上建造了住宅，期限爲三代人或者九十九年；康沃爾儲蓄銀行的存款總額爲二十八萬一千五百四十一英鎊，據估計，其中的三分之二屬於礦工的存款。』」[1]

巴貝奇先生（Mr. Babbage）也對這種制度做過介紹，他觀察到，支付報酬給捕鯨船船員的原則與此相同。「在英格蘭南部沿海，捕魚所得的利潤按照以下方式分配：捕獲量的一半歸漁船和漁網的主人，另一半在船員間平均分配，不過船員有義務幫助修補漁網。」巴貝奇先生的重要貢獻在於，他指出把這個原則普遍地應用於製造業是可行的，而且是有利的。[2]

巴黎的一位房屋油漆商勒克萊爾先生（M. Leclaire），[3]大約十六年前進行過一項性質與此相類似的試驗，並在一八四二年出版的一本小冊子中對此加以介紹，引起一些人的關注。根據他的描述，他平均需要僱用二百名工人，以普通的方式支付固定的工資或者薪資。而他自己的報酬則除資本的利息之外，還包括一筆固定的收入，以補償他作爲經理所付出的勞動和所承擔的責任。剩餘的利潤在年終按照每個人薪資的比例，在全體人員之間進行分配，包括他本人在內。[4]導致勒克萊爾先生採用這種制度的原因很有啓發意義。當初，在不滿意工人的表現時，他先是提高工人的工資，想要以此激勵工人努力工作，或者不輕易辭職、另尋出路。「他希望這樣做能夠在某種程度上提高企業的穩定性，從而使自己不再過於操心，但是結果卻使他非常失望。只有當他親自對每一件事情——從經營的總體方案到細枝末節——都予以監督、過問時，他才能略感放心；而一旦營業額增加，他只能發布命令、聽取彙報而無暇旁顧時，從前那些令人煩惱的情況便又會重新出現。」（轉引自《錢伯斯雜誌》登載的小冊子的摘錄[5]）他僅僅輕描淡寫地提及使實業家煩惱的其他事情，但是卻把工人不努力工作造成的巨大損失稱爲困擾實業家的心病。雇主「會發現某些工人根本不關心雇主的利益，以至於他們所完成的工作量還不及他們所能完成的三分之二；雇主因而陷於無窮的煩惱之中。眼看自己的利益遭到忽視，雇主相信工人是在合謀使他破產。如果雇工的工作有保障，那麼雇工的處境在某些方面可能會比雇主的更令人羡慕。因爲無論事情做多做少，他們每天都能夠得到一定數額的工資。他們無須承擔任何風險，除他們的責任感之外，沒有任何其他激勵迫使他們感到有必要努力工作。而另一方面，雇主的收益則在很大的程度上取決於運氣，並且他還經常處於煩惱和憂慮之中。如果能夠透過某種共同滿意的紐帶，例如年度分紅制度，將雇主與雇工的利益相互聯繫在一起，則情況就完全不同了」。

勒克萊爾先生的試驗在全面開展的第一年就獲得了很大的成功。那一年，他的雇工凡是工作達到三百天的，沒有一個人的收入少於一千五百法郎，而部分人的收入遠遠高於此數目。勒克萊爾先生規定的最高日工資爲四法郎。換言之，工作三百天應該賺得一千二百法郎，因而多出的那三百法郎或者十二英鎊，一定是工作滿三百天的雇工所分得的最低的剩餘利潤。勒克萊爾先生生動地描述他的工人在習慣和品行方面所取得的進步，這些進步不僅在工作時間以內以及與雇主的關係方面有所表現，而且在其他時間以及與其他人的關係方面也有所表現。因爲他的工人不論對他還是對其他人都更加尊重了。舍瓦利耶先生（M. Chevalier）在一八四八年出版的一本著作中，[6]根據勒克萊爾先生的某主管人士的看法指出，即使從金錢的意義來講，工人幹勁的增加也完全補償了他爲工人所放棄的利潤。維利奧姆先生（M. Villiaumé）在一八五七年觀察到，[7]「雖然在他那一行中欺詐行爲非常普遍，但是他卻從來不欺詐，他總是能夠在競爭中站得住腳並且獲得相當可觀的收入，儘管他放棄了很大的一筆利潤。他之所以能夠做到這一點，全靠他的工人所具有的非凡的主動熱情，全靠工人之間的相互監督，這對於他因僅滿足獲取部分利潤而做出的犧牲給予了完全的補償。」[8]

巴黎某些其他雇主競相效仿勒克萊爾先生的做法，也都取得了巨大的成功；我可以從前面提及的《政治經濟學新論》（法國當代政治經濟學家諸多傑出的政治經濟學著作中最爲優秀的一部）中摘錄幾個比較突出的實例，以說明這種令人欽佩的方法所帶來的經濟方面的利益與道德上的提升。[9]

在《有限責任法案》得以通過之前，人們認爲在英國不可能採用勒克萊爾先生的這種做法，因爲依據以前的法律，如果工人不承擔與虧損連帶的責任，就不能分享利潤。該法案的通過是立法方面的一大進步，它所帶來的好處之一就是使上述合夥經營成爲可能，因而現在可以正式採用合夥經營這種模式了。梅塞・布里格斯兄弟公司已經邁出了第一步，該公司經營位於紐克郡諾曼頓附近的惠特伍德與梅斯利兩座煤礦。他們提出由一家公司經營這兩座煤礦的方案，該公司三分之二的資本仍然由他們自己掌握，剩下的三分之一資本則分成小股，請「本企業的正式員工」優先認購；更重要的是，他們向股東建議只要年利潤超過百分之十，就將超過部分的一半在職員與工人之間分配，不論是否爲股東，企業的所有員工都有權按照工資的比例分享這部分利潤。這些大型雇主的做法令人肅然起敬，由他們首創的這種制度既對被僱用的員工有利，也對社會的進步有利。這些雇主們說：「可以相信，採用所建議的這種按比例分配的模式，將大大增加企業成功的因素，股東的紅利不但不會減少，反而會有所增加。」這表明他們對於這種模式充滿了信心。

§六　然而，如果人類保持不斷進步，則最終占據統治地位的合夥經營方式，不應是作爲主人的資本家與不享有管理權的工人之間的合夥經營，而應是勞動者自己建立在平等地位基礎之上的合夥經營，即工人們共同擁有企業的資本，透過選舉產生並且得以罷免企業經理。只要這種想法還僅僅停留在理論上，或者還僅僅存在於歐文（Owen）或者路易・布朗（Louis Blanc）的著作中，則以通常的判斷方式推斷，它是無法被實現的，甚至是無法被嘗試的，除非爲了勞工的權益而奪取、沒收現有的資本；即使在現在的英國和歐洲大陸，仍然有許多人認爲——還有更多的人假裝認爲——奪取並沒收現有資本就是社會主義的宗旨和目標。但是人民大眾具有奮發圖強、堅韌不拔的力量，在未受到某種偉大思想或者高尚情操的感召時，並不會顯示出自己的力量。一八四八年的法國大革命就是這種力量的一次顯示。當時，這一偉大國家的工人階級中理智並且無私的優秀分子，似乎第一次得以由他們爲大多數人的自由與尊嚴而精心設計的一個政府，這個政府不再認爲工人爲資本所有者的利益勞動並且充當生產工具是天經地義與合法的事情。以此爲契機，社會主義者們所表述的思想，透過合夥經營使勞動者獲得解放，發揚光大並開花結果。許多工人不但下定決心不再爲店主或者工廠老闆工作，而是爲大家工作，同時也不惜付出任何艱辛與勞苦使自己獲得自由，並且不再必須從產業的產出中爲資本的使用而繳納沉重的稅；他們爲消除這種稅所採取的方法，並不是剝奪資本家的資本，或者剝奪前輩們透過勞動和節儉所賺取的資本，而是運用正當的手段自行賺取的資本。如果只有少數工人試圖完成這項艱苦的任務，或者儘管有許多工人這樣做了，但是只有少數工人獲得了成功，那就不應該把這種制度看作是某種具有永久性的工業組織的形式。然而，暫且不談失敗的情況，現在或者不久之前，僅在巴黎就有一百多家成功的工人合夥企業還相當興旺發達。此外，在其他行政區也有多家與此相類似的企業。H．福格萊（H. Feugueray）出版一本名爲《製造業工人與農業工人的合夥企業》的書，簡略介紹了這些企業的發展歷史及其經營模式，很有啓發意義。英國的報紙經常表明，巴黎的工人合夥企業均已破產。寫出這種報導的人，似乎把這類企業的敵人在其成立之初所做的預言錯誤地認定爲事實了，因此我認爲有必要從福格萊先生的著作中引證幾段文字來說明事情的眞相。實際上，這些報紙的報導不僅與眞實情況多有不符，而且還與眞實的情況剛好相反，事態的發展也進一步證實了這一點。

大部分這類合夥企業的資本，最初只是創建者隨身攜帶的幾件工具，以及他們能夠籌集的或者從與他們一樣貧窮的工人那裡借到的少量資金。在某些情況下，共和政府也向它們提供貸款，不過一般獲得這種貸款的合夥企業，或者至少在成功以前獲得貸款的合夥企業，似乎並沒有成爲最爲興旺發達的企業。表現得最出色的工人，他們除自己的綿薄之力與工友的少量借款之外一無所有，他們過著極爲清苦的生活，卻把全部節省下來的資金用於資本積累。

福格萊先生說：[10]「企業資金匱乏，經常發不出工資。貨物銷不出去，欠款收不回來，票據不能貼現，原料庫空空如也；工人們不得不忍受艱難困苦，儘量削減一切開支，有時僅僅依靠麵包和水維持生活……。正是在困苦和憂慮的煎熬之下，這些創業時幾乎身無分文而只有良好願望和一雙手的人，終於招來了顧客，獲得了信用，擁有了自己的資本，建立起了發展前途穩定且可靠的合夥企業。」

下面詳盡引述的是這類合夥企業中某家企業的發展史，讀來令人感嘆不已。[11]

業內人士都很清楚，建立一家鋼琴生產企業需要投入大量的資本，一八四八年有數百名工人聯合起來準備組建一家大型企業，並選出代表，請求政府提供三十萬法郎（一萬二千英鎊）的補貼款，這占了國民議會所批准的補貼款總額的十分之一。我當時作爲該項資金分配委員會的一名成員，曾經試圖使這兩位代表認識到他們的要求太過分了，但是經過兩個小時的努力卻沒有獲得任何效果。他們絲毫不爲所動，並且回答說，他們的行業是個特殊的行業；只有投入大量的資本才有可能獲得成功；三十萬法郎剛好能夠滿足要求，一分錢也不能少給。當然，委員會最終拒絕了他們的要求。

在要求遭到拒絕之後，建立大型企業的計畫似乎成了泡影。但是，有十四名工人決定自行建立一家合夥的鋼琴生產企業，令人感到驚訝的是，其中竟然包括那兩位代表之一。對於這些自己沒有資金也籌措不到資金的人來說，該項計畫的確包含著巨大的風險；不過，信仰終歸是信仰，它對於一切是絲毫不顧及的。

於是，這十四名工人就開始做起來。下面我將引述科夏特先生（M. Cochut）發表在《民族日報》上的一篇精彩文章，以說明他們最初是怎麼做起來的。我可以爲這篇報導的準確性提供擔保。

有幾個從前獨立經營的人帶來了一點工具和材料，價值約二千法郎（合八十英鎊）。此外，還需要一筆流動資金。每個人都想盡辦法各拿出十法郎（合八先令）。一些未參與合作的工人也捐獻了一些錢，以示支持。總共籌集到二百二十九點五法郎（合九英鎊三先令七點五便士）之後，一八四九年三月十日，這家企業便宣告成立。

這筆錢少得連維持開業以及支付一個作坊有限的日常開支都不夠。企業根本沒有多餘的錢可以用於支付工資，所以將近兩個月，工人們的手頭分文皆無。這期間他們是如何生活的呢？他們與失業工人一樣，靠分享在業工人的收入生活，或者靠一點一點地出賣和典當自己的少許物品生活。

他們終於完成幾件訂單，並於五月四日收到貨款。對於他們來說，這一天就像是在開業期間打了一場大勝仗一樣，他們決定爲此慶祝一下。等付清所有到期的債務後，他們每個人都分得了六法郎六十一生丁。他們一致同意，每個人只領五法郎（合四先令）作爲工資，而用剩下的錢辦一次聚餐。大約一年沒有喝過酒的十四位股東，帶著妻子、兒女一起參加了聚餐。每家花掉了三十二蘇（合一先令四便士）。在他們的作坊中提起這一天，人們仍然會激動萬分，連聽眾也會受到感染。

在其後的一個多月的時間裡，他們十分滿意地每人每週分到五法郎。六月中，一位麵包店老闆不知是出於喜愛音樂，還是想要進行投機，提出要購買一架鋼琴，但是不用現金而是用麵包支付貨款。商定的價款爲四百八十法郎。這對於企業來說也算是一種幸事，他們好歹有了可以糊口的東西。他們決定不把麵包計算在工資以內。每個人能吃多少就吃多少；或者更準確地說，每個家庭能吃多少就吃多少，因爲已經成家的股東可以免費將麵包帶回去與妻子、兒女共享。

在此期間，由優秀的工人組建的這家合夥企業，逐漸克服了創業之初所遭遇到的艱難困苦。企業的帳目充分顯示，它的鋼琴已經贏得了買方的信賴。從一八四九年八月開始，每位合夥人每週的報酬逐步上升，先是十法郎，後來是十五法郎，再後來是二十法郎；即使每人每週分得二十法郎，他們也並沒有把賺得的全部利潤都分光，每位合夥人保留在共同資本中的利潤比分得的利潤還要多。的確，每位合夥人的實際處境是不能僅用他們每週得到的報酬加以衡量，還要用他們以股東的身分在已經形成的企業資產中所占的份額加以衡量。下表是該企業在一八五〇年十二月三十日盤點存貨的情況。

當時的股東爲三十二人，用二千法郎租借的寬敞的車間和倉庫已經不夠用了；這是他們不可分割的資本，也是企業每位成員的儲備。當時該企業正在加工七十六架鋼琴，同時還收到一些無力承接的訂單。

透過後來的一篇報導我們瞭解到，這家企業最終又分成了兩家獨立的合夥企業，其中的一家在一八五四年已經擁有了五萬六千法郎（合二千二百四十英鎊）的流動資本。[14]到一八六三年，其資本總額已經達到六千五百二十英鎊。

這些合夥企業在建立之初的困境中所表現出來令人欽佩的素質，在它們後來日漸昌盛的發展過程中得以保存下

	法郎	生丁
自有工具的價值	5,922	60
他們擁有的貨物，尤其是原物料的價值	22,972	28
他們擁有的現金	1,021	10
他們擁有的票據	3,540	
應收帳款[12]	5,861	90
資產合計	39,317	88
借款	4,737	86
欠八十位支持者的款項[13]	1,650	
負債合計	6,387	86
餘額 （折合）	32,930 （1,319英鎊）	2 （4先令）

來。它們的規章制度非但不比一般企業寬鬆，反而更加嚴格；並且由於這些規章制度是由工人自行制定，且是爲了大家共同的利益而制定，而不是爲了具有相反利益的雇主制定，因而被工人們更爲嚴格認眞地遵守，在不損害個人價值和個人尊嚴的前提下，自覺自願地予以遵守。這些聯合起來的工人，很快就修正了他們最初抱有的那些違反理性和經驗的偏見。幾乎所有合夥企業最初都拒絕採用計件工資制，不管做多做少一律給付相同的工資。現在則幾乎所有的企業都終止了這種做法，而是在支付給每位工人足以糊口的固定數額的最低工資的基礎上，根據每人的工作情況分配所有其他的報酬，大多數企業甚至還在年底按照每位工人的收入成比例地分配利潤。[15]

這些企業大多公開宣稱信奉以下原則，即它們的存在並非僅僅是爲了增加單個成員的私人利益，而是爲了促進合作事業的發展。因此，隨著營業額的擴大，它們不斷吸收新的成員（當它們仍然效忠初始綱領時），這些新成員並不像僱傭勞動者那樣僅僅領取工資，而是立即享受企業的全部利益。除勞動之外，並不要求他們爲企業做出什麼貢獻，而只是要求他們服從這樣一個條件，即進入企業最初的幾年裡，在年終分紅的時候只領取較小的份額，以表示自己也像創業者那樣做出了一定的犧牲。成員有退出的自由，但退出時不得帶走資本，因爲資本是不可分割的共同財產，成員只能暫時使用，但不能隨意處置。大多數企業的章程都規定，即使企業解體，也不得分配資本，而應把資本全部捐獻給慈善事業或者公共事業。每年都要將固定比例的（而且一般來說是很大的比例）利潤納入企業的資本之中，或者用來償還以前的借款，而並不進行分配；還要從年利潤中保留一部分用於救助病殘的成員，並且保留一部分用於進一步發展合作事業，或者援助其他遭遇困難的企業。經理與其他成員一樣也領取工資，只不過他的工資通常最高，但是嚴禁經理利用職權謀取私利。

這類企業在創建之初就與單個的資本家開展了有效的競爭。關於這一點，福格萊先生指出，[16]「在過去的兩年裡（福格萊先生是在一八五一年寫下這段話的）建立起來的企業還有許多困難需要克服，它們大部分幾乎完全沒有資本，正在前人從未走過的道路上摸索前行，與發明家、創業者一樣，需要承擔各種風險。儘管如此，在已經建立起工人合夥企業的許多行業中，它們已經成爲了老商號的可怕的競爭對手，並因而引起一部分資產階級的怨憤。這不僅對於餐館、檸檬飲料店、理髮店等具有民族傳統的適合合夥企業發展的行業來說是這樣，而且對於不具備這種有利條件的行業來說也是如此。你只要向靠背椅、扶手椅和文件箱的生產商們打聽一下，就會知道在他們各自的行業中影響力最大的企業是不是工人合夥企業了。」

這些合夥企業確實具有非常強大的生命力，其中約二十家企業不僅頂住了反對社會主義的浪潮（當時這種浪潮敗壞了工人爲謀求獨立所做出的一切努力獲得的聲譽）的衝擊，頂住了員警的騷擾以及政權遭受篡奪並易主之後的政府的敵對政策，而且還克服了一八五四年至一八五八年間金融與商業危機所帶來的所有磨難。一些企業甚至在克服這些磨難的過程中還得以發展。前面所列舉的許多實例都充分證明了這一點，在這種情況下，誰還能懷疑合作原則所具有的光輝燦爛前景呢？[17]

合作組織並非僅僅發端於法國。暫且不談德國，就是在皮埃蒙特或者瑞士（瑞士的「蘇黎世消費者聯合會」是歐洲最成功的合作團體之一），甚至在英國也有許多成功的實例，有些可以與我們所引證的法國的實例相媲美。英國的合作運動是由歐文發起的，後來一些支持者透過自己的著作和個人的努力不斷地推進這個運動，從而使優良的種子廣爲傳播。支持者主要是牧師和律師，他們的不懈努力值得大書特書。在仁慈而且熱心於公益事業的史蘭尼先生（Mr. Slaney）的倡導下，英國議會對《合夥法案》做了必要的修改，以至於許多產業聯合機構以及更多的零售商店的合作組織得以建立。其中有許多已經取得顯著成就，最突出的便是里茲麵粉廠與羅奇代爾公平開拓者聯合會兩個例子。後者是所有聯合機構中最爲成功的，霍利約克先生（Mr. Holyoake）非常生動地記述了它的發展史；[18]由於霍利約克先生的宣傳以及其他一些原因，「羅奇代爾公平開拓者聯合會」很快就名聲籍甚，產生了巨大的鼓舞力量，以至於蘭開夏郡、約克郡和倫敦等地具有相同宗旨的聯合會，如雨後春筍般地發展起來了。

羅奇代爾公平開拓者聯合會最初只有二十八英鎊的資本，是由四十幾位勞工每週拿出二便士（後來增至每週三便士）慢慢積攢起來。一八四四年，他們利用這筆錢開辦了一家小店，向工人家庭供應若干種普通的消費品。他們兢兢業業、誠實謹慎，顧客與支持者不斷增多，經營的消費品種類也越來越多，幾年之後便能夠向合作糧食加工廠投入一大筆資金。霍利約克先生是這樣描述這家合夥企業到一八五七年時為止的發展情況：

羅奇代爾公平開拓者聯合會分為雜貨部、服裝部、肉食部、製鞋部、木底鞋部、裁縫部和批發部等七個部門。

各個部門的帳目都是獨立的，每個季度進行一次會計報表合併，以展示企業經營的總體情況。

前面我們已經提到，經銷雜貨的業務始於一八四四年十二月，最初僅出售四種商品。現在它作為一家雜貨店，經銷的品項可說是應有盡有了。

服裝部的業務始於一八四七年，當時經銷的品項少得可憐，但是這項業務不斷拓展。一八五四年成立了獨立的服裝部。

一八四六年，該聯合會的雜貨店開始從市場商人那裡買進八十至一百磅的鮮肉供出售，但是沒過多久，這項業務就停止了。直到一八五〇年，聯合會有了自己的肉食店，由約翰·摩爾豪斯經營，現在他有了兩個助手，每週購買並屠宰三頭牛、八隻羊以及若干頭豬和小牛，平均可以轉換成現金一百三十英鎊。

製鞋部成立於一八五二年，現有三名工人和五名學徒，備有可供出售的存貨。

木底鞋部和裁縫部也成立於這一年。

批發部成立於一八五二年，它的成立對於開拓者聯合會的營業額產生了重大影響。成立這個部門的目的，一方面是爲了滿足會員大量採購貨物的需要，另一方面則是爲了向蘭開夏郡和約克郡的合作商店供貨，這些合作商店由於缺少資金因而無法從最理想的市場中進貨，也無法像一般的商店那樣僱用合格的採購員，這些合格的採購員熟悉市場情況以及採購業務，知道應該進什麼貨、如何進貨以及從哪裡進貨。批發部確保所供應的貨物的純度高、品質好、價格公道與秤平斗滿，不過它有一條雷打不動的原則，即所有貨物的購買都必須用現金支付。

隨著會員數量的增加，居住地越來越分散，向大量客戶提供服務的難度也就越來越大，因而聯合會「開始開設分店。一八五六年，在距離羅奇代爾一英里左右的奧爾德姆路開設第一家分店。一八五七年，在卡斯爾頓開設第二家分店，在惠特沃思路開設第三家分店，並且在品福德開設第四家分店」。

最初，商店的倉庫是聯合會於一八四九年租用的一間單獨的公寓，當時已經破舊不堪。「租用後，每個房間都獲得整修和裝飾，現在已經十分氣派，成爲有模有樣的營業場所。其中有一間布置得非常漂亮，用它作爲閱報室。還有一間布置得很整潔，將它用作圖書室。……該閱報室布置得絲毫不亞於倫敦俱樂部的閱報室。」「它免費對會員開放，經費來自教育基金。」聯合會從全部紅利中提取百分之二點五用於該項基金，以發展教育事業。圖書室擁有二千二百冊的優良書籍，其中許多書籍相當珍貴。該圖書室免費開放。一八五〇年至一八五五年間，聯合會爲年輕人開辦了一所學校，每月收取二便士的學費。一八五五年，理事會騰出了一間可容納二十至三十人的房間，供十四至四十歲的人每星期日與星期二進行相互指導的活動。

糧食加工廠當然也是租來的，位於小橋，距離城市有一段距離（一英里半）。後來，聯合會在城裡自行建立了一家全新的糧食加工廠。發動機與其他機器都是品質最好、型號最新的。投入該加工廠的資本總額為八千四百五十英鎊，其中三千七百三十一英鎊五先令二便士是由公平開拓者聯合會出資。該糧食加工廠僱用了十一名工人。

在之後的一段時期內，它們不斷發展，將其業務擴展到紡織業。它們不僅成功地開展合作糧食加工廠，而且還建立了一家合作棉毛紡織廠。這家合夥企業的資本為四千英鎊，其中二千零四十二英鎊為開拓者聯合會的投資。該企業擁有九十六臺動力織布機，僱有二十六名男工、七名女工、四名男童工、五名女童工，總計共四十二人。……

一八五三年，合作商店用七百四十五英鎊在大街對面購買了一大間倉庫（擁有產權），用以存放並且零售麵粉、鮮肉、馬鈴薯等類似的商品。在同一建築中設有合作商店的經理部和辦公室。該聯合會還租用了與該建築相鄰的幾間房屋作為服裝店和鞋襪店。參觀者在這些房間裡可以看到鞋匠和縫紉工在乾淨舒適的環境中工作，對於週末特別準備的商品銷路似乎胸有成竹。倉庫有如諾亞方舟，到處堆滿貨物，一到傍晚，愉快的顧客便會湧入蟾蜍巷，每個櫃臺前頓時變得熙熙攘攘。星期六的夜晚，在英國工業區再也沒有像羅奇代爾合作商店如此熱鬧的地方了。[19]自從一八四九年羅奇代爾儲蓄銀行不光彩地倒閉之後，聯合會的合作商店就成了當地實際的儲蓄銀行。

下頁表引自聯合會公布的報告，展示了聯合會自成立之日至一八六〇年間的有關經營狀況。

對於合作糧食加工廠，我無須再詳細描述，我僅想說明，根據同一名作者的記述，該企業一八六〇年的資本總額為二萬六千六百一十八英鎊十四先令六便士，當年賺取的利潤為一萬零一百六十四英鎊

年分	成員數	資本額			年度商店現金銷售額			年度利潤額		
		鎊	先令	便士	鎊	先令	便士	鎊	先令	便士
1844年	28	28	0	0						
1845年	74	181	12	5	710	6	5	32	17	6
1846年	86	252	7	1.5	1,146	17	7	80	16	3.5
1847年	110	286	5	3.5	1,924	13	10	72	2	10
1848年	140	397	0	0	2,276	6	5.5	117	16	10.5
1849年	390	1,193	19	1	6,611	18	0	561	3	9
1850年	600	2,299	10	5	13,179	17	0	889	12	5
1851年	630	2,785	0	1.5	17,638	4	0	990	19	8.5
1852年	680	3,471	0	6	16,352	5	0	1,206	15	2.5
1853年	720	5,848	3	11	22,760	0	0	1,674	18	11.5
1854年	900	7,172	15	7	33,364	0	0	1,763	11	2.5
1855年	1,400	11,032	12	10.5	44,902	12	0	3,106	8	4.5
1856年	1,600	12,920	13	1.5	63,197	10	0	3,921	13	1.5
1857年	1,850	15,142	1	2	79,788	0	0	5,470	6	8.5
1858年	1,950	18,160	5	4	71,689	0	0	6,284	17	4.5
1859年	2,703	27,060	14	2	104,012	0	0	10,739	18	6.5
1860年[20]	3,450	37,710	9	0	152,063	0	0	15,906	9	11

十二先令五便士。關於製造加工合夥企業的情況，我沒有比霍利約克先生還新的確切的數據，根據他的資料，該企業一八五七年的資本額爲五千五百英鎊。但是一八六〇年五月二十六日《羅奇代爾觀察者報》所發表，據編者說是由消息靈通人士撰寫的一封讀者來信披露，那年的資本額已達到五萬英鎊。此信還提供了其他合夥企業令人十分滿意的相關情況：羅奇代爾工業公司的資本爲四萬英鎊；沃爾斯登聯合公司的資本爲八千英鎊；巴卡普與沃德爾商業公司的資本爲四萬英鎊，「其中三分之一以上的資本是利率爲百分之五的借款，由於最近兩年商業

空前繁榮，以至於該公司的股息率已經達到了幾乎令人難以置信的水準」。

我們完全沒有必要對於此後英國合作運動的發展史再做詳細描述；因爲合作運動已經被公認爲時代進步的要素之一，而且最近在英國大部分重要的期刊上，它已經成爲了眾多文章探討的主題。這些文章都很精彩，其中最新發表的一篇也是最優秀的文章之一，刊登在一八六四年十月的《愛丁堡評論》上；此外，《合作者》期刊每月定期報導合作運動的發展情況。然而，我卻不得不提到合作商店最近向前邁出的一大步，那就是在英格蘭北部成立的批發合作社（在倫敦正在籌備成立另外一家）；目的是爲了避開批發商和零售商，透過一家合作購買機構直接從生產商那裡購買國內外的商品，然後提供給合作商店使之受益，正如同各家合作商店使其成員受益一樣。

在英國、法國這兩個世界大國中，其幽暗不明的社會底層擁有眾多純樸的工人，他們正直誠實、通情達理、自我克制、相互信任，以至於他們得以將這些宏偉的試驗進行下去，並獲得巨大的成功。毫無疑問，當人們看到這些時，一定會對人類的未來充滿希望。

根據合作運動的發展情況可以預料，甚至產業生產能力的總體水準也可能獲得顯著提高。究其原因，主要包括以下兩點。首先，純粹的銷售者階層人數將有所減少並保持在較爲適當的水準上；銷售者不是生產者，而是生產的輔助人員。現在銷售者的人數過多，遠遠超過了資本家的利得所能負擔的程度，正是由於這個原因，所以生產出來的很大一部分財富並沒有落入生產者的手中。銷售者與生產者之間的不同之處在於，如果生產者的人數增加，那麼即使是在生產者已經過多的產業部門，其實際產量也會有所提高；但如果是銷售者的人數增加了，則實際銷售工作並不會因而有所增加，或者增加有待銷售的財富，它不過是將相同數量的工作分配給更多的人去做，甚至很難降低銷售費用。透過限制銷售者的人數，使其剛好滿足把商品提供給消費者的需要（這正是合作制度所發揮的直接作用），將節省下來大批人手改用於生產環節，他們所占用的資本以及所獲得的報酬就將轉而提供給生產者。即使合作僅僅侷限於購買與消費環節，而未擴展到生產環節，但世界的資源也將會得到極大的節省。

其次，合作運動還將透過另外一種方式更加有效地促進勞動生產力的提高，那就是在勞動者（作爲一個整體）與其所做的工作之間建立起利益攸關的具有決定性的關係（而現在的情況則根本不是如此），即由勞動者的勞動最終決定勞動者的報酬。這必將對勞動者產生極大的激勵。無論怎樣評價由此而產生的物質利益都不爲過，但是這種物質利益卻根本無法與隨之發生的社會道德革命相提並論。資本與勞動之間的宿怨將被消除；人類的生活將不再是各個階級爲了謀求相互對立的利益所展開的某種爭鬥，而將成爲所有人爲追求共同的利益友善地進行的一場競爭；勞動的尊嚴將得到提高；在勞動階層中將形成全新意義上的安全感與獨立性；這一切均將使每個人的日常工作轉變爲對於社會富有同情心與智力訓練的培養。

這正是合作運動的倡導者所持有的崇高理想。不過，要想眞正地實現這種理想，就必須讓所有從事相關工作的人的利益——而並非僅僅一部分人的利益——與企業的利益相互一致。有些合夥企業在取得成功之後便放棄了合作制度這個根本性的原則，繼而轉化爲股東人數有限的聯合股份公司，這些股東與其他公司的股東只有一點不同，那就是他們是工人；還有一些合夥企業則不允許某些被僱用的勞工分享企業的利潤（而且，我深感遺憾地指出，甚至連羅奇代爾的製造業合夥企業也發生了這種退化），毫無疑問，以上兩種合夥企業都是在行使自己的合法權利，正當地利用現存的社會制度來完善各自的處境，但是我們根本無法指望它們會用更好的制度來取代現存的制度。從長期來看，它們也無法在競爭中成功地保持自己的地位。與各種集體經營制度相比較，個體經營制度，即由具有主要利害關係的單一個人進行經營的制度，具有很多優勢。合作制度僅在一個方面可以與這些優勢相抗衡，那就是它有可能使所有的工人與企業休戚相關、利益共享。當個別資本家在其原有優勢的基礎上採取那些合夥企業放棄的做法時（他們哪怕僅僅爲了增加利得也會這樣做），將使企業中每個人的物質利益與企業最有效的、最經濟的經營方式結合起來；他們必將輕而易舉地擊垮合夥企業，因爲合夥企業一方面保留著原有制度的缺陷，另一方面卻不能充分地利用原有制度的各種優勢。

基於最爲樂觀的設想，應該希望在很長的一段時間內，允許工人分享利潤的私人資本家應該與忠實於合作原則的合夥企業並存。如果管理的權力分散，或者掌權者經常更換，則將不能或者不願去完成在權力集中的條件下可能成就的許多大事。不受任何團體控制的私人資本家只要具備相應的能力，就會比任何合夥企業更加願意承擔合理的風險，以及推行成本高昂的技術改進。固然技術改進試驗成功之後，合夥企業也一定會採用，但是個人則更願意嘗試許多前人從未做過的事情。即使在日常的經營活動中，能者之間的競爭，一旦失利，將承擔起全部的損失，而一旦成功，則享有絕大部分利得的這種情況，也將促使合夥企業的經理們自強不息和居安思危。

然而，當合夥企業的數量足夠多時，最沒有出息的工人除外，任何人都不會再滿足於終生僅僅爲工資而工作；無論是私人資本家還是合夥企業均將逐漸察覺到，使所有勞動者都成爲利潤的分享者是非常必要的。最終，也許在並不比人們所設想的還要遙遠的未來，我們將透過合作原則尋找到社會變革的途徑，在變革後的社會中，個人的自由和獨立將與整體生產在道德、智力和節省等方面的優勢相互結合；無須採取暴力或者掠奪的方式，甚至也無須突然調整原有的習慣或者期望，而是透過終止將社會成員劃分爲勤奮者與懶惰者的這種做法，消除所有的社會差異，而只保留基於個人的服務與努力的不同所造成的合理差異，從而至少在產業部門實現社會對於民主精神的美好追求。我們所描述的合夥企業取得成功的過程，就是使這種成功得以實現或者得以維持所需要的道德以及優秀品質的培育過程。隨著合夥企業的增多，它們將逐漸地把所有工人都吸引到自己的身邊來，除了那些理解能力極低、道德修養極差、只知道依據狹隘的自利原則行事的工人。在這種變革發展的過程中，資本所有者將逐漸地意識到，他們的利益之所在並不是繼續堅持與工人進行鬥爭（目的僅在於維護這種最爲惡劣的傳統制度），而是把自己的資本借給合夥企業，並且不斷降低利率，最終甚至可能將資本轉換爲可終止的年金。透過這種或者與這種方式相類似的方式，現存資本最終將正當地、自然而然地轉化爲參與這些資本使用的所有人的共同財產，由此而實現的轉化（當然假定男性與女性平等地享有合夥企業的權利並參與合夥企業的管理）[21]將成爲實現社會正義的最便捷的途徑，同時這也是我們當前所能預見到的符合普遍願望的對於產業事務最爲有利的安排。

§七　所以，對於社會主義者有關工業生產活動隨著社會的進步將採取何種形式的觀點，我表示同意；而且我也完全贊成他們的看法，認爲開始這種轉變的時機已經成熟，應該採取所有正當而且有效的措施，對這種轉變給予幫助與鼓勵。不過儘管我贊成並且同情社會主義者所追尋的目標中的這一具體部分，但是我卻完全無法苟同他們學說中最爲引人關注的也最爲慷慨激昂的部分，即無法苟同他們對於競爭的猛烈抨擊。雖然他們在許多道德問題上的見解遠遠優於現存的社會秩序，但是一般來說，他們對於現存社會秩序的實際運作方式卻持有非常模糊並且錯誤的看法。我認爲，其中最大的錯誤之一，便是把現在的所有經濟弊端都歸罪於競爭。他們忘記了哪裡沒有競爭，哪裡就會出現壟斷；而且壟斷不論以何種形式出現（若不把它說成是掠奪），它都是對勤勞者徵稅以豢養懶漢。他們也忘記了（勞動者之間的競爭除外）所有其他競爭都會使勞動者消費的物品更爲便宜，從而對勞動者有利；甚至勞動力市場上的競爭也不是形成低工資而是形成高工資的根源，只要像美國、各個殖民地以及技術性行業那樣，爲獲得勞動力所進行的競爭超過勞動力之間的競爭，情況就均是如此；除非勞動者的家庭人口過多，以至於勞動力市場上供過於求，否則勞動力市場上的競爭就絕不會是形成低工資的根源；不過如果勞動力的供給過剩，那麼即便是社會主義也無法阻止勞動者報酬的下降。不僅如此，如果合夥企業得以普遍建立，則勞工之間的競爭將不復存在，而合夥企業之間的競爭將有利於消費者，也就是有利於合夥企業，並且普遍地有利於所有聰明能幹的階級。

我並不假裝認爲競爭沒有弊端，也不認爲社會主義者從道德角度所提出的反對競爭的觀點——認爲競爭是相同職業的人們相互之間產生嫉妒與敵意的根源——是毫無道理的。不過如果競爭是有弊端的，那麼它卻能防止出現更大的弊端。正如福格萊先生所正確地指出的那樣，[22]「工業世界充斥著罪惡與不公，其最深刻的根源並不在於競爭，而在於勞動對於資本的屈從，在於工業生產工具的所有者在產出中占有極大的份額。……如果競爭擁有巨大的力量並且可能造成弊端，那麼它在推動社會進步方面也毫不遜色，尤其在提高個人能力與促進革新方面更是如此。」無視人類天生的惰性是社會主義者所犯的共同錯誤；人類傾向於無所作爲，傾向於做習慣的奴隸，傾向於墨守成規。一旦人類處於自己認爲過得去的生存狀態，那麼人類所面臨的危險便是他們將會就此止步不前，進而不再努力改善自己的處境，聽憑自己的能力衰退，以至於連維持現狀的能力都喪失殆盡。也許人們不能認爲競爭就是最佳的激勵，但是從目前來看它卻是必不可少的，而且無人能夠預見進步何時不再需要競爭。與其他行業相比，工業中應該有更多的人深知改進的重要性。不過即使在工業性質的行業，要使某家合夥企業的理事會不厭其煩地改變其原有的習慣，轉而採用某種新的、可望增進效益的革新也是相當困難的，除非他們意識到，如果他們不採用這項革新，則與其競爭的其他企業將會採用，從而使其在競爭中處於劣勢地位。

與絕大多數社會主義者的觀點不同，我並不把競爭規律視爲一種有害的、反社會的規律，反而認爲即使在當前的社會與產業態勢下，對於競爭進行限制是一種罪惡，而擴大競爭，即使會暫時損害某一勞動階層的利益，但最終也必將產生巨大的利益。使人免於競爭，就是使人陷於無所事事、頭腦僵化的境地，就是使人不必像其他人那樣積極進取、聰明智慧；而且如果禁止壓低要價以從事某項由收入較高的勞動階層所把持的行業，則是在恢復陳規陋習，恢復地方壟斷或者部門壟斷，使某種特殊的工匠階層與其他階層相比，處於特權地位；而時代已經發生了變化，維護少數人的特權將無法增進社會普遍的利益。如果成衣商以及他們階層中的其他商人的出現，使裁縫與其他工匠的工資取決於公平競爭而不是取決於習俗，從而降低了他們的工資，則最終必將產生更好的結局。當前所需要的不是維護舊的習俗，使勞動者的某些階層獲得不公平的利益，使他們因而熱心於維護現有的社會體制，而是引入新的基本的實踐，以使所有人都能受益。如果有什麼辦法能夠使具有一技之長而且享有特權的工匠階層意識到，他們與經濟狀況較差、比他們更加無助的勞苦大眾具有相同的利益，其所得的報酬的多寡取決於相同的基本要素，而且必須採取相同的補救措施才能改善自己處境，那麼我們是有理由爲此而深感欣慰的。

◆註解◆

【1】摘自塞繆爾·拉寧先生（Mr. Samuel Laing）的獲獎論文《論國民貧困的原因以及救助的方法》。其中引號部分引自《兒童就業委員會報告》的附錄。

【2】《論機器和製造業的經濟》，第三版，第二十六章。

【3】他公司的地址為聖·喬治大街十一號。

【4】然而，勒克萊爾先生似乎只允許他所僱用的部分工人（遠不及半數）分享利潤。他的制度所包含的其他內容可以對此加以說明。勒克萊爾先生按照充足的市場工資率支付所有工人的報酬。顯然，他允許工人分享的那部分利潤，屬於工人階級正常收入的增加額。他利用這一增加額，對表現好的——特別是值得信賴的——工人給予獎勵，以促進企業的發展，這種做法是值得肯定的。

【5】一八四五年九月二十七日。

【6】《論勞工組織書信集》，信函十四。

【7】《政治經濟學新論》。

【8】目前，勒克萊爾先生的公司所採用的制度與此略有不同，不過它卻仍然保留了利潤分配的原則。現在，他的公司有三

位合夥人：勒克萊爾先生和另一人（德富爾諾先生（M. Defournaux）），還有一家儲蓄互助會：他的企業中的所有人均為互助會的成員（互助會擁有一間很像樣的圖書館，並經常舉辦有關科學、技術以及其他方面的專題講座）。三位合夥人各自向公司投入十萬法郎，勒克萊爾先生向互助會墊付了所需要的全部啟動資金。互助會的合夥關係屬於有限責任，而勒克萊爾先生和德富爾諾先生則承擔無限責任，他們兩人每年分別獲得六千法郎（合二百四十英鎊）的工資，以作為監督管理企業的報酬。他們雖然擁有企業資本的三分之二，但是只分享企業利潤的一半，而剩下的一半歸職員與工人所有。不過，剩下的一半之中的五分之二支付給互助會，其餘的五分之三在員工間分配。勒克萊爾先生有決定誰應該參與分配並應分得多少的權利；他唯一需要承擔的義務就是不得私自保留任何利潤，並將未分配的利潤交付給互助會。而且當他們兩位合夥人退休之後，他們的信譽以及設備將無償地成為互助會的財產。

[9] 一八四七年三月，巴黎一家印刷廠的老闆保羅．杜邦先生（M. Paul Dupont）決定把利潤的十分之一分配給工人，使他們成爲合夥人。他通常僱用三百名工人，其中的二百名領取計件工資，另一百名領取日工資。他還僱用了一百名臨時工，臨時工不屬於企業的正式員工。工人分得的利潤，平均而言，不到兩週的工資額度；不過他們按照巴黎所有大印刷廠實行的工資率領取正常的工資；此外，還享受由企業支付的醫療費用，以及病假期間每天領取一點五法郎的工資待遇。除非辭職，工人不得抽取他們分享的那部分利潤。它會滋生利息（有時投資於共同基金），並且成爲企業所有者儲蓄存款的積累。

杜邦先生及其合夥人發現，合夥企業爲他們帶來了更大的利潤。工人們從自己的角度對雇主的好主意讚不絕口。由於部分工人的努力工作，使企業於一八四九年獲得了一枚金質獎章，一八五五年獲得了一枚萬國博覽會榮譽獎章，而某些工人由於個人的發明和勞動也獲得獎勵。這些優秀的工人如果在其他雇主手下工作，是沒有閒情逸致進行發明的，除非他們甘願將榮譽拱手讓給那些並未做出任何發明的人，不過根據合夥企業的特點，如果雇主有失公允，則只要有二百人反對，他就必須加以改正。

我參觀過這家企業並親眼看到，是合夥制度使工人的習慣發生了巨大的變化。

前巴黎警察局局長吉克先生（M. Gisquet）長期以來一直是聖德尼一家煉油廠的老闆，這家煉油廠在法國舉足輕重，僅次於達波萊先生（M. Darblay）建立在科爾貝的煉油廠。一八四八年，當他親自管理這家煉油廠時發現，許多工人每週都會大醉幾天，而且工作時經常唱歌、抽菸，有時甚至相互吵架。爲了改變這種狀況，他做過種種努力，但是均未成功。他最終解決問題的方法是，禁止工人在工作日酗酒，否則將被解僱；同時他承諾每年拿出百分之五的淨利作爲獎金與工人們分享，獎金與工資成比例，工資固定地按照現行的工資率支付。改革完成之後，他周圍的工人充滿了幹勁與獻身精神。工人戒酒所節省的開支與準時上班所獲得的利潤，使他們的生活水準大爲改觀。平均而言，年度獎金相當於六週的工資。

一八三〇年至一八三九年任眾議院議員、後爲制憲會議成員的貝斯雷先生（M. Beslay），在巴黎的聖殿郊區建立了一家大型蒸汽機廠。在一八四七年建廠之初，他就與工人簽訂了一份雇主與工人之間最爲完善的合夥契約。

據最近訪問過馬尼拉的一位人士介紹，那裡實踐經驗豐富的中國移民，在雇主與勞工之間早就採取了相同的做法。「在（馬尼拉）這些中國人的店鋪中，店主通常使他所僱用的同胞分享利潤，或者事實上成為小型合夥人，當然他自己保留最大的份額，以此激勵雇員努力地為他工作，同時雇員自己也從中受益。此項原則貫徹實施到如此程度，以至於苦力也分享一份利潤而不再領取固定工資，而且這種做法似乎很符合他們的秉性。一般來說，他們在別人的監督之下即使為領到一份固定工資也會努力工作，而當他們可以分享到一小份利潤時，他們就會更加拚命苦幹了。」（參閱麥克米金（McMicking），《回憶一八四八年至一八五〇年間在馬尼拉與菲律賓的日子》，第二十四頁。）

[10]《製造業工人與農業工人的合夥企業》，第一一二頁。

[11] 同上，第一一三—一一六頁。

[12]「後兩項具有良好的擔保，幾乎全部都得到了兌現。」

[13]「這些支持者都是該行業的工人，他們在該合夥企業建立之初提供了小額資助。一八五一年年初該企業已經償還了其中的一部分。借款總額也大幅度減少，截至四月二十三日，只剩下一百一十三法郎五十九生丁。」

[14] 引自舍爾布利茨先生（M. Cherbuliez）發表於一八六〇年十一月《經濟學家》雜誌上的文章，題為〈工人的合夥企業〉。

在此附上維利奧姆先生和舍爾布利茨先生所介紹的聯合起來的工人所進行的另外一些相當成功的試驗的有關細節。

舍爾布利茨先生說：首先介紹由雷姆凱特（Remquet）創辦的位於巴黎格朗西爾大街的合夥企業。該企業的創建具有明確的目標，並且產生了一定的後果。一八四八年，雷姆凱特曾擔任雷諾爾先生（M. Renouard）的印刷廠的工頭。當時該廠瀕於倒閉，於是雷姆凱特向工人們提出建議，由工人們繼續經營這家工廠，並向政府申請貸款，以便購買工廠並支付初期的部分費用。有十五名工人接受這個建議，組建起合夥企業，並透過企業章程規定各類工作的工資水準，還規定扣除每人工資或者薪資的百分之二十五，以逐漸形成一筆流動資本：在企業十年的預期存續期間，對於預扣部分不支付股息或者利息。雷姆凱特提議由他負責企業全面的管理工作，僅領取不高的固定工資。他的這一請求得到批准。企業解散時，全部利潤將按照每位成員所擁有的資本份額，即他們所做的工作，在全體員工間分配。經過努力，他們獲得了八萬法郎的政府貸款，不過貸款條件非常苛刻。儘管貸款條件苛刻，且在法國政治局勢的影響下當時的經營環境很惡劣，但這家企業仍然辦得十分興旺，以至於企業解散時，在償還政府貸款後，仍然淨剩十五萬五千法郎（合六千二百英鎊），每位合夥人平均分得了一萬至一萬一千法郎，最少的分得了七千法郎，最多的分得一萬八千法郎。

一八四八年三月，錫器與燭器工人兄弟會宣告成立，有五百名工人參加，幾乎包括了該行業的所有工人。由於工人出於不切實際的幻想成立了這個組織，因此該組織在當年的六月便解體了。隨後一家小型企業便宣告成立，初始成員四十名，一八四九年開業，資本由企業成員投入，沒有向政府申請貸款。經歷了種種變故，合夥人先是減至三人，後又增至十四人，再後來又減至三人，最後穩定在四十六人，他們不斷修改企業章程中那些已被經驗證明具有缺陷的條款，使企業合夥人的數目一步一步地增至一百人，一八五八年他們擁有五萬法郎的共同資產，每年可以分配二萬法郎。

寶石工人合夥企業的歷史最悠久，它由八名工人於一八三一年創立，當時擁有由工人從個人存款中籌集到的二百法郎（合八英鎊）資本。一八四九年，該企業獲得二萬四千法郎的補貼款，使業務得到極大的擴展。到一八五八年，該企業已經擁有了十四萬法郎的資產，每年分配給每位合夥人的紅利相當於其工資的兩倍。

以下資料來自於維利奧姆先生：

一八四八年六月發生暴動之後，聖安東尼郊區的工人都失去了工作，我們知道，他們大多爲製作家具的工匠。幾位製作扶手椅的工匠號召大家聯合起來，後來得到該行業六百至七百名工人中的四百人的響應。但是由於缺乏資金，最後僅由九名最熱心的工人罄其所有地建立起一家合夥企業；當時該企業擁有價值三百六十九法郎的工具，以及一百三十五法郎二十生丁的現金。

由於他們恪守信用，誠實可靠，按時交貨，因而業務量不斷增加，會員也增加至一百零八人。他們又獲得二萬五千法郎的政府貸款，分十四年償還，利息爲百分之三點七五。

一八五七年，企業擁有合夥人六十五名，準合夥人一百名。所有合夥人均有選舉權，選舉產生一至八名的理事會成員以及一名經理，並以經理的名字命名企業；工頭則由經理或者理事會指派，負責全部工作的分配與監督，一般是每二十至二十五名工人設一名工頭。

企業實行計件工資制，工資率由理事會確定。根據個人的努力與能力，每人每天的收入有所不同，從三法郎到七法郎不等。雙週工資的平均水準爲五十法郎（合二英鎊），沒有任何人的雙週工資水準會遠遠低於四十法郎，有許多人甚至還超過了八十法郎。一些雕刻工與製模工賺到了一百法郎，也就是每月收入達到二百法郎（合八英鎊）。每位工人半個月要工作一百二十小時，即每天十小時。根據規定，對於工作時間達不到這個要求的懈怠者，短缺三十小時以內者，每小時罰款十生丁（合一便士），短缺三十小時以上者，每小時罰款十五生丁（合一

> 點五便士）。這個規定的目的是爲了杜絕工人由於星期日過於疲憊而在星期一不認眞工作的現象，它獲得了很好的成效。最後兩年，由於工人的表現良好，所以此項規定已經被廢止了。
>
> 儘管合夥人在創建這家工廠（位於聖安東尼郊區聖約瑟夫大街的夏沃巷）時僅有三百五十九法郎，但是到一八五一年卻已經擁有了五千七百一十三法郎的資本，如果包括應收帳款在內，則已達到了二萬四千法郎。從那時起，該企業越來越興旺發達，挫敗了所有企圖阻止其發展的陰謀。在巴黎，它已經成爲該行業規模最大、地位最高的企業，企業的年營業額高達四十萬法郎。

根據維利奧姆先生的資料，一八五五年十二月，該企業帳目上的淨資產為十萬零三百九十八法郎，但是他認為，實際上應為十二萬三千法郎。

不過，影響最大的當屬位於聖維克多大街一百五十五號的砌磚工合夥企業，它創建於一八四八年八月十日，擁有正式合夥人八十五名，準合夥人三百至四百名。企業設有二名經理，分別主管施工與財務。此二人被公認為巴黎最有能力與技術的砌磚，並且他們滿足於並不很高的薪資。最近，該企業承建了巴黎三、四座雄偉的建築。它的承建價格較低，但由於它允許客戶長期賒帳，因此需要大量貸款。不過儘管如此，它仍然十分興旺發達，證據是，當年它分紅的比率高達百分之五十六，所有的合夥人都分得股息。它由三種人所組成：只付出勞動的人，既付出勞動又付出少量資本的人，以及不付出勞動僅付出資本的人。

> 這些砌磚工在業餘時間開展相互指導的活動，與製作扶手椅的工人一樣，享受企業的免費醫療待遇，生病期間享受企業的生活補貼。後來企業的福利保障擴展到合夥人生活的各個方面。每位扶手椅製作工人很快就擁有了兩千至三千法郎的資本，既可以用於女兒的嫁妝，也可以積攢起來用於養老。部分砌磚工已經擁有了四千法郎，他們將其保留於共同的股本中。
>
> 在沒有聯合起來之前，這些工人衣衫襤褸，他們不會安排生活，更無工作可做，因而極少有人拿出六十法郎購買一件大衣。但是現在，他們很多人的穿著與店主一樣好，甚至更爲高雅。因爲需要向企業借錢的工人，只要在匯票上簽字承兑即可，企業則從工人的雙週工資中扣除一部分錢，強迫工人進行儲蓄，以歸還借款。而無須向企業借款的工人，則可以在爲期五個月的匯票上簽字承兑，企業將從工人的雙週工資中扣除十法郎用於強制性的儲蓄，五個月後，工人即可獲得這筆存款。

下頁表由舍爾布利茨先生引自胡貝爾教授（Prof. Huber）（這種合作制度的最為熱心的以及最有原則的倡導者之一）的一部著作，清楚表明至一八五八年年底為止的砌磚工合夥企業的快速增長的興旺景象。

舍爾布利茨先生指出，「最後一筆紅利中有三萬法郎用於儲備基金，有十萬法郎在股東間分配，每人得到五百至一千五百法郎不等，此外，他們還領取工資或者薪資，並在企業的固定資本中占有份額。」

維利奧姆先生在談到合夥企業的一般管理時說：「對於合夥企業的經理與理事會的工作能力，我個人是深感滿意的。這些經理遠比同行業中的其他私人老闆更加精明能幹、更加熱情，甚至更加懂得禮貌。合夥企業的工人則逐漸戒除了酗酒的壞習慣，也不再像從前那樣因階級成員缺少教養而非常粗俗無禮了。」

【15】甚至由路易·布朗先生建立的克利奇裁縫合夥企業，也僅用了十八個月的時間試驗那種做法，隨後便採用計件工資制。該企業之所以放棄最初做法的原因很值得加以說明。「除了我提到的那些弊端，裁縫們還抱怨這種做法帶來了無休止的爭吵。由於每個人都希望別人多做事，所以你盯著我，我盯著你，大家都成了名副其實的奴隸；誰也無法自由地支配自己的時間與行動。採用計件工資制後，所有的爭吵都消失了。」（參閱福格萊，《製造業工人與農業工人的合夥企業》，第八十八頁。）令人遺憾的是，近來英國工人階級中的一部分人竟然反對計件工資制，充分說明他們的道德水準很低。如果計件的報酬不夠高，那麼反對它還情有可原。但是如果反對的是計件工資制度本身，則不是出於誤解，就是出於反對公平與正義；企圖不按勞計酬，靠欺詐過活。計件工資制是最完美的契約形式，是在所有的勞動中對於按勞計酬原則的最為徹底的和最為細緻的執行與貫徹。與所有其他制度相比，在社會當前的文明狀態與文明程度下，計件工資制對於勞動者最為有利，而對於企圖不勞而獲的懶漢最為不利。

【16】同上，第三十七—三十八頁。

【17】最近一、兩年間，法國工人階級的合作運動有了新的發展。卡西米爾·佩里埃先生（M. Casimir Périer）撰寫的一本小冊子，對於格勒諾布爾物流聯合會做出了引人入勝的描述；在一八六四年十一月二十四日的《泰晤士報》上，我讀到一段話：「雖然有一些工人仍然在為提高工資與縮短勞動時間而鬥爭，但是另外一些也曾經參加過罷工的工人則為了能夠自行經營企業而聯合起來，並且已經籌集到購買勞動工具的資金。他們已經成立起一家聯合會——物流與消費聯

年分	交易額（法郎）	利潤（法郎）
1852年	45,530	1,000
1853年	297,208	7,000
1854年	344,240	20,000
1855年	614,694	46,000
1856年	998,240	80,000
1857年	1,330,000	100,000
1858年	1,231,461	130,000

合總會。該聯合會擁有三百至四百名成員，已經在現屬於巴黎的帕西地區開辦了一家合作商店。他們估計，到明年五月，將會有十五個類似自負盈虧的聯合會宣告成立，屆時，僅巴黎地區的聯合會的數量就會達到五十至六十個。」

[18] 參閱《民眾的自我救助：羅奇代爾合作發展史》。在凱特林的約翰・普盧默先生（Mr. John Plummer）所撰寫的有關一八六二年的《年鑑指南》中，也曾經對羅奇代爾公平開拓者聯合會以及其他聯合會做過極具啓發意義的描述；他本人是一名工人，卻透過自學，成為道德修養很高、原則性很強的傑出精神典範。

[19] 霍利約克先生補充道：但是，使作家和讀者感興趣的並不是這種興旺的商業活動本身，而是促使商業往來充滿活力的煥然一新的精神。買方與賣方像朋友那樣相互對待，一方不行欺詐，另一方也心無疑慮……。這一群低賤的工人以前從未吃過好東西，每頓飯吃得都很差，腳上的鞋不到一個月便會露出腳趾，外衣髒得發亮，妻子們穿著禁不起洗的白布衣服，但是現在，這些工人在市場上像富翁一樣購物，就吃的食品來說，他們的生活水準並不亞於貴族。從某種意義來講，他們的生活水準也許優於貴族，因為在當前這種爾虞我詐的環境中，貴族也難免上當受騙。他們自己織布、製鞋、裁剪服裝、加工糧食。他們買最純的糖和最好的茶葉，自己研磨咖啡。他們自己屠宰牛羊。羅奇代爾大街上肥壯體大的牛羊是供紡織工與鞋匠享用的。（去年，聯合會刊登廣告，招聘專程前往愛爾蘭採購糧食的人員。）競爭何曾使窮人如此受益，而誰又能夠斷言在這種情況下，窮人的道德水準沒有提高呢？羅奇代爾合作商店的戒酒倡導者承認，自從合作商店開業以來，已經使許多工人戒了酒，合作商店所發揮的作用超過了同期戒酒主義者的全部努力。以前，丈夫從不知道不負債的滋味，而他們可憐的妻子四十年來口袋裡從未裝過可以隨意支配的六便士，現在，他們則有了一定的積蓄，可以爲自己蓋房子，口袋裡的錢叮噹作響，每週都可以逛市場；他們逛的是自己的市場，那裡沒有猜疑，沒有欺詐，沒有摻假，沒有虛價，整個市場充滿了誠信的氛圍，售貨人員誠懇穩重，他們無須手忙腳亂，無須阿諛奉承。欺騙顧客對於他們毫無益處。他們僅須履行一項義務，那就是做到秤平斗滿，而且保證品質。在羅奇代爾市的其他地方，競爭仍然是開展商業活動的最高準則，因而儘管有各式各樣的說教，但卻無法產生上述的那種道德效果。

合作商店從未負債，也從未虧本，開業十三年間，收入高達三十萬三千八百二十五英鎊；它也從未打過官司，聯合會的仲裁人在其任職期間連一個案件都未裁決過，他們對於無人爭吵這種狀況眞是有些不夠滿意。

[20] 我得到的最新報告截至一八六四年九月二十日所對應的那一季度，其中我從由亨利・皮特曼先生（Mr. Henry Pitman，他是對合作事業最熱心、最有見地的鼓動者之一）主辦的頗具有價值的《合作者》期刊十一月號摘錄以下內容：「成員數目為四千五百八十人，比上一季度增加一百三十二人。資本額為五萬九千五百三十六英鎊十先令一便士，比上一季度增加了三千六百八十七英鎊十三先令七便士。現金銷售額為四萬五千八百零六英鎊十點五便士，比上一季度增加

了二千二百八十三英鎊十二先令五點五便士。利潤為五千七百一十三英鎊二先令七點五便士，其中用於固定資產的折舊為一百八十二英鎊二先令四點五便士，用於支付股本利息的為五百九十八英鎊十七先令六便士，提取利潤的百分之二點五，即一百二十二英鎊十七先令九便士，用於教育基金，剩下的利潤用於支付紅利，成員認購的每英鎊股金可以得到二先令四便士的紅利。非成員總計得到紅利二百六十一英鎊十八先令四便士，認購的每英鎊股金可以得到一先令八便士的紅利，餘下的八便士留給聯合會，增加儲備基金一百零四英鎊十五先令四便士。現在，此項基金總額已經達到一千三百五十二英鎊七先令十一點五便士；此項基金創建於一八六二年九月，由公眾與合作商店交易所產生的利潤積累而成，每英鎊股金紅利超過一先令八便士以上的部分，會直接進入此項基金。」

[21] 在這一方面，羅奇代爾聯合會以其發展過程中所體現出來的偉大意義與良好願望，樹立起理性與正義的榜樣。霍利約克先生指出，「羅奇代爾合作商店偶然地但卻極有價值地實現了婦女獨立的地位。婦女可以成為這家商店的成員並且具有選舉權。無論未婚的還是已婚的婦女均可加入。許多已婚婦女因為丈夫嫌麻煩因而自行加入，或者為了自我防護以免其丈夫用光她們的錢而自行加入。如果妻子不在取款單上簽字，那麼丈夫是無法從合作商店中取走妻子名下的存款。當然，由於相關法律仍然有效，所以丈夫透過法律程序最終還是可以得到這些存款。不過這需要時間，而且在法律生效之前，丈夫很可能醒悟並且已經改變主意了。」

[22] 福格萊，《製造業工人與農業工人的合夥企業》，第九〇頁。

第五編　論政府的影響

第一章　關於政府的一般職能

§一　在某一特定時期，政治理論與政治實踐的領域中爭論最多的問題，與應該如何劃定政府的職能和作用的適當界限有關。在其他時期，爭論的焦點則是政府應該如何構成、應該根據什麼原則和規定行使權力；不過現在與之同等重要的問題是，權力應該擴展到人類事務的哪些領域。而且在將改革政府與調整法律作爲改善人類狀況的一種措施的思潮日漸高漲的情況下，人們進行相關討論的興趣不但沒有減少，反而有所增加。一方面，激進的改革者認爲掌控政府比控制民眾的理智與意向更加簡單、迅速，因而常常傾向於主張過分地擴大政府的權限。然而，另一方面，人類長期遭受統治者的干預，而統治者進行干預通常是爲了達到自己的目的，並非是爲了公眾的利益，或者缺乏對於公眾利益的正確理解；同時，一些眞心希望改良的人也提出了許多輕率的建議，主張透過強制性的法規來實現那些本來只有透過辯論和形成輿論壓力才能有效實現的目標。在這種情況下，民眾對於政府的干預本身，很自然地就產生了一種牴觸的情緒，傾向於主張儘量限制政府活動的範圍。基於不同國家歷史發展進程中的種種差異，在這裡我們無須對此詳加論述，過分擴大政府權限的主張，無論是在理論上還是在實踐中，都主要盛行於歐洲大陸，而在英國則是相反的主張占據著主導地位。

既然上述問題所涉及的基本原則屬於原則問題，因此我將在本編後面的一章中嘗試著予以確定，之後，首先考察政府執行公認屬於它的職能時所產生的影響。爲了達到這個目的，必須先對與政府這個概念密切相關的或者所有政府一直都在行使的且未遭到任何反對的那些職能，以及對於是否應該由政府加以執行的尚有疑問的那些職能加以區分。我們不妨將前者稱爲必要的政府職能，將後者稱爲可選擇的政府職能。可選擇一詞，並不意味著後一種政府職能是無關緊要，或者是政府純粹出於隨意的選擇才決定是否行使，而是意味著政府並非必須行使這些職能，因爲人們對於政府是否應該執行這些職能，存在著不同的意見或者可能產生不同的意見。

§一 在試圖列舉必要的政府職能時，我們發現，它們遠比大多數人最初所設想的還多，而且也不能像人們一般議論時那樣可以明確地劃定範圍。例如，有時人們說政府僅僅應該在保護人民免於遭受暴力與欺詐的傷害方面發揮作用，除了這兩件事，人民應該是自由的主體，並且能夠自己照管好自己；一個人只要不向他人或者他人的財產實施暴力或者欺詐，立法機構與政府就不得介入進行干涉。但是除了易於識別，爲什麼政府——這種人民集體的力量——只應該保護人民免於遭受暴力與欺詐的傷害，而不應該保護人民免於遭受其他罪惡的傷害？如果沒有其他原因，只是認爲政府應該做人們自己做不了的事，那麼即使對於暴力，人民也應該依靠自己的本領和勇氣進行自我保護，或者僱人提供這種保護，就像在政府無力提供保護的那些地方的人民實際上所做的那樣，對於欺詐，每個人都可能採用不同的方法進行自我保護。不過在未對相關原則進行深入地討論之前，我們完全有條件考察一下相關的事實。

例如，遺產繼承法律的執行，應該歸於制止暴力還是歸於制止欺詐呢？所有的社會都有此類法案。也許有人會說，在這個問題上，政府只要遵照某個人根據自己的意願對於自己的財產所做的安排來執行即可。然而，這種說法起碼是非常具有爭議的；也許沒有任何國家可以透過法律使遺囑具有絕對的權力。而且如果某人像經常出現的情況那樣沒有立下遺囑，難道法律——政府——就不應該根據一般的原則來確定財產的繼承人嗎？或者，如果財產繼承人沒有能力管理財產，難道法律就不應該指派某人——通常是政府官員——代替財產繼承人對財產進行管理嗎？還有許多其他情況，政府是爲了公眾的利益而接管財產，或者僅僅是爲了滿足相關人士的要求而接管財產。在對於財產的歸屬權產生爭議以及依法宣布破產的情況中，通常也要由政府接管財產。在所有這些情況下，沒有人會認爲政府的行爲超出了其職權範圍。

法律對於財產本身予以界定的職能，並不像人們所想像的那麼簡單。也許有人會認為，法律只要宣布並且保護每個人對於自己所生產出來的產品的權利，或者人們在自願的條件下正當地從生產者那裡所獲得的產品的權利就行了。但是人們所生產出來的物品除外，難道任何其他的物品就不屬於財產的範疇嗎？地球本身、地球上的森林、河流以及地球表面之上和之下的所有其他自然資源難道就不是財產嗎？這些都是人類的遺產，必須制定法律以規定人類應該如何共同開發和利用它們。也必須規定，個人對於這種共同遺產的一部分，在何種條件下可以行使何種權利。毫無疑問，對於這些事務做出規定是必要的政府職能，而且完全包括在文明社會的理念之中。

同樣地，雖然人們公認法律應當制止暴力與欺詐，但是我們應該把強制人們履行契約歸於哪一類呢？不履行契約並不一定就意味著欺詐，簽約人也許是真心實意地想要履行契約；當人們並未實施欺詐而是自願毀約時，是很難冠以欺詐的罪名；而由於疏忽大意未能履行契約，就更不能以欺詐論處了。就履行契約而言，政府應當承擔何種職責呢？在這裡，政府不干預的範圍必然會發生某種程度的擴展，同時有人會說，強制履行契約並不是按照政府的意願去干預個人的事務，而只是幫助人們實現他們自己表述出來的願望而已。讓我們勉強接受限制理論的這種擴展，不管怎樣都聽之任之。但是政府並非將自己的興趣僅僅侷限於對契約的強制履行上，政府還要自行決定究竟哪些契約符合強制履行的條件。一個人與另一個人簽約，既未受到欺騙，也未受到強迫，這樣的條件還是不夠的。某些承諾有損於公眾的利益，因此人們應該有權自行終止兌現這些承諾。且不說那些違背法律的契約，還有一些契約，考慮到簽約者的利益，或者考慮到對於國家所實施的一般政策的影響，法律也會拒絕強制人們去履行它們。在英國和大多數其他歐洲國家，法庭會當庭宣布賣身契約無效。幾乎沒有哪個國家的法律會強制人們履行賣淫契約或者任何非法的婚約。不過如果對於某些出於權宜之計的契約，法律可以不強制人們履行它們，那麼對於所有契約來說，也都必然會遇到相同的問題。例如，當某人工資太低或者工作時間太長時，法律是否還應該強迫他履行勞動契約？一個人與另一個人簽約，甘願在一段時期內做他的僕人，但是中途這個人又改變了主意，法律是否還應該強迫這個人履行這樣的契約？婚約雖然是終生的，但是如果簽約雙方或者其中一方想要終止它，法律是否還應該繼續強迫當事人履行婚約？就契約相關的政策所能提出的每一個問題，以及就契約所確立的人類之間的關係所能提出的每一個問題，都是立法者必須面對的問題；對於這些問題，立法者無法迴避，而且必須以某種方式做出裁決。

同樣地，預防和制止暴力與欺詐的工作可以由士兵、員警以及刑事法官來完成；但是政府還會設立民事法庭來解決這些問題。懲治違法行爲的確屬於司法機關的職權範圍，不過調解糾紛則另當別論了。人與人之間所發生的無數糾紛，往往並非由於哪一方不夠誠實，而是由於他們對各自所擁有的合法權利的理解有誤，或者是由於對這些權利所依據的事實看法不一致。不過，由政府指定某些人來澄清這些不確定的事情從而解決這些糾紛，難道就確實符合普遍的利益嗎？對此，人們是不能絕對地予以肯定的。人們可以自行選擇仲裁人並且服從他的裁決；在沒有法院，或者法院不被信任，或者法院判決遲緩、費用高昂、訴訟手續複雜，以至於人們不願意求助法院的情況下，人們往往就會自行選擇仲裁人。儘管如此，人們還是普遍地認爲，政府應該設立民事法庭；雖然民事法庭有許多缺陷，人們常常不得不求助於其他替代措施以解決糾紛，但是這些替代措施之所以有效，主要是因爲人們還有權向政府設立的民事法庭提起訴訟罷了。

政府並非僅僅應限於調解糾紛，而且還應保持警覺以防止糾紛的發生。大部分國家的法律都做出有關如何解決許多事情的各項規定，這樣做並不是因爲以何種方式解決這些事情有多麼重要，而是爲了能夠以某種方式來解決這些事情，使人們對於相關的問題不至於產生疑問。法律規定了多種契約的文本形式，目的在於防止契約的含義產生爭議或者誤解：它規定，契約必須經過公證，簽約必須履行一定的手續，以便在發生爭議時獲取進行裁決的依據。法律還透過註冊登記，保存進行法律裁決時需要取證的許多可靠的事實依據；例如死亡、出生、婚嫁、遺囑、簽約以及訴訟等事宜。政府在做這些事情的時候，絕不會招致非議，認爲政府的行爲超出其職權範圍。

同樣地，不管我們認定除了防止他人進行干預的、政府不應進行任何干預的、完全應由個人對於自己的利益進行管理的適當的範圍有多大，都僅僅適用於那些具有獨立行爲能力的個人。可是，某些個人可能尚未成年，或者患有精神疾病，或者失能。毫無疑問，法律也必須照顧這些人的利益。當然，它並不一定要由當地的政府官員來做這種事情，常常可以委託當事人的親朋好友去做。但是難道政府的職責僅此而已嗎？當政府把一個人的利益委託給另外一個人照管時，難道不需要承擔監督的職責，以便使受託人眞正盡心盡職嗎？

在許多情況下，政府承擔責任並行使職能之所以受到普遍的歡迎，都是出自一個非常簡單的原因，即政府這樣做有助於增進民眾整體的便利性。我們不妨以政府行使鑄造貨幣的職能爲例（這也是一種壟斷）加以說明。政府承擔鑄造貨幣的重任並非出於什麼深奧的動機，而只是爲了減少人們的麻煩，節省人們秤重和化驗貨幣所需花費的時間與費用。即使對於政府干預最爲反感的人們，也不認爲政府這樣做是在濫用職權。此外，規定度量衡單位的標準、修築道路、安裝路燈、清掃街道等，均屬於這方面的實例。這類工作有的是由中央政府來做，但是多數是由市政當局來做，這樣做也更爲妥當。修築或者擴建港口、建造燈塔、對土地和海洋進行勘測以繪製精確的地圖和航海圖、修築海堤與河堤等，也均屬於這方面的恰當實例。

確切屬於政府職能範圍的實例不勝枚舉。不過，我們上面所舉的實例已經充分說明，能夠得到普遍認同的政府職能的範圍很廣，絕對不是任何狹隘的定義所能界定，而且除了增進民眾整體利益，任何其他理由均不可能成爲政府行使職能所依據的共同理由，也不可能制定任何普遍適用的準則來限定政府干預的範圍。不過，除非政府進行干預可以帶來巨大利益，否則就絕不應該允許政府進行干預。這是判斷政府是否應該進行干預的唯一一個簡單而又相當籠統的標準。

§三　不過，探討究竟應該從什麼角度思考有關政府干預的問題，以及應該透過什麼方式估計政府干預能夠帶來多大的利益，或許是大有裨益的。這將構成本編其中的三部分內容，從而使我們有關政府干預的原則和作用的討論得到清晰的劃分。我們將相關問題的討論劃分如下。

首先，我們將考察政府行使必要的、得到普遍認可的職能所產生的經濟後果。

其次，我們將考察某些我們稱之爲可選擇的政府職能（即超越普遍認可的界限的政府職能）；在錯誤的基本理論的影響下，政府曾經行使過這些職能，並且在某些情況下政府仍在行使這些職能。

最後，我們需要考察的是，拋開任何錯誤的理論，正確看待規範人類事務的法律，在可選擇的政府職能中是否確實有眞正符合需要的政府干預，以及若有則它們又是哪些。

在我們所劃分的三個部分內容中，第一部分的內容是極其複雜的，正如我們前面已經指出的那樣，透過任何簡單的分類方法，都難以涵蓋那些必要的政府職能，以及那些顯然能夠增加民眾普遍利益的從而未遭到人們反對的或者很少遭到人們反對的政府職能。不過對於那些具有重要意義的有必要在這裡予以考察的政府職能，則可以簡略地劃分爲以下幾項：

第一，政府爲獲得收入。這是政府存在的條件以及它所採取的措施。

第二，規範財產與契約這兩大問題的法律的本質。

第三，政府執行法律所採用的方法體系——即政府司法審判機構及其相關政策——的優缺點。

我們將從第一項內容——稅收理論——開始我們的討論。

第二章　論稅收的基本原則

§一　從經濟的角度講，稅收體系應該具有的各種性質已經被亞當・史密斯概括在四項準則或者四項原則之中了。這四項原則被後來的學者普遍接受，它已經成爲經典。我們以這四項原則的引證[1]作爲本章的開頭，這是一種較好的安排。

㈠每個國家的子民都應該盡可能地按各自能力成比例地爲支持政府做出貢獻，即每個人各自在國家的保護之下所獲得的收入要與在支持政府方面所做出的貢獻成比例。遵守或者忽視此項準則是區分稅收公平或者稅收不公平的基礎。

㈡每個人必須繳納的稅賦應該是確定的，不得隨意變動。對於納稅人以及所有其他人來説，納稅的時間、方式和數額都應當是清晰和簡便的，否則每位納稅人就會或多或少地受到稅務官員的權力的控制；稅務官員可以對看不順眼的納稅人加重稅賦或者威脅他要加重稅賦，以索討禮品或者賄賂。稅賦的不確定性將使本質上不受歡迎的這個階層人士（即使他們當初既不傲慢也不腐敗）變得更加傲慢並且易於腐敗墮落。在稅務工作中，確定每個人應該繳納的稅額是極爲重要的事情，根據所有國家的經驗，我相信，就算稅賦在相當程度上是不公平的，但是它的危害，似乎也趕不上哪怕丁點兒稅賦的不確定性所帶來的弊端。

㈢應該以方便納稅人納稅爲前提確定每種稅賦的納稅時間與納稅方式。應該在人們通常繳納地租或者房租的時候徵收地租稅或者房租稅，因爲對於納稅人來説，這一時刻最爲便利，他也最容易拿出錢來。對高級消費品徵收的稅賦最終都是由消費者支付，因而一般都是採取方便消費者的方式徵收。消費者在購物時一點一點地繳納稅款，他是否購物或者是否納稅，均由消費者自行決定；如果這類賦稅仍然使消費者感到任何不方便，那就純粹屬於他個人方面的原因了。

㈣每種稅賦的徵收設計，應該要使公民從口袋裡掏出來的稅額以及未進入公民口袋裡的稅額的總量，超出國家公共財政所得到的資金總量的額度盡可能地小。如果某種稅賦的徵收使公民繳納的額度大大超過了國庫裡所得到的額度，那麼一定是由於以下四個方面的原因所造成的：一是這種稅賦的徵收需要數量較多的官員，他們的薪資耗費掉了很大一部分稅收，而且他們的勒索也額外加重了人民納稅的負擔。二是由於這種稅賦的徵收使社會的一部分勞動和資本從生產力水準較高的行業轉向生產力水準較低的行業。三是利用財產充公以及其他處罰手段懲治不幸的逃漏稅未遂者，往往使他們破產，因而使社會無法繼續獲得這部分資本的使用所能帶來的利益。不適當的稅賦正是走私的最大誘因。四是稅務官員頻繁造訪和令人生厭的稽查，常常會爲納稅人帶來許多不必要的麻煩、困擾與壓力。除此之外，爲防止工商業者逃漏稅而制定的種種限制性法規，不僅本身遭人厭惡，執行成本也極高，而且還將對稅收制度的改進造成巨大的障礙。

引文本身對於以上四項原則中的後三項已經充分地說明，因此我們無須再行解釋。我們在討論各種稅賦時，將具體考察它們符合或者違背這些原則的實際情況。不過，這四項原則中的第一項——賦稅的公平性——卻需要我們進行更加深入的討論。由於在公眾的頭腦中缺乏對於公平性進行判斷的確切的法則，因此人們對於此項原則的理解往往不夠全面，甚至在很大程度上還產生了許多錯誤的觀念。

§二 在稅收事務中，爲什麼需要將公平作爲稅收原則？理由是，在所有的政府事務中都應該遵循公平原則。既然政府對於所有人或者階級向它提出的要求一視同仁，那麼當政府要求人民爲此而做出犧牲的時候，也就應該盡可能地使人民承受相同的壓力。我們必須指出的是，這乃是將全體人民所做出的犧牲減少到最低限度的方法。如果某人承擔的稅賦小於他所應該承擔的份額，則必然會有其他人承擔的稅賦大於他所應該承擔的份額。平均而言，一個人因稅收負擔減輕所獲得的利益將小於另一個人因稅收負擔加重所遭受的損害；因而稅收公平作爲一項政治準則，它意味著犧牲的公平。它指的是，在對每一個人分攤他爲政府支出所做出的貢獻時，應該使他因支付自己的那一份額而感到的不便，既不多於也不少於其他人因支付自己的那一份額而感到的不便。這個標準與其他理想的標準一樣，是無法完全實現的；不過我們進行所有實際問題討論的首要目標，都是要確定理想的標準是什麼。

然而，有些人並不滿意於將公平作爲金融事務的基礎而形成的一項基本原則，他們認爲，一定還會有更加適合的原則。他們樂於接受每位社會成員所繳納的稅款應相當於該成員所得到的政府服務的補償的這種觀點；他們更傾向於依據個人財產的一定比例來徵稅，認爲這樣做才是公平的。因爲如果某人的財產是其他人的兩倍，則根據精確的計算，他所得到的保護也就是其他人的兩倍，於是基於討價還價以及交易的原則，他爲此支付的價格也應是其他人的兩倍。然而，由於認定政府僅僅是爲了對財產提供保護而存在的這個假設是禁不起推敲的，所以那些堅持補償原則的人又進一步指出，需要得到保護的不僅有財產，而且還有每個人本身，而每個人的人身所得到的保護是相同的，因而應該對每個人徵收一筆固定的稅額作爲對政府所提供的這一部分的保護的適當的回報，而對於政府所提供的另外一部分的保護，即對財產提供的保護，則應該根據財產成比例地徵收稅額。這是錯誤觀點的一種完美的翻版，深得某些人歡迎。首先，我們不能認爲對人身和財產提供保護就是政府的唯一目的。政府的目的與社會聯合體的目的一樣是綜合性的。它們包括政府的存在能夠直接地或者間接地實現的所有美好事物以及消除的所有罪惡。其次，在研究社會問題時，對本質上並不確切的事物設定確切的價值，並且以這種價值作爲得出實際結論的依據，這樣做極容易產生謬誤。不能說其受到保護的財產是別人的十倍，則其所受到的保護也就是別人的十倍。同樣不能成立的是，國家爲保護一千鎊一年所付出的代價，是國家爲保護一百鎊一年所付出的代價的十倍，而不是兩倍或者剛好相等。相同的法官、陸軍士兵或者海軍士兵，在保護某一人時其實也同樣在保護另一人；較多的收入並不必然需要較多的員警來提供保護，儘管有時可能如此。無論是以提供保護所耗費的勞動和費用作爲標準，還是以得到保護的個人的感覺作爲標準，或者以任何其他確切的事物作爲標準，都不存在人們假設的這種比例或者任何其他可以確定的比例。如果我們需要估計不同的個人從政府的保護中所獲得的利益水準，那麼我們應該必須考慮的是，若政府撤除保護，則誰遭受的損失最大？如果要回答此問題，則答案一定是那些出於先天或者後天的原因造成智力與體力最爲孱弱的人所遭受的損失最大。的確，這些人幾乎都會淪爲奴隸。因此，如果我們所討論的公平理論眞有任何公平可言，那麼那些最無力幫助或者保護自己的人最離不開政府的保護，他們就應該支付政府爲提供保護所付出的價格中的最大份額，而這正好與分配公平的本意背道而馳。分配公平並不是要效仿而是要修正大自然所造成的不公平和錯誤。

我們必須將政府視爲全體人民的政府，但確定誰對政府最感興趣，這並不具有眞正重要的意義。如果某個人或者某一階層的人士分享到的利益過少因而有必要提出上述問題，則並不是稅賦而是其他什麼事情發生了差錯，政府應該做的事情是設法消除差錯，人們不應把這一點理解成這樣並且作爲要求減稅的理由。正如同在爲某項大家共同關心的事業捐款時所出現的情況那樣，大家都認爲每個人根據自己的能力提供捐款實現了他們的那一部分的公平，即大家都爲共同的事業做出了公平的犧牲，因而認爲強制性捐款的原則應該採取與此相同的方式；實際上，爲此項原則尋求過於精細或者晦澀的依據是完全沒有必要的。

§三　應當要求所有人做出相同的犧牲的原則確立之後，我們下一步需要考察的是，實際上要求每個人按照他們的財產的相同的百分比納稅是否符合上述原則。許多人對此持有否定的態度。他們認爲，均按照收入十分之一納稅，與收入很多的人相比，收入很少的人稅收負擔更重。這種觀點已經成爲實施非常流行的所謂的累進財產稅的基礎；累進財產稅是稅率隨著收入額度的增加而提高的一種所得稅。

對於這個問題我進行了力所能及的最爲詳盡的考察。在我看來，這種學說所包含的正確的部分，主要來自於能夠從奢侈品中節省的稅賦與必須從生活必需品中獲得的稅賦（不管其稅率有多低）之間存在的差異上。從收入爲一萬鎊的人那裡每年拿走一千鎊，實際上不會使他減少任何生活必需品或者舒適品的消費；但是如果從收入爲五十鎊的人那裡拿走五鎊，那麼所產生的相應影響與前者相比，後者所做出的犧牲不僅更大而且完全不成比例。邊沁（Bentham）提出，對於購買生活必需品所需的一定數額的最低收入不予徵稅，這似乎是修正稅收負擔不同等的最公平的方法。假如每年一筆五十鎊的收入通常可以養活一家人，並滿足他們生活和健康上的需要，但不能有任何放縱，那麼就應該把五十鎊規定爲最低收入。超過該數額的收入就應該納稅，但不是全部收入都納稅，而僅僅是超過五十鎊以上的那部分納稅。六十鎊收入應視爲十鎊淨收入，如果稅率爲百分之十，則每年應徵收一鎊的稅；而一千鎊收入則應視爲九百五十鎊淨收入，每年徵收九十五鎊稅。因此，每個人都應按其剩餘收入的固定比例而不是總收入的固定比例納稅。[2]對於不超過五十鎊的收入完全不徵稅，亦即既不直接徵稅，也不間接對必需品徵稅；因爲根據假設，五十鎊是勞動者應該獨立支配的最低收入，政府不應該使其有所減少。然而除了其他可能提出的原因，這是爲什麼這種安排將規定對窮人消費的奢侈品也徵稅的一個理由。對於購買生活必需品所需要的收入免稅與否，取決於這種收入是否眞正用來購買生活必需品；即使收入僅夠購買必需品的窮人，如果用其收入的一部分購買了奢侈品，那麼他也應該像其他人一樣，從購買奢侈品的那部分收入中拿出一定比例的收入負擔國家的開支。

我認爲，給予低收入者的免稅額，不應該超過其維持生活、保證健康所需要的收入額。如果爲達到這種目的每年有五十鎊就夠了（當然也可能不夠），那麼在我看來，每年一百鎊的收入和每年一千鎊的收入都以五十鎊爲免稅額是完全合理的。的確，有人可能會說，如果對一千鎊的收入徵收一百鎊的稅（甚至退稅五鎊），而對一萬鎊的收入徵收一千鎊的稅（同樣退稅五鎊），則前一種情況下的稅收負擔比後一種的更重。但是在我看來，這種觀點是完全站不住腳的，即使它是正確的，但也不足以作爲確立任何徵稅原則的依據。年收入一萬鎊的人對於一千鎊的重視程度是否一定小於年收入一千鎊的人對於一百鎊的重視程度，這還很難說；如果的確是如此，那麼兩者之間相差的程度，對我來說也是無法確切回答的問題，而無論是立法者還是財政專家，也都無法以此作爲制定政策的依據。

有人認爲，比例稅制使中等收入者承受的負擔大於高收入者承受的負擔，因爲按同一比例納稅更傾向於降低中等收入者的社會地位。對於這種說法我持懷疑態度。即使我認可這種觀點，但也不贊成政府以這種觀點作爲制定政策的依據；而且對於根據支出水準確定社會地位的這種說法，我也無法苟同。政府應該以身作則，以事物本身所擁有的眞正價値來評價所有事物，所以對於財富，應該以使用它們所能換取的物品所帶來的舒適感或者快樂程度予以估價，不應該倡導粗俗的炫耀財富的虛榮心，或者增加受人懷疑沒有財富所產生的自卑感，中產階級出於這種動機會花掉他們收入的四分之三。政府徵稅使人們犧牲了眞正的舒適與嗜好，這要求政府必須把稅收負擔盡可能公平地分攤給所有人；不過在人們所虛構出來的尊貴方面的犧牲，本身就是不値得予以估算的。

在英國與歐洲大陸國家，人們都在倡導徵收累進財產稅，並且公開宣揚國家應該利用稅收工具緩和財富的不均等性。我與任何人一樣，均渴望採取措施來減小這種不均等性，但是不希望以節儉者受損爲代價去救濟浪費者。與低收入者相比，以較高的稅率對高收入者徵稅，包含著對於人們的勤勞與節儉所徵收的一種稅，是對那些比其鄰居工作更爲努力、生活更爲節儉的人的一種懲罰。出於公眾的利益，應該受到限制的不是透過勞動賺到的財富，而是不勞而獲的財富。公平明智的法律應該鼓勵人們節省而不是揮霍誠實勞動的所得。對於賽跑者要做到不偏不倚，就應該盡力使他們從同一起跑點上出發，而不應該給跑得快的人繫上重物，以縮短他們與跑得慢的人之間的距離。誠然，許多人感覺自己付出的努力比其他成功者還要大，但是他們的不成功不應歸於努力程度的不同，而應歸於機會上的差異；因此如果政府能夠透過教育和法律盡可能地減少這種不均等的機會，則人們也就沒有理由再對因勞動所得的不同而造成的財富不均等性感到憤慨了。在有關透過饋贈或者遺產獲得大宗的財產方面，繼承權是涉及如何從基本政策的視角對財產的優越地位加以規範的一種權利；我在前面曾經指出，[3]應該對於任何人透過饋贈、遺贈或者繼承所獲得的大宗財產加以限制，以防止大宗財產積聚在不勞而獲的少數人的手中。除了這些以及邊沁的建議（我們也曾在前面章節中有所討論），還應該廢除無遺囑死亡的旁系繼承權，並將財產收歸國家所有，我還認爲，對於超過一定數額的繼承的或者遺贈的財產徵稅是非常必要的，但是不宜過重，否則人們生前就會試圖透過捐贈或者隱匿財產等方式來規避這種稅，而目前政府對此還缺乏可以加以控制的有效措施。在我看來，將累進原則（正如它的稱謂那樣，對於較大的應稅金額按較高的稅率徵稅）應用於一般的稅是不妥當的，但是應用於遺產稅卻是公正而且恰當的。

有人反對徵收累進財產稅，這在很大程度上源於應該對所謂的「實際財產」徵稅的主張，即用於企業經營資本以外的財產，或者更確切地講，在經營中不受所有者自行監管的資產，例如土地、公債、抵押貸款，我認爲還有聯合股份公司的股票。在英國目前這一代人中，除了申請清除國債積弊的建議，並沒有明顯違反普遍的誠信原則的問題需要加以討論。不過，放寬累進財產稅，即減輕最有能力承擔這種稅的人的負擔，情況則完全不同；因爲「實際財產」所包括的很大一部分是沒有工作能力的人的生活依靠，而且很大一部分是由非常零碎的資產所構成。依據僅對實際財產徵稅的主張，那麼英國的大部分財產，例如商人、製造商、農場主和店主的財產，就都應該免除納稅義務；只有當這些人停止經營之後才應該開始納稅，如果永遠不停止經營，就可以永遠不納稅。我實在難以想像還有比這更加無恥的主張。不過，上述這些並未完全說明此主張的極不公平之處。依照這種主張，稅收負擔將完全落在社會的一小部分財富的所有者的身上，甚至並非連續地落在該階層的人士身上，而是完全地落在了開始徵收這種稅賦時剛好構成該階層的那些人士的身上。相對於一般資本的利息和商業的利潤而言，由於徵收這種稅賦之後，土地和那些特定的證券將僅能提供較少的淨收入，因此只有透過這類財產的持續性貶值才能實現差額的自行調整。未來的購買者將以較低價格獲得土地和這些證券，價格下降的幅度相當於具體的稅額，因而購買者可以逃避納稅；而當初的所有者即便把財產賣掉以後，也仍然承擔了稅收的負擔，因為他們是以損失相當於稅額的價值為代價出售土地和證券。他們的處境與將他們的財產按照一定的百分比充公是一樣的，該項百分比等於對他們的收入徵稅的稅率。這樣的主張竟然受到歡迎，這充分說明，在稅收事務上人們缺乏良知，之所以如此，是因為在公眾的頭腦中尚未形成確切的原則，尚未形成判斷政府一般行為公正與否的任何標準。該主張竟然得到大批人士的支持，這個事實表明了國家事務中金融體系的整體的鬆懈，剛好與美國的經濟制裁同樣惡劣。

§四　商業利潤納稅的稅率是否應該比利息或者地租所形成的收入納稅的稅率低，是涉及範圍較為廣泛的一個問題，人們經常針對當前所得稅的情況提出，非繼承的收入是否應該與繼承的收入按照相同的稅率納稅，即例如薪資、年金或者從事自由職業所得到的收入，是否應該與透過繼承的財產所得到的收入按照相同的稅率納稅。

現在的稅收制度對於各種收入一視同仁，對於收入伴隨著其死亡而終止的人以及可以將財產全部遺留並交付給其子孫後代的地主、股票持有者或者放款的人，均按照相同的稅率徵稅，即每一英鎊收入徵稅七便士（現在是六便士）。這顯然是不公平的；不過從數學的角度看，這樣做並沒有違反根據財產按比例徵稅的原則。有人說，暫時性收入應該比恆常收入繳納的稅要更少，事實對此做出的回答是確鑿的，它的確納稅較少。因爲爲期十年的收入只繳納十年的稅，而恆常收入則永遠納稅。在這一點上，某些財政改革者犯有重大錯誤。他們認爲，所得稅不應該依據年收入按比例徵收，而應該依據年收入的資本化價值按比例徵收，例如，如果一百鎊永久年金的價值爲三千鎊，而一百鎊終身年金，由於其價值按購買年數計算僅相當於永久年金的一半，因而只能賣得一千五百鎊，那麼永久年金的所得稅稅率就應該是暫時性收入稅率的兩倍；如果前者每年納稅十鎊，則後者僅應該納稅五鎊；不過在這個推斷中存在明顯的疏漏，它用一種標準估計收入的價值，而用另一種標準估計支出的價值；它確定收入的資本化價值，但是忘記確定支出的資本化價值。對於價值爲三千鎊年金徵收的稅額，應該是價值爲一千五百鎊的年金的兩倍，這個主張是無可非議的；但是人們忘記了，價值三千鎊的收入是無限期地每年需要繳納十鎊所得稅，根據假設，它需要繳納的稅款相當於三百鎊，而暫時性收入只是在收入人活著的時候每年需要繳納十鎊所得稅，根據相同的假設，繳納的稅款相當於一百五十鎊，而且實際上也是能夠以一百五十鎊買到。所以，按照現在的比例稅制，一千五百鎊收入相應需要繳納的稅款，已經是三千鎊收入需要繳納的一半了，如果除此之外還要把其每年需要繳納的稅款從十鎊減至五鎊，那麼它所需要繳納的稅款就不是恆常收入需要繳納的一半，而僅僅是四分之一。在這種情況下，爲了使一千五百鎊收入每年需要繳納的稅款達到三千鎊收入需要繳納的一半，前者需要納稅的年數就必須與後者相同，即需要無限期地納稅才行。

如果爲滿足國家的某種迫切需求只徵收一次性的稅賦，那麼這些財政改革家所宣揚的徵稅原則也許是恰當的。基於所有納稅者都應該做出同等的犧牲這個原則，凡是擁有財產的人，包括未來的繼承人在內，都應該按照其財產的現值成比例地納稅。令我感到奇怪的是，改革家們對此爲什麼不提出異議，這恰好說明他們所宣揚的徵稅原則只是在對所有人徵收一次性稅賦的情況下才是正確的，因此不可能在徵收永久性稅賦的情況下也是正確的。當每個人只繳納一次稅的時候，每個人都不比其他人納稅的次數多；在這種情況下所確定的正確的比例，不可能在一個人只繳納一次稅而另一個人卻需要繳納多次稅的情況下是正確的。然而，這正是實際上所出現的情況。恆常收入納稅的次數總是遠遠地超過暫時性收入納稅的次數，因爲恆常收入持續的時間或者年分，總是超過暫時性收入可以確定的或者難以確定的時間或者年分。

所有試圖以數字爲依據做出的有利於暫時性收入的推斷——簡言之，就是極力證明比例稅制並不是按相同的比例徵稅——顯然都是荒謬的。這種推斷不應以數字爲依據，而應以人的需要和情感爲依據。對於暫時性收入者應該按照較低的稅率徵稅，並不是因爲他們的財力較小，而是因爲他們的需求較大。

儘管A和B的名目收入相同，A每年獲得收入一千鎊，並從收入中拿出一百鎊納稅；B從世襲財產中每年也得到一千鎊；但是通常A有關收入的某些需求B卻沒有，即A往往需要爲其子女或者他人進行儲蓄；而且如果A的收入爲薪資或者從事自由職業的所得，則一般來說，A還需要爲自己晚年的生活進行儲蓄；而B則可以花掉其全部收入，而不必爲自己晚年的生活擔憂，死後還可以把財產留給子女。如果A爲了滿足這些需求必須從其收入中拿出三百鎊進行儲蓄，那麼對他徵收一百鎊的所得稅實際上就是對七百鎊徵收一百鎊的稅款，因爲這一百鎊的稅款只能從他用於消費的那部分收入中支取。如果他把一百鎊稅款按比例分攤在每年的消費和儲蓄上，即減少消費七十鎊、減少儲蓄三十鎊，那麼雖然他目前所做出的犧牲的比例與B的相同，但是他的子女的生活以及他自己晚年的生活卻會因爲繳納這種稅而惡化。他爲子女積累的資本額將減少十分之一，減少的資本額所產生的收入也將減少，這相當於對他們第二次徵收所得稅，而對B的繼承人則僅徵收一次所得稅。

因此，對於稅收公平原則，唯一合理的解釋就是做出相同犧牲的原則，它要求，如果一個人必須爲個人的晚年以及他所關切的他人進行儲蓄，那麼他確實用於這一方面的那部分收入就應當免稅。

如果的確可以信賴納稅人的良知，或者可以透過其他途徑充分證實納稅人的申報是屬實的，則徵收所得稅的恰當方式就是只對用於開支的那部分收入徵稅，而對用於儲蓄的收入予以免稅。因爲當進行儲蓄和投資（所有儲蓄一般來說都是投資）時，儘管人們已經爲本金繳納過所得稅了，但還是要爲它所帶來的利息或者利潤繳納所得稅。所以如果不對儲蓄實行免稅，則納稅人用於儲蓄的收入將被徵稅兩次，而納稅人用於消費的收入則僅被徵稅一次。把全部收入花光的人，每鎊收入納稅七便士，也就是繳納百分之三的稅，僅此而已；但是如果他將一部分年收入用於儲蓄並購買股票，則除了他已經爲本金繳納的百分之三的所得稅，還將以相同的比率減少利息，他爲利息本身每年也要納稅百分之三，這相當於爲本金第二次納稅百分之三。因此，非生產性開支僅納稅百分之三，而儲蓄卻要納稅百分之六；或者更確切地講，他在爲全部儲蓄納稅百分之三之後，還要爲剩下的百分之九十七的儲蓄再納稅百分之三，由此所造成的差異極大地損害了艱苦樸素的社會風氣，它不僅僅是不妥當的，而且是很不公平的。首先向用於投資的本金徵稅，然後又向投資所獲得的收入徵稅，這等於向納稅者的同一部分收入進行兩次徵稅。本金與利息兩者不能同時形成納稅者資產的組成部分，它們屬於同一部分資產，只不過是被計算了兩次而已。如果納稅者能夠獲得利息，那是因爲他堅持沒有花費本金；如果他花費本金，那他就得不到利息。然而，因爲他既可以儲蓄又可以花費，看起來他似乎可以同時做這兩件事情，並且可以同時分別獲得兩者的利益，所以據此向他徵稅。

不贊成對儲蓄實行免稅的人認爲，法律不應該透過人爲的干預破壞儲蓄與消費兩種動機之間的自然競爭。可是我們已經看到，破壞這種自然競爭的是對儲蓄徵稅的法律，而不是對儲蓄免稅的法律；因爲儲蓄用於投資之後便要依法納稅，所以在投資之前對儲蓄實行免稅，是使它免於納稅兩次的必要環節，而用於非生產性消費的收入也僅納稅一次。更進一步的反對意見是，富人最有能力進行儲蓄，給予儲蓄優惠待遇便是偏袒富人從而傷害窮人。我對此做出的回答是，能夠享受到這種優惠待遇的僅僅是那些節儉的富人，僅僅是那些將收入不曾用於滿足消費需求而用於生產性投資的人。這種收入不曾被富人花費掉，而是以工資的形式分配給窮人。假如人們仍然說這樣做有利於富人，那我倒很想知道哪一種徵稅方式有利於窮人。

對於儲蓄不實行免稅的所得稅，實際上是不公平的；不具備以下的任何條件，則不應該投票通過徵收任何所得稅，即收入申報書的格式以及所需要證據的性質，能夠避免人們欺詐性地利用免稅權，例如，一方面儲蓄而另一方面借貸，或者下一年花光上一年得以免稅的儲蓄。如果這種困難得到克服，那麼由於暫時性收入與恆常收入間不同的主張所造成的各種困難及其複雜性就將會消失；因為人們之所以要求與恆常收入者相比減輕暫時性收入者稅收的負擔，目前來看就是因為暫時性收入者必須進行更多的儲蓄，如果對他們眞正進行的儲蓄給予免稅，則完全就能滿足這個要求。不過如果沒有辦法避免人們欺詐性地利用免稅權，那麼為實現公正可以考慮的退而求其次的做法是，在計稅時對不同階層的納稅人應該儲蓄的額度進行評估。很可能只有一種權宜之計可以做到這一點，即計稅時粗略地採用兩種不同的稅率。我們很難把一種暫時性收入與另一種暫時性收入在期限方面所存在的差異考慮在內；而且就最為常見的暫時性收入而言，每位收入獲得者的年齡與健康狀況更是千差萬別，根本無法將每個人的具體情況考慮在內。所以，很可能有必要滿足於對所有的恆常收入統一採用某一稅率，而對所有的暫時性收入統一採用另一稅率。在確定這兩種稅率之間的比例時，當然不可避免地會包含主觀、武斷的成分在內；但或許對暫時性收入的四分之一給予免稅，是人們最容易接受的；因為平均而言，對於各個年齡階段和各種健康狀況的人們來說，將暫時性收入的四分之一儲蓄起來以供他們的子女將來的生活及其個人晚年的生活所用的比例比較恰當。[4]

我們在前面已經提到，在實業家的淨利中，一部分可以視為資本的利息，具有恆常收入的性質，其餘部分可以視為對其監督管理技能與勞動的報酬。超出利息的剩餘部分，取決於實業家的壽命，甚至取決於他所從事的相關事業存續的時間，因而全部有資格享受與限期性收入相同的待遇。而且我認為，由於這部分收入是極不穩定的，因此它有理由要求享受更高的免稅待遇。相對於每年一千鎊恆常收入的獲得者而言，某人擁有某種收入，但如果遭遇變故，他就有可能完全喪失這種收入甚至蒙受虧損，如此一來，即使平均而言他每年也可以得到一千鎊的收入，但是兩者的感覺卻是大相逕庭的。如果對於暫時性收入來說，應該按其數額的四分之三徵稅，那麼對於扣除利息之後的營業利潤來說，不僅也應該按其數額的四分之三徵稅，而且還應該進一步降低稅率，或者，也許使包括利息在內的全部收入的四分之一享受免稅待遇，就可以充分滿足這方面對於公平所提出的要求。

這是在解釋稅收公平原則感覺困難時經常遇到的情況。正如我們在前面章節中所看到的那樣，稅收公平的眞正含義並非是應該按照一個人所獲得的收入額徵稅，而是應該按照這個人的支出能力徵稅。不過如果我們將此項原則應用於所有的情況，想不遭受到反對是不可能的。設有甲、乙兩人，他們擁有相同數額的暫時性收入，但是甲的身體欠佳、子女很多，而乙的身體則健壯、子女也很少。在這種情況下，與乙相比，如果甲想在其死後爲他的子女留下與乙留給他的子女相同的遺產，那麼他就必須比乙更加省吃儉用；如果承認稅收無法自行調整以充分考慮這種差別，那麼有人便會認爲，只要收入的絕對額相等，再去考慮任何差別都是沒有必要的。但是，並不能將實現完全公平的困難作爲我們不盡最大努力去爭取實現公平的理由。設有年金領取者甲和乙，甲有望再活五年，乙有望再活二十年，但是政府給予甲的免稅待遇並不比乙的更高，對於甲來說，這樣做儘管是殘酷的，但是與對雙方均不給予免稅的做法相比，還是要好一些。

§五　在結束有關稅收公平問題的討論之前，我必須指出的是，某些例外情況是存在的，但是它們並不與公平原則的基礎相背離。例如，有這樣一種收入，其所有者無須付出任何努力，也無須做出任何犧牲，就會不斷增長；這種收入的所有者構成社會的某一階層，這個階層的人採取完全消極、被動的姿態，憑藉事態的自然發展，就會變得更加富有。在這種情況下，國家沒收這種收入的全部增長額或者部分增長額，絕不違背財產私有制得以存在的基礎。當然，這並不是說應該把人們所擁有的這種財產全部沒收，而只是沒收基於事態的自然發展所增加的財富，以便使它造福於社會，而不是聽憑它成爲特定階層不勞而獲的附屬品。

今天，地租實際上即處於這種狀況之中。通常導致財富增長的任何一種社會進步，總會提高地主的收入在社會總收入中的絕對和相對比例，地主自身不會爲此而遭遇到任何麻煩，也無須爲此增加任何開支。地主不勞動、不冒險、不節儉、整日無所事事，但卻會變得越來越富有。依據社會正義的基本原則，他們究竟有什麼權利獲得這種自然增長的財富？如果國家當初即保留權利，可以爲滿足財政上的急切需要而對地租的自然增長額最大限度地予以徵稅，那麼又會有什麼錯誤可言呢？我承認，不分青紅皂白地把每一項地產的地租的增加額都充公是不公平的，因爲對於各種具體的情況來說，還沒有辦法把單純基於一般社會環境的變化所造成的地租的增加額，與土地所有者投入於技術與資本方面而導致地租的增加額區分開來。唯一可行的辦法是，採取一項基本措施——評估全國所有土地的價值，然後對所有土地的現值實行免稅；但是過了一段時間，在人口與資本實現增長以後，便可以對自上次評估之後地租自然增加的額度進行粗略的評估。農產品的平均價格可以作爲評估的某種依據：如果農產品的價格上漲了，則可以肯定地租也上漲了，而且（正如我們前面已經證明的那樣）地租上漲的比率甚至大於價格上漲的比率。依據這些數據以及其他數據，可以大致估算出基於自然的原因使全國土地的價值增加了多少。在設定一般的土地稅時，爲了防止計算錯誤，應該使稅賦額度大大低於估計出來的地租增加的額度，以確保土地所有者透過投資與勞動所增加的收入不會受到損失。

不過，儘管對於上漲的地租予以徵稅的公平性不容置疑，但是如果國家不行使這種權利，難道不就等於公開宣稱放棄這種權利嗎？例如，在英國，所有在上一個世紀或者更長時期內購買土地的人，都要爲土地現有的收入——而且還要爲預期增長的收入——支付價格，人們這樣做不正是因爲暗中確信國家對於土地的收入將按照與其他收入相同的比例徵稅嗎？這種觀點所造成的影響是因國而異的；它取決於一國在多大程度上放棄了這種本來毫無疑問地完全屬於國家的權利。大多數歐洲國家從未放棄過自己的權利，在需要的時候，都會不加限制地對地租徵稅。在一些歐洲大陸國家，土地稅一直是國家每年財政收入的主要源泉，其稅率也一直不受其他稅率的影響而單獨被調整。在這些國家，無論誰購買土地，都必須做好繳納更高的土地稅的準備。英國的土地稅自從上個世紀之初以來就一直沒有發生過任何重大的變化，最近頒布的有關土地稅的法令反而降低了土地稅的水準；雖然自從那時起，由於農業的發展、城市的擴建以及建築物的增多，已經使地租大幅度地上漲了，但是由於地主在議會中占有優勢，所以國家一直未能正當地對於這種不勞而獲的收入徵稅。在我看來，由此所產生的預期已經得到了足夠的回報，因爲在如此漫長的時間內，並非源於努力或者犧牲而是基於自然原因所增加的全部收入，一直都被認爲是神聖不可侵犯，進而未被專門予以徵稅。我認爲，從現在起，或者從議會所認定的未來某一合適的時刻起，已經沒有任何理由再反對國家專門對地租的增加額予以徵稅了；國家在這樣做的時候，只要確保地主能夠得到土地當前的市場價格，則對地主而言，就不存在不公平的問題；因爲土地當前的市場價格代表了全部未來預期價值的現值。對於這種稅，較爲可靠的計算標準也許不是地租上漲或者穀物價格上漲的幅度，而是土地基本價格上漲的幅度。這種稅徵收的額度應該確保不使土地的市場價格降到當初對土地的估價以下，要做到這一點並非很難，而且只要做到了這一點，則無論徵收多少這種稅，都不會使土地的所有者遭受損失。

§六 不過，無論從法律的角度如何認定國家分享未來因自然原因而增長的地租，都不應該把現有的土地稅（遺憾的是，它在英國非常低）視爲一種稅賦，而應該當成是爲公眾的利益而收取的一種租費；這種租費屬於地租的一部分，從一開始就歸國家所有，從來不曾成爲地主收入的一部分，因此不應該將其視爲稅賦的一部分，從而以其爲藉口免除地主所應該繳納的其他稅賦。如果把現有的土地稅視爲稅賦，則什一稅也可以當成是對地主徵繳的稅賦了。在孟加拉，國家是全部地租的所有者，僅將其中的十分之一留給地主，自行掌握其餘的十分之九。依照上述觀點，這十分之九也可以視爲一種對被賜予十分之一地租的人所徵收的不公平的稅賦。一個人擁有地租的一部分，並不等於他對地租的其餘部分也擁有正當的、不可侵犯的權利。地主擁有土地，當初是需要承擔封建義務；相對於封建義務而言，現有的土地稅實在是微不足道。地主從封建義務之下被解放，本應該付出更大的代價。自從土地稅開徵以來，凡是購買土地的人都必須繳納土地稅，沒有任何理由可以將土地稅視爲是強迫現在這一代地主做出的開支。

只有在土地稅屬於特種稅的範圍內，而且不再僅僅是向地主階層徵稅——相當於向其他階層徵稅——的一種方式時，上述討論才適用。例如，在法國，對其他財產和收入（動產和專利）也徵收特種稅；如果土地稅不比與其相當的其他稅更高，那就沒有理由認爲國家對土地收取了租費。但是，迄今爲止，在約定俗成地認定從土地中獲取的收入應該受到公眾目的的限制而有所削減的任何地方，如果土地稅的稅率超出其他收入的稅率，則超出的部分嚴格說來就不是稅賦，而是國家所保留的土地資產的一部分。在我國，政府並未對其他階層徵收可以與當前所謂的土地稅相當的特種稅。因此，全部土地稅均不屬於稅賦，而是屬於一種租費，而且它並不是國家所保留的地租的一部分，而是國家所保留的土地的一部分。正如共同承租人之一所負擔的地租不應視爲其他共同承租人的負擔一樣，土地稅也不是地主的負擔。地主無權對於土地稅提出補償要求，也無權將土地稅算作其應繳稅賦的一部分。像現在這樣繼續徵收土地稅，並不違反稅收公平的原則。[5]

此後，我們將考察稅收公平原則在多大程度上以及如何進行修正，才能應用於繳納間接稅的部門。

§七　除了前面一項稅收原則，有人還提出了另外一項基本的稅收原則，即徵稅標的應該是收入而不是資本。徵稅不侵蝕國家的資本，當然是非常重要的；不過徵稅侵蝕資本，與其說是由特定的徵稅方式所造成，還不如說是稅收負擔過重的結果。稅收負擔過重達到一定的程度，即使最勤勉的社會也會遭受損害，尤其當稅收政策隨意變動以至於納稅人不能確定自己將保有多少收入時，或者勤勞與節儉受到不公平的待遇時，情況更是如此。但是如果能夠防止出現這些錯誤，只要稅收總額不超過當今哪怕稅收負擔最重的歐洲國家的稅收總額，那麼人們就無須為稅收將使國家喪失一部分資本而擔憂。

任何一種財政制度也無法做到使稅收負擔完全落在收入上而不落在資本上。人們所繳納的每一種稅，都有一部分是由若未徵收這種稅則可能用於儲蓄的收入來支付；沒有任何一種稅（若得以免徵），全部稅額都將會轉化為支出的增加，而不會有一部分轉化為資本的增長。所以，從某種意義來講，所有稅賦都部分地取自於資本；而且在貧窮的國家，無論徵收哪一種稅，都不可能不阻礙國民財富的增長。但是在資本充裕、積累意識較強的國家，稅賦阻礙國民財富增長的作用則難以察覺。資本已經達到了這樣的階段：在該階段，要不是生產不斷改進，任何進一步的增長都將很快停止；而且資本增長的速度甚至強烈地傾向於超過生產改進的速度，只有透過資本外流與所謂的週期性的商業危機，才能使利潤僅僅略高於最低水準；透過徵稅拿走一部分可能外流的資本或者商業危機所損毀的資本，不過發揮了資本外流與商業危機這兩個過程所發揮的作用，即為進一步的儲蓄拓展空間。

因此，我並不認為富裕的國家的人們反對徵收遺產稅（人們認為對遺產徵稅就是對資本徵稅）具有任何重要意義。實際情況也確實如此。正如李嘉圖所指出的那樣，如果某人被徵收房屋稅或者酒稅一百鎊，那麼他也許會改住租金較低的房屋，然後少喝酒或者縮減其他開支，以便節省出全部稅款或者一部分稅款；但是如果他獲得了一千鎊遺產並被徵收了一百鎊遺產稅，則他便會認爲遺產就只有九百鎊，而不會感到有必要（甚至感到更無必要）節省開支。因此，遺產稅完全是由資本繳納的；在一些國家，這已經成爲反對徵收遺產稅的重要理由。然而，首先，這個觀點並不適用於負有國家債務而且必須利用一部分稅收償付國債的國家，因爲用於償付國債的稅收依然屬於資本，只不過是從納稅者手中轉移到資金持有者手中罷了。其次，這種反對意見從來都不適用於財富迅速增長的國家。在這樣的國家裡，即使以極高的稅率徵收遺產稅，但每年徵收的稅款也僅爲當年資本增長額中的很小的一部分；而且遺產稅的徵收只不過爲相同數額的儲蓄拓展了空間：不徵收遺產稅，只會相應地減少人們儲蓄的額度，或者將已經儲蓄的資金輸送到國外進行投資。對於像英國這樣不僅爲自己而且還爲半個世界積累資本的國家來說，其公共支出完全來自於剩餘的資本，其財富目前多到也許根本無法察覺稅收負擔的程度；其稅收眞正拿走的並不是生產的必需物資，而是享樂品；如果不徵稅，人們便會利用這些錢縱情享樂，或者滿足某些目前尚未得到滿足的欲望或嗜好。

◆註解◆

[1]《國富論》，第五編，第二章。

[2] 上一次恢復徵收所得稅時，格萊斯頓先生（Mr. Gladstone）曾經部分地採用了這種計稅原則。當時規定，稅收的起徵點在一百鎊收入至二百鎊收入之間，起徵點之上超過六十鎊的部分就必須徵稅。

[3] 參閱本書第二編第二章。

[4] 哈伯德先生（Mr. Hubbard）是率先嘗試依據不容置疑的公平原則修改所得稅的具有實踐經驗的立法者，他精心制定的方案幾乎可以保證實現稅收公平，而且具有可操作性：他建議對於透過勤勞與敬業而獲得的收入的三分之一而不是四

分之一實行免稅。他對這種收入的三分之一實行免稅的理由是，不論人們認為這些收入的獲得者應該將收入的多少儲蓄起來，但現有的證據都表明，平均而言，他們的實際儲蓄率超過或者高於其他階層的三分之一。哈伯德先生指出，「投資於房地產的收入用於儲蓄的部分估計為十分之一。勤勞所得的收入用於儲蓄的部分估計為十分之四。由於估算出來兩個階層的收入大致相當，所以調整的方法很簡單，先扣除兩個階層收入的十分之一不予計稅，然後再對勤勞所得的十分之三或三分之一實行免稅。」建議報告（一八六一年委員會的《報告與證詞》，第十四頁）。在此估計中肯定存在較多的猜測成分；不過它目前已經做出的估計的確為哈伯德先生的實際結論提供了許多可靠的依據。

許多學者曾經圍繞應該對多少收入實行免稅才能使暫時性收入獲得者留給子女的恆常收入，與其為個人晚年生活保留之收入大致相當的問題進行辯論，其中包括詹姆斯．彌爾先生在其《政治經濟學原理》中，以及麥克庫洛赫先生在其《賦稅論》中所發表的自己觀點。因為恆常收入獲得者在這兩方面均無須儲蓄一分錢，換言之，應該將暫時性收入轉換為具有同等現值的恆常收入，並僅對轉換後的收入徵稅。如果暫時性收入獲得者確實把這麼大比例的收入甚至更大比例的收入儲蓄起來，那麼我當然同意對他們的全部儲蓄給予免稅。如果能夠找到可以證實這一點的實際措施，那麼我認為就應該對全部儲蓄實行免稅。但是我卻不同意於滿足他們基於他們應該儲蓄多少的這類基本假設所提出的免稅要求。暫時性收入獲得者並沒有義務必須節衣縮食，然後把收入的很大一部分儲蓄起來，使其子女也能夠得到與他們自己的暫時性收入相當的、足夠維持獨立生活的收入；同時，誰也不會夢想要做到這一點。根本沒有理由要求或者指望那些依靠個人的努力賺取收入的人為其後代留下一筆錢，使他們能夠坐享與前人同等的收入。即使為了子女，他們所應該做的也僅僅是為子女創造依靠個人的努力得以謀生的有利條件。然而，既然為子女或者他人遺留財產是合理的，而且暫時性收入獲得者只有進行儲蓄才能實現這一點，而恆常收入獲得者無須儲蓄就能做到這一點，則在收入本身大致相當的情況下，就應該透過調整稅率來適當修正這種實際上的不平等，以便使暫時性收入獲得者與恆常收入獲得者需要做出的犧牲盡可能地相等。

【5】保護主義者的殘餘一再強調土地資產遭受特殊的壓力，與此相同的論調顯然也涉及了地方稅的問題。根據傳統的觀點，地方稅的絕大部分負擔都應該視為國家為了公眾的利益所扣除或者保有的一部分地租。最近土地稅有所增加，政府這樣做或者是為了增進土地所有者的利益，或者是源於土地所有者的過錯，但是無論屬於哪種情況，土地所有者都沒有值得抱怨的理由。

第三章　關於直接稅

§一　可以將稅劃分爲直接稅與間接稅兩種。直接稅，就是需要由有義務或者理想計畫的納稅人負擔的稅；間接稅，則是需要預期並且打算可以將稅收負擔轉嫁給他人的由某個人支付的稅，例如商品稅與關稅。就某種商品對生產者或者進口商徵稅，本意並不是要求生產者或者進口商做出特別的貢獻，而是希望透過生產者或者進口商向該種商品的消費者徵稅，因爲生產者或者進口商可以透過提高該種商品的價格從消費者那裡得到補償。

直接稅的徵稅標的或者是所得或者是支出。對於支出所徵收的大部分稅均屬於間接稅，但是也有一些屬於直接稅；當不是對物品的生產者或者銷售者徵稅，而是直接對消費者徵稅時，情況即是如此。例如房屋稅；如果像通常所做的那樣，對於房屋的使用者徵稅，則屬於一種對於支出徵收的直接稅。如果對於房屋的建築商或者所有者徵稅，則屬於一種間接稅。窗戶稅是有關支出的直接稅；車馬稅以及所謂的對人或者對財產所徵收的稅，也屬於直接稅。

所得的來源可以是地租、利潤以及工資，包括禮品或者賑物以外的各種所得。政府既可以對這三種所得中的任何一種所得徵稅，也可以對三種所得統一徵稅。我們將依次對它們加以考察。

§二　地租稅完全由地主承擔。地主無法將此負擔轉嫁給任何其他人。它並不影響農產品的價值或者價格，因爲農產品的價值或者價格是由最不利條件下的生產成本所決定的，正如我們已經多次指出的那樣，在這種情況下是不繳納地租的。所以，地租稅除顯而易見的作用之外，沒有任何其他作用。它僅僅從地主那裡徵收如此之多的收入，然後將其轉移給國家。

然而，嚴格來說，只有當地租產生於自然原因或者產生於承租人所進行的改良時，上述說法才是正確的。當地主改良土地從而提高土地生產力時，他會要求承租人做出額外的支付來使自己獲得補償；對於地主來說，這種支付正是資本的利潤，但是卻與地租糾纏在一起。不過，對於承租人來說，從決定這種支付額度的經濟法則的角度來看，它又的確是地租。如果地租稅涉及這部分地租，則將傷害地主改良土地的積極性，但是我們卻不能由此而推斷它將提高農產品的價格。如果地主與承租人所簽訂的租約具有較長的期限，並使後者能夠在租約到期之前使自己得到補償，那麼承租人也會利用自己的資本——甚至利用地主的貸款——對土地進行改良。不過，只要人們受到阻礙，進而不能以自己最爲滿意的方式改良土地，則人們往往會完全放棄進行土地改良，因此如果無法將名目地租（可視爲地主利潤的一部分）分離出去，則徵收地租稅就是不明智的。然而，我們並不需要利用這一點來譴責地租稅。對於地主階級的收入予以徵稅，而對其他階級的收入不予徵稅，這是違反公平原則的，相當於部分沒收了被徵稅階級的收入。我們已經闡明，如果不對現有地租徵稅，而僅對未來因自然原因而增長的那部分地租徵稅，則可免於遭受這種指責。但是如果無法保證土地的市場價格保持不變，那麼即使這樣做也不能說是公平。在並非僅僅對地租徵稅，而且對其他收入也相應地徵稅的情況下，上述反對徵收地租稅的觀點就不再具有很強的說服力；既然不僅是對地租徵稅，而且是對利潤也徵稅，則對於以地租形式出現的利潤也就理所當然地應該像其他收入一樣予以徵稅了；不過基於前面指出的原因，對利潤整體徵稅的稅率應該低於對所謂的地租徵稅的稅率，所以上述反對意見所具有的說服力只是有所減弱，並未完全消失。

§三　與地租稅一樣，至少利潤稅所產生的直接影響是，使稅收負擔完全落在納稅人的身上。對於所有的利潤都一視同仁地徵稅，人們就不能透過轉換行業而避稅。如果僅僅對某一生產性行業的利潤徵稅，則這種稅最終將提高生產成本，從而使相應物品的價值和價格上漲。在這種情況下，這種稅就會被轉嫁到消費者的身上，而不會對利潤產生影響。不過如果對所有的利潤普遍徵收數額相等的稅，則不會對一般的價格產生影響，至少在最初階段，稅收負擔將完全落在資本家的身上。

然而，在繁榮富裕的國家中，利潤稅還會產生一種隱蔽的影響，這需要我們加以考慮。當某個國家資本存量很大且年積累率很高時，只有透過資本外流以及不斷實施生產改進才能使國家免於陷入停滯的狀態；實際上，降低利潤率的任何做法都不會不對這些現象產生重大影響。這種影響可以透過不同的方式發揮作用。利潤的縮減，將增加使用資本賺錢或者謀生的困難，從而對技術改進以及將其應用於生產產生刺激作用。如果生產改進的速度加快，生產改進直接地或者間接地降低了勞工慣常消費的物品的價格，則利潤就會增加，而且利潤的增加額足以補償由於徵收利潤稅而取走的全部利潤。在這種情況下，徵收利潤稅不會對任何人造成損失，國家總產量的增長將會與稅額相等，或者遠遠地超過稅額。不過即使在這種情況下，也應該把這種稅視為是由利潤支付的，因為如果取消這種稅，則獲利者仍將是那些獲得利潤的人。

不過，儘管人為地削減部分利潤實際上具有加速生產改進的傾向，但是很可能最終並未發生重大的生產改進，或者改進的程度不足以使利潤普遍增加，或者增加的利潤不足以補償因徵收利潤稅而減少的部分。如果是這樣，那麼利潤率就會更加接近於它不斷趨近的實際的最低水準，而資本收益的減少則將會對於資本進一步的積累造成嚴重的阻礙，或者將迫使人們把每年增加的資本更多地轉移至國外，或者浪費在不產生任何利潤的投機活動中。在徵收這種稅的最初階段，這種稅的負擔將完全由利潤來承擔；但是，徵收這種稅與不徵收這種稅而聽任資本的繼續增加，最終都會趨於將利潤降低至同一水準；每隔十年或者二十年，人們都會發現，徵收這種稅與不徵收這種稅的利潤的差距在縮小，直至最後不存在任何差距，以至於使這種稅收的負擔或者落在勞工的身上，或者落在地主的身上為止。徵收利潤稅的實際作用是使國家在某一時期擁有的資本總量和產出總量減少，致使停滯狀態提前到來、國民財富總量減少。它甚至會減少國家現有的資本總量。如果利潤率已經處於實際上的最低水準（即處於這樣一點，在該點上，每年趨於降低利潤水準的那部分資本的增加額，均將被轉移至國外或者被用於投機活動），那麼徵收利潤稅將會進一步降低利潤水準，進而導致一部分現有資本被轉移至國外或者被用於投機活動。由此可見，在像英國這種資本狀況以及積累水準的條件下，徵收利潤稅對於國民財富是極爲有害的。這種影響並不僅僅侷限於對利潤徵收這種特殊的稅因而產生本質上的極不公平的情況。只要利潤必須負擔沉重的一般性的稅，則這種一般的利潤稅就會與特殊的利潤稅一樣，趨於使資本流向國外，趨於減少無風險的利得而刺激投機活動，趨於抑制資本的進一步積累，趨於加速停滯狀態的到來。有人認爲，徵收利潤稅正是荷蘭之所以衰落，或者更加確切地說，之所以停滯不前的主要原因。

即使在資本積累的速度不快因而短期內不會陷於停滯狀態的國家，抽走一部分利潤似乎也不可能不在某種程度上對的確處於積累過程中的資本增長產生阻礙作用；而且除非對於生產改進的刺激能夠發揮完全平衡的作用，否則利潤稅的一部分負擔就會不可避免地從資本家的身上轉嫁到勞工或者地主的身上。勞工或者地主，將總是資本積累率下降的受害者。如果人口增長維持原先的水準，則勞工將成爲受害者；如果人口增長低於原先的水準，則耕種的規模擴大將會受到阻礙，地主就將得不到他們原本可以得到的地租的自然增長額。只有在沒有新的資本積累因而資本處於停滯狀態的國家，利潤稅的負擔才似乎有可能永久性地完全落在資本家的身上；在這樣的國家中，資本總量之所以可能保持不下降，是由於藉助習慣的力量，或者是由於人們不情願陷於貧困，因而資本家可能繼續負擔全部利潤稅。由此可見，徵收利潤稅的後果，其複雜性、多樣性以及在某些方面的不確定性，均遠遠超過了這方面的學者通常所做的設想。

§四　現在我們轉而討論工資稅。它們的情況非常不同，要視徵稅對象的工資，是一般非熟練勞工的工資，還是富有技能、享有特權的勞工的工資而定；勞工的勞動既可以是體力勞動也可以是腦力勞動，它們享有天生或者被授予的壟斷力，置身於競爭之外。

我曾經指出，在目前教育水準較低的情況下，所有高級腦力勞動或者需要知識的勞動都享有壟斷性的價格；與普通工人的工資相比，其高出的程度遠遠超過了爲獲得從事該項職業的資格所需要支付的費用，以及爲獲得該項職業的資格所招致的麻煩和損失的時間所應該得到的報酬。即使對這些利得徵稅，但它們也仍將高於（或者不低於）公平的比例，所以這種稅將落在納稅人的身上，他們無法將這種稅的負擔轉嫁給其他階級。在美國或者新殖民地，普通工資的情況也是如此；由於資本增長的速度達到了人口所能增長的速度，因而工資不下降的原因並不是由於勞工保持當初的生活水準不變，而是由於資本的增長。在這種情況下，無論是徵稅還是可能採用的其他方法，即便導致勞工的經濟狀況惡化，但也不會對人口的增長產生阻礙作用。此時，這種稅的負擔將落在勞工本人的身上，並且使其生活狀況過早地下降到較低的水準上；基於有關勞工生活習慣保持不變的假設，因爲所有肥沃土地的占用，將不可避免地導致資本增長率的遞減，所以在任何情況下，勞工的生活狀況最終都將下降到與此相同的水準上。

有人會反對說，即使在這種情況下，徵收工資稅也不會對勞工造成損害，因爲此項稅收仍然用於本國，並且將透過對勞工的需求重新返還給勞工。我們在本書第一編中已經澈底揭露了這種論斷的荒謬之處，[1]這裡僅需略加提示即可。顯而易見，除非直接用於購買勞動，否則用於非生產性支出的資金是不會提高工資水準或者保持工資水準不變的。如果政府對於每位勞工每週工資徵收一先令的工資稅，並且用由此所徵收的全部稅款僱用工人從事軍事、公共工程等方面的勞動，那麼毫無疑問，勞工階層整體都得到完全的補償。這實際上的確是「把錢花在人民的身上」。不過如果國家將徵收的全部稅款都用於購買商品，或者增加政府官員的工資，而這些官員使用增加的工資購買了商品，那麼就不會增加對勞動的需求，也不會增加工資。我們無須求助於任何基本法則，而僅透過非常直白的反證即可說明問題。如果向勞工徵稅，然後用稅款來購買商品就等於把錢歸還給勞工，那麼向其他階級徵稅，然後用稅款購買商品，當然也就等於把錢歸還給勞工，如此推斷下去，政府徵的稅越多，對勞動的需求就越大，勞工的經濟狀況也就越好。這種論斷的荒謬之處可謂人盡皆知。

在大多數社會中，勞工所堅持的慣常的生活水準對於工資產生支配作用，低於這個水準，工人將無法生兒育女。只要這個水準得以維持，工資稅在一段時間內就一定要由勞工自行負擔；除非這種暫時的壓力具有降低生活水準本身的作用，進而致使人口增長受到抑制，從而提高工資，使勞工的生活狀況恢復到當初的水準。在這種情況下，工資稅的負擔落在誰的身上呢？根據亞當・史密斯的觀點，既然社會具有消費者的特點，那麼一般來說，工資稅是由社會來負擔的；他認定工資的提高會促使一般物價水準上漲。然而，我們已經看到，一般物價水準是由其他因素所決定的，而且從來都不會因任何以相同方式並且在相同程度上對所有的生產性行業均產生影響的因素而有所提高。徵稅所造成的工資的增加，將與其他生產成本的增加的情況一樣，一定是從利潤中抽取的。在一個古老的國家中，試圖對按日計酬的零工徵稅也就等於向普通勞工所有的雇主們徵稅；這種稅具有非常惡劣的作用，它會永久性地降低最貧困階級心目中的生存標準。

透過以上論述我們找到了另外一個證據，可以用來支持我們曾經表述過的觀點，即直接稅不應該侵蝕僅夠維持健康生活狀況所必需的收入。這些數額很小的收入大多來自於體力勞動；現在我們看到，對於這些收入徵稅，或者永久性地降低勞工階層的生活水準，或者要求利潤承擔這種稅收的負擔，迫使資本家除了繳納他們所承擔的直接稅，還需要繳納一筆間接稅；從以下兩方面來看，我們都應該對此加以反對：一方面，它違背了基本的公平原則；另一方面，基於前面已經說明的理由，它相當於是對利潤所徵收的一種特別稅，因而將使國民財富遭受損失，進而使社會所擁有的納稅能力遭到削弱。

§五

我們現在將從對於各種收入分別徵稅的討論，轉向對於所有的收入按同一標準徵稅的討論。上一章我們已經討論了確保這種稅的徵收符合公平原則的必要條件，因此我們不妨假定，這些條件都能夠得到滿足。第一個條件是，低於某一額度的收入應該完全給予免稅。此最低額度不應高於當前的人口獲得生活必需品所需要的收入水準。現行所得稅的相關政策規定對於每年一百鎊以下的所有收入給予免稅，對於一百鎊至一百五十鎊的收入按較低稅率徵稅。這樣做的理由是，幾乎所有間接稅的負擔都更為沉重地落在了五十鎊至一百五十鎊收入的獲得者身上。第二個條件是，如果收入大於免稅額，則僅對超出免稅額的部分按比例徵稅。第三個條件是，對所有用作儲蓄和投資的收入都給予免稅；如果實際上難以做到這一點，則與繼承性收入所得稅的徵收相比，對於從事經營以及專業性工作所獲得的暫時性收入按較低的稅率徵收所得稅，稅率降低的幅度應該盡可能地與由於這些收入可終止的特性所產生的經濟需求量的增長相當；還應該對收入變動不定、生活朝不保夕的情況提供津貼。

從公平的角度來看，完全滿足上述條件的所得稅是所有稅賦中欠缺最少的一種。在當前公眾的道德水準較低的情況下，徵收這種稅的問題是無法確定納稅人的實際收入。在我看來，要求人們公布收入數額的困難，並不像人們所想像得那麼嚴重。英國的社會弊病之一乃是人們總是裝出或者試圖裝出擁有的收入比自己的眞正收入還要多的樣子，實際上這已經形成了一種習俗；對於染上這種毛病的人來說，公布他們的眞正收入可以減少促使他們超過實際所能地極力誇富的誘惑，並且眞正抑制他們擺闊的需求，對於他們是極為有利的。與此同時，人們對於這種情況的態度，即使在這一點上，也並不像某些時候人們所想像的那樣，完全是一面倒。只要任何國家的平民受其民族性的影響——只要他們完全根據自己所設想的某人財富狀況按比例地對其表示自己的敬意（如果能夠用這個詞）——則確切公布每個人的實際收入就會使富人更加自以為是，並對那些思想品格遠比他們高尚但是阮囊羞澀的人更加傲慢無禮。

儘管所得稅具有某種審查的性質，但是無論人民如何富有忍耐性，再大的審查權也難以使稅務官員依據對納稅人經濟狀況的實際瞭解徵收所得稅。地租、薪資、年金以及所有固定的收入都能夠準確清查。但是變化不定的職業性利得以及更加變動不定的商業利潤，就連當事人自己也往往都搞不清楚，更不用說稅務官員無論採用什麼方法都難以對其進行準確估算。徵收所得稅的主要依據應該是——而且實際上一直是——當事人申報的所得額。會計帳目並沒有太大作用，只能用於抑制明目張膽的謊言；但是即使對於這樣的謊言，會計帳目的抑制作用也是非常有限的，因爲如果當事人想要製造謊言，則一般來說，他也就能夠製造假帳，其手法可以使稅務官員所有的審查措施都徒勞無功，他只要在帳目的貸方上故意漏塡幾項即可，並不需要謊報負債或者支出。因此無論怎樣強調稅收公平原則，所得稅實際上都是以最不公平的方式徵收，即誰最有良知，誰繳納的所得稅就最多。不講求道德的人可以逃漏許多他們應該繳納的稅款；甚至在日常交易中誠實守信的人也會昧著良心逃漏稅，至少在最不會引起人們懷疑的情況下會放手一搏，而恪守誠信原則的人所繳納的所得稅則甚至會超過國家打算讓他們繳納的數額，因爲國家賦予稅務官員一定的隨意計稅的權力，以便與納稅人對收入隱匿不報的伎倆相抗衡。

因此，人們擔心，徵收所得稅所依據的原則的公平性，在實踐上並不具有可操作性，雖然從表面來看，徵收所得稅是籌集收入的最公平的方式，但實際上卻可能是比許多其他表面上不那麼公平的方式更爲不公平的方式。出於這種考慮，我們同意不久之前還相當流行的一種觀點，即保留對所得徵收的直接稅以應對國家緊急狀態下的一項特別措施；在國家處於緊急狀態下，國家需要的收入大幅度地增加，因此所有反對意見均將退居次要地位。

既然徵收所得稅難以實現眞正意義上的公平，於是有人主張，不依據收入的總額而依據支出的總額按照相同的百分比徵收稅款；個人的支出總額與收入總額，都可以依據納稅人自行提供的申報加以確定。

提出此項建議的雷文斯先生（Mr. Revans）在其討論此問題的小冊子中指出，[2]人們提供的有關支出的申報將比他們當前所提供的有關收入的申報更爲可靠，因爲支出在本質上比收入更爲公開，謊報也更加易於察覺。我認爲，他沒有充分考慮到的是，在大多數家庭每年的支出中，僅有少數幾項可以根據外部的跡象進行正確判斷。唯一可以依靠的仍然是個人的誠實守信，並且沒有任何理由可以認爲，人們有關支出的申報將比有關收入的申報更爲可靠；尤其與收入相比，大部分人的支出是由更多項目所構成，因而隱匿支出的細節會比隱匿收入的細節更爲容易。

無論是在英國還是其他國家，目前徵收的支出稅都僅限於幾種特殊的支出，而且與商品稅的區別僅僅在於支出稅是由消費或者使用這些物品的人直接繳納，而不是由生產者或者銷售者予以墊付再透過提高價格得到補償。車馬稅、犬稅和僕役稅都具有這種性質。不過，這些稅的負擔顯然都落在納稅人的身上，即落在被徵稅的商品的使用者的身上。與此相類似的但更爲重要的一種稅是房屋稅，我們對其必須進行更爲詳盡的考察。

§六 房租由兩部分組成：一是地皮租金；二是亞當．史密斯所謂的建築物租金。前者是由普通的地租原理所決定，是對房屋及其附屬物占用的土地所給予的報酬，其波動下限是單純用於農業耕種的土地可能獲得的地租，上限是處於交通便利的繁華地段可能獲取的壟斷性地租。房屋本身的租金與地皮租金不同，是對建屋過程中所消耗的勞動和資本的償付，它既可以按季度繳納，也可以按年度繳納，但是不會對決定其構成的法則產生影響。它也是由兩部分構成的：一是房屋建築商的資本的正常利潤；二是一筆年金，其數額在扣除應由屋主承擔的全部維修費用之後，足以重置——按照當前的利率在房屋破損或者租約到期之前的這段時間內加以折算的——爲房屋建設所投入的初始資本。

按照一定的百分比對房租總額徵稅，其負擔同時落在地皮租金與建築物租金兩部分上。房租越高

（無論是因爲建築物處於有利地段，還是因爲房屋本身品質佳），納稅額度也就越大。然而，對於房屋稅的這兩個部分，我們必須分別考察。

落在建築物租金之上的稅收負擔最終必然全部由消費者——即房客——負擔。因爲建房的利潤並不比正常利潤高，所以如果這部分稅收負擔落在屋主身上而不是落在房客身上，則建屋的利潤就會低於其他不納稅的行業的利潤，人們就不會再投資建屋。不過，在首次徵收這種稅的初始階段，它的很大一部分負擔有可能是落在屋主身上而不是承租者身上。眾多的消費者或者沒有能力或者不願意在原有房租之外再繳納一筆稅款，他們寧願降低住房條件，因而在一段時間內房屋的供給會大於需求。對於大多數其他物品來說，如果出現供過於求的情況，則供給就會立即減少；但是，像房屋這種耐用物品，其供給量不會迅速減少。的確，對於某種層次的房屋需求下降時，特殊原因除外，該層次的新建房屋一定會有所減少；不過與此同時，暫時的供過於求又會壓低房租，以至於消費者可能在住房條件不變的情況下爲租房所支付的總金額——即房租與房屋稅之和——幾乎與以前沒有什麼不同。然而，漸漸地，隨著原有房屋的不斷損耗，房屋需求因爲人口的增長而加大，房租將會重新上漲，一直上漲到建屋開始有利可圖時爲止。當然，只有在稅收負擔全部轉移給房客之後才會出現這種情況，因此（落在地皮租金上的那部分稅收負擔除外）落在建築物租金上的那部分稅收負擔最終將由消費者來承擔。

落在地皮租金上的稅收的情況，與上述情況部分地有所不同。由於嚴格意義上的地租稅是落在地主的身上，所以人們便認爲，落在地皮租金上的稅收負擔也必然落在地皮所有者的身上，至少在建設租約期滿之後是如此。然而，除非在對地皮租金徵稅的同時也對農業地租徵稅，否則對地皮租金徵稅的負擔不會全部落在地皮所有者的身上。最低的地皮租金只略高於同一塊土地用於農業生產時所能提供的地租；因爲我們有理由認爲，除了特殊情況，只要土地用於建屋比用於耕作能夠帶來更多的租金，那麼土地就會被出租或者出售以供建屋。所以，如果對地皮租金徵稅而對農業地租不徵稅，則除非稅額極小，否則必將減少地皮租金提供的收益，使之低於土地所提供的正常收益，就像對建築物租金徵稅那樣，將會有效地阻止新房屋的建設，直到對房屋的需求因為人口的增長而增加，或者房屋的供給因為房屋的自然損耗而減少，以至於地皮租金有所提高，直到地皮租金提高的額度與稅額相等時為止。但是，提高最低水準的地皮租金的眾多因素，也將提高所有其他水準的地皮租金，因為所有其他水準的地皮租金都基於各自具體的有利條件而高於最低水準的地皮租金，並由此形成自己的市場價值。所以如果對每平方英尺的地皮徵收固定數額的租金稅，也就是說，如果位置較為便利的地皮並不比位置最不理想的地皮多納稅，那麼這種固定稅最終就會落在房客的身上。假設最低水準的地皮租金為每英畝十鎊，最高水準為每英畝一千鎊，而對地皮租金固定徵稅每英畝一鎊，則最終將使前者提高到十一鎊，而使後者提高到一千零一鎊，因為在這兩種情況下，地皮價值上的差別依然與當初的完全相同，所以全年的英鎊將由房客來支付。不過，地皮租金稅是房屋稅的一部分，房屋稅不是一項固定的支付，而是按照房租一定的百分比來徵收。因而假設最低水準的地皮租金仍然納稅一鎊，最高水準的地皮租金則為納稅一百鎊，這其中只有一鎊可以轉嫁給房客，因為地皮租金仍然只能提高到一千零一鎊。結果是，從最高水準的地皮租金徵繳的一百鎊稅額中，將有九十九鎊落在地皮的所有者身上。由此可見，我們應該從兩個方面對房屋稅加以考察：一方面是落在所有房客身上的稅；另一方面則是落在地皮租金上的稅。

對於絕大多數房屋來說，地皮租金僅占房租總額很小的一部分，因而幾乎全部房屋稅都會落在房客身上。只是在特殊情況下，例如，對於大城市中處於有利位置的房屋來說，地皮租金才占主要部分；在為數不多的幾種特別適宜徵稅收入中，地皮租金占有重要的地位，它已經成為迅速獲得巨額財富的典型實例，在許多難以預料的情況下，少數家族僅僅因為偶然地占有了某些地段的土地而發財致富，而無須花費一分錢，也無須承擔任何風險。所以，在房屋稅落在地皮所有者身上的限度內，房屋稅幾乎不可能遭受到任何正當的反對。

對於房客承擔的那部分房屋稅來說，如果它剛好與房屋的價值成比例，則它是所有稅收中最公平和最不可能遭受反對的一種稅。在人們日常的支出中，房租最能衡量出一個人的財力，而且從總體來看，也與他的財力成比例。與直接對收入進行估計再進行徵稅相比，徵收房屋稅是實現所得稅公平徵收更爲便捷的途徑；它具有突出的優點，自然而然地解決了徵收所得稅時難以解決的或者難以不偏不倚地解決的問題，因爲如果一個人所支付的房租是對其使用房屋的某種衡量，那麼它所衡量的並不是此人所擁有的財產，而是此人自認爲所具有的支付能力。這種稅的公平性僅在以下兩個方面有可能遭受到嚴重的質疑：第一個反對理由是，守財奴可以規避這種稅。不過此項反對理由適用於所有的支出稅；只有直接對收入徵稅，守財奴才無法規避。而且，守財奴現在並不是把財富儲藏起來，而是把它投入生產活動，因而不僅增加了國民財富，而且也增加了一般的應稅收入。在這種情況下，不過是將徵稅的方式從對本金徵稅轉向了對本金所產生的收入徵稅，這種收入一經花費，就將照章納稅。第二個反對理由是，某人租用較大、較貴的房屋，可能並不是因爲他收入較高，而是因爲家庭的人口較多。然而他並無權抱怨，家庭人口多是基於他個人的原因所造成，從公眾利益的角度來看，應該鼓勵減少而不是增加個人家庭的人口。[3]

在英國的稅收中，有很大一部分來自於房屋稅。城鎮的全部地方稅以及農村地區的部分地方稅，都是對房租徵收。窗戶稅也是一種房屋稅，但往往產生不利的影響，它相當於對採光面積徵稅，並成爲房屋存在建築缺陷的原因；這種稅在一八五一年被廢除，而改徵眞正的房屋稅，並且與一八三四年以前相比，稅率降低了很多。令人遺憾的是，新稅的徵收中保留了原房屋稅徵收中的不公平原則，正是基於這種不公平的原則，才使得自私自利的中產階級提出反對意見。當人們聽說像查茲沃斯或者貝爾沃那樣的豪宅每年僅按規定的二百鎊租金納稅時，理所當然地表示出自己的震怒；僅按二百鎊房租徵稅的藉口是，維持這種住宅的支出很大，因此不可能索取更高的租金。的確，也許連二百鎊租金也沒有得到。但是如果以上論點是正確的，那麼就根本不應該對它們徵稅。然而，房屋稅並不是要對房屋的收入徵稅，而是要對房屋的支出徵稅。我們希望確定的是，房屋的居住者所負擔的住房成本是多少，而不是房屋的所有者出租房屋會賺取多少。當居住者不是房屋的所有者，因而不負擔房屋的維修費用時，他所支付的房租便成爲對其住房成本的衡量，不過當居住者就是房屋的所有者時，則必須選擇其他衡量標準。此時，應該對房屋進行價值評估，不是評估它能賣得多少錢，而是評估重建它需要多少錢，同時必須對評估價值定期地予以修正，扣除折舊所損失的價值，加上透過裝修和改建所增加的價值。這種經過修正的估計值便形成一筆本金，以國債的現行價格進行折算，計算出來的利息就是每年徵收這棟建築物應繳納稅款的依據。

因爲低於一定數額的收入應該免於繳納所得稅，所以低於一定價值的房屋也就應該免於繳納房屋稅，兩者所依據的是同一個原則，即對於維持人們健康生存絕對不可或缺的必需品應該予以免稅。爲了使單個房間的居住者和整間房屋的居住者都公平地享受到這種免稅的待遇，因而應該允許房屋所有者對於不同承租人所承租的房屋不同部分分別評估其價值並徵收房屋稅，這與現在處理公寓稅收問題時通常採用的做法一樣。

◆註解◆

[1] 參閱本書第一編第五章§九。

[2] 參閱約翰·雷文斯（John Revans），《對國內支出徵收比例稅以提供全部財政收入》，由哈查德於一八四七年出版。

[3] 另外一種常見的反對理由是，人們需要寬敞昂貴的房屋常常不是為了居住，而是為了經營。而對專門用於經營的建築

物或者建築物的某些部分，例如商店、倉庫或者廠房，免徵房屋稅是可以被接受的規則。有人說，商人是迫不得已才占有倫敦繁華街道上的一席之地，但是占有這樣的一席之地卻要支付壟斷性租金，就我看來，這種反對意見似乎是不值得一提的：因為沒有任何一位占據在倫敦繁華大街上的商人不是預期自己的額外利潤將大於額外成本。而且，對壟斷性租金徵的稅，大部分並不是由商人來承擔，而是由土地的所有者來承擔。

也有人提出反對意見，認為鄉村地區的房租比城鎮的還要低，而有些城鎮的房租以及鄉村地區的房租又比其他地方的低，因此按照房租的一定比例徵稅所產生的壓力是不公平的。不過，對於這一點我們可以做出這樣的回答：在房租低的地方，具有相同收入的人似乎可以居住在更大更好的房屋中，但是實際上他們用於房租方面的支出占其收入的比例，與其他地方的這一比例的相近程度，比乍看之下要大得多。或者如果不是這樣，那麼他們當中的許多人之所以居住在房租低的地方就很可能是因為自己非常窮，因而不具備居住在其他地方的條件，因此也就理所當然地應當對他們徵收較少的稅。在某些情況下，的確是因為人民窮困，才使房屋稅保持在一個較低的水準上。

第四章　關於商品稅

§一　商品稅通常指的是對生產者以及介於生產者與以消費爲目的的購買者之間的運輸商或者經銷商所徵收的稅。直接向某些物品的消費者徵稅，例如房屋稅或者英國的車馬稅，雖然也可以稱爲商品稅，但實際上並不屬於商品稅；商品稅這個概念通常是指間接稅，即先由某人繳納，然後預期並且計畫可以從另外某人那裡得到補償的一種稅。商品稅或者以國內生產的商品爲徵稅標的，或者以國內進口的商品爲徵稅標的，或者以國內運輸、銷售的商品爲徵稅標的，因而可以劃分爲消費稅、關稅、通行稅、過境稅等幾類。無論它們屬於哪一類，也無論是在社會進步的哪一個階段予以徵收，它們都相當於生產成本的某種增加；我們這裡所使用的生產成本這個概念具有最廣泛的含義，包括運輸成本與銷售成本，或者通俗地講，包括商品進入市場的成本。

透過徵稅使生產成本人爲地提高所產生的後果，與生產成本由於自然原因而提高所產生的後果相同。如果只有一種或者少數幾種商品受到影響，則其價值和價格將提高，從而使生產者或者商人所承擔的這種特殊負擔得到補償；但是如果對所有的商品都按照其價值的相同比例徵稅，則生產者或者商人將得不到補償，而無論是價值還是價格均不會普遍提高；價值的普遍提高是極其荒謬的，價格的普遍提高完全是由不同的原因所造成。然而正如麥克庫洛赫先生所指出的那樣，由於各個行業使用的資本具有不同的耐用性，因此對所有的商品徵收商品稅，其價值便會遭受某種擾動，有的價值會降低，有的價值會升高，這將取決於我們在前面已經討論過的對於資本價值和價格產生影響的因素。產業的總產出由兩部分構成：一部分用於重置所消耗的資本；另一部分則形成利潤。今天投入兩個生產部門的等量資本應該產生等量的預期利潤；但是如果一個部門的固定資本所占的比重比另一個部門的大，或者如果其固定資本比另一個部門的更爲耐用，則該部門當年消耗的資本就較少，因而需要重置的資本也就較少，如此一來，如果兩個部門的絕對利潤相等，則前一個部門的利潤在年收益中所占的比例就較大。要從一千鎊資本中獲得一百鎊的利潤，一個部門也許必須出售價值一千一百鎊的產品，而另一個部門也許僅僅只需要出售價值五百鎊的產品。如果對兩個生產部門都徵收百分之五的從價稅，則後一個部門將僅被徵稅二十五鎊，而前一個部門則將被徵稅五十五鎊；後一個部門將剩下利潤七十五鎊，而前一個部門則僅剩下利潤四十五鎊。因此，爲了使兩個部門的預期利潤相等，一種商品的價格必須升高，或者另一種商品的價格必須降低，或者兩種情況同時發生。相對於主要使用機器進行生產的商品而言，主要使用直接勞動生產的商品的價值必須升高。在此，我們對於這一方面的問題進行更爲深入的探討並無必要。

§二　對任何一種商品徵收商品稅，無論是針對它的生產、進口、從此地運至彼地的運輸、銷售，也無論是從量稅還是從價稅，作爲一項基本規律，均將提高該種商品的價值和價格，提高的幅度至少與稅額相等。實際上，提高的幅度未超過稅額的情況很少。首先，爲防止製造商或者經銷商逃漏稅，人們認爲在生產環節徵稅很有必要，並且政府相應地制定了許多限制性的法規。這些法規往往爲製造商或者經銷商帶來了麻煩和干擾，迫使他們增加開支，對於所有這些特別的不利因素，他們必須提高其商品的價格以便得到補償。這些法規還經常干預生產工藝，要求生產者採用最便於徵稅的生產方法，儘管對於生產來說，這種方法並不是成本最低的或者效率最高的。透過法律手段實施的任何規定，無論怎樣都將對生產者採用新的、改進的生產工藝造成阻礙。不僅如此，由於規定生產者和經銷商必須預付商品稅，因此與不徵收商品稅的情況相比，他們在經營中投入的資本將會更多，而全部資本均需獲取正常利潤率，儘管只是其中的一部分眞正用於生產與運輸成本的支付。在這種情況下，商品的價格就必須提供超出其自然價值的利潤，而不再是按照自然價值提供利潤。簡言之，國家的一部分資本並不是用於生產，而是用於預付國家的稅款，然後再從商品的價格中得到補償；同時，消費者必須對銷售者做出償付，使其得以獲取當全部資本眞正用於生產時所能產生的利潤。[1]人們不應該忘記的是，使任何行業或者經營領域所需要的資本增大的所有因素，均會對商業競爭造成阻礙；它賦予少數生產者或者銷售者以某種壟斷力，從而使他們能夠提高價格並獲得超額利潤，或者使他們能夠花費較少的努力去改進產品品質進而降低產品成本，但是卻獲得與普通利潤相當的利潤。在以上幾種情況下，徵收商品稅造成商品價格提高導致消費者多負擔的成本，將遠遠超過國庫因而增加的收入。還有一點我們必須加以考慮的是，徵收商品稅所造成的價格上漲必然對商品的需求產生抑制作用，而由於許多生產改進的實際應用都是以需求一定程度的擴張爲條件，因此這些改進的應用便會受到阻礙，有些改進甚至完全不能被採用。眾所周知的事實是，遭到稅務官員干擾的生產部門所實現的生產改進很少。一般來說，對某種商品的生產改進進行激勵的最有效的方法就是廢除造成市場收縮的稅賦。

§三 這是徵收商品稅的一般結果。不過，由於某些商品（構成勞工生活的必需品）的價值對於社會各個階級之間的財富分配會產生影響，因而需要我們進一步探討對於這些特定商品徵收商品稅所帶來的後果。例如，對穀物徵稅，穀物的價格將與稅額成比例地上漲，並在以下兩個方面產生影響：首先，它將降低勞工階層的生活條件；從短期來看，它的確會產生這樣的結果。如果它導致勞工階層對於農產品的消費量的減少，或者促使勞工階層轉而消費土地產量更高或者生產成本更低的農產品，則在一定的限度內，它將有助於農民重新耕種比較肥沃的土地，或者採用成本較低的耕作方法，從而有助於降低穀物的價值和價格；所以最終穀物價格的提高不會與稅額相等，而僅是稅額的一部分。然而，其次，對穀物徵稅，穀物價格的上漲也許並未降低勞工所要求達到的慣常的生活水準，而是透過人口所遭受的影響，工資有所提高，從而在或短或長的時期內，使勞工所承擔的稅賦得到補償；當然，這種補償是以犧牲利潤爲代價的。

由此可見，對於生活必需品徵稅必然會造成以上兩種結果之一，可能降低勞工階層的生活水準，或是迫使資本所有者除了爲自己所消費的必需品納稅，還需要爲勞工所消費的一定量的消費品納稅。在後一種情況下，對生活必需品徵稅，類似於對工資徵稅，即相當於對利潤徵收的一種特別稅；這種稅與所有其他的特別稅一樣是不公平的，對於國民財富的增長非常不利。

接下來我們需要討論徵收農產品稅對地租所產生的影響。假設（實際情況通常也是這樣）糧食的消費量並沒有減少，而爲了滿足社會對糧食的需求，仍然需要保持與以前相同的農業生產規模，用查默斯博士的話來說，就是邊際耕地保持不變；決定全部產品價值和價格的生產力最低的土地或者資本現在將繼續發揮這種決定作用。農產品稅是否會對地租產生影響，取決於它是否會對生產力最低的土地或者資本所獲得的報酬與其他土地或者資本所獲得的報酬之間的差額產生影響。現在，這一點則取決於徵收這種稅的方式。如果徵收的是從價稅，換言之，如果是按照產量的固定比例徵稅，例如徵收什一稅，那麼它顯然具有降低穀物地租的作用。因爲從較優的土地上徵收的稅比從較差的土地徵收的稅多，而多出的程度剛好等於土地優良的程度；與其他土地相比，具有兩倍生產能力的土地，需要繳納兩倍於其他土地的什一稅。如果從兩個數中較大的一個中再減去較大的一個數，從較小的一個數中減去較小的一個數，則兩者之間的差額將減小。對穀物徵收什一稅，相當於對穀物地租徵收什一稅；因爲如果我們把一系列的數字中的每一個都相應地減少各自的十分之一，那麼它們之間的差額也將相應減少十分之一。

例如，設有五個等級的土地，在面積相同、投入相同的條件下，產量分別爲一百、九十、八十、七十和六十英斗小麥；其中最後一個等級的土地是爲了滿足對糧食的需求而必須進行耕種的最差的土地。這些土地提供的地租如下：

生產一百英斗小麥的土地提供地租四十英斗小麥，即一百與六十之差。

生產九十英斗小麥的土地提供地租三十英斗小麥，即九十與六十之差。

生產八十英斗小麥的土地提供地租二十英斗小麥，即八十與六十之差。

生產七十英斗小麥的土地提供地租十英斗小麥，即七十與六十之差。

生產六十英斗小麥的土地不提供地租。

現在假設開始徵收什一稅，這五個等級的土地分別納稅十、九、八、七和六英斗小麥，第五等級的土地仍然是決定農產品價格的土地，但是納稅之後，耕種第五等級土地的農民只能得到五十四英斗的小麥。

生產一百英斗小麥的土地，所得產量將減爲九十英斗，提供地租爲三十六英斗，即九十與五十四之差。

生產九十英斗小麥的土地，所得產量將減爲八十一英斗，提供地租爲二十七英斗，即八十一與五十四之差。

生產八十英斗小麥的土地，所得產量將減爲七十二英斗，提供地租爲十八英斗，即七十二與五十四之差。

生產七十英斗小麥的土地，所得產量將減爲六十三英斗，提供地租是九英斗，即六十三與五十四之差。

生產六十英斗小麥的土地，所得產量將減爲五十四英斗，與以前一樣，不提供地租。

於是，第一級的土地的地租減少了四英斗，第二級的減少了三英斗，第三級的減少了二英斗，第四級的減少了一英斗，即每一等級土地的地租剛好減少了各自的十分之一。因此，按產量的固定比例徵收穀物稅，將以相同的比例降低穀物地租。

但是降低的僅僅是穀物地租，而以貨幣或者任何其他商品計算的地租並沒有降低。因爲穀物地租的數量按多大比例減少，穀物的價值就按多大比例提高。徵收什一稅後，五十四英斗小麥的市場價值將與以前六十英斗小麥的市場價值相等；稅後產量的銷售收入，將與當初未徵稅時的銷售收入相等。因此地主在數量上遭受的損失將在價值和價格上得到補償；只有當他們自己消費實物地租或者在收到貨幣地租後用於購買農產品時，他們才會遭受損失；也就是說，只有當他們作爲農產品的消費者時，他們才會與公眾一樣遭受損失。對於地主來說，他們的收入與以前相同；因此什一稅是由消費者負擔，而不是由地主負擔。

如果不是按照產量的固定比例徵稅，而是對每夸脫或者每英斗徵收固定的稅額，那麼它將對地租產生相同的影響。如果對每英斗穀物徵稅一先令，那麼它仍然會使一塊地比另一塊地多納的稅，完全與多出的產量成比例；它與什一稅完全相同，只不過什一稅不僅對所有土地按照相同的比例徵稅，而且在任何時候都按照相同的比例徵稅；而對於每英斗徵收固定的稅額，則隨著穀物價格的下跌或者上漲，它在產量中所占的比例會有所增大或者減小。

採用其他方法徵收農業稅，將會對地租產生不同的影響。如果按照地租成比例地徵稅，則稅收負擔將會全部落在地租上，根本不會提高穀物的價格，因爲穀物的價格是由不支付地租的那部分產量所決定。如果不分價值高低地按照耕地面積大小來徵收固定的稅額，則會帶來與上述情況完全相反的結果。如果對面積相同的最好的土地與最差的土地徵收相同的稅額，則土地之間的差別仍然與當初相同，因此分別提供的穀物地租也仍然與當初相同，地主將獲得價格上漲所帶來的全部利潤。我們可以換一種方式對此加以說明，即價格的上漲必須大到足以使最差的土地也能夠納稅的程度，因而使所有其他土地不僅能夠納稅，而且還能向地主提供更多的地租。然而，這些徵稅的方式與其說是對土地的產品徵稅，還不如說是對土地本身徵稅。眞正對土地的產品徵稅，不論是徵收固定稅還是從價稅，都不會對地租產生影響，而是落在消費者身上；不過對勞工階層的消費品徵稅，全部或者大部分的稅收負擔都是由利潤予以承擔。

§四　我認爲，以上論述正確地說明了對農產品徵稅在初始階段所產生的影響。不過，徵稅的時間很長以後，其影響就與此不同了；我相信，是西尼爾先生最先指出了這一點。我們已經看到，徵稅的必然結果是減少利潤從而降低積累率。今天，當資本積累通常與人口增長相伴時，其作用便是提高糧食的價值和價格，進而提高地租並且降低利潤，這與徵收農產品稅所帶來的結果是完全一樣的，只不過農產品稅不會提高地租。因此，徵收農產品稅不過使單純的資本積累最終也會帶來的結果——價格的升高與利潤的降低——提前出現了，而農產品稅當時卻阻礙了（至少是延遲了）資本的積累。如果在徵收什一稅之前利潤率就已經較低了，那麼徵稅之後利潤率將會降至實際上的最低水準；徵稅可能使資本積累完全停止，或者使資本流向國外。同時，徵收什一稅對消費者造成的唯一影響是，使消費者提前支付本來可以晚一點支付的價格，即在財富與人口逐漸增長的過程中，消費者是會立即開始支付其中的部分價格。經過一段時間之後，價格將會隨著財富的自然增長而上漲十分之一，此時，消費者支付的價格將與在從未徵收什一稅的情況下所形成的價格相等，消費者將不再承擔什一稅的負擔，而實際承擔什一稅負擔的將是地主，因爲什一稅將阻止地主所得到的地租隨著時間的推移而增長。在此期間內的每一個相互連續的時間點上，落在消費者身上的什一稅都將越來越少，而落在地主身上的什一稅將越來越多，而且最後的結果是，利潤將達到最低水準，此時，與不曾遭受徵稅干擾情況下的趨勢相比，資本和人口更少，地租也更低。另一方面，如果什一稅或者其他農產品稅的徵收並沒有使利潤減至最低水準，也就是說，如果最終利潤能夠保持在最低水準以上，則積累不會停止，只是速度放緩，而且如果人口也增長，則資本與人口兩方面的增長仍將像以前那樣發揮作用——使穀物的價格上漲和使地租提高。然而，穀物價格上漲與地租提高的速度，將不會像利潤率保持較高的水準上時那麼快。二十年後，與不徵稅的情況相比，某國的人口和資本較少，地主獲得較少的地租，穀物價格的上漲較慢，屆時也不會上漲十分之一。因此，這種稅的一部分負擔已經不再落在消費者身上，而是落在地主身上，而且隨著時間的推移，落在地主身上的比例將越來越大。

西尼爾先生爲說明上述觀點，將什一稅或者其他農產品稅所產生的影響視爲土地自然退化所產生的影響。如果得不到外國糧食供給的某國，其土地的品質突然永久性地惡化，以至於需要多消耗十分之一的勞動才能生產出現在的產量，那麼毫無疑問，穀物的價格就將會上漲十分之一。不過我們不能由此推斷，如果該國的土地從一開始就比現在貧瘠十分之一，則穀物的價格也會比現在高出十分之一。很可能出現的情況是，由於該國自創立以來，勞動和資本的收益就較少，所以與實際情況相比，每一代勞動和資本的增長速度都較慢，以至於該國當前的資本與人口都較少，所以儘管土地貧瘠，穀物的價格卻並不比現在高，利潤也並不比現在低，只有地租肯定會比現在低。我們不妨假設有兩座島嶼，它們的面積相同，自然肥力相同，工業發展的水準也相同，因而在某一時期它們擁有的人口和資本相同，地租相同，穀物的價格也相同。讓我們設想僅對其中一座而不對另一座島嶼徵收什一稅，那麼將會出現什麼結果。在這種情況下，會立即出現穀物價格上的差別，因而很可能也會出現利潤上的差別。雖然兩座島嶼的利潤都不會下降，也就是說，雖然必需品的生產改進的速度跟上了人口增長的步伐，但是兩座島嶼在價格與利潤上的差別卻依然會存在。然而，如果在不徵收什一稅的島嶼上，資本與人口的增長速度超過了生產改進的速度，則穀物的價格將逐漸上漲，利潤將下降，地租將增加；而在徵收什一稅的島嶼上，資本與人口或者不增長（除了與生產改進相互平衡的增長），或者以較小的幅度增長，以至於地租和穀物的價格或者根本不提高，或者緩慢提高。因此不徵收什一稅的島嶼的地租將迅速超過徵收什一稅的島嶼的地租，同時與徵收什一稅的初始階段相比較，其利潤沒那麼高，而穀物的價格則沒那麼便宜了。這些結果是逐漸顯現的，每過十年，兩座島嶼在地租水準、財富總額與人口總量方面的差距都將加大，而在利潤水準與穀物價格方面的差距都將減小。

在哪一點上這些最後的差別將完全消失，以至於對農產品徵稅在提高價格方面所產生的暫時性影響將讓位於對該國總產量所產生的限制性影響呢？儘管不徵收什一稅的島嶼的穀物價格將總是趨於逼近徵收什一稅島嶼的穀物價格，但隨著價格之間的差距縮小，此逼近的速度將自然而然地放緩；因爲兩座島嶼在積累速度上的差距取決於利潤率的差距，而如果使它們相互接近的變動大致成比例，則會使它們的力量遭到削弱。只有當兩座島嶼都達到最低的利潤水準時，不徵收什一稅的島嶼的穀物價格才會趕上徵收什一稅的島嶼的穀物價格；而在此之前，徵收什一稅的島嶼的穀物價格總是或多或少地高於不徵收什一稅的島嶼的穀物價格；如果利潤遠高於最低的利潤水準，則價格超出的幅度就會相當大，並因而形成較快的積累速度；如果利潤非常接近於最低的利潤水準，則價格超出的幅度就會很小，而且積累速度較慢。

不過在我們所假想的情況中，對於徵收什一稅與不徵收什一稅的島嶼來說是正確的結論，在將任何一個徵收什一稅的國家與該國不徵收什一稅的情況相比，也都是正確的。

在英格蘭，資本大量外流，而且週期性地爆發因經常的低利率所造成的投機活動所引發的商業危機，這些都表明，儘管利潤尚未降到終極的最低水準，但是已經降到實際上的最低水準；同時，所有形成的儲蓄（除了有助於降低必需品價格的生產改進所造成儲蓄額度增加）或者被轉移至國外進行投資，或者被週期性地損耗殆盡。因此我認爲，毋庸置疑的是，即使在英格蘭，從不徵收什一稅或者任何其他農產品稅，穀物的價格也仍然會與現在一樣高，利潤也仍然會與現在一樣低。如果不徵收這些稅，利潤就不會過早地下降，那麼即使不考慮資本將會更爲迅速地增長所發揮的作用，僅僅節省一部分耗費於失敗的投機活動的資本，並將轉移至國外的一部分資本保留在國內，就足以得到以上的結果了。因此我贊同西尼爾先生的看法，甚至在對什一稅停止徵收之前，它就已經不再是價格上漲與利潤下降的原因了，而只是使地租有所減少；它的其他影響是，與如果英國的土地比現在貧瘠十分之一或者二十分之一（視英國有多少土地免於徵收什一稅而定）的情況相比，英國並未擁有更多的資本、產量和人口。

不過儘管當徵收什一稅或者其他農產品稅歷時較長之後，它們將不再提高糧食價格，也不再降低利潤水準，並且即使提高價格、降低利潤，也不會與所徵收的稅額成比例；但是在徵收這些稅之後再廢除它們，則將降低糧食價格，並且一般來說，還將提高利潤水準。廢除什一稅將使生產成本降低十分之一，從而使所有農產品的價格也下降十分之一；除非什一稅的廢除永久性地提高了勞工的需求水準，否則廢除什一稅必將降低勞動成本，從而提高利潤。用貨幣或者其他商品衡量的地租，一般來說都將會保持不變，而用農產品衡量的地租，將會有所提高。廢除什一稅以後，國家狀況的改善，相當於該狀況與停滯狀態之間的邊際值，與國家狀況在徵收什一稅的初始階段發生惡化的邊際值相同。資本積累將顯著加速；而且如果人口也增長，則穀物的價格將會迅速地恢復到以前的水準，而地租卻有所提高；於是，廢除什一稅所產生的利益將從消費者手中轉移到地主手中。

透過實施將什一稅折算並轉換成地租稅的《折換法案》所得到的結果，與廢除什一稅所產生的結果相同。當並非對土地的所有產品，而僅對支付地租的土地的產品徵收地租稅，並且不涉及新開墾的土地時，地租稅就不再構成不支付地租的土地的產品的生產成本的一部分，而這些產品決定了所有其他產品的價格，因而不支付地租的土地或者資本，便能夠以低於市價十分之一的價格出售其產品。因此，把什一稅折算並轉換成地租稅將使穀物的平均價格大幅度下降。如果這種折算和轉換過程進行得不是如此緩慢，如果在此期間穀物的價格沒有受到其他因素的影響，則這種結果也許會更爲顯著。實際上，毋庸置疑的是，生產成本的降低與國產糧食價格的下降，均與什一稅的折算和轉換相關。不過與此同時，農業實現的巨大改良所發揮的作用，以及外國農產品的自由進口所發揮的作用，掩蓋了其他因素所產生的影響。價格的這種下降並不會損害地主的利益，因爲穀物地租增加的比率與穀物價格下降的比率同等。但是價格的這種下降也絲毫不會增加地主的收入。因此取代什一稅的地租稅，在現有租約到期時將成爲地主的無謂損失；而且將什一稅折算和轉換成地租稅，並不僅僅是改變了地主承擔現有負擔的方式，而是徵收一種新型的稅，即以犧牲地主的利益爲代價，使消費者得到實惠。不過由於資本積累與人口增長受到刺激，地主很快就會以消費者遭受損失爲代價，進而得到不斷加大的補償。

§五　到目前爲止，我們考察了各種商品稅的作用，並且假設無論商品是以什麼方式生產出來或者投放於市場，都對它們公平地徵收這種稅。現在我們需要考慮的問題是，如果這種公平性不復存在，並非是對所有的商品，而是對獲得商品的某種特定方式徵收這種稅，則另一種考慮因素就出現了。

我們假設可以採用兩種不同的生產方式生產某種商品，例如，某種工業品既可以用手工生產，也可以用蒸汽動力生產；食糖既可以用甘蔗生產，也可以用甜菜根生產；牛既可以用乾草和青草餵養，也可以用油渣餅和釀酒廠的酒糟餵養等。從維護社會利益的角度出發，生產者在這兩種方式中應該採用能夠以最低的代價生產出品質最佳的物品的方法。這一點也符合生產者本人的利益，除非生產者得到保護，無須面對競爭，不思進取也不會受到懲罰；如果政府對此不加以干預，則生產者最終也將會發現，對社會最爲有利的生產方式也符合他們自己的利益，並且可以予以採用。然而，我們假設僅對其中一種生產方式徵稅，而對其他生產方式不予徵稅，或者與其他生產方式相比，對其中一種生產方式徵稅較少，則情況將會有所不同。如果是對生產者未加採用的生產方式徵稅，則相當於沒有徵稅。不過，通常是對生產者加以採用的生產方式徵稅，這將人爲地促使生產者轉而採用不予徵稅的生產方式，儘管這種方式是兩種方式之中較差的一種。因此，若要說這種稅具有什麼作用，那就是使商品的品質下降，使商品生產所耗費的勞動增加；它造成社會勞動的浪費，並且毫無意義地耗費大量資本來養活並補償這些勞動，如同僱人在地上挖洞，然後又把洞填滿一樣。浪費的勞動和資本將增加商品的生產成本，並且相應地提高商品的價值和價格，從而使資本的所有者得到補償，但損失卻將由消費者予以補償；這種情況還會在某種程度上導致消費者儲蓄能力的下降、儲蓄動機的削弱，以至於國家的資本最終也減少。

因此，這種稅一般可以歸類於差別稅，它違背了一項基本的稅收原則，即徵稅方式應該盡可能地縮小納稅人的付出與國家稅收之間的差額。徵收一種差別稅將使消費者繳納兩種不同的稅，而政府僅能獲得其中的一種，並且通常是稅額較低的那種。如果僅對甘蔗製成的食糖徵稅，而對甜菜根製成的食糖不徵稅，則只要甘蔗製成的食糖繼續被消費，對其徵繳的稅收就會上繳給國家，因此與大多數其他稅種一樣，這是無可厚非的；不過如果徵稅之前甘蔗食糖比甜菜根食糖更便宜，而徵稅以後比甜菜根食糖更昂貴，那麼人們就會盡可能地以甜菜根食糖代替甘蔗食糖，並且大量改種甜菜根，建立採用甜菜根製糖的工廠，結果是，政府從甜菜根食糖那裡沒有得到任何稅收，而甜菜根食糖的消費者卻承擔了實際的稅收負擔。他們現在為甜菜根食糖支付的價格，將高於當初為甘蔗食糖支付的價格，兩者之間的差額將用於補償國家白白浪費掉的那部分勞動，因為採用以前的生產方式可能需要二百人的勞動所生產的產品，徵稅之後由於不得不採用新的生產方式，卻可能需要三百人的勞動才能生產出來。

如果一種商品既能在國內生產又能從國外進口，則對進口的商品徵稅，而對本國生產的商品不予徵稅，是徵收差別稅最為普遍的方式之一。如果需要經常不斷地進口某種商品，那一定是因為從國外進口該商品所花費的勞動與資本，從總體來看，比在國內生產該商品所必須花費的勞動與資本要少一些。因此對進口商品徵稅，使國內生產的該種商品比進口商品更為便宜，那就相當於消耗了更多的勞動與資本，但是並沒有生產更多的商品。勞動遭到浪費，資本被用來僱人做喫力不討好的事情。因此，為激勵國內生產應稅物品所徵收的所有關稅，都是透過一種非常浪費的方式所獲得的。

如果對進口的外國農產品徵稅，而對本國生產的農產品不予徵稅，則這種關稅特別具有上述特點。與文明國家通常徵收的其他稅種相比，這種稅使消費者的支出超出國家稅收的程度非常嚴重。如果某個國家國內生產小麥五百萬噸，而消費量卻爲五百二十五萬噸，則每年需要進口小麥二十五萬噸；如果對於進口的這二十五萬噸小麥徵收關稅，以至於每萬噸小麥的價格提高四十先令，那麼就不僅僅是提高進口的二十五萬噸小麥價格，而是提高全部五百二十五萬噸小麥的價格。讓我們簡單但也很不切實際地假設，進口並沒有中斷，國內的生產也沒有擴大，在這種情況下，國家將僅僅獲得五十萬鎊的稅收，而消費者卻要承擔一千零五十萬鎊的稅收負擔；多出的這一千萬鎊支付給國內的生產者，不過他們卻在競爭的壓力下不得不將這一千萬鎊全部轉移給地主。因此消費者額外向土地所有者繳納的一筆稅款，相當於向國家繳納稅款的二十倍。現在讓我們假設，在正常年景這種關稅的徵收實際上完全終止了進口，同時假設國內透過精耕細作或者開墾劣質的土地增加了二十五萬噸小麥的產量，此時，小麥每噸的價格並未提高四十先令，比如說，僅提高了二十先令，那麼除非在農業歉收年分破例進口外國的農產品，否則國家將得不到任何稅收。但是消費者每年卻要爲全部五百二十五萬噸的小麥按照每噸二十先令的稅額納稅，全年共納稅五百二十五萬鎊；其中的零頭二十五萬鎊，用於補償生產最後二十五萬噸小麥的農民在法律的強制下所浪費的勞動和資本；其餘的五千萬鎊，則與上述情況一樣，歸於地主所有。

這就是《穀物法》在其實施的初始階段所產生的作用；而且只要《穀物法》仍然具有提高穀物價格的作用，則情況就是如此。但是我並不認爲《穀物法》會像人們所設想的那樣，可以長期維持價格與地租的高水準。上述對什一稅以及其他農產品稅的作用所做的論述，在很大程度上同樣適用於《穀物法》。《穀物法》只是人爲地促使價格與地租提前開始上漲，即使不實施《穀物法》，隨著人口的增長與生產的發展，價格與地租最終也會上漲。一個不實施《穀物法》與另一個已經長期實施《穀物法》的兩個國家之間的差別，與其說是後者的穀物價格以及地租水準較高，還不如說是後者與前者的穀物價格與地租水準基本相當，不過後者的資本總額與人口總量較小。實施《穀物法》會提高地租，但是卻會對資本的積累造成阻礙；如果資本的積累沒有受到阻礙，則無須很長時間，地租就會提高。廢除《穀物法》可以促使地租的水準下降，不過同時也釋放出了一種促進資本與人口增長的力量，從而使地租恢復到當初的水準，甚至高於當初的水準。我們有理由認爲，英國的掌權者最終將不得不同意農產品的自由進口，在這種情況下，隨著人口的增長，糧食的價格將會逐步地、穩定地上漲，儘管英國在農業科學的研究與應用領域所取得的顯著成就（其影響已經波及其他國家）有可能在一段時期內推遲這些結果的顯現。

以上我們就進口關稅所做的討論，一般來說，同樣適用於其他歧視性的關稅，它們對從某地或者以某種方式進口的商品給予優惠，而對從其他地方或者以其他方式進口的商品則不予以優惠，例如，優惠殖民地的產品，或者優惠與其簽訂商業條約的國家的產品，或者像從前英國的《航海法案》所規定的那樣，對由非英國船隻運送的進口商品徵收較高的關稅。只要這種差別待遇不是毫無用處，那麼無論它們將會帶來什麼其他利益，從經濟的角度來看，它們都是屬於一種浪費。實施這種差別待遇，將促使人們採用成本較高的方式，而不是成本較低的方式，去獲取某種商品，從而使國家爲獲得外國商品而僱用的一部分勞動做出無謂的犧牲。

§六

對於國家之間運送的商品徵稅所產生的作用，還有一點需要予以關注，即它們對國際匯兌所產生的影響。對某種商品徵稅將提高該種商品的價格，從而減少該種商品銷售市場對於它的需求。因此，有關國際貿易的所有稅均會使我們所謂的國際需求方程式受到干擾，並且需要重新進行調整，這將導致某些非同尋常的後果。我曾經在本書中多次引證過的有關國際商務的論文已對此進行說明。

對於國際貿易徵稅分爲兩類：對進口商品徵稅以及對出口商品徵稅。乍看之下，似乎這兩種稅都是由消費者予以支付；出口稅將完全落在國外消費者的身上，進口稅則完全落在國內消費者的身上。然而，實際情況卻要比這複雜得多。

對出口商品徵稅，在一定的條件下，可以提高我國從對外貿易中獲得的利益。在某些情況下，我國能夠以犧牲外國人的利益爲代價達到自己的目的，不僅可以得到全部的出口稅，而且還可能得到更多；在一些情況，我們剛好得到出口稅；而在另一些情況，我們得到的將少於出口稅；在最後一種情況，出口稅的一部分是由我國自行承擔，正如我們即將闡明的那樣，我國可能負擔全部的出口稅，甚至可能負擔得更多。

我們不妨重溫一下這篇論文所使用的虛擬的事例，即英國與德國之間有關寬幅布與亞麻布的貿易活動。假設英國對其出口的寬幅布徵稅，而且這種出口稅尚未高到足以誘使德國自行生產寬幅布的程度。這種稅將提高寬幅布在德國的售價，提高的幅度與稅額相當；同時也許將減少寬幅布在德國的消費量。甚至消費量可能大量減少，以至於即使在價格已經提高的情況下，所需求的貨幣價值也未達到當初的水準。或者，消費量可能根本沒有減少，或者減少得非常有限，以至於價格提高以後，所需求的貨幣價值超過了當初的水準。在後一種情況下，英國將獲取與德國所蒙受的損失相當的利得，英國不僅將獲得全部的出口稅，而且獲得的更多；因爲英國出口給德國的商品的貨幣價值提高了，而英國進口德國的商品的貨幣價值卻保持不變，於是貨幣將從德國流入英國。寬幅布在英國的價格將上漲，結果導致在德國的價格也上漲；而亞麻布在德國的價格將下降，結果導致在英國的價格也下降。英國將減少寬幅布的出口量，增加亞麻布的進口量，直到恢復均衡時爲止。由此可見（初看有些非同尋常），英國徵收出口稅，在某些可以想像的情況下，不僅將從外國客戶那裡獲得全部的出口稅額，而且還將更加便宜地獲得進口商品。英國能夠透過兩種方式更加便宜地獲得進口商品，因爲英國可以用較少的貨幣就換取它們，同時英國也擁有更多的貨幣可以去購買它們。而另一方面，德國則蒙受了雙重的損失，德國爲購買寬幅布所支付的價格，不僅將因爲英國徵收出口稅而有所提高，而且還將因爲貨幣流入英國而有所提高，與此同時，流通媒介配置上的相同變化，將使德國可以用來購買寬幅布的貨幣量減少。

然而，這僅是三種可能的情況中的一種。如果徵收出口稅使德國對寬幅布的需求有所減少，並使德國需求的寬幅布的貨幣價值剛好與以前的水準相等，則貿易均衡並未遭到破壞；英國將獲得出口稅，德國將因而蒙受相同的損失，僅此而已。同樣地，如果徵收出口稅使德國對寬幅布的需求大爲減小，以至於德國需求的寬幅布的貨幣價值低於以前的水準，則英國的出口將無法補償英國的進口，貨幣必然會從英國流入德國，從而增加德國從對外貿易中所分享的利益。源於貨幣配置所發生的變化，寬幅布在英國的價格將下降，結果導致在德國的價格也將下降。於是，德國可以不再支付全部的出口稅。基於相同的原因，亞麻布在德國的價格將上漲，結果導致在英國的價格也將上漲。當變化的價格對需求做出的調整最終導致寬幅布與亞麻布能夠再次相互抵補時，則德國僅需支付一部分的出口稅，而英國國庫裡所得到的其餘部分的出口稅均間接地出自於英國亞麻布消費者的口袋。因爲英國對自己出口的寬幅布徵稅，所以使他們不得不爲進口的亞麻布支付較高的價格；而且與此同時，由於貨幣的流出與價格的下跌，他們可以用來購買價格已經提高的亞麻布的貨幣收入量將減少。

對英國的出口商品徵稅，英國人可能從外國人那裡一無所獲，他們不僅要自行承擔全部的稅收負擔，而且還可能迫使英國人向外國人再次納稅，這種情況也不是不可能發生。與前面一樣，我們假設徵稅之後，德國對於寬幅布的需求量大幅減小，以至於德國所需求的寬幅布的貨幣價值比以前的水準還要低，而亞麻布在英國的情形卻與此大不相同。在英國，亞麻布的價格上漲後，英國對於亞麻布的需求量或者根本沒有減少，或者減少得極爲有限，以至於英國所需求的亞麻布的貨幣價值比以前的水準還要高。在英國徵收出口稅的初始階段，仍然會出現出口的寬幅布無法補償進口的亞麻布的情況，因而貨幣將從英國流入德國，結果之一便是，亞麻布在德國的價格將上漲，進而導致在英國的價格也將上漲。不過根據我們的假設，這不僅沒有阻止英國的貨幣外流，反而會促使更多的貨幣外流，因爲價格越高，英國所消費的亞麻布的貨幣價值也就越大。因此，只能由同時產生的另外一種結果來恢復平衡，即寬幅布在英國的價格將不斷下降，進而導致在德國的價格也將不斷下降；甚至寬幅布的價格已經降得很低了，再加上稅額僅與當初未徵稅時的價格相當，但寬幅布的價格的下跌也未必會停止，因爲與以前相同的出口額，現在不足以抵付已經加大的進口商品的貨幣價值；雖然德國的消費者現在不僅可以按照原來的價格獲得寬幅布，而且還獲得了更多的貨幣收入，但是他們卻並不一定會用增加的收入來購買更多的寬幅布。因此，要想恢復平衡，寬幅布價格下降的幅度也許不得不超過全部稅額。英國徵收出口稅，反而可能使德國以低於英國不徵收出口稅時的價格進口寬幅布；德國所獲取的這種利得，完全是以英國亞麻布的消費者所蒙受的損失爲代價，他們除了向英國的海關繳納寬幅布的出口稅，還成爲德國所獲利益的眞正支付者。

無須贅言，寬幅布與亞麻布在此不過作爲一般出口商品和進口商品的代表；而且假如徵收出口稅產生了增加進口商品的成本的影響，則受到影響的將是從所有國家進口的商品，而不僅僅是從獲得徵稅的出口商品的國家進口的商品。

「以上便是我們徵收出口稅可能給我們自己以及我們的客戶所帶來的各種典型的結果。從本質來看，由於決定這些結果的各種因素無法完全地被確定，因而即使在徵稅以後，我們幾乎也不能肯定自己究竟是受益者還是受害者。」不過毋庸置疑的是，一個國家徵收出口稅，一般來說，會使其他國家對該國的財政收入做出貢獻。但除非徵稅的商品是其他國家所迫切需要的，否則它們很少會支付其中所包含的全部稅額。[2]「在任何情況下，我們的所得都是別人的所失，除此之外，還需要付出徵稅的成本，因此如果人們能夠正確地理解並且遵守國際道德，則這種有損於共同福利的稅就不會存在。」

到目前爲止，我們一直在討論出口稅，現在我們將轉而討論更爲常見的進口稅。前面已經說明，出口稅是加在外國人身上的稅，一部分會落在我們自己的身上。因此，如果我們發現進口稅是加在我們自己身上的稅，只有一部分會落在外國人的身上，那是不會感到驚訝的。

假設英國不是對出口的寬幅布徵稅，而是對進口的亞麻布徵稅，那麼這種進口稅就不應視爲所謂的保護性關稅，即它不應高到足以達到誘使英國自行生產亞麻布的地步。如果達到這種地步，則它將完全破壞寬幅布與亞麻布之間的貿易，英國與德國將喪失當初從兩種商品交易中所獲得的全部利益。我們假設，這種稅將使亞麻布的消費量部分地有所減少，但是並未妨礙英國繼續進口所需要的亞麻布。

如果徵收進口稅使亞麻布的消費量在有限的程度上有所下降，則貿易平衡將被破壞。因爲這種稅是由英國的海關徵收，雖然英國的消費者支付的價格提高了，但是德國的出口商得到的價格卻與以前的相同。在這種情況下，如果英國的消費者購買亞麻布的數量有所減少，則儘管他們實際上花費在亞麻布上的錢比以前多，但是英國應該支付給德國的錢卻減少，這筆錢將不足以抵補德國因進口寬幅布而應該支付給英國的錢，所以德國不得不用貨幣來支付貿易差額。於是，德國的物價將下降，英國的物價將上漲；亞麻布在德國市場的價格將下降，寬幅布在英國市場的價格將上漲。德國人將爲寬幅布支付較高的價格，但可以用來購買寬幅布的貨幣收入卻減少；與此同時，英國人可以更爲便宜地獲得亞麻布，也就是說，亞麻布的價格超過原來價格的幅度將小於所徵收的進口稅額，因而，由於英國人的貨幣收入將增加，所以他們購買亞麻布的能力將有所提高。

如果徵收進口稅沒有抑制需求，則貿易將不會發生任何變化。英國的進口與出口都將與原來一樣；進口稅都將全部由我們自行負擔。

不過對於某種商品徵收進口稅，幾乎總是會或多或少地減少對於該種商品的需求，而絕不會或者很少會增加對於該種商品的需求。所以，作爲一種規律，只要徵收進口稅的眞正目的在於徵稅，而不在於完全禁止或者部分地禁止商品的進口，則這種稅的負擔幾乎總會部分地落在消費我國商品的外國人的身上；透過這種方式，一個國家便可以在犧牲外國人的利益的情況下使自己獲益，與不徵收進口稅相比，在由於各國通商所導致的世界勞動與資本生產能力的普遍提高所產生的利益中，將占有更大的份額。

所以，人們認爲的進口稅部分地是由外國人支付的觀點是正確的，但是如果認爲它是由外國的生產者予以支付的，那就錯了。進口稅的一部分不是落在將商品賣給我們的人身上，而是落在購買我們的商品的人身上。由於我國對外國商品徵收財政關稅，因而不得不爲我國出口的商品支付較高的價格的是外國消費者。

不過，只有在下述兩種情況下商品稅才會在任何程度、以任何的方式落在生產者的身上。第一種情況是，被徵稅的商品受到嚴格壟斷因而能夠以缺貨價格出售。在這種情況下，價格僅受到購買者購買欲望的限制；被限定的供給量所能獲得的銷售金額，是購買者爲獲得這些物品所願意支付的最高金額；如果國庫截留一部分，那麼價格也不可能進一步提高因而對稅額做出補償，於是截留的部分必須由壟斷利潤予以支付。如果對於稀少、昂貴的名牌葡萄酒徵稅，則這種稅將全部地落在葡萄種植者的身上，或者更確切地說，將全部落在葡萄園所有者的身上。第二種情況是，被徵稅的商品爲農產品或者礦產品，這種情況比第一種情況更爲重要。徵收這種稅可能導致價格大幅度提高，造成相關產品的需求大爲減少，迫使人們放棄對某些劣質土地或者礦山進行經營。假如出現這種結果，那麼無論是徵稅國的消費者，還是與徵稅國有交易往來的其他國家的消費者，都將能夠以較低的成本獲得這些農產品或者礦產品；而且僅有一部分（不是全部）稅收的負擔將會落在購買者的身上，他們所得到的補償，主要是以生產國的土地所有者或者礦山所有者所遭受的損失爲代價。

於是，我們可以將進口稅劃分爲：兩類：第一類可以對國內某個特定的產業部門產生刺激作用；另一類則不具有這種作用。前者無論對於徵稅國來說，還是對於與該國進行貿易往來的其他國家來說，都是絕對有害的。這類關稅將對勞動與資本的節省產生阻礙作用，而如果有機會實現這些節省，則所節省的勞動與資本將以這種或者那種比例，在進口國與購買該國已經或者可能出口的商品的其他國家之間進行分配。

另一類進口關稅則不對某個特定的產業部門產生刺激作用，它會以生產某種物品的這一種方法所遭受的損失爲代價進而採用另外一種方法，但是交易將照常進行，就像不曾徵稅時那樣；而且這種物品生產所需的勞動同樣得到節省，因爲節省勞動正是開展國際貿易和所有其他商業活動的主要動機。這一類關稅包括對國內根本不能生產的某種進口商品所徵收的關稅，以及對稅額不足以抵補被徵稅物品在國內的生產費用與進口費用之間的差額的關稅。透過徵收這種進口關稅爲任何國家的國庫帶來的稅收中，只有一部分是由該國人民支付，其餘部分則是由該國商品的外國消費者支付。

然而，從理論來看，後一類進口關稅與前一類同樣都是不可取的，雖然不可取的理由並不完全相同。保護性關稅對於徵稅國家來說絕不是獲利的原因，而是必然受損的原因，其受損的程度剛好與徵稅的目標實現的程度相當。與此相反，非保護性關稅對於徵稅國家來說，在大多數情況下都可以成爲獲利的原因，因爲一部分稅收的負擔可以轉嫁給其他國家的人民，能夠轉嫁多少，就能夠獲利多少；但是徵收這類關稅絕對不是明智之舉，因爲只要交易夥伴採取完全相同的舉措，那麼一個國家透過徵稅獲取的利得就將迅速消失殆盡。

我們在前面虛擬的事例中，如果英國對亞麻布徵收的關稅試圖超出自然形成的比例，進而在與德國的貿易中獲取更大份額的利益，那麼德國只需要也對寬幅布徵收關稅，使寬幅布需求量減少的幅度大致相當於亞麻布需求量減少的幅度。此時，情況不會發生任何變化，兩國的稅收負擔均將自行承擔。當然，除非兩國徵繳的關稅總額不曾超過貿易利益的總量，否則貿易及其所產生的利益必將澈底消失。

所以，透過我們已經闡明的方式以獲利爲目的徵收的此類關稅，並不會帶來什麼利益。不過，只要國家稅收的一部分來自於商品稅，則徵收此類關稅也就與徵收其他商品稅一樣是無可厚非的。同樣顯而易見的是，如果問題涉及保護性關稅，則在互惠方面的考慮是無足輕重的；而在討論是否廢除非保護性關稅的時候，互惠方面的考慮便是極爲重要的。我們不能期望任何國家放棄對外國人徵稅的權力，除非其他國家同樣放棄了這種權力。一個國家想免於遭受其他國家對於自己的商品徵收非保護性關稅的危害，唯一的辦法就是對其他國家的商品也徵收非保護性關稅。不過必須注意的是，這些關稅不能過高，以免超出全部剩餘的貿易利益，導致進口完全終止，結果必須在國內生產該種物品，或者從其他市場上以更高的價格進口該物品。

◆註解◆

[1] 的確，乍看之下，人民從口袋中掏出的錢超過了國家所得到的錢；因為如果國家需要這筆預付款並且透過徵收商品稅的方式得到這筆預付款，則它就無須再透過發行公債或者國庫券的方式籌措資金了。但是利用放款階層掌握的可支配資本——而不是人為地增加某一階層或者某些階層的生產者或者銷售者的經營開支以提供國家所需資金——是更為經濟的方法。

[2] 與中國進行的鴉片貿易，也許可以作為徵收出口稅並且從外國人手中獲取大量收入的最典型的實例。雖然在政府壟斷下，鴉片的價格極其昂貴（這相當於徵收高額的出口稅），但是鴉片的消費量受到的影響卻是微乎其微，據說鴉片在中國有時與白銀等價。

第五章　關於某些其他稅收

§一　除直接所得稅與消費稅之外，大多數國家的財政制度中，還包括五花八門的各種稅，嚴格說來，它們不屬於上面兩種稅當中的任何一種。歐洲各國現代制度中就有許多這種稅，雖然其數目和種類遠比尚未受到歐洲影響的半蠻夷國家的要少許多。在一些半蠻夷國家，生活中的任何事務都難以找到逃避繳納苛捐雜稅的藉口；除日常活動之外，幾乎任何行爲都需要得到政府的批准，而要得到政府的批准就必須上貢；如果要做的事情需要得到公共機構的幫助或者特殊保護，則情況就更是如此。在本章中，我們將集中考察不久之前還曾經存在於或者目前仍然存在於通常被視爲文明國家的這類稅收。

幾乎在所有的國家中，相當大的一部分收入來自於契約稅。它們可以透過多種方式徵收。一種方式是對法律文件徵稅，這種文件可以作爲簽訂契約的證據，而且通常是法律所接受的唯一證據。在英國，幾乎所有的契約都必須貼有印花才能生效，爲此，便要向政府繳納印花稅；而且直到最近，就產權交易的契約而言，小額交易納稅的比例還遠遠高於大額交易納稅的比例；其他某些稅的情況現在依然如此。甚至對於證明契約已經得到履行的法律文件，例如收據或者解除債務的證書等，也徵收印花稅。契約稅並非都是透過印花稅的形式予以徵收。由羅伯特・皮爾爵士提議廢除的拍賣稅就是這方面的典型的實例。法國的地產轉讓稅則是另外一例。不過，在英國，地產轉讓也必須繳納印花稅。在某些國家，多種契約只有在註冊登記之後才開始生效，而註冊登記時必須納稅。

對財產的轉讓（主要是財產的購買與出售）也予以徵稅，它在契約稅中占有最爲重要的地位。對消費商品的銷售徵稅，也就是對消費品徵稅。如果僅對幾種商品的銷售徵稅，則這種稅就會提高這幾種商品的價格，因而是由消費者來支付稅款。如果對所有的買賣行爲都予以徵稅，則儘管很荒唐，但是在西班牙卻實行了數百年，它相當於對所有的商品徵稅。在這種情況下，價格是不會受到影響的：如果對賣方徵稅，則是對利潤徵稅；如果對買方徵稅，則是對消費徵稅；在任何一種情況下，賣方和買方都無法把稅收負擔轉嫁給對方。如果僅對某種銷售方式——例如拍賣——予以徵稅，則採用這種銷售方式的人數就會減少，而且如果稅收負擔很重，就不會有人再願意採用這種方式進行銷售，除非迫不得已；在這種情況下，由於賣方必須把東西賣掉，而買方卻並不一定要買，所以稅收負擔將會落在賣方的身上；這正是人們反對徵收拍賣稅的最主要的理由。拍賣稅幾乎總是落在陷於困境的人們的身上，而且幾乎總是在他們最爲艱難的時候落在他們身上。

在大多數國家，對土地交易徵稅也遭到同樣的反對。在歷史悠久的國家中，土地財產是很少出售的，除非有人生活拮据且每況愈下，或者遭遇不測以應對急需。在這種情況下，出售者往往是能夠賣到什麼價格就賣什麼價格，而購買者的目的卻是投資，他需要計算其他方面的投資機會可能提供多少利息；如果購買土地必須向政府納稅，則將拒絕購買。[1]的確，有人據此曾經提出反對意見。當然，如果對所有的長期投資——例如購買公債、公司股票、抵押貸款等——均同樣徵稅，則這種反對意見就不再適用了。不過即便如此，如果是由買方納稅，則相當於對利息徵稅；在稅收負擔達到一定程度之後，利息與利潤之間已經確立的關係將會遭到破壞；唯有透過利率的提高以及土地價格與證券價格的下降才能得到修復。所以在我看來，除特殊情況之外，這種稅一般都是應該由賣方予以負擔。

對於土地或者其他生產工具的銷售造成阻礙的所有稅種都應當受到譴責。這類銷售自然地趨於提高所銷售的資產的生產能力。一方面，很可能被迫或者自願出售自己資產的人們，已經沒有力量或者能力在生產方面最爲有效地利用這些資產。而另一方面，買方一定不會很窮，通常願意並且有能力更好地利用這些資產，正因爲這些資產對於這樣的買方比對於任何其他人來說都更有價值，所以他們肯出最高的價錢。

因此對於這類交易徵稅、設置障礙或者收取費用，都是極爲有害的；對於土地交易來說，尤爲如此，因爲土地是人類生存的基礎，是一切財富的源泉，所以更爲有效地利用土地具有重大意義。爲了提高土地的生產能力，應該爲土地的轉讓、合併或者分割盡可能地提供便利條件。應該對大宗地產的割讓給予免稅，以利於地產的分割；也應該對小宗地產的轉讓給予免稅，以利於地產的合併。對於地產轉讓徵收的所有的稅，均應予以免除。不過，既然國家出於自己的利益，迄今爲止一直在徵收地主無權拒絕繳納的地租稅，所以不妨按照地產轉讓稅的平均水準，每年對土地普遍徵收一筆土地稅。

有些契約稅是極其有害的，實際上是在強行處罰應該在法律政策方面予以鼓勵的交易。對於租賃契約徵收的印花稅就是如此，在擁有大量土地的國家中，土地租賃是促進農業興旺發達的基本條件。保險稅也是如此，徵收保險稅直接打擊了人們進行長遠謀劃的積極性。至於火險，直到最近，所有的國家都還在徵收火險稅，而且現在仍然還有許多國家在徵收火險稅，它使普通險的保險費整整翻了一倍，以至於投保人在政府的干預下，需要支付三倍於風險價值的費用。如果法國也徵收火險稅，那麼我們就不可能在法國的某些省分中經常看到幾乎每所住宅或者旅店的門上都釘有保險公司承保的牌子。誠然，這得歸功於勞工階層獲得分發的財產之後所養成的勤儉與做長遠打算的習慣；不過如果法國像許多其他國家那樣徵收很重的火險稅，則這些習慣的形成必定會受到嚴重的阻礙。

§二　與契約稅極爲類似的是資訊稅。最主要的資訊稅是郵政稅，除此之外還有廣告稅與報紙稅，即針對資訊的傳遞徵稅。

對於傳送信件予以徵稅的一般方式是，政府部門作爲唯一一家傳送信件的機構，向人民收取壟斷價格。如果像英國那樣統一收取價格極低的郵資，即規定很低的壟斷價格，幾乎不高於私人公司在完全競爭的條件下收取的價格，那麼就不應該把這種價格視爲一種稅，而應該將它視爲是一種營業的利潤；如果這種利潤高於資本的正常利潤，則是節約開支的結果；之所以能夠節約開支，是因為全國只有一家信件傳送機構，只運作一套管理系統，而不是由多家公司相互競爭。郵政業務本身能夠而且應該按照規範的標準固定進行經營，它是適合政府部門從事的少數業務之一，因此郵政局目前已經成為英國最好的財源之一。不過如果郵資遠遠高於完全競爭條件下的郵資，則它就變成了不合乎需要的稅收了；稅收的負擔主要落在商業信件上，從而增加遠距離商業往來的費用。這與試圖透過徵收沉重的通行稅獲取大量的收入一樣，使貨物運輸受到阻礙，進而抑制貨物的異地消費。然而，貨物的跨地區運輸本身不僅是節省勞動的最好方法，而且還是進行生產改進的必要條件，也是勉勵勤勞、倡導文明的最重要的因素。

徵收廣告稅也遭到同樣的反對，因為無論如何，廣告對於工商業活動來說都是極為有用的，它便於商人、生產者以及消費者之間的相互溝通，如果徵收沉重的廣告稅，嚴重妨礙廣告宣傳，那必將在相同的程度上延長貨物庫存與資本閒置的時間。

並不負擔報紙稅的地方，即閱讀報紙受到限制的地方，反對徵收報紙稅的呼聲甚至高於負擔報紙稅的地方。對於大多數購買報紙的人來說，報紙與其他自己有能力滿足的嗜好一樣，已經成為一種奢侈品，它可以作為無可非議的提供收入的源泉。不過對於大部分學習過如何閱讀報紙但是卻沒有接受過任何其他方面教育的社會成員來說，報紙幾乎成為他們掌握全部資訊的源泉，只有透過讀報，他們才能瞭解人類當前的思想潮流以及關注的焦點問題；而且與書籍或者其他更為複雜的知識源泉相比，報紙更容易引起人們的興趣。由於報紙很少以直接的方式對有價值的思想的形成做出貢獻，所以許多人常常低估報紙在這些思想的傳播方面所發揮的重要作用。報紙可以消除種種偏見與迷信，使人們養成討論問題的習慣，使人們熱衷於公共事務。在那些缺乏有影響的、興味盎然的報紙的國家中，即使不是所有階層的人，但中下階層的人的思想也常常處於僵化狀態，報紙的缺乏構成其中的主要原因。由此可見，根本不應該對報紙徵稅，以便使中下階層的人更便於接觸到報紙這個偉大的資訊傳遞者，使思想得到開發；對於中下階層的人來說，最需要的莫過於使自己的思想與興趣擺脫原有的束縛。

§三　在需要列舉的有害的稅種中，法律稅占有顯著的地位；它是對各種訴訟活動所徵收的一種稅。與訴訟活動中發生的所有費用一樣，這種稅阻礙了伸張正義的舉動，鼓勵了違法亂紀的行為。儘管這類稅在英國已被廢除，不再是稅收的主要來源，但是它仍然以法庭費的形式存在，用以償付法庭的開支；顯然，徵收這種稅所依據的理由是，從司法活動中受益的人理所當然地應該承擔司法活動的費用。邊沁先生有力地披露了這種觀點的荒謬之處，正如他所指出的那樣，那些不得不提出訴訟的人，是從法律與司法活動中受益最少的而不是最多的人。因為法律向他們所提供的保護是不充分的，所以他們不得不訴諸法律以確認自己的權利，或者使自己的權利不受到侵犯；而在法律的保護下沒有受到侵害的其他社會成員，是無須訴諸法律的。

§四　所有國家或者大多數國家，除了徵收國稅，還徵收地方稅，用以滿足那些適合由地方政府控制或者管理的公共開支的需要。其中一些開支的用途完全是或者主要是地方性的，例如街道的修築、清掃、照明，或者道路和橋梁的建設；這些道路和橋梁也許對於全國各地的人來說都是十分重要的，但是只有當他們或者他們的貨物通過這些道路和橋梁時才是重要的。另外一些開支雖然具有全國性的意義，但是卻由地方政府支出，因為人們認為這類開支更適合由地方政府予以管理。在英國，這類支出包括發放的濟貧津貼以及監獄的管理費用；在某些其他國家，還包括教育費用。哪些公共事務最適合由地方政府管理、哪些公共事務應該接受中央政府的直接控制、哪些公共事務應該由地方政府管理而由中央政府監督，這類問題並不屬於政治經濟學的研究範疇，而應劃歸於行政管理範疇。不過應該遵循的一項重要原則是，由於地方政府徵稅不像中央政府徵稅那樣容易引起公眾的普遍關注與爭議，所以地方稅應該總是特別設置的，即它應該針對某種特定的服務而徵收，而且不應該超過提供此項服務所支付的實際費用。在做出這種限定之後，稅收負擔就應該落在實際上享受這種服務的人的身上，例如，修建道路和橋梁的費用，應該透過對運送旅客和貨物的過往車輛徵收通行稅予以支付，這樣便把成本分攤在乘客以及這些貨物的消費者的身上，因爲有了道路和橋梁，乘客得到了歡愉和便利，貨物則能以遞減的費用運往或者運出市場。不過，一旦通行稅付清了修建道路和橋梁的全部開支以及利息後，就應該廢除通行稅以准許自由通行，使那些只有在無償的條件下才樂於利用道路和橋梁的人們也能夠利用它們；並且應該規定由國家的基金或者由受益最多的地區按一定稅率繳納的稅款支付道路和橋梁的維修費用。

在英國，幾乎所有的地方稅都屬於直接稅（倫敦市的煤稅以及與其類似的少數稅種除外），而國稅則大多屬於間接稅。與此相反，在法國、奧地利等其他國家，絕大部分的直接稅都是由國家予以支配，而城鎮所需要的地方開支則主要由對進入城市的商品所徵收的商品稅予以支付。與在國家邊境徵收這類間接稅相比，在城鎮徵收這類稅更加應該被反對，因爲農村提供給城鎮的主要是生活必需品和工業原物料，而從外國進口的通常都是奢侈品。不使城鎮的勞工階層承擔沉重的稅收負擔，就無法透過徵收某種貨物的入市稅獲得大量稅收，除非勞工階層的工資水準相應地得到提高，在這種情況下，稅收負擔在很大程度上就會落在城鎮產品的消費者的身上，無論他們是居住在城鎮還是農村都是如此。因爲相對於農村地區而言，如果城鎮的資本所獲得的利潤低於正常比率，則城鎮的資本必然會轉往他處。

◆註解◆

[1] 對於以小塊土地占有形式為主的國家來說，正文中的論點需要加以修正。由於土地既不是地位的象徵，一般也不是眷戀故土的對象，所以只要在原有的成本上給予少許利益，人們就會願意把土地賣掉，然後再到其他地方購買土地；而且某人想要購買土地的願望，甚至在不利的條件下，也是如此強烈，以至於即使稅收負擔沉重，也不會對交易產生阻礙的作用。

第六章　直接稅與間接稅之間的比較

§一　直接稅或者間接稅，究竟哪一種稅最爲合理？人們一向關注的這個問題近來引發了一場廣泛的爭論。在英國，人們出於某種根深柢固的情感，對間接稅頗爲偏愛，或者不如說對直接稅深感厭惡。這種情感並非來自於理性的判斷，因而顯得有些幼稚。英國人所厭惡的不是繳納稅款的多寡，而是繳納稅款的行爲。他不願意看到稅務官員的那副嘴臉，不願意接受蠻橫的盤問。也許只有直接從口袋中拿出錢來繳稅時，他才會眞正產生出一種納稅的感覺。因此，對每磅茶葉徵稅一先令，或者對每瓶酒徵稅二先令，會使他所消費的每磅茶葉和每瓶酒的價格等額幅度地或者更大幅度地提高，這是無法否認的事實，也是政府有意所爲的，而且他本人有時對此也是一清二楚的；但是，這似乎並沒有引起他任何實際上的感覺和聯想。這充分說明，僅僅瞭解事實如何與究竟感覺如何，兩者之間是有區別的。公眾厭惡徵收直接稅，但是卻容忍物價的上漲，甘願受到壓榨，這種情況促使許多熱衷於改良事業的朋友採取了與之完全相反的思維方式。他們認爲，恰好是直接稅令人生厭的一面，使直接稅比間接稅更爲可取。在直接稅的稅收制度下，每個人都知道自己實際上繳納了多少稅款，如果他們投票贊成發動一場戰爭或者開展任何其他耗資巨大的公共事業，他們就會知道自己究竟需要承擔多大的成本。如果所有的稅都是直接稅，那麼稅收環節必將更爲引人關注，公共資金的使用一定會更爲節省，現在的情況則遠非如此。

儘管這種觀點並非沒有說服力，但是其說服力很可能正處於不斷遞減的狀態。對於間接稅實際上究竟由誰來負擔的問題，人們已經越來越瞭解並且熟知了；我認爲，不管人們的思維方式會發生什麼其他變化，都不能否認，人們在評價事物時，將越來越多地依據事物本身的價值，而不是依據事物非本質的附屬品。把錢直接交給稅收官員與把數額相同的錢透過茶商或酒商貢獻出來，確實存在一定的差別，可是這種差別不再足以決定究竟是厭惡或者反對還是接受它們這樣截然相反的態度。不過進一步來說，只要公眾心理存在這樣的弱點，則上述觀點就在某種程度上觸發了問題的另外一面。如果英國當前大約七千萬鎊的稅收都源於直接稅的徵收，那麼人們一定會產生與其實際繳納稅額相當的極度不滿；但是既然人們的頭腦是如此地缺乏理性的引導，僅僅因爲徵稅方式有所調整就會使他們感覺到發生如此巨大的變化，那麼轉換徵稅方式或許就是行之有效的措施。在上述的七千萬鎊中，將近有三千萬鎊必須用來償付將資產借給國家使用的人們的抵押貸款，在這種債務尚未清償時，大幅度提高稅收負擔將減輕失信於民的風險，就像出於相同的原因，美國某些州因爲違約而發生的情況，以及某些州現在繼續發生的情況那樣。的確，用於維持行政機構與軍事機構正常運轉的那部分公共支出（償付國債利息之後的全部公共支出），在許多方面都有縮減的餘地。但是，目前有大量的收入在提供公共服務的藉口下遭到浪費，有許多非常重要的政府職能沒有得到發揮，所以從浪費的支出中節省的資金必須馬上用於這些有價值的事業。無論是辦教育、提高司法工作的效率、實施解放奴隸等改革，還是開展任何其他與此同等重要的工作；例如，僱用大批有才幹、有知識的公職人員以便更好地開展司法與行政工作；每件工作都意味著一大筆支出，其中許多工作之所以被一拖再拖，是因爲當事人不願意向國會申請更多的財政撥款（暫不考慮如果現有財力足夠使用且運用得當的情況），儘管相應的成本可以得到補償，一般來說，僅在金錢方面，社會就可以得到百倍的利益。如果完全透過徵收直接稅籌措所需要的財政收入從而使公眾對於稅收的厭惡情緒大爲增加，那麼那些濫用公款並從中謀利的階層就能夠以減少那些僅對公眾有益的公共支出爲代價，成功地保全那些對自己有利的公共支出。

不過，對於一種常見、建立在謬誤基礎之上的支持間接稅的觀點，我們必須堅決駁斥。人們經常說，與其他稅相比，商品稅帶來的負擔較輕，因爲人們只要不購買被徵稅的商品就可以逃避對於這種稅的繳納。毫無疑問，如果某人想要逃避這種稅，他的確可以使政府得不到他的錢，不過他犧牲了自己的享樂（如果他存心這樣做），這將與徵收直接稅使他所失去的完全相同。假設酒稅使他每年為自己所喝的酒多支付五英鎊，那麼他只要每年少喝五英鎊的酒，就可以逃避酒稅了（人們這樣說）。的確如此。但是如果不是對酒徵稅五英鎊，而是透過徵收所得稅從他那裡拿走五英鎊，那麼他同樣可以從買酒的支出中節省出五英鎊用於繳納稅款，由此可見，這兩種情況之間的差別實際上純屬幻覺，無論政府以什麼方式每年從納稅人身上取走五英鎊，納稅人都必須從自己的消費中節省出五英鎊，才能使自己的經濟狀況與納稅前相同；無論以哪種方式徵稅，政府都迫使納稅人做出大小完全相同的犧牲。

另一方面，間接稅所具有的優點是，徵稅的時機與方式可能使納稅人感到更為便利。納稅人是在購買貨物後需要付款時才繳納間接稅，所以除付款本身之外沒有增加任何麻煩，也沒有帶來任何不便（除非是對必需品徵稅）。除了易腐爛的物品，他們還可以自行決定何時購買一些物品儲存起來，因而可以自行決定納稅的時機。的確，生產者或者經銷商經常因為需要墊付間接稅而深感不便；不過就進口貨物而言，所謂的倉儲制度已經極大限度地減少了這種不便。在這種制度下，他無須在進口貨物時納稅，而是在從倉庫中提取貨物時才納稅；實際上，商人一般都是在已經找到買方或者有可能很快找到買方的情況下才會去提貨。

然而，反對透過直接稅的徵收獲得全部或者大部分收入的最具有說服力的理由是，如果沒有納稅者的主動合作，就很難實現公平地徵收直接稅，而在當前公共道德水準不高的情況下，根本不可能指望會得到這種合作。就所得稅而言，我們在前面已經指出，如果找不到切實可行的辦法使儲蓄免繳所得稅，那麼分攤給工商業者和工薪階層的所得稅負擔就是不公平的，大多數主張徵收直接稅的人實際上也承認這一點。他們解決這個問題的方法是，不對那些階層徵收所得稅，而只對「實際財產」徵收所得稅，這的確是一種非常簡便的掠奪方式。不過我們前面已經對這種權宜之計進行了充分的批判。然而我們已經看到，房屋稅這種直接稅並不像所得稅那樣遭到人們的眾多的反對，而卻像間接稅那樣具有較少的缺點。但是如果試圖單純依靠徵收房屋稅來籌措大不列顛的大部分財政收入，則將產生極大的弊端，人們會極力透過縮小住房面積來避稅，從而使居住狀況擁擠不堪。除此之外，即使是房屋稅也具有不平等之處，並造成不公正的後果；對於這些問題，任何稅種都是在所難免的，因此僅僅依靠一種稅收去支付全部或者大部分的公共開支，使其所具有的不平等性集中起來，既不公道也不明智。在英國目前的地方稅收中，已經有很大一部分來自於房屋稅，從國家利益出發，也許每年最多只能再徵收一千萬鎊的房屋稅作為國家稅收的補充了。

我們已經看到，對地租徵收特別稅，可以公平合理地籌措到一定數量的財政收入。我們曾經主張，除目前的土地稅以及與一定量的與收入相當的土地轉讓印花稅之外，在將來的某一個時期，還應該徵收另外一種稅，使國家能夠分享地主因自然原因而加速增長的收入。我們還看到，應該對繼承物和遺產徵稅，這也可以為國家帶來可觀的收入。我們認為，對於直接稅所給予的合理的限制，可以包括這些稅再加上適量的房屋稅，不過只有在緊急狀態下，政府才可以暫時不考慮平等和公正等問題而開徵無法擺脫的所得稅，其餘的稅收應該由消費稅提供，問題在於哪些消費稅最不容易遭到反對。

§二

有幾種形式的間接稅必須斷然予以排除。以獲取稅收為目的而徵收的商品稅，一定不要採取保護性關稅的形式，而應該公平地對透過每一種方式獲得的物品徵稅，無論是在本國生產的物品還是從外國進口的物品，均應一視同仁。不應該對生活必需品徵稅，也不應該對生產生活必需品的原物料和工具徵稅，因為這種稅往往侵蝕原本不應該承擔稅收負擔者維持健康生活所必需的收入；並且即使在最為有利的假設條件下，即勞工的工資有所提高，勞工因納稅所蒙受的損失得到了補償，但這種稅也將如同對利潤徵收特別稅一樣，既不公平也不利於國民財富的增長。[1]剩下來的便是奢侈品稅。奢侈品稅具有一些值得肯定的性質。首先，這種稅絕對不會對那些把全部收入都用來購買必需品的人產生影響，而對於那些把本來應該用於購買必需品的錢拿來購買奢侈品的人則一定會產生影響。其次，在某些情況，這種稅具有行之有效的（是唯一具有行之有效的）禁止奢侈消費的法律功能。我並不贊成禁慾主義，也不願意看到法律或者輿論阻礙人們追求眞正的享樂（在人們的財力與義務所允許的範圍之內），但是在大多數國家，特別是在英國，上流社會與中產階級耗費很大的一部分開銷並不是爲了享用花錢買到的物品，而是爲了滿足虛榮心，他們認爲處在這樣的地位上這些開銷是必不可少的；但我卻不得不認爲對於這類開銷最應該予以徵稅。如果徵稅使這種開銷有所減少，那就是有意義的；如果沒有使之減少，那也沒有什麼壞處。因爲只要被徵稅的物品是爲了滿足虛榮心而被購買，那麼對其徵稅就不會使任何人受到損害。當人們購買某一物品不是爲了使用它，而是因爲它的價格昂貴時，就沒有必要使該種物品變得相對便宜。正如西斯蒙第所指出的那樣，降低滿足虛榮心的物品的價格，其結果不是使花在這種物品上的錢減少，而是使人們轉而購買更加昂貴的其他物品或者品質更好的同種物品；既然品質較差的物品只要同樣昂貴就能夠滿足虛榮心，所以沒有任何人眞正爲這種物品納稅；這種稅創造了公共收入，但卻沒有人爲此而蒙受損失。[2]

§三　爲了使商品稅的徵收更好地揚長避短，稅務官員在徵稅過程中必須遵循以下幾項實際原則。第一，只要有可能，就應該更多地對奢侈品徵收商品稅；例如，各種昂貴的個人用品和裝飾品，主要與滿足虛榮心有關，而與眞正的享用無關。第二，只要有可能，就不應該對生產者徵收商品稅，而應該直接對消費者徵收商品稅，否則這種稅將會使商品的價格提高，而且提高的幅度甚至遠遠大於徵稅的額度。英國對於小稅種的徵收基本上遵循了這兩項原則。至於談到有關馬匹和馬車的問題，因爲對於身體欠佳、體質較差的人來說，馬匹和馬車與其說是奢侈品，還不如說是必需品，所以對那些只擁有一匹馬或者一輛馬車的人徵收的稅額應該較低，特別是對於價格低廉的馬匹或者馬車徵稅時更應該如此。不過，隨著人們擁有的馬匹或者馬車數量的增多及其昂貴程度的提高，稅額必須迅速加大。第三，因爲只有對共同的消費品或者非常普遍的消費品徵收商品稅，國家才能夠獲得巨額的稅收，所以政府不可避免地會對眞正的奢侈品徵稅；所謂眞正的奢侈品，是指人們爲了享用而不是爲了誇富所購買的奢侈品；因此若有可能，就應該對商品稅進行細緻入微的調整，以便使低收入者、中等收入者以及高收入者所承擔的稅收負擔盡可能地同等。這絕不是一件容易做到的事情，因爲對於提供較多稅收的商品，窮人所消費的數量通常遠大於富人所消費的數量。政府幾乎無法精細地調整茶稅、咖啡稅、糖稅、菸草稅、酒稅，以便使窮人的負擔不超過其應該承擔的水準。當然，可以對富有的消費者通常使用的優質物品按其價值以較高的比例徵稅（而不是像在英國目前的稅收制度下那樣，幾乎普遍地對優質物品按其價值以較低的比例徵稅），但是根據物品的價值對商品稅進行調整，很難防止逃漏稅的發生；在某些情況下，這個困難甚至是無法被克服的，儘管我並不能肯定這種說法是否站得住腳。不過某些人因此認爲，應該對各種品質的物品一視同仁，徵收等量的固定稅，這對於貧窮的納稅人來說是非常不公平的，除非他們能夠得到相應的補償，完全免於繳納其他某些稅，例如當前的所得稅。第四，在不違背上述原則的基礎上，與其將商品稅的徵收分散在多種物品上，還不如集中在少數幾種物品上，以便降低徵稅的成本，並盡可能地減少受到影響的行業的數量。第五，如果需要在人們普遍消費的奢侈品中選擇徵稅標的，則應該首先選擇那些具有刺激性的奢侈品，因爲雖然刺激性的奢侈品與其他奢侈品一樣都屬於合法的奢侈品，但是卻比大多數其他奢侈品更容易消費過量，所以總體來看，透過徵收商品稅抑制其過量的消費是適宜的。第六，在其他條件允許的情況下，應該僅限於對進口物品徵稅，因爲與對本國生產的農產品和製成品徵稅相比，對進口物品徵稅對本國各個行業所造成的影響較小，所產生的有害副作用也較小。如果其他條件相同，則徵收關稅所產生的弊端會比對國內商品徵稅所產生的弊端小得多，但是必須僅對國內不能生產或者不打算生產的進口物品徵稅，否則就必須禁止國內生產這些物品（正如英國禁止國內生產菸葉那樣），或者也對國內生產的這些物品徵收等額的商品稅。第七，任何稅收負擔都不應該過重，以免使人們產生逃漏稅的動機；採用一般方法很難阻止人們逃漏稅，特別是任何商品的稅收負擔都不應高到會產生走私者、非法釀酒者等一批不法之徒的地步。

在英國近期存在的商品稅和關稅中，有許多稅種是與良好的稅收制度不能相容的，不過格萊斯頓先生在上一次改革中已經將之予以廢除了。其中包括所有的普通食品稅，[3]無論是對於人的食品還是對於牲畜的飼料都不再予以徵稅；木材稅，因爲木材是修建住房的材料，而住房是生活必需品；所有金屬製品稅；肥皀稅，因爲肥皀是保持清潔所必需的物品；牛油稅，因爲牛油是製造肥皀和其他一些必需品的原料；紙稅，因爲紙張幾乎是所有經營活動和教育活動必不可少的用品。目前在英國，幾乎所有的關稅收入和商品稅收入都來自於糖稅、咖啡稅、茶稅、葡萄酒稅、啤酒稅、烈酒稅以及菸草稅，在需要籌措大量稅收的國家，徵收這些稅是非常適宜的；不過目前徵收這些稅的方式還極不公平，爲窮人帶來了過重的負擔，而且其中一些稅的稅額過高（例如烈酒稅和菸草稅），造成比較嚴重的走私問題。政府很可能會對這些稅額進行大幅度的下調而不會對國家稅收帶來多大的損失。以何種方式對富人消費的高級製成品徵稅最爲有利的這個問題，應該留給具有必要的實際知識的人去加以解決。困難之處在於，如何使這種稅的徵收不對生產造成嚴重影響。在供富人所消費的大部分高級製成品都是從外國進口的國家中，例如美國，幾乎不存在這種困難；甚至在只進口可以予以徵稅的原物料的國家，特別是在只進口專門用來生產富人使用的紡織品的原物料的國家，也幾乎不存在這種困難。因此，英國對生絲徵收高額關稅是符合稅收原則的，而且對高級棉紗或者亞麻紗徵稅，無論它們是在國內生產或是進口，都是確實可行的。

◆註解◆

[1] 有些人認為，只要是用於生產的原物料和工具都應該免稅；但是我卻認為，原物料和工具作為製成品，如果不用來生產生活必需品，則是可以對其徵稅的。這種稅主要是從對外貿易的角度來看才是有害的。就國際範圍而言，可以把這種稅看成是出口稅，因而除非它屬於應該徵收的出口稅範圍，否則被徵稅的原物料和工具在出口時，政府就應該退還相應的稅款。不過，當原物料和工具被用來生產適合徵稅的物品時，人們就沒有充分的理由再反對徵收這種稅了。

[2] 「我們不妨假設鑽石與珍珠只能分別從兩個相距遙遠的國家獲得，並且由於某種自然的原因，現在在礦山獲得鑽石以及在漁場獲得珍珠的難度均比過去翻了一倍，結果必然是人們只需要擁有過去一半的鑽石和珍珠就足以顯示自己的富裕程度與社會地位了。不過，人們現在卻需要耗用與過去數量相當的金幣或者某些最終可以折算為勞動的商品來生產數量較少的鑽石和珍珠。如果相應的困難是由立法者的強行規定所造成的……那麼它也絲毫不會對人們繼續利用這些物品來滿足自己的虛榮心產生什麼影響。」假設人們發現了可以自由誘導珍珠生長的方法，以至於獲得珍珠所耗費的勞動縮減為當初的五百分之一，那麼「這種變化帶來的最終結果究竟如何，取決於漁場是否對外自由開放。如果漁場對所有人都是開放的，人們只要進去打撈就可以得到珍珠，那麼花幾便士就可以得到一串珍珠，如此一來，窮人們也就可以佩戴珍珠飾品了。因此，珍珠可能變得粗俗不堪，甚至不再是時髦的飾品，最後必將一文不值。然而如果漁場並未自由開放，而是歸立法者所有，那他將完全控制漁場，珍珠只能從他的漁場裡獲得；在發現了培育珍珠生長的方法之後，他可能會對珍珠徵稅，稅額相當於獲得珍珠所消耗的勞動的減少額。在這種情況下，珍珠會與以前一樣富有價值，它們質樸的美感也不會發生任何變化，並且獲得它們的難度也將與過去同樣大，儘管困難的性質已經發生改變。因此，珍珠仍然可以用來炫耀主人的富有」。透過徵收這種稅所獲得的淨收入「無疑會耗費社會的一些成本，但如果不濫用，則這種稅顯然會增加社會的財力」。〔參閱雷（Rae），《關於政治經濟學問題的某些新原理》，第三六九—三七一頁。〕

[3] 對每噸穀物徵稅四先令除外，顯然，這是對註冊登記所支付的費用，幾乎沒有人覺得這是一種稅收負擔。

第七章　關於國債

§一　現在我們需要考察的問題是，在什麼情況下，爲了籌措政府所需要的財政收入，不是透過徵稅，而是透過舉債的方式，即占用國家的一部分資金，並用公共收入支付利息，是更爲可取的措施。我們在這裡無須討論透過舉債的方式滿足政府暫時需求的具體方法；例如，透過發行財政部證券籌資，這種證券最多在一、兩年之內就需要利用現存的稅收予以償還。這是一種便於採用的權宜之計，而且當政府缺乏財政資金或者儲備不足的情況下，而又急切需要一筆資金，或者正常的收入來源也暫時中斷了，這就是一種必要的方法。我們需要討論的是，爲支付戰爭期間或者任何困難時期的費用而發行的長期性國債究竟具有什麼特點，這種債務或者是在一個相當長的時間內非常緩慢地予以償還，或者是根本不予償還。

我們在第一編中已經談及此問題。[1]我們曾經指出，如果舉債所占用的資金來自於已經用於或者準備用於生產的資金，那麼這種轉換就相當於從勞工階層的工資中取走相同數額的稅款。在這種情況下，舉債並不是在某年年度內以徵稅的方式進行籌款的替代方式。舉債的政府確實在某年年度內拿走了這筆資金，但同時也專門對勞工階層徵收了這筆稅款：如果政府透過公開徵稅的方式滿足自己的需求，那它僅僅是徵稅而已，不會帶來其他弊害；在這種情況下，徵稅本身及其所帶來的弊害將會隨著突發事件的終止而結束；但是如果採用舉債這種迂迴的方式，則從勞工身上榨取的價值，並不是歸於國家所有，而是落入了勞工的雇主的手中，國家除了欠下債務，還負有以永續年金的形式支付利息的責任。在這種情況下，可以說公債制度是一種最壞的制度。不過基於當前的文明狀況，該制度依然是政府籌措款項的一種權宜之計。

然而我們曾經指出，在另外一些情況下，國債不會帶來上述那些有害的結果。第一種情況是，借入的是外國資本，即借入的是世界總積累的剩餘額；第二種情況是，借入的資本如果沒有獲得這種投資機會，也根本不會被節省下來，或者即使被節省下來，也會被非生產性企業所浪費，或者被送往國外進行投資。當資本積累過快，利潤因而降至終極最低水準或者實際最低水準時，資本的增長就會停止，或者全部新積累的資本就會被送往國外；只有在這種情況下，政府每年截取的資本，才不會降低本國或者任何其他國家勞工階層的就業水準與工資水準。所以，只有在此限度內實施國債制度，才不會受到嚴厲的譴責；如果超出此限度，就應該受到譴責。我們所需要的是確定某項指數，以便在一系列的年分內，例如在上次大戰期間，判斷國債是否超出了上述限度。

確實存在著一個既可靠又容易識別的指數。政府舉債是否促使利率有所提高？如果政府舉債只不過是為資本積累增加了一條管道，沒有這條管道，人們或者不會積累這些資本，或者即使積累了也不會將之用於國內；那就意味著，政府所占用的資本在現行的利率水準下不會被利用。只要國債沒有超出吸收這種閒置資本的限度，就會阻止利率下降的趨勢，但是不會促使利率上升。如果國債提高了利率，正如在對法戰爭期間國債極大地提高利率那樣，則毋庸置疑地證明，政府正在與正常的生產性投資爭奪資金，政府所截取的不僅有國內的非生產性資金，而且還有生產性資金。所以，只要國債使戰爭期間的利率高於戰前和戰後的水準，就說明國債具有上述的全部弊害。如果有人反對這種觀點，認為利息增加完全是利潤增加的結果，那我將回答，這不僅沒有削弱反而加強了上述觀點的說服力。如果國債吸收了大量的資本而且使利潤有所增加，則除了透過降低勞工的工資，還能透過什麼其他途徑實現這一點呢？也許有人會說，戰爭期間的利潤之所以保持在較高的水準上，並不是由於國債吸收了大量的國內資金，而是由於產業迅速地改進。在很大程度上，情況的確如此，產業的迅速發展確實減輕了勞工階層的艱難困苦，緩解了發行國債所造成的弊害，但是發行國債與以前一樣仍然是有害無益的。產業的發展也為更大量的資金提供了投資的機會，政府占用每年積累的很大的一部分資金，雖然的確沒有使這些資金永遠地消失（因為戰後這些資金會迅速地得到償還），但是卻使這些資金在當時消失了，而且在戰爭期間相應地減少了應該分配給生產性勞工的資金。如果政府沒有透過發行國債的方式截取這些資金，而是讓勞工得益於這些資金，然後再透過對勞工階層徵收直接稅來籌措自己所需要的資金，那麼雖然由此產生的經濟結果完全一樣（除徵稅的成本與不便之外，在各個方面都完全一樣），但是國家卻不會因而負債。所以政府實際採用的籌款方式比當年可能採用的最不可取的籌款方式——徵稅——還要糟糕；而且能夠爲其進行辯護的唯一理由是（作爲眞正能夠提出的理由），當時不得不這樣做，也就是說，當時根本無法透過徵稅的方式來籌措數額如此龐大的一筆資金，徵稅會招致人們的怨恨與規避，因而實際上是無法實施的。

如果政府的債務侷限於國民資金的剩餘部分，或者那些不流出國外就不會形成積累的資金，那麼國債至少不會受到嚴厲的譴責，除償付利息之外，發行國債沒有使任何人遭到剝奪，並且在使用國債的過程中，也就是在用國債直接購買士兵、水手等的勞動時，可以使勞工階層得到實惠，否則這些資金也會流向國外。所以在這種情況下，需要解決的問題實際上是如何進行選擇的問題，人們通常遇到的情況大多如此，即是立即做出重大犧牲，還是在漫長的時間內持續做出少量犧牲。在這件事情上，似乎有理由相信，國家應該像個人一樣，以小心謹慎的態度做出選擇，即只要能夠忍受，就應該盡可能地立即做出犧牲；只有當未來的負擔過重時，才應該考慮以未來的收入作爲抵押，透過舉債來彌補不足。最完美的原則是，利用現在的資源滿足現在的需求，未來的需求有待於未來的資源予以滿足。另一方面，人們也有理由考慮到，在財富不斷增長的國家中，必要的政府支出往往不會與資本或者人口按相同比例增長，因此政府將會感到相應的負擔總是越來越輕；而且由於政府必須做出的巨額支出，不僅有益於當代人，也有益於後代人，所以讓後代人爲此付出一定的代價，使當代人少吃一點苦、少做一點犧牲，也並不是不公平的。

§二　當一個國家理智地或者不理智地背負起沉重的債務之後，它是否應該採取措施設法予以償還呢？從原則來講，我們不可能對此給予否定的回答。的確，當債權人是相同社會的成員時，利息的支付就不是國家的損失，而只是一種財富的轉移。不過這種轉移是帶有強制性的，是一種嚴重的罪惡，採用徵稅的手段籌集巨款支付利息，需要付出極大的成本，會爲人民造成許多麻煩，也必將干擾產業的發展，並且帶來其他各種弊害，它絕非僅僅像對政府所需要的錢進行支付那樣簡單。因此，在任何時候政府都應該儘量避免這樣做。當然，爲免於舉債需要做出的巨大的犧牲，以及在舉債之後爲清償債務所需要做出的相同的犧牲，就是合乎情理的。

政府可以透過兩種方式償還國債，或者是要求公眾普遍地做出貢獻以立即清償，或者是利用財政結餘來慢慢償還。如果第一種方式可行，則最爲理想；如果能夠公平地僅對財產徵稅，則該種方式即是可行的。如果由財產負擔國債的全部利息，那麼透過對財產徵稅來清償債務是很有利的，因爲這只不過是把本金歸還給債權人，而本金的全部年度收益，根據法律，本應歸債權人所有，這相當於地主賣掉一部分土地來解除一筆抵押貸款的債務。不過，財產並沒有而且也無法公平地要求它償付國債的全部利息。誠然，有人斷言，可以要求以財產償付國債的全部利息，只要當代人是利用他們所繼承的財產，而不是利用他們自己辛勤勞動的成果，去償還前人的債務即可。但是難道只有繼承財產的人才從前人那裡得到實惠嗎？與人類剛剛立足時的原始狀態相比，現在地球上的土地已被開墾和改良、修建道路、開鑿運河、建立城市、發展產業等，難道這種翻天覆地的變化僅僅對於土地的所有者才有利嗎？難道前人透過勞動與節儉積累起來的資本僅僅對於部分資本的合法繼承人才有利嗎？難道我們沒有繼承前人透過自己的聰明才智與勤奮努力所獲得的科學知識與實踐經驗？難道科學知識與實踐經驗不屬於全人類的共同財富？生而富有的人，只不過在享有人類共同遺產的同時還單獨繼承了一份遺產，而這正是稅收調整時應該關注的差別。這是應該由國家基本財政制度加以適當考慮的一項原則。我還曾經表示，根據這個原則應該對繼承的財產徵收重稅。應該直接、公開地明確財產對國家負有的義務以及國家對財產負有的義務，並且由國家機構做出相應的規定。一旦確定了財產承擔國家基本支出的適當比例，財產就應該按照這個比例（而不應該超過這個比例）支付國債的利息或者償還國債的本金。

然而，如果人們接受這個觀點，則任何試圖採用以對社會成員普遍徵稅的方式來償還國債的方案均會被否決。擁有財產的人可以透過犧牲一部分財產來支付稅款，因而淨收入不會受到影響；但是如果要求那些沒有財產而只有收入的人也一次性地繳納爲付清國債利息而徵收的稅款，那麼他們也得借款才行。由於他們之中的大多數人都不能提供足夠的擔保，所以他們爲私人債務支付的利息將會比國債的利息高得多。而且與把國債分攤給私人相比，由稅收償付的集體性債務具有顯著的優點，即集體性債務實際上得到納稅人之間相互提供的擔保。如果某位納稅人的財產減少，則他所承受的稅收負擔也會減少；如果他破產，則他完全可以免於繳納稅收，他所承擔的那部分稅收負擔完全轉嫁給其他具有納稅能力的社會成員。但是如果把集體性債務轉變爲私人債務，則納稅人即便在身無分文的情況下，也無法擺脫個人所承擔的債務。

當國家擁有土地或者其他財產，而且沒有充足的理由爲了公共的效用需要保留並且支配這些財產時，就應該利用它們來償還國債。任何偶然的或者意外的收入，自然也應該用來償還國債。除此之外，唯一正當可行的方式，就是利用財政結餘償還國債。

§三　我認爲利用財政結餘償還國債的方式本身是無可厚非的。的確，有時人們會說，不如把財政結餘「留在人民的口袋裡，讓它開花結果」。用這種論點反對爲非生產性開支所徵繳的不必要的稅收是合適的，但是卻不能用它來反對利用結餘的稅收償還國債。因爲，結果一詞的含義究竟是什麼呢？如果它具有含義，那麼它應該是指生產性地利用這筆資金，因而對於反對徵稅的理由來說，上述論點的含義必然是，如果把稅款留在人民手中，那麼人民就會把它節省下來，並使之轉化爲資本。的確，人民很可能會節省下一部分稅款，但是卻絕對不可能省下全部稅款；然而如果透過徵稅的方式拿走這些資金而用於償還國債，那麼所有的稅款都將被節省下來並且用於生產。對於獲得償付的國債的債權人而言，他所得到的款項是資本，而不是收入，他將設法使其「開花結果」，繼續爲他提供收入。因此反對利用稅款償還國債的這個論點不僅站不住腳，而且正好產生相反的作用。這筆資金如果不「保留在人民的口袋裡」，反而更有可能開花結果。

不過，維持一定的財政結餘用以償還國債的方式，並非在所有的情況下都適宜，例如，清償大不列顛國債的好處是，使我們可以廢除一部分較爲有害的稅種。但是在較爲有害的稅種中，肯定有一些稅種比另一些更爲有害，因而廢除前者比廢除後者更爲有利。如果放棄一部分財政盈餘可以使我們免於徵收某種稅，那麼我們就應該想到，最有害的某種稅是否正是我們爲了廢除不那麼有害的某種稅而正在徵收的一種稅。在財富不斷增長的國家中，日益增加的收入使國家能夠不斷地廢除最有害的稅種。我認爲在這種情況下，只要非常有害的稅種仍然存在，則與其利用增加的收入償還國債，還不如利用增加的收入廢除某些有害的稅種。因此在英國當前的狀況下，我堅信，政府所採取的妥善的政策應該是，正確選擇利用具有永久性特徵的財政盈餘的方式，努力廢除某些有害的稅種；即使全部的各種稅已經符合長期的稅收制度的要求，但仍然應該繼續執行這種政策，以便不斷地減少稅額，直至爲籌集一定數量的稅款爲納稅人所帶來的危害達到最小爲止。我認爲，達到最小之後，因稅收增加所形成的財政結餘就不應該再用於免除稅賦，而應該用於償還國債。最後，某些稅種的全部收入應該專門用於償還國債，因爲如果將償債基金單獨列出來，不與國家的一般財政收入相互混淆，則清償國債的把握會更大。遺產稅就特別適合用來償還國債，因爲這種用資本繳納的稅款最好還是用來償還資本形式的國債，而不是用來支付經常性的開支。如果確實將償債基金單獨列出，那麼以後由於其他稅收增加而形成的財政結餘，以及基於越來越多的國債被償還之後因利息支付的減少而形成的財政結餘，就都可以用來免除稅賦。

有人認爲，發行一定量的國債，可以爲比較貧窮或者缺乏經驗的社會成員的儲蓄提供一種投資標的，這不僅是適宜的，而且幾乎是必不可少的。在這一方面，國債所提供的便利是不可否認的；不過（除此之外，隨著產業的發展，正在逐漸出現另外一些投資標的，例如，投資於大型國營公司的股票或者債券，它們幾乎與國債同樣安全與方便）國債作爲投資標的的眞正優點在於國家所提供的擔保，然而國債之外的其他投資方式也可能具有相同的優點，而且不像國債那樣涉及強制性徵稅的問題。建立起一家在全國各地普遍設立分行的開展存款和貼現業務的國家銀行，就能夠滿足這種需求，它可以吸收人們存入的任何資金，像聯合股份銀行那樣或者支付固定利率，或者支付浮動利率；當然，由於政府進行投資較爲安全可靠，所以支付的利息應該低於私人借款的利息；銀行的費用由銀行所支付的利息與所得到的利息之間的差額來支付，它可以在商業、不動產或者證券等經營領域將吸收來的存款貸出。我認爲，至今爲止，在理論上和實踐上都沒有眞正站得住腳的反對建立這種銀行的理由，因爲它可以提供一種便利的投資方式，與現在公債所提供的投資方式相當。在建立起這種銀行之後，國家就能夠成爲大型的保險公司，能夠確保依靠利息爲生的社會成員不遭受損失，否則由於這些人不得不把錢借給他人，所以他們就有可能因爲借款人的破產而蒙受損失。

◆註解◆

〔1〕參閱本書第一編第五章§一。

第八章　關於政府的一般職能，就其經濟影響而論

§一

在我們探討政府應該或者不應該直接加以干預的兩類事務之間的分界線之前，對於政府自行認定的所有的社會均賦予其無人能否認的、屬於政府義不容辭的一類職能，是否具有惡劣的或者良好的經濟影響等問題進行考察，是很有必要的。

這類職能的第一項是對人民人身和財產的保護。政府執行這項職能的完善程度，對於社會的經濟利益所產生的影響，是無須我們詳細闡述的。人民的人身和財產的安全得不到保障，無異於宣布，在人類做出的所有努力或者犧牲與人類所追求之目標的實現之間，存在著極大的不確定性。這意味著，播種不一定能夠收成，生產不一定能夠得利，今天節省不一定能夠日後享用。這不僅僅意味著勞動與節儉並非是致富之路，而且意味著只有暴力才是致富之路。當人民的人身和財產的不安全達到一定程度時，弱者的財產便會任由強者宰割。生產者的自衛能力如果不敵非生產者的掠奪能力，生產者就無法保有自己所生產的產品。因此當不安全超過一定的限度之後，生產性階層中的成員將無力單獨對抗掠奪者，他們便會一個一個地投靠掠奪階層中的成員，寧願承受某一個人的掠奪，而避免遭受所有其他人的掠奪。在中世紀，正是透過這種方式，完全私有的財產才逐漸轉化為封建財產；同時，眾多比較貧窮的自由人都自願世世代代地成為某些具有軍事力量的封建貴族的奴隸。

不過，在強調人民的人身和財產安全的偉大意義並突出其理應具有的重要地位的同時，我們不應該忘記，即使就發展經濟的目的而言，也還有其他一些同樣必不可少的狀況，它們的存在往往可以在很大程度上彌補政府保護的不足。正如我們在前面已經看到的那樣，[1]義大利、佛蘭德和漢薩同盟的自由城市，經常處於內亂不斷、外戰頻仍的狀態，人民的人身和財產根本得不到充分的保護；然而在數個世紀之內，

這些自由城市的財富急劇增加，繁榮程度迅速提高，許多工業技術達到很高的水準，並多次開展遙遠而危險的探險活動與商業航行，且獲得舉世矚目的成功，它們擁有足夠的力量可以與最強大的封建貴族相抗衡，甚至能夠保護自己不受歐洲君主國家的侵擾。因爲在混亂與暴力中，這些城市的居民仍然能夠相互聯合與協作，共同享受著某種原始的自由，這些因素結合在一起，使他們成爲勇敢果斷、精力充沛而且品格高尚的民族，他們熱心於公益事業，具有很強的愛國主義精神。在法律缺失的年代，這些自由城市和其他某些自由國家繁榮昌盛的事實證明，與其他某些因素相互結合的一定程度的不安全性，在爲改進安全狀況積蓄力量、提高實際能力方面，同時發揮了不利與有利的兩個方面的作用。只有當不安全的性質及其程度，導致人類整體無力進行任何必要的自我防衛時，不安全才會造成社會的癱瘓。同時，這也是一個主要的理由，可以說明爲什麼就國家的繁榮昌盛而言，政府的壓迫，一般來說是政府的權力，是任何個人都無法與之相抗衡的，比自由制度下幾乎任何程度的法律缺失以及動盪混亂的狀況都還要有害。某些國家儘管處於四分五裂的無政府狀態，但卻仍然能夠積累一定數量的財富並且取得一定程度的進步，而人民無限地遭受到政府官吏肆意壓榨的國家，則不可能保持產業的發展與財富的增長。在這樣的政府的統治下，無須幾代人的時間，產業和財富均會損失殆盡。正是出於這個原因，地球上某些最爲美麗富饒的地區，先是在羅馬人的統治之下，然後又在土耳其人的統治之下，最終淪落成爲一片荒漠。我之所以這麼說，是因爲這些地區本來應該像其他國家一樣，最終可以迅速地從戰爭的毀壞或者其他暫時的災難中恢復過來。艱難困苦尋常事，只會激發人們與之爭鬥的鬥志，置人於死地的是人之心已死，相信任何努力都終將化爲泡影。

§二　單純的政府徵稅過度雖然會造成很大的危害，但是從經濟的角度來看，卻與程度相對較輕的政府官吏對於納稅人的恣意妄行或者使人們的技藝、勤勞和節儉處於不受重視的地位所造成的危害，不可同日而語。在我國，稅收負擔是頗爲沉重的，可是由於人人都知道稅收負擔的限度，所以繳納的稅額很少超出人們事先的預料及計算，而且徵稅的方式並沒有使人們的勤勞和節儉的積極性受到損害，所以稅收的壓力並沒有動搖其繁榮的根基；甚至有人認爲，稅收的壓力迫使人們更加勤勞以便對稅收負擔做出補償，它反而進一步促進國家的繁榮。但是在許多野蠻專制的東方國家中，徵稅的目的就是要束縛那些已經獲得財富的人，以便徵用他們的財富，除非他們拿出巨款進行疏通；我們實在難以指望這些國家的人民會願意勤勞工作，或者除了投機取巧還會有什麼其他生財之道。甚至在較爲文明的國家，徵稅方式不當也會產生與此極爲相似的後果，儘管嚴重程度略有不同。法國學者將法國大革命之前徵收的平民稅，作爲法國農業落後、農民處境悲慘的主要原因；並非因爲這種稅收的負擔過重，而是因爲這種稅收是按照人們投入農耕的資本成比例地徵收，以至於農民感覺越窮越好，進而養成偷懶的習慣。財政官吏、總督以及代理總督濫用職權，遠比苛捐雜稅更加有害於國家的繁榮，因爲濫用職權破壞了人民的最基本的安全感；享有自治權的地區由於沒有遭受此類禍害，所以情況要好很多。我國儘管具有極爲巨大的、潛在的經濟改良能力，但是國家官吏普遍的貪汙腐敗嚴重地阻礙改良的進程，這是因爲政府官吏收入的多少取決於他們製造麻煩的多少，然後再接受賄賂以消除這些麻煩。

不過，單純的徵稅過度，即使稅額是確定的，但僅就其不公正這一點而言，也屬於一種嚴重的經濟弊害。它將使人們的勤勞得不到充分的補償，因而促使人們怠惰。在遠沒有造成此後果之前，它就會極大地抑制資本的積累，或者促使資本外流。落在利潤上的稅收負擔，即使沒有超出相應收入應該繳納的份額，也必然會損害人們儲蓄的積極性，除非國外存在著利潤較高的投資機會。例如，在荷蘭，利潤似乎早已降到實際上的最低水準了；在上一世紀，富有的資本家已經將很大的一部分資金投放於其他國家的公債與股票的投機交易之中；人們將這種低利潤率歸結於沉重的稅收負擔，而沉重的稅收負擔在某種程度上則是該國的地理位置與歷史進程所造成的。的確，荷蘭的稅收除了負擔沉重，還有許多稅收來自於必需品的徵繳，這種稅特別有害於工業的發展與資本的積累。不過當稅收總額很大的時候，其中不可避免地會有一部分稅收具有不良的性質。任何消費稅，若徵收得很重，即使不落在利潤上，也往往會使中產階級攜帶資本移居國外，進而產生與對利潤徵稅相同的後果。儘管我並不贊同某些政治經濟學家的觀點，認爲對於一個國家來說，只有財富迅速增長才算境況良好，但是我卻不能無視處於鄰國不斷發展的環境中，一個獨立的國家過早地進入停滯狀態，這必將出現嚴重的不利後果。

§二　有關政府對於人民人身和財產提供保護的問題，廣泛涉及諸多間接的面向，例如，它包括爲保障人民的權利、維護公正所提供的手段是否完善或者缺乏效率等問題。如果司法機構的廉潔與能力存在弊端、辦案拖延、程序繁瑣、費用高昂，則必將使訴諸法律的人們不堪忍受，最終人們很可能寧願有冤而不申訴。這也就是說，如果司法系統不完善，則不能認爲人民的人身和財產是安全的。毋庸置疑，英國的司法機關是廉潔的；在其他若干歐洲國家，社會進步也取得了同樣的成果。但是法律系統以及司法部門其他方面的不完善卻大量存在，特別是在英國，人民承受了沉重的稅收負擔，而政府作爲回報爲人民所提供的服務價值卻大打折扣。首先，法律條款的不可認知性（根據邊沁的說法）以及極端的不確定性，導致即使非常熟悉法律的人士，在事實確鑿、根本無須提起訴訟的情況下，也不得不求助於法院來裁判是非曲直。其次，辦案程序拖延繁瑣、訴訟費用高昂，以至於人們寧可含冤受屈，也不願爲獲得最後的公道而付出極其慘重的代價；而且透過對方由於資金短缺而撤銷起訴，或者透過犧牲正當權益做出妥協而終止訴訟，或者透過玩弄技術性手段促使法庭未能依據事實做出判決，很可能導致有罪的一方，即使法律認定有罪，但也仍然擁有諸多勝訴的機會。之所以會出現這些問題，往往不能歸咎於法官，而是因爲英國當前的法律制度早已嚴重地不適應於已經發生變化的社會狀況了，它在很大程度上不是建立在與社會現狀相應的理性原則的基礎之上，而是部分地建立在異想天開和封建制度的原則基礎之上（儘管這種制度僅僅殘存於法律的虛構之中）；而且當案件發生時，只能非常不完善地去適應社會所發生的變化。在英國的整個法律體系中，大法官法庭雖然擁有最好的實體法，但是在辦案拖延、程序繁瑣和費用高昂等方面的問題也是非常嚴重的，而絕大多數較爲複雜的案件，例如有關合夥的案件以及範圍寬泛、變化多端的有關信用額度的案件，都需要該法庭予以審理。最近該法庭實施了一些改革，雖然解決了一些問題，但是還遠未消除所有的弊端。

對於英國的繁榮來說還算幸運的是，商法的絕大部分內容比較具有時代特徵，制定過程很簡單，法庭承認了商人出於便利的動機而自行形成的慣常做法，然後賦予其法律效力；因此，至少這一部分法律基本上是由利害關係最爲密切的人所制定的，而且法庭的缺陷對商業交易所造成的損害實際上也比較少，因爲對於商人來說，由個人品格所決定的信用十分重要，它會使人們熟知的一般性的商業欺詐行爲受到輿論的限制（儘管日常經驗表明這種限制還不夠充分）。

法律在實體方面以及程序方面的不完善性，對於與專業術語稱之爲房地產的相關的當事人所造成的損害最大。在歐洲一般的司法語言中，也將房地產稱之爲不動產。就社會的這一部分財富而言，法律在對其提供保護方面是極爲失敗的。第一，由於與之相關的法律變化無常、技術細節混亂，所以無論人們付出多大的代價，都不能確保土地所有權不受侵害。第二，法律未能對不動產交易的法律文件進行妥善的註冊登記以提供相關證明。第三，進行不動產的交易，甚至進行房地產的租賃或者抵押（除必須納稅之外），需要簽訂繁瑣冗雜的文件和辦理費用不菲的手續。第四，幾乎在所有與不動產相關的案件中，昂貴的訴訟費用、拖延的辦案程序都令人不堪忍受。毫無疑問，民事高等法院的種種缺陷使土地所有者遭受到的損害最大。我估計，法律開支——無論是實際訴訟費用還是填報各種法律文件的費用——都會在大多數土地所有者每年的支出中占有不小比例，儘管土地所有者爲土地轉讓已經支付了法律費用，但卻很難使買方充分相信自己有把握獲得土地所有權，以至於土地可以實現的銷售價值大打折扣。然而，儘管至少從一六八八年以來，土地所有者就在英國的司法界占據了主導地位，但是他們卻從未在司法改革方面採取任何行動，而且他們還曾經數次堅決反對某些對其自身特別有利的司法修正案，尤其是由著名的不動產律師組成的一個委員會曾經提出的一項法案，由坎貝爾勳爵（Lord Campbell）提交給下議院，規定與土地交易有關的合約必須登記備案，這觸怒了大多數土地所有者，遭到了他們的否決，以至於在很長的一段時間內沒有人再進行這一方面的嘗試。[2]土地所有者之所以如此不近情理地敵視實際上最為有利於他們的法案，只能歸結為土地所有者在他們的所有權問題上極其畏首畏尾，而這些問題正是由他們拒絕修正的法律的缺陷所造成的；這還應該歸結為土地所有者在所有法律問題上的愚昧無知和缺乏判斷能力，因此他們只能完全聽從專業律師的意見。不過他們忽視了這樣一個事實，即法律上的每一個缺陷在為他們帶來麻煩的同時卻為律師帶來了利得。

如果法律制度上的缺陷僅限於為土地所有者帶來麻煩，那麼它還不會嚴重地動搖生產的根基；然而土地所有權的不確定性卻必然會對人們為改良土地進行投資的積極性造成極大的傷害；昂貴的土地轉讓費一定會妨礙土地歸於那些能夠最為有效利用土地的人們手中；而且小塊土地的轉讓費用常常高於土地的價格（個別情況除外），這相當於禁止小塊土地的買賣。不過，幾乎在所有的國家中，地產規模不是過大就是過小，透過小塊土地的買賣對大型地產加以分割和對小型地產進行合併，則是極為必要的。因此使土地的轉讓像資本的轉讓那樣簡單易行，實在是國家所推行的最重要的一項經濟改革；而且我曾經不止一次地指出，進行這項改革不會遇到不可逾越的障礙。

即使從經濟的角度來看，一個國家的法律與司法制度為實現直接的、實際的目標所發揮的作用，除了與該項制度本身所具有的長處與缺陷有關，還在很大程度上取決於法律對於道德所產生的影響。我在前面曾經詳加闡述的觀點是，[3]人類產業活動的效率以及所有其他聯合活動的效率，取決於人們能夠在多大程度上相互信任和盡心盡責；由此可見，即便是一個國家的繁榮昌盛，也會受到各項制度的深刻影響，不過要看這些制度究竟是倡導誠實守信還是鼓勵投機取巧。雖然各國的法律至少從表面來看都是勸導人們在金錢的問題上要講求誠信、遵守合約，但是如果法律客觀上爲人們提供了玩弄花招、逃避責任的便利，或者依仗金錢和權勢打贏官司的機會，或者設法利用法庭的裁決進行合法的欺詐，那麼法律就會敗壞道德，甚至敗壞人們在金錢方面的道德。遺憾的是，在英國的制度下，這些情況司空見慣。同樣地，如果法律過於寬鬆，使遊手好閒者和揮霍浪費者逃避懲處，或者對犯罪行爲量刑過輕，則會對人們的勤勞儉樸以及其他社會美德產生不利影響。當法律利用本身所擁有的管理權與強制力在人與人之間製造不公正的關係時，法律將會爲人們的道德帶來災難性的影響，例如所有承認任何形式的奴隸制度的法律、所有國家在不同程度上有關家庭關係的法律、許多國家在更大的不同程度上有關富人與窮人之間關係的法律等，均是如此。不過這些需要加以考慮的問題在廣度和深度上都遠遠超出了政治經濟學的研究範疇，我們之所以提及它們，是爲了提醒人們注意這些比我們所討論的內容更爲重要的問題。

◆註解◆

[1] 參閱本書第一編第七章§六。

[2] 韋斯特伯里勳爵（Lord Westbury）最近提出的法案如果能獲得通過，那麼它將顯著減少英國法律的嚴重缺陷，而且很可能促進英國法律的進一步深化改革。

[3] 參閱本書第一編第五章§八。

第九章　繼續討論相同的話題

§一

在對一般法律制度的長處與缺陷所產生之影響進行討論的基礎上，我們下面將分析某些具體的法律的特殊性質所產生的影響。既然進行此分析必須做出選擇，所以我們決定僅探討幾項占有重要地位的法律。在一個國家的民法體系中（除決定勞動者地位爲奴隸、農奴或者自由民的法律之外），最具有經濟意義的是與繼承以及契約兩個方面有關的法律；而在與契約有關的法律中，最具經濟意義的莫過於與合夥制度以及破產制度有關的法律。在這三點上，我們都剛好有充分的根據對英國法律的某些條款加以譴責。

關於財產的繼承，我們在前面已對與此問題相關的基本原則做過考察，並且盡可能公允地提出我們認爲法律所能夠採取的最佳的處理辦法。一般來說，遺贈自由的原則應該受到兩方面限制：第一，如果遺贈人的後代生活不能自立，則應爲其保留一部分遺產，數額應該與當他必須由國家供養時國家所提供的撫養費相當；第二，任何人所獲得的遺產均不應該超過維持中等水準的自立生活所需要的數額。在沒有遺囑的情況下，全部財產應該歸於國家所有，僅保留正當而且合理的一部分財產給財產所有者的後代，就像父母或者祖先考慮到後代的具體情況、實際能力以及成長方式決定爲後代保留的一部分財產那樣。

不過，人們現在的思維方式與上述觀點差別很大，可能需要經過社會進步的若干階段之後，人們才會眞正考慮這些想法。在今天人們認可的財產繼承法案中，肯定有些較好一些，也有些較差一些，因此考察這些法案之中的哪一種更爲完善很有必要。作爲一種折衷的方式，我建議將英國現行的《個人財產繼承法案》的適用範圍擴展到所有財產方面（遺贈自由，同時在沒有遺囑的情況下後裔平分財產），除旁系親屬無權繼承之外，如果財產所有者既無後人又無長輩，並且沒有立下遺囑，則財產應收歸國家所有。

現有國家法律以兩種截然相反的方式違背了這個原則。在英國以及法律體系中仍然殘存著封建制度影響的大部分國家，制定有關土地和其他不動產的法律目的之一就是保持土地的集中，以形成較大的規模；因而在沒有遺囑的情況下，遺產一般來說全部歸長子所有（少數地區的風俗與此不同）。雖然長子繼承原則對於立下遺囑者沒有約束力，但在英國，立下遺囑者在名義上享有隨意遺贈財產的權利，並且可以利用此權利把財產保留給其後裔的特定分支，從而剝奪他的直接繼承人繼承他的財產的權利；這樣做除了可以防止財產被按照遺囑指定方式外的任何方式繼承，還可以預防財產被出售；因爲每一代財產所有者對於其所繼承的財產，只享有非世襲的終身財產所有者的權益，產權讓渡期限不得超過財產所有者的壽命。與此相反，在某些其他國家，例如在法國，法律則規定必須平分遺產，它並非僅僅在沒有遺囑的情況下才這樣做，實際財產與私人財產都要由其子女或者（如果沒有子女）關係密切程度相同的近親平分；而且法國的法律還不承認任何遺贈財產的權利，或者它只承認對有限的一部分財產享有遺贈的權利，其餘的財產均需平分。

我以爲，在這些國家中，對於這兩類制度的建立或者維護都並非出自對於公正的考慮，也並非出自對於經濟結果的預測，而主要是出自於政治的動機；一種情況是爲了維繫世襲財產的規模以及貴族占有土地的制度；而另外一種情況則是爲了分散世襲財產，以防止貴族占有土地制度的復辟。我的觀點是，將前一種動機作爲國家的政策目標是極爲不恰當的；至於後者，我曾經指出，還有更好的方式同樣可以實現相應的目標。不過有關兩者利弊得失的探討，應該屬於一般政治科學的範疇，而不屬於我們這裡研究的科學所關注的問題。然而就其各自所要達到的目標而言，這兩種制度都是眞實、有效的；不過我認爲，它們都是在造成大量弊害的情況下才使各自的目標得以實現。

§二　人們從經濟的角度出發提出了兩種理由以支持長子繼承權。一種理由是，長子繼承權迫使其他子女自行創業，從而可以促使他們奮發圖強、胸懷大志。詹森博士（Dr. Johnson）在推崇長子繼承權時以更具說服力的方式提出這種理由，但不像是在讚美世襲的貴族制度；他強調，長子繼承權「使一個家庭只出現一個傻瓜」。令人感到奇怪的是，貴族制度的捍衛者竟然宣稱不勞而獲地繼承財產會使人意志消沉和精神萎靡。不過就目前的教育狀況而言，雖然這種論調略顯誇張，但的確是符合實際情況的。但無論該理由的說服力如何，它都告訴人們，只要對長子以及其他子女同樣地加以限制，只讓他們繼承僅夠維持他們生存的財產，那麼連詹森博士所願意容忍的那「一個傻瓜」就都不會出現了。既然不勞而獲的財富對於一個人培養堅強性格是如此不利，那麼使我難以理解的是，爲什麼爲了使其他子女免於遭受毒害，就只能把毒藥集中起來，以便讓長子一個人大量地服用。不能僅僅因爲我們不知道還有什麼其他處置大筆財產的辦法，就讓長子獨自遭受如此巨大的不幸吧！

然而，某些學者認爲，長子繼承權之所以能夠促使人奮進，與其說是由於其他子女處境貧困，還不如說是由於他們的貧困與長子的富有形成強烈反差；這些學者指出，要使蜂群忙碌起來並且保持活力，需要雄蜂四處遊蕩，以使工蜂保持渴求獲得蜂蜜滋補的感覺。麥克庫洛赫先生在談到財產所有人年齡較小的子女時說：「他們在財富方面的不利處境，以及他們想要擺脫困境與長兄平起平坐的欲望，對他們產生了激勵，並使他們充滿幹勁和活力。不過保持財產規模不加以分割的好處並非僅限於對其他子女的促進作用，而且還會對人們產生普遍的激勵作用，促使人們更加努力和勤勞。大地主的生活方式是所有人都極爲羨慕的，他們隨心所欲花錢的習慣，雖然有時對他們自己是有害的，但是卻可以強烈地刺激其他階級的才智和進取心，除非人們能夠像大地主那樣奢侈，否則沒有人會認爲自己已經非常富有。因此由長子繼承遺產的習俗似乎會使各個階級更加勤勞，進而增加財富總量並提高他們的享樂水準。」[1]

我實在難以在這些見解中發現包含絲毫正確的成分，不過它卻使我聯想到一點，即財富的完全均等並不利於人們爲增加財富而繼續努力。一般來說，如果人們擁有或者自認爲擁有與其他人相同的特點，那麼人們往往就不會再奮發進取以獲得更不一般的特點，無論就財富而言，還是就大部分其他特點（才能、知識或者道德方面的特點）而言，情況均是如此。然而這並不意味著必須讓社會保有一批大富豪以便供窮人妒忌和羨慕。人們依靠自己的勞動獲得財產的事例同樣具有激勵作用，而且的確可以更好地實現上述目標；因爲人們看到某些人透過勞動致富會比僅僅看到某些人擁有財富更能激發自己的進取心；前者不但可以成爲人們爭相效仿的奮發圖強的典範，而且也可以樹立起深謀遠慮、不尚奢華的榜樣，而後者則往往誘導人們沾染揮霍錢財的惡習，因此不但不會像當初人們所設想的那樣對貧困階層產生什麼有利的影響，反而會使那些意志薄弱、品格低下的人過度沉溺於「大地主的奢華」之中。在美國，幾乎不存在或者根本不存在世襲的財產，但是誰也不能說那裡的人們勞動的幹勁以及積累資本的熱情比其他地方遜色。正如戰爭是古代和中世紀人類社會所從事的主要活動一樣，工業是當代世界各國所從事的主要活動。一個國家一旦步入工業化進程，便不再需要對透過勤勞獲取財富的欲望加以人爲的刺激，因爲財富的增加自然地爲人們帶來利益，並且往往成爲衡量才能與成就的尺度，從而充分激發起人們追求財富的熱望。如果我們進行更深層次的思考，則不難看出，合乎需要的不是財富的集中，而是財富的分散；較爲健全的社會狀態並非讓少數人擁有大量的財富、讓所有的其他人爭相嫉妒，而應該讓盡可能多的人擁有並且滿足於人們都有可能獲得的適量的財富；我之所以在此提出這種看法，只是爲了部分地揭示（在社會問題上）本書的觀點與長子繼承權維護者的觀點是大相逕庭的。

從經濟的角度出發，維護長子繼承權的另一種理由與地產有關。許多人認爲，在子女之間均等分配遺產的習俗，或者爲提高均等性所做出的努力，會使土地分割成很小的區塊，不利於採用先進的方式進行耕作。被人反覆提出的這種觀點已經多次遭到英國和歐洲大陸學者駁斥。這種觀點所依據的假設與所有政治經濟學理論所依據的假設剛好相反。它認定人類的所作所爲一般總是以損害直接、明顯的物質利益爲前提。其實，分割遺產並不意味著分割土地，遺產繼承人可以共同擁有土地，這種情況在法國和比利時隨處可見；或者共同繼承人中的一位透過抵押的方式得到其他繼承人的土地；或者繼承人把土地出售然後平分款項。一旦土地的分割達到使其生產能力下降的程度時，遺產繼承人便會採用上述某種方法以維護自己的利益。不過即使我們接受上述理由所依據的假設條件，或者由於存在著法律上的障礙，或者由於繼承人十分愚昧無知，他們無法或者不願顧及自己的切身利益，堅持分割土地，從而使自己變窮；但我們也僅僅能夠以此來反對像法國那樣強制分割土地的法律，而無法以此來反對立下遺囑者根據公平原則分配遺產的權利，因爲立下遺囑者是完全可以在分配遺產時做出不准分割土地這樣的規定。我們前面已經闡明，長子繼承權的維護者試圖透過事實來反對平分遺產，但是卻沒有達到目的。在所有堅持平分遺產習俗的國家或者地區中，都同時實行小塊農田經營制度，因爲小塊農田經營制度是這些國家的基本制度，即使大地主的土地也是分割之後才供人耕種的。

除非能夠充分證明實行長子繼承權對於提高社會效用大有裨益，否則長子繼承權就應該受到正義原則的嚴厲譴責，因爲它完全以非常偶然的因素爲依據對子女實施差別對待。因此，我們不需要再過多地列舉經濟上的理由來反對長子繼承權，只舉一個即可，而且它很有分量。它就是，使地主窮困潦倒的是長子繼承權所造成的必然後果。實行這種制度或者習俗的目的是使地產保持較大的規模因而不至於分散，而且一般也的確可以達到此目的；不過大地產的法定所有者並非必然地就是全部地產收入的眞正所有者。大地產的收入除負擔地產所有者奢靡的支出之外，經常還要負擔各代其他子女的生活費用。大地主一般不注意節省開支，往往保持收入最高時花錢的習慣，即使情況發生變化，收入有所下降，他們也不會及時縮減開支。如果其他階級的成員揮霍浪費，那麼他們會破產，並且遭到社會的淘汰；但是地主揮霍浪費，即使達到所獲地租僅夠償還債務的地步，他們通常也會牢牢地抓住自己的地產不放。人們想要保持家族「榮耀」的欲望不僅使長子繼承權這種習俗得以形成，而且使地主無意於出售一部分土地以擺脫其餘的債務負擔，因而他們表面上所擁有的財產往往多於他們實際上所擁有的財產，而他們又總是按照表面的財產而不是實際的財產來安排支出。正是由於這種原因，幾乎在所有實行大土地所有制的國家中，地產的絕大部分均被抵押，大地主不僅沒有多餘的資本改良土地，而且還需要利用因國家財富和人口增長而增加的全部土地價值才能使他們避免陷於貧困的狀態。

§三 爲了防止大地主階級陷於貧困化的進程，國家只好求助於限定不動產繼承權的方法，例如，規定不可變更的繼承順序，僅擁有非終身財產繼承人的權利等，以免使後期的繼承人承擔負債的重擔。如此一來，土地就可以在無須承擔債務的情況下由上一代繼承人傳給下一代繼承人，即使當前的繼承人庸碌無能、揮霍無度也不至於使家族破產。與單純實行長子繼承權的情況相比，這樣處置財產在經濟方面所產生的弊端，雖然並不完全相同，但是總體來看卻更爲嚴重。現在，土地所有者雖然不可能使家族破產，但是卻仍然有可能使自己破產；在限定繼承權的情況下，他比在單純實行長子繼承權時更不可能擁有改良土地所必需的資本，即使有，他也不會用於改良土地；因爲改良土地所帶來的利益將由並非他所指定的繼承人獲得，很可能連他自己幼小的子女，也需要依靠現在並不擁有土地的某人的慈悲才能得到供養。於是他不但自己不會改良土地，而且也無意將土地賣給想要改良土地的人，因爲限定繼承權禁止土地所有權的轉讓。一般來說，他甚至不能簽訂期限超過本人壽命的契約，正如布萊克斯頓（Blackstone）所指出的那樣，「如果這種契約是有效的，則實際上可以利用長期契約剝奪他人的繼承權」。在這種情況下，英國不得不頒布法令放寬限定繼承權的嚴格限制，以便使人們能夠長期租賃土地，並且利用土地的收益進行土地改良。我們還應該予以補充說明的是，由於被限定的繼承人都知道，而且從小就知道，自己將來一定會繼承遺產，所以他們之中的絕大部分人都好逸惡勞、揮霍放蕩。

在英格蘭，法律對於限定繼承人權利的制約，比在蘇格蘭和大多數其他實行這種制度的國家更爲嚴格。地主可以指定任何一個活著的人和一個尚未出世的人依次繼承其財產，當繼承人年滿二十一歲時，限定繼承權的期限屆滿，土地即成爲他完全擁有的財產。地產由此便可以經由執行遺囑時活著的一個兒子或者一個兒子與一個孫子，傳給這個孫子的一個尚未出世的子女。人們一直認爲，這種被限定的繼承人的權力不是很大，不至於造成什麼損害，然而實際上，它比表面上所看到的大得多。這種限定的繼承權很少屆滿，被指定的第一位繼承人成年後，往往會與現在的所有者重新指定繼承人，以此延長限定繼承權的期限。因此，大地產很少能夠在一定的期限內擺脫嚴格的繼承權的限制；然而在某一方面，其弊害還是得到緩解，因爲在爲新的一代人重新限定繼承權的時候，通常會讓地產負擔其他年齡較小的子女的生活費用。

從經濟的角度來看，最好的地產制度是讓土地完全成爲商品；當買方的出價超過現有的土地所有者能夠從土地中所獲取的收入的價值時，土地即可以轉手。當然，這並非是指那些裝飾性地產，它們只能帶來開銷，根本不會產生利潤；而是指那些用於產業活動的土地，人們占有這種土地的目的是爲了獲取它所提供的收入。從社會整體的利益出發，凡是方便土地買賣的制度，均會使土地成爲更加具有生產能力的工具；凡是阻礙或者限制土地買賣的制度，均會降低土地的可用性。現在，不僅限定繼承權具有這種作用，而且長子繼承權也會產生這種影響。保持土地大規模集中的欲望，一般來說，均非出於增進土地生產能力的動機，它往往會阻礙土地的改變以及轉讓，進而阻礙土地（作爲一種工具）的利用效率提高。

§四　另一方面，法國等國家的法律把遺贈權控制在很狹窄的範圍內，規定必須在子女之間平分全部財產或者大部分財產。在我看來，這種法律的依據雖然有所不同，但同樣是應該予以反對的。只有當父母明確表示願意或者子女有充分把握推測父母將會願意時，子女才有可能提出分得生活費用之外的財產的要求，以便獲得自行謀生的手段；子女要求得到實際上屬於自己的那一份財產的權利，不能因爲其他子女要求得到不屬於他們自己的財產而遭到取消。透過爲子女確立更高的合法權利，以達到限制財產所有者饋贈的自由，等於把眞正的權利置於虛構的權利之下。這一點，正是反對這種法律的有力而且重要的理由。除此之外，我們還可以舉出許多次要的理由。最爲理想的情況是，父母公平對待子女，不對長子或者受寵的子女偏心，不過公平分配遺產並不總是等同於平均分配遺產，可能某些子女獨立生活的能力（並非由於自己不夠努力）就是比其他子女獨立生活的能力差一些，可能也有一些子女（主要由於個人努力之外的其他原因）具有較強的自立能力；因此爲了達到公平的目的，需要遵循的不是均等的原則而是補償的原則。即使以均等爲目標，有時也存在著比法律硬性規定必須平分財產更好的方式可以達到此目標。如果某一繼承人性格火爆、好打官司、斤斤計較，那麼法律便無法對遺產的劃分做出公平的調整，也無法按照對於全體當事人最爲有利的方式分配遺產；如果遺產包括若干塊土地，而繼承人卻對於土地的價値無法達成一致的意見，那麼法律就無法使每人各分得一塊土地，而是必須先賣掉每塊土地或者平分每塊土地；如果遺產包括一間房屋或者一個公園或者一個遊樂場，平分則無異於毀壞它，因此必須把它賣掉，儘管這樣做會遭受經濟上的重大損失並且嚴重傷害感情。不過，法律做不到的父母能夠做到。如果父母擁有遺贈自由，則所有問題都有可能依據理性以及當事人的共同利益而得到解決；而且因爲立下遺囑者可以擺脫文字上的約束，所以公平分配遺產的原則，可以在精神上得到更好的體現。歸根結柢，在強制性的繼承制度下，爲了防止父母透過各種形式的饋贈以及對於其他生存者的轉讓而侵犯繼承人的合法權利（不僅在個人發生死亡時，而且在個人整個一生中），法律專橫地干涉私人事務的情況將失去存在的必要性。

總而言之，我認爲，每一位財產所有者均應有權透過遺囑處置自己的全部財產，但是無權決定立下遺囑時尚在的人全部去世之後應該由誰來繼承財產。至於應該在什麼條件下允許人們把財產遺贈給一個人，同時指定這個人死後遺留下來的財產由另外一個在世的人繼承，則屬於一般立法方面的問題，而不屬於政治經濟學領域的問題。這種處置財產的方法，與任何情況下的共同所有權相比，不會對財產的轉讓造成更大的障礙，因爲在對相關財產做出新的安排時，只要所有活著的當事人達成一致意見即可。

§五　現在，我們從對於有關繼承問題的討論轉向有關契約問題的討論，其中，有關《合夥法案》的討論尤爲重要。凡是意識到在較爲寬泛的意義上擴展合作原則是發展現代產業所必需的經濟條件的人都很清楚，該法案關係重大，應該使其盡可能地得到完善。隨著生產技術的進步，許多產業部門的經營所需要的資本的規模都在不斷增大，因而如果小規模資本匯聚成大規模資本的過程受到阻礙，則工業生產能力必然會遭到削弱。在大多數國家中，擁有符合需要的資本的人的數量並不多，而且如果法律趨於分散而不是集中財富，則這種人的數量就會更少；而另一方面，如果擁有較小或者中等規模資本的人，難以將資本集中起來進行合作，以至於所有那些需要巨額資金才能運用的經過改進的生產工藝以及高效率、低成本的生產工具，均被少數富豪所壟斷，這也是非常不理想的。最後，我需要重申我的觀點，即產業經濟把社會成員截然劃分成兩個部分：一部分是工資的支付者；而另一部分則是工資的接受者。後者數千倍於前者，這種經濟既不適合也不可能無限地存在下去，能否將這種體制轉變爲彼此互相合作而不是敵對的制度，這完全取決於合作關係的未來發展。

然而，幾乎所有國家的法律都對任意人數的合夥企業的建立設置了巨大的障礙。在英國，已經存在的一個嚴重障礙是，合夥人之間的爭議。實際上，它只能由衡平法院予以裁決，這常常比不將爭議訴諸法律還要糟糕；因爲如果發生爭議的團體中有一方的成員更狡猾、爭訟好勝，則他們就可以肆意糾纏其他的合夥人，以至於他們在參與衡平法院訴訟的過程中，不可避免地負擔巨額的開銷，並且陷於無休止的麻煩與焦慮之中，甚至無權解除合作關係以擺脫困境。[2]此外，幾年前，法律還規定任何聯合股份公司都必須得到立法機構的專門批准才能正式成立，並被授予了一項以一個實體的身分進行運作的權利。直到不久前通過的一項法令廢除了這個規定；不過某些有關方面的權威人士將其稱作「一團糟」的規定，他們指出，從來沒有哪一項規定對加入合夥企業的成員施加了「這樣的折磨」。[3]當一部分人，不論人數較少還是較多，自主地決定將他們的資金集中起來以開展某項共同的事業，既不要求得到任何特權，也未剝奪任何他人的財產時，法律有意地製造麻煩，以阻礙這種計畫的實現，這是毫無道理的。只要符合所公布的幾項簡單的條件，任何團體都應該有權自行組建聯合股份公司，而無須得到政府官員或者議會的批准。不過，由眾多人員組建的公司，實際上需要由少數人員加以經營管理，所以應該爲合夥人整體提供一切便利，以便對這些經營管理者進行必要的控制與監督，不論他們本身就是公司的發起人之一，還是純粹屬於接受聘用的打工者；而在這一方面，英國的制度是非常不完善的。

§六　然而，不管英國的法律可能對基於一般合作原則的公司的組建給予何種便利，直到一八五五年，都還有一種聯合股份公司的成立是絕對不予准許的，只有議會或者國王頒布特別的法令才能批准成立這種公司；我指的是有限責任公司。

有限責任公司分爲兩種：一種是所有合夥人的責任都是有限的；另一種是只有部分合夥人的責任是有限的。法國的法律將第一種有限責任公司稱爲隱名合夥公司；在英國，直到最近還仍然將其稱爲「特許公司」，它指的是根據國王頒發的特許狀或者議會發布的特別法令，股東得以免於承擔超過其出資額的債務責任的公司。法國的法律將第二種有限責任公司稱爲部分隱名合夥公司；這種公司在英國尚未被承認，因而是非法的，我們將對此進行討論。

如果某些人願意合夥從事任何商業或者產業活動，且彼此之間達成協議，並告知那些與他們有生意往來的人們，該公司的成員不對超過其出資額的債務承擔責任，那麼法律是否有理由反對這種做法呢？是否有理由強迫合夥人承擔他們不願意承擔的無限責任呢？法律之所以這樣做又是爲了誰呢？顯然不是爲了合夥人本身；因爲有限責任對於合夥人更爲有利，也爲合夥人提供了保護。所以，一定是爲了協力廠商，即爲了那些與該公司有生意往來的人們，正是對於他們，公司有可能欠下超過出資額償付限度的債務。但是誰也沒有被強迫必須與該公司做生意，更沒有被強迫必須對該公司給予無限的信任。只要該公司沒有進行欺詐性的陳述，並且人們從一開始就瞭解該公司的眞實情況，則一般來說，那些與該公司有生意往來的人就是完全有能力自己保護自己的，似乎沒有理由認爲，法律會比他們自己更精心地維護他們的利益；法律應當要求所有聯合股份有限責任公司，不僅公開宣布股東所認繳的營業資本已經如數到位或者已經獲得擔保（的確，若公司的情況可以全部公開，則這種要求就是必要的），還應保存公司的帳目以提供人們查閱，並且在需要時，將帳目予以公布，以便使人們能夠隨時瞭解公司的實際情況以及公司的資本；法律可以透過嚴厲的刑事處罰來確保這種帳目的眞實性和準確性，這是人們與公司進行生意往來的唯一擔保。當法律提供所有實用的手段使與公司進行交易的人得以清晰地掌握在愼重計算交易時所需要的公司的確切情況時，則與私人經濟生活中的任何其他領域相比，法律再對與公司進行交易的個人所做出的判斷予以更爲專橫的干預，似乎就是毫無必要的。

支持可以進行這種干預的理由通常是，有限責任公司的經營管理者的全部財產並不對公司的虧損承擔風險，但是卻可以在公司有盈利時獲取大量的利得，因此他們不會審時度勢、謹愼經營，而是更傾向於利用公司的資金進行不恰當的冒險活動。然而可以肯定的是，如果一家無限責任公司的股東非常富有，那麼即使這些股東在進行交易時的草率與失誤衆所周知，但他們所得到的不正常的信用水準，也會遠遠超出另外一家同樣經營不當的有限責任公司的股東（他們僅擁有認購的資本）所得到的信用水準。[4]這兩種公司之中不論哪一種公司的弊害更大，但股東本身所遭受的損失均會超過協力廠商；因爲在法律確保公司的經營狀況得到公開的條件下，有限責任公司的資本將無法從事在其經營狀況未予公開的情況下可能從事的超出其一般業務範圍的冒險活動，否則相關的事實將昭示天下並招致非議，當有關情況得到證實後，公司的信用必將遭受重大損失。如果在這種情況下人們發現無限責任公司實際上更爲善於經營並且謹慎經營，那麼有限責任公司便無從與之進行競爭，人們也就不會再建立有限責任公司了；當只有藉助於有限責任這個條件才能籌措到所需資本時，在這種情況下，阻止建立有限責任公司將是非常荒唐的。

我們可以進一步指出的是，雖然在資本額相等的情況下，有限責任公司向與其有交易往來的人所提供的擔保，比股東以全部財產承擔責任的公司所提供的擔保還要弱，但是在某些方面，它還是比單個資本家所能提供的擔保強。在個人出資承擔無限責任的情況下，單個資本家所提供的擔保並未受到交易以及認繳資本必須公開的制約，資本的額度也相對有限。柯凱林先生（Mr. Coquelin）於一八四三年七月發表在《雙重社會評論》上的卓越的文章，對此問題進行了精闢的論述。[5]

這位學者指出，與個人進行交易的協力廠商對於個人究竟擁有多少資本可用來爲履行契約提供擔保，除似是而非的感覺之外，知道得極爲模糊，而且難以肯定，而那些與隱名合夥公司進行交易的人，只要進行調查，就可以充分瞭解情況，從而可以在各種情況下都更有把握地與之進行業務往來。同樣地，個體商人可以輕易地隱瞞其經營狀況，除了他個人，誰都無法掌握他的經營狀況。即使他的心腹也可能對此一無所知，因爲他不一定將其不得不籌措的貸款記入自己的流水帳上。這是僅限於他個人掌握的祕密，這種祕密很少被洩漏，或者總是很晚才有可能被洩漏；當大難臨頭時，眞相才有可能大白於天下。與此相反，在未將事實昭示天下的情況下，隱名合夥公司既不能夠也不應該舉債，無論是董事、職員、股東還是公眾都會對此瞭若指掌。這種公司的經營活動在某些方面具有政府活動的性質。它的各個方面對於想要瞭解它的人來說，都是暴露無遺的。因此對於隱名合夥公司來說，所有與資本和債務相關的帳目都是確定的、記錄在案的、爲人所知的，而對於個體商人來說，則所有相關的帳目都是不確定的、不被人所知的。我們請問讀者，這兩者中究竟哪一個對於與之進行交易的人們來說更爲有利而且更爲可靠呢？

同樣地，個體商人利用外界對其經營狀況模糊不清的瞭解，他總是希望增加這種模糊的程度，可以在生意興隆時，製造資產方面的假象，從而建立起虛假的信用。而當發生虧損使他感覺到遭受破產的威脅時，在外界尚不瞭解情況的條件下，他則可以遠遠地超出其償還能力繼續舉債。當破產之日來臨時，債權人才會發現個體商人欠下的債務遠比他預料得還要多，而償付的能力則遠比他預料得還要小。但即使如此，這也不是問題的全部。經營狀況的模糊不清，以前被用來誇大資本規模、增加虛假的信用，現在則被用來藏匿一部分資本，使債權人無法得到賠償。資本減少了，甚至完全消失了。對於資本被藏匿的問題，即便採取法律措施，債權人千方百計地進行調查，也無法從藏匿之處把資本查找出來……我們的讀者已經可以自行判斷對於隱名合夥公司來說是否也能夠同樣容易地做到這一點。我並不懷疑隱名合夥公司是可能這樣做的，但是我認爲讀者一定會贊同我的觀點，即隱名合夥公司的性質、組織結構以及一切經營活動必須具備的公開性，必將極大地減少隱名合夥公司這樣做的可能性。

包括英國在內的大多數國家的法律以兩種方式在聯合股份公司的問題上犯有錯誤。法律卻極爲荒唐地不願意批准這種公司的建立，特別是有限責任公司的建立，但同時又普遍地忽略了執行資訊披露制度；這正是爲使公眾免於遭受這種合夥企業的傷害所應提供的最有效的保證；就當前所討論的這類公司——對於因其整體運作的特殊性而使公眾蒙受損失——也需要具有同樣的保證。甚至對於英格蘭銀行這種情況，它透過立法機構獲得了壟斷權，並且部分地控制著關乎國計民生的流通媒介，法律也僅是在最近幾年才開始要求它披露資訊；這種資訊的披露在初始階段還是極不充分的，儘管現在從大多數實際目的的角度來看，這種資訊披露才算得上是直截了當的。

§七 另外一種需要我們加以關注的合夥企業是，企業管理層的一位或者多位合夥人以其全部財產對公司的債務承擔責任，而其他合夥人則僅以出資額對公司的債務承擔一定金額的責任，而對於超過這一金額的債務不再承擔任何責任，儘管他們可以按照任何協議的方案分享利潤。這種公司稱爲部分隱名合夥公司，承擔有限責任的合夥人（依據法國的法律，他們不得干預公司的經營管理活動）即爲隱名合夥人。英國的法律不准許建立這種合夥企業，在私人合夥企業中，凡是分享利潤的人，都要對債務承擔全部責任，與參與經營管理的合夥人所承擔的責任範圍完全一樣。

據我所知，迄今爲止，還沒有任何人爲維護禁止建立部分隱名合夥公司的法令進行過令人滿意的辯解。甚至用於反對股東只承擔有限責任的不充分的理由在這裡也不適用；因爲所有參與公司經營管理的合夥人都是以自己的全部財產對公司債務承擔責任，他們謹慎經營的動機並沒有受到任何削弱。同樣地，對於協力廠商來說，由於存在著隱名合夥人，所以他們可以得到更大的保障，因爲隱名合夥人認繳的資本額都可以用來對債權人做出賠償，在債權人遭受任何損失以前，隱名合夥人必須首先損失自己的全部投資額；而如果他們不是以認繳的資本額獲得合夥人的身分，而是按照其從公司中獲取的與利潤等額的利息獲取合夥人的身分，然後再把這筆錢借給公司，那麼他們就會與其他債權人一樣分享財產的剩餘，從而按比例地減少所有人所獲得的紅利。部分隱名合夥公司的做法既有助於維護債權人的利益，也往往最爲有利於自己。經營者因此所能獲得的資本額將遠遠超過其透過個人資產提供的擔保所能籌措到的資本額；同時，那些不願意或者不能夠動用自己的全部財產參與具有風險性的企業經營的人，也可以動用有限的一部分資金爲有益的事業提供幫助。

也許有人會認爲，只要向聯合股份公司提供便利，就沒有建立部分隱名合夥公司的必要了。然而在許多種情況下，與採用聯合股份公司的原則相比，採用部分隱名合夥公司的原則肯定更爲有利。柯凱林先生指出，「假設一位發明家正在尋求能夠使其發明得到應用的資本。爲了得到資本家的資助，他必須向資本家提供一定份額的預期收益，而資本家則與發明家相互合作以獲得成功的可能性。在這種情況下，發明家將採用哪一種原則呢？肯定不會採用共同合夥原則」；原因是多種多樣的，尤其是因爲很難找到既擁有資本又願意以自己的全部財產承擔發明成功風險的合夥人。[6]「他既不會選擇隱名合夥公司」，也不會選擇任何其他形式的聯合股份公司，「因爲在這些公司中，他都有可能失去經營者的地位。他並不比其他股東具有更大的優勢，而很可能陷於芸芸眾生之中進而沒沒無聞；然而如果公司是他爲自己建立的，則經營大權理所當然地非他莫屬。還有一些情況，當某位商人或者製造商雖然自己並不是發明家，但卻毋庸置疑地擁有經營企業並使其獲得成功的特殊才能時，結果也是如此」。柯凱林先生接著指出，「既然在許多情況下都有必要建立有限責任合夥企業，那麼就難以想像爲什麼我們必須取消它或者代替它了。」對於柯凱林本人所在的國家來說，他很可能是正確的。

在英國，即使得不到只需承擔有限責任的激勵，但公眾建立聯合股份公司的熱情也仍非常高漲；儘管禁止建立部分隱名合夥公司在原則上是完全站不住腳的，但是從純粹經濟的角度來看，部分隱名合夥公司也並不像柯凱林先生所認定的那樣是絕對不可缺少的。不過，部分隱名合夥公司在法律方面間接地遭遇到的麻煩的確不小，英國法律規定，所有分享公司利潤的人都必須對合作關係承擔無限責任。法律的這種態度究竟扼殺了多少有價值的合作方式，實在難以細數。若要譴責這種法律，我們只需要指出以下一點即可，即除非適當放寬某些法律規定的限度，否則將利潤的一定比例用於支付一部分工資的做法也是違背法律的；換言之，合夥企業如此運作，實際上將使工人與資本家成爲合夥人。[7]

要使工人階級的處境得到改善和地位獲得提高，最重要的是，必須讓工人在合作關係所限定的條件中享有完全的自由。我們在前面的章節中所描述的比如工人合夥企業那樣的合作方式，是使勞動者依靠自身的道德素質提高社會地位的最強有力的手段。對於合作自由來說，重要的並非僅僅在於幾個成功的樣板，迄今為止所有未獲成功的嘗試也同樣地重要；失敗能夠帶給人們深刻的經驗教訓，不透過親身經歷所獲得的經驗教訓必然是相當膚淺的。如果有可能透過某種試驗對所有社會改良理論的價值加以檢驗，那麼就應該允許甚至鼓勵進行這種試驗。透過這種試驗，工人階級中的先進分子可以接受許多經驗教訓，而這些經驗教訓是無法從覬覦他們的利益並對他們持有偏見的其他人的訓導中吸取到的；透過這種試驗，他們可以在不增加社會成本的情況下獲得修正自己當前認識上的錯誤的能力，明確為實現自身的獨立究竟應該採取什麼樣的手段；並且發現，要盡可能公平甚至絕對公平地實現他們所渴望的社會改良，必須具備怎樣的社會條件、道德標準、知識水準以及上進精神。[8]

法國的有關合夥的法案優於英國同類法案之處在於，允許建立部分隱名合夥公司，並且沒有利用類似於衡平法院這樣無法操控的工具，它將所有的商業糾紛均歸於商業法庭裁決，且相對而言費用較低、速度較快。不過在其他方面，法國的制度則遠比英國的還要糟糕，比如，建立聯合股份有限責任公司必須得到一個名為國務委員會的政府機構的專門批准，該機構由行政官員組成，他們基本上是一些對產業活動一竅不通的外行人，因此對發展企業毫無興趣，並且往往認為設立該機構的目的就是要對其加以限制；其結果是，要獲得他們的批准需要耗費大量的時間與精力，以至於企業的建立受到嚴重的阻礙，同時由於能否獲得批准完全是一個未知數，所以也使資本家投資的積極性遭受到極大的挫傷，甚至在英國大量存在而且很容易建立的聯合股份無限責任公司，在法國也根本無法成立，因為法國的法律不准許把資本劃分為可以轉讓的股份。

似乎現有最好的有關合夥的法案是新英格蘭各州的相關法案。基於凱里先生（Mr. Carey）的觀點，[9]「新英格蘭的法規對於公司的束縛比任何其他的地方都要少；結果是，在新英格蘭各州，特別是在麻薩諸塞州與羅德島州，相關法案比世界上任何其他地方都得到了更為廣泛地、充分地運用。大地上林立著人們為幾乎每一種可以想像得到的事業所建立的隱名合夥公司——特許公司；每座城鎮都建立起管理道路、橋梁和學校的公司，因此所有這些設施都處於相關投資者的直接控制之下，因而得到良好的管理。專科學院、教堂、學府、圖書館、信用社與信託公司，其數目與人民的需求相符合，且都採用公司的運作形式。每一地區都建有自己的地方銀行，其規模與當地的需求相符合，銀行的資本來自於附近的小資本家，並由他們自行管理；其結果是，世界上沒有哪個地方的銀行系統是如此完善——貸款數額的變動非常小——由此而產生的必然結果是，財產價值很少受到它們自己的銀行機構所發行的通貨的數量和價值變動的影響。在我們特別提到的兩個州，共有將近兩百家銀行。僅僅麻薩諸塞州就有五十三家各種形式的保險機構遍布各地，且都以公司的形式運作。工廠都採用公司的運作形式，由股東所有；從原物料採購到成品銷售，每位參與公司任何一部分經營管理的人都是共有人；同時公司僱用的每個人也都有希望透過其精明、努力和節儉而成為公司的股東。慈善機構眾多，都以公司的形式運作。漁船也以股份的形式由其使用者所共有；捕鯨船水手的報酬，在很大的程度上取決於（即使不是完全取決於）他們在海上的作業成功與否。前往南印度洋做生意的每艘船的船長都是一位共有人，切身利益使他們勤勞、節儉，新英格蘭人以此迅速地將其他國家的競爭者逐出了世界的這一貿易區域。新英格蘭人無論在哪裡定居，都傾向於聯合行動。在紐約，他們是班輪公司的主要所有者，班輪公司的資本也以股份的形式由船舶製造商、商人、船長和大副共有；而大副最終也可能成長為船長，這正是他們取得成功的原因。這是一種最完美的民主制度，可以與世界上任何制度相媲美；它為每位勞工、水手、技術工匠，無論是男是女，都提供了發展的機會；其後果是（正是我們完全有理由予以憧憬的未來），在這個世界上，任何地方的人們的才能、勤勞和節儉都不會得到如此確鑿的豐厚的回報。」

在歐洲，造成極大損失並且引起普遍憤慨的特許公司的破產事件和欺詐事件，在我們上面所提及的美國的幾個州很少發生，不過在其他州卻經常發生；在其他州，合作的權利受到了法律的限制，因而聯合股份公司在數量上與種類上都無法與新英格蘭的相比。凱里先生補充說道：「我們認爲，在對於這幾個州的制度進行認眞考察之後，讀者就一定會感受到，的確應該允許人們自行商定他們進行合作的條件，並允許由此而建立的聯合體與公眾相互商定彼此之間進行交易的條件，以及他們是否成爲承擔有限責任或者無限責任的合夥人。」英國法律最近已將此原則作爲解決相關問題的基礎。

§八 下面我們開始探討有關《破產法》的問題。

首先，完善《破產法》將對公共道德產生重大影響。在法律的影響下，公共道德的好與壞，僅僅取決於法律是否成功地運用職權維護人們在金錢利益方面的誠信水準。不過單純從經濟的角度來看，這個問題也是非常重要的。一是因爲個人乃至人類的經濟福利，特別有賴於人們是否能夠在彼此的債務問題上相互信任。二是因爲工業活動所承擔的風險和費用之一就是通常所謂的遭遇呆帳的風險或者爲呆帳支付的費用，它可以使降低生產成本的每一項節省均受到這種支付的費用的影響；消除這種開支即可以實現節省。這種開支絲毫無助於理想目標的實現，它必須由商品的消費者或者資本的基本利潤予以支付，當然，這一點它取決於這種開支形成的是特殊的負擔還是普遍的負擔。

各個國家有關這個問題的法律與實踐幾乎總是非常偏激。大多數國家的古代的法律都對債務人極盡嚴厲之能事。它們賦予債權人一種或多或少地帶有專橫色彩的逼債的權力，債權人利用這種權力或者逼迫破產的債務人交出隱藏的財產，或者獲得頗具報復性的手段實施以後的滿意感，這可能使他或許在債務得不到償還的情況下獲得些許寬慰。在某些國家，這種專橫的權力得到進一步的擴張，即債權人有權迫使債務人充當自己的奴隸；從一般的意義來講，這樣做並非毫無道理，因爲這樣做可以使債務人利用自己的勞動償還債務。在英國，債權人可以採取較爲溫和的逼債方式，通常是拘禁債務人。這種方式或者那種方式，均屬於原始時代所採用的野蠻手段，既不符合公正的原則，也違背了人道主義。遺憾的是，政府對此所進行的改革基本上與對於刑事相關法案所進行的改革一樣，是將其單純作爲事關人道主義的問題而沒有作爲事關正義的問題加以處理。而當前流行的實質上是一種空想的人道主義，在這一場合與在其他場合一樣，它走向了與古代嚴酷懲罰相反的另一個極端，我們透過事實可以看到，它對損壞或者揮霍他人財產的行爲都採取了特別寬容的態度。該項法案中凡是與破產爭端相關的內容都採取了較爲緩和的態度，甚至完全取消了這部分內容，直到這種寬鬆的態度嚴重地敗壞了道德，政府最近才又決定運用法律的手段加以扭轉，不過，扭轉得還很不夠。

主張對於那些已經使自己無法償還他們應該予以償還的合法債務的人採取寬容態度者，通常所依據的理由是，當債務人破產時，法律的唯一目的不是對債務人的人身施加迫害，而是沒收其財產，然後公平地分給每位債權人。姑且假定這的確是而且也應該是法律的唯一目的，但問題在於法律的寬鬆程度已經達到了無法實現這個目的的地步。債權人可以酌情決定是否拘禁債務人，法律賦予債權人一種強大的力量可以迫使債務人交出藏匿的財產或者以其他方式處理掉的財產；但如果法律禁止債權人運用該手段，那麼它在最終得到修正之後能否向債權人提供同樣有效的工具，對於這一點，仍然有待於經驗予以證明。不過，認爲只要法律能夠使債權人占有破產者的財產，法律也就完成了它應該完成的全部任務的觀點，本質上是一種根本無法令人接受的徹頭徹尾的虛假的人道主義的觀點。法律的職責是阻止不正當的行爲，而不僅僅是在不正當的行爲發生之後，爲其所造成的後果收拾殘局。法律所應該予以關注的是，勿使人們將破產作爲利用資產進行投機的良策；勿使人們具有在他人並不知情或者並未同意的情況下利用他人的財產從事冒險事業的特權，從而在企業成功時攫取利潤，而在企業破產時則把損失強加在合法的所有者身上；勿使人們發現揮霍他人的錢財而使自己無法償還合法債務是一樁非常划算的買賣。人們一般認爲，法律上所謂的欺詐性破產，即謊稱沒有償債能力，一經查出，就應該給予懲處。然而，是否因此就可以認定如果失去償債能力屬實，那麼破產就不是由不正當的行爲所造成的呢？如果某人是個揮霍無度或者賭徒，他把債權人的錢財都揮霍掉或者輸光，那麼他是否因爲惡行已成往事，而且錢財已經失去，就可以無須受到懲罰呢？從道德來講，在這種行爲與那些被稱爲欺詐或者侵吞他人財物的不誠信行爲之間究竟存有多少重大的差別？

上述情況並非偶然，大部分破產案件均屬如此。有關破產案件的統計數字也揭示了這一點。「在所有的破產案件中，有很大一部分破產屬於胡作非爲所造成的惡果，無償債能力債務人法庭以及破產法院的庭審紀錄可以對此予以證明。人們超出自己的財力或者市場的需求地過度進行商品投機生意，僅僅因爲這些可悲的投機者『認爲這些之後會上漲』，但是卻無法回答他們爲什麼如此認爲；人們投機於蛇麻、茶葉、絲綢或者穀物這些他們自己不熟悉的商品；人們瘋狂地大量投資於外國公債或者股票組合；這些都是造成破產的最直接原因。」[10]我引用了這位富有經驗與才智的學者爲證實自己的觀點所採用的由破產法院的幾位官方受託人提供的陳述。一位受託人依據他任職期間該法院受理的全部破產案件的資料表示，「從我所能夠收集到的由破產者製作的帳簿和文件來看，有十四件是因爲人們從事自己並不熟悉的商品的投機生意所造成的破產；有三件是因爲不記帳所造成的破產；有十件是因爲人們超出自己的財力進行交易導致融通票據的損失以及費用過大所造成的破產；有四十九件是因爲支出超過他們認爲有理由預期的營業利潤所造成的破產，儘管他們的營業利潤相當正常；沒有一件是因爲普遍的經濟衰退或者某一行業的衰退所造成的破產。」另外一位官方受託人說，在十八個月內，「我經手了五十二件破產案件。我認爲，其中有三十二件是因爲開支過度所造成的破產，有五件部分地是因爲開支過度，部分地是因爲遭受到破產者涉足經營領域的壓力所造成的，其餘的十五件，我認爲則是因爲盲目投機並且在許多情況下伴有揮霍無度的生活方式所造成的破產」。

除引用他人的陳述之外，這位學者還根據自己所瞭解的情況進一步提出如下陳述。「在許多案件中，都是因爲商人自己的怠惰所造成的破產；他們不記帳，或者至少是不認眞記帳，從不平衡帳目；他們從不清點存貨；如果業務範圍有所擴大，則他們便會僱人，但是卻疏於督察，最終造成破產。可以毫不誇張地講，在所有從事商業活動的人中，有一半的人從不清點存貨，即使在倫敦也是如此，年復一年，他們對自己的經營狀況一無所知，最後像個小學生那樣驚訝地發現自己口袋裡只剩下一枚半個便士的硬幣了。我可以斗膽地講，在各個省分所有相關的人士中，不論是製造商、交易商還是農場主，僅有不到四分之一的人清點存貨；一半以上的人所設立的帳簿，實際上僅相當於備忘錄。我清楚地瞭解全國各地相關的五百位小商人的情況，因而我可以披露，他們之中頂多有五分之一的人清點存貨或者記錄最一般的帳目。依據認眞匯總的資料表，我可以確切地指出，造成破產的原因，十之八九屬於揮霍浪費或者不誠實，頂多只有十分之一與運氣不佳有關。」[二]

法律以這種方式發揮作用，讓破產的人能夠把因個人胡作非爲所造成的惡果轉嫁給曾經遺憾地信任過他們的人，那麼期望商業階層會具有高度公正、誠信或者正直的道德風貌是否是合理的？是否能夠於實際上宣告這樣的破產是一件「不幸的事」而非「犯罪」？

當然，不可否認的是，有些破產是由債務人無法控制的原因所造成，而且在許多情況下，債務人對破產並不負有很大的責任；法律對於這類破產應該採取較爲寬容的態度，不過它仍然需要把事實調查清楚；以最爲完整的方式查清破產事實，而且在查清破產原因之前，絕不要草率地結案。受人之託保管金錢或者財寶，然而錢財卻消失了或者被花光了，顯而易見，其中必有差錯，不應該要求債權人證明其中含有犯罪行爲，十之八九他是做不到這一點的，而應該要求債務人公開自己的全部事務，以駁回認定其中包含有不當行爲的推斷，或者證明其中的不當行爲是可以寬恕的。如果債務人無法做到這一點，那就應該根據推定的罪惡懲處他，絕不能輕易放過；不過，可以根據債務人爲彌補損失所做出的努力的程度適當地減輕處罰。

那些贊成建立寬鬆破產法案體系的人，通常提出的一個論點是，除大規模的商業活動之外，信用是一種弊害；剝奪債權人的逼債權可以防止人們對於信用的濫用。毫無疑問，零售商允許非生產性消費者過多地賒購其貨物的確是一種很大的弊害。然而，這種論點僅僅對於大規模的——特別是長期的——信用而言才適用；因爲只要貨款是在貨物離開商店或者至少是在離開賣方的保管之後才支付的，那就都屬於使用信用的問題；而禁止使用這種信用，則將會帶來極大的不便。《破產法》所涉及的很大一部分債務，是小商人對於向他們供貨的商人所欠下的債務，法律狀況惡化所造成的道德敗壞，對於這種債務（並非對於其他類型的債務）的影響最爲嚴重。這種債務事關商業信用，沒有人願意看到這種信用遭到破壞；它們的存在對於國家的基本產業具有重大意義，對於大量誠實而正直的小資產者也具有重大意義，因此如果法律不能理所當然地懲治那些不講誠信或者不負責任的借款人，那麼將使小資產者難以通融他們所急需的而且絕不會被濫用的資金，這必將對他們造成極大的傷害。

人們縱然可以認爲非現金的零售交易是一種弊害，因而法律應該促使這種交易被完全取締，但爲達到這個目的所採取的最爲不利的方法，莫過於縱容那些對曾經信任過他們的人進行欺詐和掠奪的人，但卻使之免於受到懲罰。一般來說，法律並不將人類的惡行作爲懲罰相對無辜者的一種恰當的手段，當法律需要阻止某種行爲時，它應該運用法律手段予以阻止，而不應該剝奪那些以法律所反對的方式行事者所應該擁有的正當權利，並且縱容人類低級的掠奪本性對他們進行大肆的掠奪。如果一個人犯下了殺人的罪行，法律就應該判處他死刑，而不應該因爲他殺死的是搶他錢包的人而對他免於處罰。相信他人的話，即使是盲目地相信他人的話，所犯下的罪過，也並不屬於滔天大罪，以至於爲了阻止輕信他人的行爲，法律就可以一成不變地聽憑自恃站在法律一邊的具有流氓行徑的人，對由他們自己所造成的受害者進行掠奪。然而，自從相關破產法案被放寬，這種危害社會的實例卻隨處可見。如果人們認爲只要剝奪債權人所有的合法權益，就會從根本上消除那些被視爲不良的信用，那就大錯特錯了。流氓和騙子畢竟在人類中占少數，因而人們還會繼續相互信任。生意興隆的大商人可以拒絕賒欠，就像他們當中的許多人現在所做的那樣，但是處於大城市激烈競爭中的小店主，或者處於農村偏遠地區的小店主，對於他們來說每一位顧客都十分重要，而那些努力踏入商圈的新業主將會怎樣做呢？即便風險仍然很大，他們也會鋌而走險；收不回欠款固然會破產，但是貨物銷不出去同樣也會破產。不要說他們在依據信用提供貨物之前應該認眞進行調查以便瞭解顧客的品德，在破產法院所受理的某些眾目昭彰的案件中，揮霍無度的債務人在其得以詐騙他人的錢財之前，都能夠提供極好的品行證明。[12]

◆註解◆

[1]《政治經濟學原理》，一八四三年，第二二六四頁。同一作者在最近發表的文章〈論遺產的繼承〉中，對這種觀點做出更為詳盡的闡述。

[2] 破產法院院長塞西爾・費恩先生（Mr. Cecil Fane）在向合夥法案委員會提供證詞時指出：

我記得不久以前讀到兩位著名律師的報告，他們說他們發現許多涉及合作關係的案件移交給衡平法院之後都下落

> 不明了……那些想要加入這種合夥企業（工人合作組織）的人們，很少瞭解事件的眞相，即合夥人之間所發生的爭議實際上都是根本得不到解決的。
>
> 難道他們不清楚這將使一位合夥人受到另一位合夥人的威脅後進行申訴的機會都被剝奪了嗎？實際情況就是如此；不過他們是否清楚這一點，我實在難以斷言。

在費恩先生看來，這種明目張膽的不公正，完全是由法院的缺陷所造成的。「我的觀點是，如果還有什麼事情比其他事情更好辦，那就是解決合夥企業的糾紛，原因很簡單，合夥企業全部的所作所為都在帳簿上有所記載；證據就在手中；因此只要解決糾紛的方式得當，就能夠消除所有的困惑。」（參閱《合夥法案特別委員會報告》附帶的「證詞備忘錄」，一八五一年，第八十五—八十七頁。）

【3】參閱《合夥法案特別委員會報告》，第一六七頁。

【4】參閱《合夥法案特別委員會報告》，第一四五—一五八頁。

【5】引文摘自H．C．凱里先生發表在美國期刊《商人雜誌指南》一八四五年五月號和六月號上的譯文。

【6】律師鄧肯先生（Mr. Duncan）指出，「人們對於貧苦的發明家是深感同情的；發明家受到高額專利成本的壓迫；不過他所遭受的主要壓迫卻來自於《合夥法案》，該法案阻止他獲得任何人的幫助以便使他的發明得到開發。發明家是些窮人，無法向債權人提供擔保，因此誰也不會借錢給他，無論提供多高的利率，都不具有吸引力。但是只要修改一下法案，只要使發明家可以與資本家分享利益和利潤，使資本家僅為其投入的資本承擔風險，則毫無疑問，發明家必將能夠經常地獲得資本家的資助；然而在當前法案未加修正的情況下，發明家卻被徹底地擊潰了，他的發明對其毫無用處；他日復一日地拚命掙扎，一次又一次地向資本家提出請求，卻總是毫無結果。據我所知，有兩、三項已經取得專利的發明就是如此；尤其是其中的一項發明，擁有資本的各方都很想大規模地投入並在利物浦興辦一家企業，但是五、六位身分不同的紳士卻無法這樣做，因為他們都感受到了應該被詛咒的《合夥法案》的阻礙。」（參閱《合夥法案特別委員會報告》，第一五五頁。）費恩先生指出，「在我擔任破產法院院長期間，我瞭解到，發明家是世界上最為不幸的人。為了得到資本，發明家必須承受種種屈辱與羞恥，在大多數情況下最終會陷於破產，並將自己的發明拱手讓人。」（參閱《合夥法案特別委員會報告》，第八十二頁。）

【7】透過制定《有限責任法案》，允許資本家與其工人共同建立有限責任公司，就有可能解決這個問題，正如梅塞．布里格斯所提議的那樣（參見本書第四編第七章§五）。

【8】一八五二年通過的一項《產業與互助協會法案》，允許工人建立的產業協會享有互助會所能享有的特權；這項法案是

熱心於公益事業的史蘭尼先生在多方努力下在議會通過的。它不僅廢除了適用於聯合股份公司建立的各項規定，而且准許相關協會的合夥人之間如果發生爭議，無須經由衡平法院予以裁決。不過，正如一八六一年的《羅奇代爾公平開拓者年鑑》所指出的那樣，該項法案仍然存在缺陷，在協會發展的某些方面產生了阻礙作用。

【9】見他在其所翻譯的柯凱林的論文所加的註釋。

【10】摘自伊里亞德（J. H. Elliott）於一八四五年出版的書《信用是商業的生命》。

【11】同上，第五〇—五十一頁。

【12】以下引自《法國商法典》的一段文字（由費恩先生翻譯），表明法國的法律對於破產做出了嚴格的區分以及認真的調查。「Banqueroute」一詞只能翻譯為破產，不過在法國僅指應該受到懲罰的破產，而應該受到懲罰的破產又劃分為普通破產與欺詐性破產兩種。有關普通破產的情況如下：

> 經過對於當事人相關事務的調查，凡是發現犯有以下罪行的破產者，都將以普通破產的名義提出指控：
>
> 如果正常記入流水帳中的家庭開支顯得過大。
>
> 如果耗費大筆金錢進行賭博或者進行純粹的投機活動。
>
> 如果在上一次核對帳目時發現其債務已經超過資產的一半，但是他仍然大量舉債或者以虧本的價格或者低於市場的價格轉賣商品。
>
> 如果依據他最後一次核對帳面的結果發現他所發行的流通證券達到其可支配資產的三倍。
>
> 具有以下行爲，也將以普通破產的名義提出指控：
>
> 未按法律預先規定的方式自行宣布破產者。
>
> 在沒有正當理由的情況下，未能在規定的時間內向有關當局報告破產情況者。
>
> 根本不能提供帳目者，或者僅能提供相當混亂的帳目者，儘管這種混亂可能尚未顯示其具有欺詐行爲。

對於普通破產給予的處罰是，一個月以上至兩年以下的監禁。有關欺詐性破產的情況如下，對於欺詐性破產給予的處罰是，服一段時間的苦役（例如划船）。

> 如果他透過虛報開支與虧損試圖隱匿自己的財產，或者沒有如實地申報自己的全部收入。
>
> 如果他欺詐性地隱匿任何數額的錢款或者任何別人應當償付給他的債務、任何商品或者其他動產。
>
> 如果他欺詐性地出售或者饋贈自己的財產。
>
> 如果他虛報債務抵銷自己的財產。
>
> 如果他接受他人的委託或者單純保管他人的財產，或者在特殊指示下使用他人的財產，然而他無論以何種方式卻

不當地將他人財產挪作己用。

如果他冒用他人的名義購買不動產。

如果他藏匿帳目。

具有以下行爲，也將以欺詐性破產的名義提出指控：

未曾記載帳目，或者帳目無法顯示其資產負債的眞實狀況者。

得到安全保障但是卻沒有按時出庭者。

以上種種規定僅適用於商業性的無力償還的債務。就一般債務而言，法律給予債務人的處罰將更為嚴厲。

第十章　關於以錯誤理論爲基礎的政府干預

§一

在對於政府的各項必要職能及其對於社會的經濟利益所產生的有利或者不利的影響進行討論的基礎上，我們進而討論政府的另一類職能，由於沒有更好的稱謂，我們只好將其稱爲選擇性職能；政府有時執行這些職能，有時則不執行這些職能，而且人們對於政府是否應該執行這些職能尚未達成一致的意見。

在探討相關問題的基本原則之前，我們有必要首先排除所有錯誤的政府干預，它們的發生源於政府對於所干預的對象持有錯誤的看法。這些情況與有關適當的干預限度的任何理論都毫無關係。有些事務政府應當干預，有些事務政府則不應當干預；但是無論干預本身是對是錯，如果政府不瞭解所干預的對象，則干預必定會帶來有害的後果。因此，我們首先考察各種錯誤的理論，它們經常爲政府的行爲提供理論依據，並且或多或少地對經濟造成危害。

以前的政治經濟學家總是認爲有必要花費很大的精力和篇幅來探討這個問題，幸運的是，現在，至少在英國，我們可以極大地縮減這種純粹消極的討論了。在政治經濟學領域，那些在過去年代裡曾經造成重大危害的錯誤理論，如今已經被所有跟上意識形態前進步伐的人們不信任；而且立法機構可以不再依據這些錯誤的理論制定法規，法規的形象也不再因而遭受損毀。本書前面的其他相關章節已經詳盡地闡述了仍然存在的由這些錯誤理論所造成的主要的負面影響，因此在這裡我們只需要再做簡要說明即可。

在這些錯誤的理論中，有關保護本國工業的理論最爲著名，即透過徵收高額關稅禁止或者限制從外國進口本國可以生產的商品。如果這個體系的理論是正確的，那麼依據這種理論所得出的實際結論也應該是合乎情理的。這種理論認定，購買本國的產品符合國家的利益，而進口外國的產品，一般來說，將會對國家造成損失。不過，同時這就意味著消費者因爲外國商品價廉物美而選擇購買外國商品卻不購買本國商品，似乎造成了消費者的利益與公眾的利益的相互對立，因此，依據這種理論，如果允許消費者按照自己意願行事，那麼他肯定會做有害於公眾的事情。

然而，正如以前學者曾經證明過的那樣，我們在分析國際貿易的影響時也已經證明，在一般的貿易活動中，除非從經濟的角度看進口外國商品對於一個國家是有利可圖的，即能夠耗費較少的勞動和資本獲得同樣多數量的商品，否則就絕不會進口外國商品。因而，禁止這種商品進口或者徵收關稅限制這種商品進口，與進口這種商品時相比，必將降低該國勞動和資本的生產效率，並且被迫蒙受損失，其損失的大小與國內生產該種商品所需要的勞動和資本，與從國外購買該種商品所需要的勞動和資本之間的差額相當。由此而對國家造成的損失，可以用本國所生產的商品的價格與進口商品的價格之間的差額加以衡量。就製成品而言，這兩種價格之間的全部差額均被用於補償生產者所浪費的勞動，或者補償生產者爲支持該項勞動所浪費的資本。這種理論所認定的可以獲得利益的人，即受到保護的物品的生產者們（除非他們能夠建立起一家排他性的公司，不僅在國內而且在國外均處於壟斷地位），並不會比其他人獲得更高的利潤。不論是對於消費者還是對於整個國家來說，這種做法所帶來的都是損失。當被保護的物品屬於一種農產品時，由於所浪費的勞動並未由全部的農產品來承擔，而只是由所謂的最後一批農產品來承擔，因此在超出的價格中僅有一部分用來補償相應的浪費，其餘的將成爲繳納給地主的地租。

這種限制和禁止進口的政策的最原始的依據是所謂的重商制度，依據這種制度，對外貿易的利益僅僅在於貨幣的輸入，因而它主張人爲地促進商品的出口，反對商品的進口。不受這種限制的僅僅是重商制度所需要的物品，即對於原物料和生產工具採取與此相反的政策，然而目的卻是相同的；它們可以自由進口，但是禁止出口，爲的是使製造商能夠以便宜的價格獲得生產必需品，然後可以按較低的價格出售產品，從而擴大出口規模。基於相同的理由，對於一個國家來說，如果其他某些國家從該國進口的貨物超過出口給該國的貨物，則不僅應該被准許，甚至應該鼓勵從其他國家進口這些商品，因爲貿易順差會爲該國帶來財富。作爲重商制度的一部分，建立殖民地的目的是爲了迫使它們購買我們的商品，或者起碼迫使它們不購買其他國家的商品，作爲對於這種限制的回報，我們一般願意承擔對等的義務，即購買殖民地生產的大宗產品。這種理論的影響所波及的範圍是如此之大，以至於達到了對出口給予獎勵的地步，即利用人爲的低價誘使外國人購買我們的商品，而不購買其他國家的商品。所謂人爲的低價，是指我們動用自己的稅收爲外國人支付一部分價格。這種做法實在有些過分，即使個體商人爲招攬顧客也不會這樣做。我們有理由認爲，沒有任何店主會以這種方式招攬顧客，即永遠按照虧本的價格向顧客出售商品，然後再用自己所擁有的其他資金來彌補自己的損失。

現在，即使是依然堅持限制體制的學者和政府，也已經放棄了重商主義的理論。限制體制之所以仍然具有自己的市場，除人們擔心放棄限制有可能使個人的利益遭受實際上的或者理論上的損失之外，仰仗的已經不再是那種認爲實行限制可以增加國內貨幣的舊觀念，而是某些其他荒謬的觀點。其中最具有影響的而且表面上看似是最有道理的一種觀點是，應該僱用本國人並維護本國工業，而不應該養活外國人並維護外國工業。根據前面章節所闡述的原則，我們對於這種觀點的回答是非常明確的。爲了說明勞工就業的性質以及使就業得以提高的基礎，我們無須在這裡回顧前面已經做過討論的基本原理，[1]而只需要借用自由貿易的倡導者們經常陳述的一個論斷即可，即這並非是在僱用本國人還是僱用外國人之間進行選擇的問題，而是在僱用本國這一階層的人還是僱用本國那一階層的人之間進行選擇的問題。對於進口的商品，總是需要直接地或者間接地利用我們自行生產的商品予以償付；與此同時，相關行業的生產能力也得到提高，因爲我們能夠利用與以前數量相同的勞動和費用生產出更多的物品。那些不曾認眞思考這個問題的人往往以爲，我們能否出口相同數量的產品以便對我們所消費的外國商品做出償付，完全取決於各種偶然事件，例如，取決於外國是否同意放寬對相關商品進口的限制，或者取決於外國是否認爲它們這樣做將會促使我們進口它們更多的商品；如果沒有出現這些情況或者與此相當的其他情況，則我們就必須用貨幣支付進口商品。首先，只要市場狀況決定了使用貨幣進行支付是最爲有利的支付方式，則使用貨幣支付就與利用任何其他媒介支付一樣，根本沒有什麼值得反對之處；而且所需要的貨幣將透過我們等量價值的出口得到補充。其次，用貨幣支付進口商品將迅速降低我國商品的價格，從而促使我國終止一部分商品的進口，或者增加外國對於我國商品的需求，我們由此而得到的貨幣足以滿足對進口商品進行支付的需要。我承認，國際需求的均衡將因而受到擾動，在某種程度上將不利於我們對於其他進口物品的購買；而且與不禁止進口外國商品相比，如果一個國家禁止進口某些外國商品，則在其他條件不變的情況下，它確實會以較低的價格獲得它未加以禁止進口的那些商品。換言之，如果一個國家廢除或者完全阻止一部分對外貿易，從而使整個世界得不到這部分對外貿易可能帶來的普遍利益（這種利益本應按照某種比例由該國與其他國家分享），則在某種條件下，它確實可以使外國人遭受損失，並且使本國從它允許存在的那部分對外貿易中獲得較大份額的利益。不過，只有當其他國家沒有對該國的商品採取對等的禁止或者限制進口的措施時，才有可能實現這一點。在任何情況下，損毀兩項利益中的一項，以便占有另一項的較大份額，這樣做是否公平以及是否得當，都是無須我們多加討論的，而且被損毀的利益，以其在交易額中所占的比例加以衡量，一定是兩項利益之中較大的那一項，因爲如果聽其自然惡化，則它無疑將是資本自行選擇的那一項。

保護主義在基本理論方面雖然已經遭遇失敗，但是仍然在利用某些特殊情況尋求支持，關鍵的問題已經不僅僅是對於節省勞動的考慮，而是對於國家的生存或者國家的安全等方面的考慮了。有關《穀物法》的討論使所有人都熟悉了這樣的觀點，即在人民的食物方面我們不應該依賴外國；同樣地，《航海法案》無論在理論上還是在輿論上所依據的理由都是必須爲我們的海軍建立起「培養海員的溫床」。有關這方面的問題，我願意立即表示贊同，爲了達到這個目的，值得爲此而做出犧牲。如果一個國家遭受到海上侵略的威脅，而在緊急狀況下缺少組建艦隊的足夠的船隻與水手，那麼即使在經濟上做出犧牲並放棄培育低成本的運輸能力，也應該爲培養急需配備的人員而努力。在英國頒布《航海法案》之初，由於荷蘭人的航海技術較佳，而且國內的利潤率較低，以至於他們能夠以較低的運費爲包括英國在內的其他國家提供運輸服務；其運費均低於這些國家的運費水準，結果導致這些國家很難爲自己的戰船招募到富有經驗的水手。《航海法案》彌補了這種缺陷，同時削弱了當時慣於與英國爲敵的那個國家的海上力量；《航海法案》雖然對經濟造成了一定的不利影響，但是在政治上卻是合乎要求的。不過，英國的船隻和水手今天已經可以與任何其他國家的船隻和水手一樣以較低的成本開展海上運輸業務了，也可以與任何其他沿海國家進行勢均力敵的競爭了，甚至能夠奪取它們海上貿易的份額。由此可見，頒布《航海法案》之初所依據的那些理由已不復存在，完全沒有必要違背自由貿易的基本原則而繼續維護這個令人反感的例外了。

多次遭到批駁的保護主義有關生存的論點早已體無完膚，在此無須我們贅言。只有從最爲廣闊的土地上汲取自己一切所需的國家，才能獲得最爲穩定的而且最爲充分的糧食供給。一個國家同時與世界上其他所有的國家發生戰爭的可能性微乎其微，把這種可能性作爲建立基本政策體系的基礎是極爲荒唐可笑的；或者認爲一個國家，即使它在海上處於劣勢，但也會像一座城鎮那樣被封鎖，或者認爲外國糧食的生產者將不會像我們得不到他們的穀物時那樣焦慮，爲不失去一個占有優勢的市場而憂心忡忡等，這些都是不可思議的。不過關於生存問題，有一點需要我們特別予以考慮。當實際上或者理論上發生糧食歉收時，許多歐洲國家往往會終止糧食出口。這種政策是否無可非議呢？毫無疑問，基於當前的國際道德的水準，一個國家的人民與其他任何個人並無任何的不同，爲自己免於挨餓而不願意去救濟別人是不會遭到譴責的。不過如果國際行爲準則是以追求全人類的最大幸福爲目標，則這種集體的吝嗇就完全應該受到譴責。假設在正常的情況下各國對於糧食實行自由貿易，從而一個國家的糧食價格高於其他國家糧食價格的幅度，通常不會超過運費加上適當的進口利潤。隨後發生了普遍的糧食歉收，所有的國家均受到影響，不過程度有所不同。如果某一國家糧食價格上漲的幅度超過其他的國家，那就說明該國的糧食歉收最爲嚴重，允許糧食從其他國家自由地出口該國，也就是讓歉收較輕的國家節省一部分糧食以救濟歉收較重的國家。因此當考慮到所有國家利益時，出口自由是最爲理想的。僅就出口糧食的國家而言，至少在這種特殊的情況下它可能是深感不便的；但是如果考慮到現在的糧食出口國將來也可能成爲糧食的進口國，也將從自由貿易中受益，那麼我們有理由堅信，在這種情況下，甚至糧食騷亂者也能夠清醒地意識到，應該以他們希望其他人對待他們自己的那種方式去對待其他人。

在保護主義日漸衰退但卻沒有澈底消亡的國家——例如美國——出現了一種新思潮，它多多少少地介於自由貿易與保護主義之間，即認爲單純爲提供保護而提供保護是不正當的，但是如果僅僅爲獲得財政收入而徵收關稅，因而附帶地提供保護，那麼這是無可非議的。甚至在英國，也有人對國家沒有爲獲得財政收入而對穀物徵收「適當的固定關稅」表示遺憾。然而，除有關對於必需品徵稅是有害的考慮之外，這種理論還忽略了這樣一個事實，即財政收入僅來自於進口穀物，而這種稅卻是由人們所消費的全部穀物予以支付。使公眾付出甚多而國庫所得甚少，這絕對不是獲得財政收入的明智之舉。對於製成品來說，這種理論的自相矛盾之處更是顯而易見的。將獲得財政收入作爲徵收關稅的目的，與關稅提供保護，哪怕附帶地提供保護，也是不協調的。因爲只有當關稅能夠限制一定的進口時，它才能夠在相同的程度上提供保護，所以不論關稅對進口的限制達到什麼程度，它都將無法同時提供相應的財政收入。

如果單純依據政治經濟學的原理，則唯有在一種情況下保護性關稅才是正當的，即一個國家（特別是處於發展初期的年輕國家）爲了把某種外國產業移植到本國使之更加適合本國的情況時所徵收的臨時性關稅。在某一生產領域中，一個國家之所以優於另一個國家，往往只是因爲這個國家起步較早，但實際上並不存在所謂的固有的優勢或者劣勢，有的只是率先獲得的技術和經驗等方面的優勢。一個尚未獲得這些技術和經驗的國家，也可能在其他方面比領先的國家更適合在此領域內進行生產，而且不僅如此，正如雷先生所指出的那樣，最能促使生產部門實現改進的方法莫過於在新的條件下開展競爭。但是，不能期望生產者在尚未受到充分的培訓、能夠像傳統的生產者那樣熟練地掌握生產工藝之前，個人就會情願地自行承擔風險；或者明知將遭受損失，但卻仍然引進一種新產品的生產，並且承受從事這種產品生產的負擔。有時，在合理的一段時間內徵收保護性關稅，是國家支持進行這種試驗的最爲有利的方法。但是只有在可以肯定被扶持的產業接受一段時間的保護之後可以獨立地參與競爭的條件下，國家才應該提供這種保護，而且絕不能使國內的生產者抱持幻想，希望在試驗成功所必需的時間過去之後，他們仍然會得到這種保護。

現在仍然主張實行保護主義唯一有名望的政治經濟學家是H．C．凱里先生，從經濟的角度來看，他主要依據兩個方面的理由爲保護主義進行辯解，一是實行保護主義可以促使人們在消費地或者在距離消費地很近的地方生產商品，從而可以極大地節省運輸成本。他把全部運輸成本，無論是進口商品的運輸成本，還是用來交換進口商品的出口商品的運輸成本，都認定爲直接落在生產者身上的負擔，而無視它們是直接落在消費者身上的負擔這個事實。毫無疑問，運輸成本無論落在誰身上，都將形成世界產業的一種負擔。不過顯而易見的是，人們之所以願意承受這種負擔，一定是因爲這樣做更爲有利可圖（而凱里先生卻沒有看到這一點，這確實是在凱里先生眾多的著作中的令人驚詫莫名的地方之一）。如果某種商品可以在國內生產，可是人們卻情願承擔雙倍的運輸成本從外國購買，那就證明，儘管運輸成本很高，但節省的生產成本卻可能更高，因而與在國內生產該種商品相比，勞工整體所獲得的報酬將會更高。運輸成本是一種天然的保護性關稅，即使實行自由貿易也無法排除它。如果美國出口穀物和棉花換取製成品所獲得的利益，不是大於它在運輸成本方面所蒙受的損失，那麼美國就不會再逐年增加資本爲外國市場生產穀物和棉花，而會把資本直接投入於製造業。外國某一產業具有自然優勢因而僅需支付較低的運輸成本，最多只能成爲我們提供暫時性的而且純粹嘗試性的保護的理由。生產性開支總是在創業之初最大，所以即使在國內建立某種產業是非常有利的，但這種優勢也只有在承受一段時間的金錢上的損失之後才會顯現出來，而且根本不可能指望私人投機者承擔這種損失並願意自行破產，而僅造福後人。因此我們在前面已經承認，有時新興國家暫時徵收保護性關稅在經濟上是無可非議的，不過條件是，必須在時間上對於這種保護加以限制，而且必須規定，隨著時間的推移，它將逐步降低保護的強度。這種暫時性的保護與專利權具有相同性質，因此它們應該受到相同條件的制約。

凱里先生認爲實行保護主義將會帶來經濟利益的另一個理由只適用於出口農產品的國家。他認爲，這些國家在貿易中實際上是在輸出它們的土地，因爲外國的消費者不會像本國的消費者那樣，把汲取的營養元素再歸還給本國的土地。對於這種論點非常值得我們關注，因爲它是以實實在在的眞理作爲依據；這個眞理直到最近才被人們所理解，不過之後，它已經成爲政治家頭腦中永久性的思想要素，正如它一直是事關國家命運的決定要素那樣。然而，這個理由卻與我們所討論的保護主義問題毫不相關。如果美國大量種植供歐洲消費的農產品，正在使美國東部乃至西部各州的土地逐漸退化，或者說這些土地的生產能力已經大不如前，那麼這種言論本身就是合乎情理的，即使無人確切地證明這一點也是如此。不過，我在前面就運輸成本所做的論述，也同樣適用於增加農田肥力的成本。自由貿易並沒有強迫美國出口穀物；如果出口穀物對它不再有利，那麼它就會停止出口穀物。一旦美國出口的初級產品與進口的製成品所節省的勞動不再超過運輸成本所帶來的損失，那麼美國就不會再堅持出口初級產品與進口製成品；當它覺得有必要補充土壤中被它輸出的肥力時，如果所節省的生產成本超過了運輸成本與增加農田肥力成本的總和，那麼它就會進口糞肥，否則它就會停止出口穀物。顯然，如果不是隨時都可以耕種肥沃的土地，如果不是這些土地的肥力並未完全枯竭，使美國（不管明智與否）可以推遲考慮農田肥力的問題，則美國早就會進口糞肥或者停止出口穀物。一旦開墾處女地不如為原有的土地施肥更加划算，那麼美國就會成為頻繁進口糞肥的國家，或者成為凱里先生所希望的那樣的國家，在不徵收保護性關稅的情況下僅為本國生產穀物，而且還在國內同時自行生產自己所需要的製成品與糞肥。[2]

基於以上種種不容置疑的理由，我認為，凱里先生為維護保護主義所提出的經濟方面的論點是根本站不住腳的。不過，經濟方面的論點並不是凱里先生維護保護主義的最強有力的論點。雖然美國的保護主義者經常以其極其荒謬的方式進行推理；但是如果認為他們對於保護主義的信仰僅僅是建立在荒誕不經的經濟理論的基礎之上，則對他們來說，這是不公平的。他們之中的許多人之所以贊成保護主義，與其說是出於經濟方面的理由，倒不如說是出於對人類更高利益的考慮。他們以及他們的精神領袖凱里先生認為，要改善人類的生存狀況，城鎮繁榮是必要條件，因此人們應當透過交換與左鄰右舍的勞動相互接觸（不同職業、不同能力以及不同文化教養的人們透過這種接觸可以變得才思敏捷、思想豐富），而不應該與地球另一面的人們的勞動相互接觸。他們堅持認為，如果一個國家只從事一種或者接近於一種生產活動，比如一個以農業為主的國家，那麼這個國家就不可能達到較高的文明程度並且擁有較高的文化水準。他們還對此進行了全面的論證。如果困難被克服，那麼在擁有自由的社會制度、普及的教育、發達的新聞出版業的美國，人們最有條件對此身體力行；不過人們是否真的這樣去做，卻是一個值得懷疑的問題。但如果所要達到的目的僅僅在於阻止人口過於分散，則威克菲爾德先生倒是提出了一個更好的辦法，即透過提高荒地的售價，修改荒地現行的處置辦法，不再像《公地放領法》頒布以來所經常做的那樣——降低荒地的售價或者免費贈送荒地。如果依照凱里先生的方式利用保護主義快刀斬亂麻地解決一切問題，那就不僅應該保護俄亥俄州和密西根州免於遭受英國的侵害，而且還應該保護它們免於遭受麻薩諸塞州的侵害；因爲新英格蘭的製造廠與英國的製造廠一樣，也沒有實現凱里先生最重要的主張，把製造產業的勞動者帶到西部農民的家門口。波士頓、紐約並沒有向美國西部大草原提供更多的城鎮，曼徹斯特也沒有做得更好；從這一地區收回糞肥，與從那一地區收回糞肥同樣困難。

關於保護主義，僅有以下一點尚需我們進一步加以說明，即對於殖民地和海外屬地所採取的強迫它們只與母國進行貿易的政策。一個國家由此而使自己的商品獲得更大的海外需求，無疑會在商品世界基本利益的分配中獲取某種利得。不過，因爲這種政策將使殖民地的勞動和資本不能自然而然地流入生產能力最強的國家，所以從整體來看，世界的生產能力將遭到削弱，而且母國所得到的利益將小於它使殖民地所遭到的損失。因此，如果母國拒絕承擔任何互惠義務，那就相當於強迫殖民地間接地納貢，這種間接納貢比直接納貢的負擔更爲沉重，並且也更有害。但是如果母國較爲公平地採取有利於殖民地的互惠政策，則全部交易的結果將非常可笑，即爲了使對方能夠獲得少許利益，每一方均需做出很大的犧牲。

§二 除保護主義體系之外，政府在對產業活動的自然發展所進行的有害干預中，還應該提及對於契約所給予的一定的干預，《利息法》即是其中一例。《利息法》源自於反對透過金錢收取利息的宗教偏見，源自於帶給近代歐洲國家諸多災難的同一根源，即竭力使猶太法律的教義和戒律適用於基督教國家的各種嘗試。伊斯蘭教國家正式禁止收取利息，而且人民也嚴格遵守這一戒律。西斯蒙第認爲，歐洲天主教國家的產業落後於歐洲新教國家的產業的原因之一，就是天主教教會在中世紀支持了上述偏見，並且凡是信仰天主教的地方都持有這種偏見，現在雖然已經有所削弱，但是並沒有完全消除。凡是法律或者良心禁止放款收取利息的地方，非經濟界人士的資本便不會爲實現生產性的目的而被使用，或者只有透過特殊的關係或者迂迴的方式才會爲實現生產性的目的而被使用。因此產業的發展只能仰仗實業家的資本，以及從不受他們所遵守的法律和所信奉的宗教的約束的人那裡借到錢。在伊斯蘭教國家，銀行家與貨幣商大多是印度人、亞美尼亞人或者猶太人。

在較爲發達的國家，法律已經不再禁止放款收取利息；但是各國都透過運用法律手段限制利率水準，並且規定超過法定限額收取利息的人將受到刑事處罰，透過這種方式對放款者和借款者的自由進行干預。雖然這種限制得到了亞當・史密斯的肯定，但是自從邊沁的《爲利息辯解》一書公開發表以來，這種限制便遭受所有開明人士的譴責。該著作對於這種限制所進行的抨擊頗爲成功，它仍然可以被視爲迄今爲止有關這個問題的最佳表述。

立法者制定並且維護《利息法》可能出於以下動機：或者考慮到公共政策方面的問題，或者考慮到有關當事人的利益問題。在這裡，他們更多地考慮到借方的利益。就公共政策方面的問題來說，立法者也許認爲，從整體來看，低利息是有利的。然而如果認爲法律干預之下的利率眞的低於在供給與需求的自然作用下所形成的利率，那麼這就是對於商業活動所受到的影響過程的一種誤解。如果未受制約的借款人之間的競爭將使利率達到百分之六，則說明如果利率爲百分之五，對於借款的需求量就會大於市場上對於資本的供給量。在這種情況下，如果法律不允許利率超過百分之五，則有些放款人由於不想違背法律，同時也由於自己無法把資本用於其他方面，他們便會滿足於這種法定利率；但是也會有一些放款人，當他們發現在需求高漲時期，把資本用於其他方面會比放款更爲划算時，他們便不會再放款，以至於相對於需求而言已經較少的放款資本進一步減少。此時，在借不到款項的人們當中，便會有許多人由於當時急需獲得資本因而願意不惜任何代價來滿足自己的需求，而且他們還眞的會發現存在著第三種放款人，這種放款人不怕違背法律，或者願意進行欺詐性的間接交易，或者願意信賴借款人的承諾。進行間接交易所發生的額外的費用，以及違約風險與遭受刑事處罰的風險，都需要透過借款人所支付的利息加以承擔，以至於相應的利率水準必將遠遠地超過由市場的基本狀況所決定的借款人所需要支付的利率水準。因此本來法律旨在降低借款人所負擔的借款成本，結果卻反而大大提高了借款人所付出的代價。這種法律還具有直接敗壞道德的傾向。如果兩個人進行非法金錢交易，沒有協力廠商參與，且保守祕密又符合當事雙方的利益，那麼這種交易是很難被人察覺的；瞭解這種情況的立法者，往往採取措施誘使借款人告發，將處罰罪行所廢除的債務的一部分獎勵給這些人。於是，這些人先是以虛假的承諾獲得了他人的錢財，然後又設法拒絕償還，而且還使那些在其困難時期伸出援手的人們遭受刑事處罰。人類所具有的道德觀念不偏不倚地使那些以利息爲理由而拒絕償還債務的人遭受到輿論的恥笑，只有當放款人玩弄欺騙手段或者進行敲詐勒索時，人們才會容忍這些違約的債務人。社會輿論的這種嚴肅性，使《利息法》難以貫徹和執行，很少有人因爲放高利貸而遭受刑事處罰；如果有人遭到處罰，那也不過是使他們成爲個別的犧牲品，而對於人們一般的行爲規範並未產生任何影響。

如果不是出於公共政策方面的考慮，而是爲借款人的利益著想才進行這種限制，那麼立法者就是在最爲錯誤地施捨他們的慈悲情懷。法律應該認定，具有同樣健全頭腦的達到一定年齡的人，能夠維護自己的金錢利益。如果他們可以出售、轉讓或者放棄自己所有的財產，那麼他們均不必受到法律的控制，唯有當他們透過討價還價獲取貸款的時候，才需要受到法律的干預。法律似乎認爲，放款人在與急需資金的借款人打交道時，一定會乘人之危，會隨意地無限提高借款條件。如果全世界僅有一位放款人，那情況也許將會如此。但是如果社會很富有、貨幣資本很充足，則借款人就絕不會僅僅因爲急需資金而在市場上受到敲詐勒索。如果他無法按照其他人所支付的利率水準獲得貸款，那麼一定是因爲他不能像其他人那樣提供同樣可靠的擔保，而且競爭將使過多的需求限制在與他所具有的違約風險相當的水準上。法律本來是要偏袒借款人，但是在這種情況下反而使借款人遭受最不公正的待遇。僅僅因爲一個人不能提供可靠的擔保就阻止他借款；法律所採取的措施是不准許那些願意借錢給他的人爲自己所承擔的風險收取相應的高額利息，難道還有什麼比這樣做更爲不公正的嗎？法律這種不恰當的慈悲情懷，最終將使他無法得到貸款，並且蒙受了巨大的損失，或者將使他不得不求助於某些法律無法察覺的或者偶然地未予禁止的更爲有害的權宜之計。

亞當‧史密斯相當輕率地認爲，只有兩種人——「揮霍者與策劃者」——會以高於市場的利率舉債。他應該把所有急需資金的人包括在內，儘管他們的這種急需可能非常短暫。商界的許多人士經常遇到的情況是，他們本來計畫用於償還某項債務的款項未能如期收回，而在規定期限內假如未能償還這筆債務，則他們將會破產。在商業危機時期，許多殷實的商家均有可能陷於這種境地，成爲人們在發生普遍恐慌時期所願意保存的少量閒置資本的競爭者。幸運的是，英國已經廢除了《利息法》；在其未予廢除之時，它所施加的限制常常會極大地加重每一次商業危機。該項法案使本來按照百分之七或者百分之八的利息就可以獲得所需資金的商人，有時竟不得不支付百分之二十或者百分之三十的利息，否則他們就必須拍賣他們的貨物從而蒙受更大的損失。逐漸地，國會也注意到這種弊害，並且被迫做出某種妥協。這種情況在英國的法律中不勝枚舉，以至於英國的法律和政策成爲一種前後矛盾、相互衝突的大雜燴。英國對於法律所進行的改革，就像一個人對於一雙磨腳的鞋子會在最磨腳的地方剪個洞然後繼續穿。議會仍然將錯誤的準則視爲基本準則，只是在弊害最爲明顯的情況下允許存在某種例外。它不是全部廢除《利息法》，而是規定期限在三個月以內的匯票可以不受該項法案的約束。若干年之後，所有其他契約也可以不再受《利息法》的約束，但是該項法案對於所有有關土地的契約卻依然有效。尤其它把有關土地的契約與其他契約區別開來的做法更是毫無道理，然而「農業專家」卻認爲，抵押貸款的利率雖然幾乎從未超過法律所允許的最高水準，可是仍然有可能達到較高的水準，因此維護《利息法》將使地主可以按照低於市場的利率舉債，正如《穀物法》使地主可以按照高於市場的價格出售穀物那樣。這種託詞的謙虛態度，實際上相當於認定人們無論採用什麼手段，都能夠達到想要的目的。

至於說到亞當．史密斯所謂的「揮霍者和策劃者」，法律是無法阻止這些人極端的浪費行爲從而使他們免於破產的，除非法律採取《羅馬法》或者依據《羅馬法》確立的歐陸法系所採用的那些不正當手段，對他們或者他們的財產施加實際上的約束才行。《利息法》對於浪費者所產生的唯一作用就是加速他們的破產，因爲他們不得不向聲名狼藉的放款人舉債，並且接受由於該項法案所帶來的額外風險所造成的更爲苛刻的借款條件。對於策劃者（從貶義的角度去理解這一稱謂，則它並非直截了當地代表所有制定某種規劃的人）來說，在一般的情況下，《利息法》所發揮的作用，就是使那些由不具備完成規劃所需要的充足資本的人所制定的良好但是帶有冒險性的規劃難以被實施。許多最偉大的改進方案，在最初都得不到資本家的青睞，因此需要等待很長一段時間之後才有可能找到一位具有足夠的冒險精神、敢於在新的征途上邁出第一步的資本家；多年之後，史蒂文生（Stephenson）才使利物浦和曼徹斯特的商人們相信，用鐵路代替收費公路是有利可圖的；而且在規劃已經耗費巨大的人力和物力但是尚未見到成效的情況下（冒險家的命運正處於極易失敗的時期），如果最初的資金已經耗盡，並且法律不允許人們爲抓住不使規劃夭折的機會而按照自己願意承擔的條件籌集到更多的資金，那麼這些規劃必然會被無限期地終止或者被完全廢除。

§二 政府認爲自己可以比當事人更好地加以控制的契約，並非僅包括貸款契約一種。幾乎沒有任何一種商品不曾在某地或者某時由於受到政府的控制，使其價格與自由交換條件下的價格相比，變得更加昂貴或者更加便宜。就人爲地對於商品訂定價格上限而言，似乎只有降低糧食的價格才是最爲合乎情理的。在這種情況下，降低糧食價格的意義不容置疑。不過，因爲糧食的平均價格像其他物品的平均價格一樣，相當於生產成本附加正常的利潤：如果農民預期將無法得到這種價格，那麼除非法律採取強制性的措施，否則農民就會生產僅夠自己消費的糧食；而如果法律仍然堅持降低糧食價格，那麼它就必須建立起一整套處罰制度，取代使人們從事農業耕種的動機得到強化的一般性方法。如果法律懼怕這樣做，那麼它就必須對全國人民徵稅，以獎勵或者補貼穀物的種植者或進口商；也就是說，爲了使每個人都能夠得到便宜的麵包，就必須讓所有人都爲此做出犧牲，實際上這是以納稅者的利益爲代價向無須納稅的人所給予的一種慷慨大度的饋贈；從現實的角度來看，這是非常惡劣的做法之一，即與透過向工人階級贈送生活必需品的方式蓄謀將工人階級轉變爲非工人階級的做法一樣惡劣。

不過，政府曾經設法降低的與其說是糧食的一般價格或者平均價格，還不如說是在危急情況下偶然出現的高價。在某些情況下，政府對價格強行管制完全是爲了消除自己的行爲所造成的必然後果，例如，一七九三年革命政府所實施名聞遐邇的「價格上限」即是如此；政府一方面無限制地發行貨幣，另一方面又力圖壓低物價；除了處於極端恐怖的統治之下，在任何其他制度中，這都是一種根本無法達到的目的。在糧食眞正匱乏時期，例如，在一八四七年愛爾蘭大饑荒年代，人們常常敦促政府採取某種措施平抑糧食價格。不過在能夠使相應的消費量得到充分縮減的情況下，某種供給不足的物品的價格是不會上漲的；而且如果政府不允許價格上漲以縮減消費量，則爲了減少消費量，就只能採用糧食定量分配供應這種方法，正如同在一座被圍困的城市中把所有的糧食都充公的政府所做的那樣。面對眞正的糧食匱乏，唯一能夠緩解糧食短缺的方法就是富裕階層下決心減少自己的消費量。如果富裕階層購買的和消費的糧食數量一如既往，而只是支付的糧食價格較高，那也無濟於事。糧食價格將會被不斷提高，直到最窮困的競爭者失去競爭能力時爲止，因此糧食匱乏所帶來的窮困會全部落在窮人的身上，其他階層則僅在金錢方面受到影響。在供給不足的情況下，某些人必須減少消費，如果富人們不願意減少消費，則他們收買相對貧困的競爭者的做法就將相應地抬高糧食價格，唯一的後果就是使糧食商人大發橫財，而這剛好與建議採取措施平抑糧價的人們的初始願望相背。政府在糧食匱乏時期所能做的只是勸導人們普遍地限制消費，並且設法制止不十分必要的消費。如果由於特殊原因，私人投機商不願意趕赴遙遠的地區採購糧食，則政府就可以動用財政資金前往採購。但如果在任何其他情況下政府都這樣做，則屬於一種極端的錯誤。在這種情況下，私人投機商是不敢與政府競爭的；不過，儘管政府所能做的事情比任何一位商人所能做的都多，但是政府卻無法與所有的商人相抗衡。

§四　然而，人們往往不是指責政府採用錯誤的手段試圖壓低物價，就是指責政府總是成功地抬高物價。壟斷通常是政府人爲地抬高物價的工具。政府賦予某位或者某些（數目不至於多到不利於採取聯合行動）生產商、經銷商壟斷的權力，就是賦予他們在不使公眾放棄使用他們生產的或者銷售的商品的限度內，隨意向公眾徵稅的權力。當然，如果分享壟斷權力者的數量很多、分布很廣，以至於使他們無法採取聯合行動，那麼弊害將會有所減少，不過即便如此，人數有限的競爭畢竟不如人數無限的競爭那麼活躍。有把握在一般經營中占有正常的平均份額的人，很少願意放棄一部分利潤來爭取獲得更大的利潤份額。無論在多麼狹窄的範圍內對競爭加以限制，都將顯著地產生極爲有害的後果。某一國家不允許外國人參與本國某一產業部門的競爭，而僅僅允許本國人參與該部門的自由競爭（眾所周知，在英國就發生了這種情況），則該部門就會成爲整個國家普遍繁榮的產業部門中的一個典型的例外。由於禁止進口外國的絲織品，所以英國的絲織品生產仍然遠遠地落後於歐洲其他國家。在這種情況下，消費者除了要爲壟斷者實際的或者虛擬的利潤納稅，還需要爲壟斷者的懶惰和無能納稅。一旦失去了來自於競爭的直接的激勵，那麼生產商和銷經銷商就會對事關個人最終金錢利益的問題麻木不仁，而寧可安於現狀和墨守成規，放棄富有希望的機會。一個生意興隆的人，即使面對有利可圖的進取機會也很少努力地予以利用，除非他擔心某位競爭對手會搶先利用這個機會而擊垮他。

人們對於壟斷的譴責不應該使專利權受到衝擊，依據專利權，新生產方法的發明者在一定的時期內享有利用他所發明的新的生產方法的特權。這並不是爲了滿足發明者的個人利益進而使商品的價格變得更爲昂貴，而僅僅是爲了使公眾對於發明者所提供的服務給予補償和獎勵，進而推遲這部分商品的價格不斷下降的時間。發明者應該得到補償和獎勵，這是無可非議的，但同樣無可非議的是，發明者付出了勞動和金錢使其設想變成現實之後，那些沒有分擔這些勞動和金錢的人如果可以立即利用他的發明，那麼除非常富有並且非常熱心於公益事業的人之外，誰也不會承擔這些勞動和金錢，此時就需要由國家來獎勵和資助發明者。在某些情況下，的確是由國家來獎勵和資助發明者，並且在發明爲公眾帶來顯著利益的情況，這樣做毫無不便之處；不過一般來說，較好的方法還是讓發明者在一段時間內享有使用發明的特權；因爲這樣做不會給任何人留下隨意處置他的專利的餘地；而且這樣做還會使發明者得到的獎勵取決於他的發明的有用程度，即用處越大，獎勵也就越豐厚；還因爲這樣做剛好是由得到他的服務的人——商品的消費者們——支付這些獎勵。的確，上述考慮非常重要，如果利用國家獎勵制度取代專利制度，那麼最好的方法就是爲了滿足發明者的利益，向所有使用發明的人徵收一筆臨時性的小額稅款。不過顯而易見的是，這種制度，或者任何其他由國家酌情決定的發明者是否應該從公眾所增加的利益中得到任何物質獎勵的制度，與專利制度可能遭受到的最爲嚴厲的反對相比，都將遭受到更爲嚴厲的也更爲根本的反對。人們普遍認爲，有必要對現行的《專利法》做出較大的修正；不過就專利權以及與其極爲類似的著作權而言，如果法律允許人們在不徵得發明者或者作家本人的同意，並且不付出相應的代價的情況下，自由地利用他人的勞動成果，則將是極不道德的。近來，我發現某些具有一定身分的人四處遊說，力圖從整體上否定專利權的原則，這種情況實在令人震驚。如果他們的企圖得逞，則必將使自由貿易堂而皇之地墮落為自由竊取，必將使聰明能幹的人比現在更加貧困和窘迫，更加仰承腰纏萬貫者的鼻息。

§五 我們將轉而考察另外一種政府干預，其目的與手段同樣令人憎惡，但是在一代人以前的英國以及一八六四年以前的法國都依然實行這種干預。我指的是禁止工人聯合起來要求提高工資的法律；頒布和實施這種法律的目的十分明確，就是使工資保持在低水準上，例如，由雇主占據支配地位的國會所通過的那項人盡皆知的《勞工法》，其目的就是爲了在瘟疫減少勞工的數量從而使他們之間的競爭不再十分激烈的情況下，阻止工人階級獲得較高的工資。這種法律所表現出來的正是奴隸主的那種殘忍的本性，儘管它已經不再可能名正言順地使工人階級處於奴隸的地位了。

對於工人階級來說，如果有可能透過自發的聯合行動使他們的工資普遍提高，那麼無庸諱言，這絕不是應該加以懲罰的事情，而是應該受到歡迎並值得爲之慶幸的事情。遺憾的是，工人階級並不能透過這種方式達到提高工資的目的。工人階級的人數實在太多而分布又實在太過分散，因此根本無法有效地聯合起來。如果他們能夠聯合起來，則毫無疑問，他們就有可能成功地縮短勞動時間，並且保持工資水準不變。不過，如果他們力圖使工資水準高於由供給與需求所確定的比率（決定一個國家的全部流動資本在全體勞動人口中間進行分配的比率），那麼就只有使一部分工人永遠失業才行。當然，公共救濟機構不會照管那些能夠工作但是拒絕工作的人，而只能由工會來養活這些人，因爲他們都是工會的成員；由於仍然是以相同的工資總額養活相同數量的工人，因此從整體來看，工人的境況並不會比以前更好。不過透過這種方式可以使工人階級注意到他們的人數過多這樣一個事實，如果他們想要獲得高工資，就需要使勞動的供給與需求保持一定的比例。

由於某些行業工人的人數較少而且分布比較集中，因而有時工人能夠爲提高工資而聯合起來。紡紗工和織布工能否聯合起來對他們的長期報酬產生影響是值得懷疑的；但是如果鑄字工能夠緊密地聯合起來，則就有可能使其工資水準遠遠地超過艱苦程度和技術水準與其相同的其他行業的基本工資的水準；而且甚至人數較多的縫紉行業也會在某種程度上獲得同樣的成功。倘限於某些特定行業的工資的提高，並不是（不同於工資的普遍提高）由利潤予以支付，而是透過抬高這些行業所生產的物品的價值和價格進而由消費者予以負擔；生產這些物品的資本家，只是在因價格提高使市場需求趨於縮小的限度內蒙受損失；但即便如此，如果市場需求下降的幅度小於價格提高的幅度，則資本家也不會蒙受損失，因爲雖然在工資水準較高的情況下資本家使用定量的資本所僱用的工人數目減少了，但是如果他們能夠以較高的價格把較少的商品全部賣掉，則他們的利潤仍然有可能維持在與原來相同的水準上。

在不損害一部分工人階級的利益的前提下，另一部分工人的工資得到提高不應被視爲一件壞事。的確，消費者爲此付出了代價，但只有當物品的價格低廉是源自於生產它所耗費的勞動較少，而不是源自於生產它的工人未能獲得較高的報酬時，才是合乎情理的。誠然，乍看之下，（例如）鑄字工的高工資似乎是以損害工人階級的一般利益爲代價。這種高報酬會使鑄字行業中實現就業的工人數目減少，或者若非如此，則必然在損害其他行業的情況下使鑄字行業的投資加大；前一種情況將使湧入一般勞工市場的勞工的人數增多，後一種情況則會使一般勞工市場對於勞工的需求減少；這兩種結果均會對工人階級產生不利的影響。的確，在某一具體行業或者某些特定行業中的工人聯合起來獲得成功後的一段時間內，必然會帶來上述結果；不過如果工人的聯合能夠長期堅持下去，那麼本書所一再強調的那些原則將得到證實，即它是不會帶來這種結果的。工人階級的慣常收入，從整體來看，僅僅受到勞動者的慣常需求的影響，誠然，這種慣常需求是可能發生變化的，但是只要它保持不變，則工資的水準就不會長久地低於這種慣常需求的水準，也不會長久地高於這種慣常需求的水準。如果某些特定行業中的工人從未聯合起來，因而這些行業的工資從未高於一般的工資水準，那麼人們就沒有理由認爲，一般的工資水準應該比現在的工資水準更高；一般工資水準的提高，只能導致人口的整體數量更多，而享有超過正常水準的較高工資的人口的數量更少。

因而，如果工人階級的一般境況沒有得到改善，而只要有一部分工人（不管其人數有多麼少）能夠透過聯合使自己的工資水準高於市場水準，那麼也應該將其視爲一件值得高興的事情。不過當工人階級整體的素質和狀況有可能透過合理的要求獲得進一步的完善時，那些享有較高報酬的熟練工人就應該與自己的同伴一起——而不是排斥他們——謀求共同的利益。如果此時他們繼續反對競爭並阻止他人進入他們的行業，以實現自我保護，且不使自己的工資水準有所下降，則除小團體可以有望實現有限的就業以及獲得較高的工資水準之外，人們根本不可能指望他們會擁有任何宏大的、無私的目標；非常令人痛惜的是，工程師聯合會在與他們的雇主發生爭執時的一言一行都表現出了這種傾向。不過即使他們能夠做到使勞動者之中受到保護的某一階層的地位有所提高，但現在來看，也只會對工人階級整體的解放造成破壞，而不是提供幫助。

不過，儘管工人們爲提高工資所採取的聯合行動很少獲得成功，而且即使獲得成功，基於我所列舉的理由，這種做法也是不足取的，但是如果剝奪工人階級中的任何一部分人這樣做的權利，那也是極不公平的，並且會使他們嚴重地誤解造成其處境窘迫的眞正原因。只要法律一直禁止工人們爲提高工資而採取聯合行動，法律就似乎是造成低工資的眞正原因；不可否認的是，法律的確已經盡力地做到了這一點。有關工資和勞動的供給與需求之間的關係的問題，罷工的經驗已經成爲工人階級的最好的教員，因而最重要的是，法律不要對這種教育的過程造成干擾。

無論是對於工會還是對於集體的罷工行爲，從本質上絕對地予以譴責都是極爲有害的。我承認，愚蠢的罷工是錯誤的，而爲使工資高於由需求與供給決定的市場的比率所舉行的罷工，也是愚蠢的。但是，供給與需求並不具有自然的機制，它並不顧及工人自己的意志和行爲就把一定數量的工資塞在工人的手中。市場的工資率不是由某種自動機制所決定，而是人與人之間進行討價還價的產物，即亞當・史密斯所說的「市場的議價」；那些不進行討價還價的人，即便是在商店裡買東西，也會長期支付高於市場的價格。更何況貧困的工人是在與富有的雇主打交道，如果他們不挺身而出進行爭取，那麼他們將永遠也得不到與他們的勞動付出相當的應該給予他們的工資；但是如果工人們不能有組織地聯合起來，那他們又怎麼可能挺身而出去爭取呢？一個工人單獨舉行罷工，要求提高工資，他將有多少成功的機會呢？如果他不向自己的同伴諮詢（這很自然地會導致工人們採取統一行動），那他又如何瞭解市場是否允許提高工資呢？我可以毫不猶豫地講，比如工會這樣的工人組織，非但不會妨礙勞動市場的自由運作，反而會對勞動市場的自由運作提供必要條件；它們是出賣勞動的人在競爭的制度下維護自己的利益的必不可少的組織。還有一個非常重要的理由是，福西特教授（Prof. Fawcett）在《西敏寺評論》上發表的一篇文章，最先引起了人們對於它的關注。經驗最終使明智的工會比較正確地掌握了保證一場要求提高工資的罷工取得勝利的條件。工人們現在幾乎與他們的老闆一樣瞭解他們的貨物的市場狀況，能夠計算出他們的利得與費用，知道他們的生意什麼時候興隆和什麼時候不景氣，而在他們的生意興隆的情況下，工人們要求提高工資的罷工時有成功；此時，如果他們的老闆知道工人們將要舉行罷工，則多半會同意增加工資。由此可見，事情發展的這種趨勢，實際上將導致任何一個行業的工資的提高都取決於該行業的利潤的增長，正如福西特先生所指出的那樣，這種趨勢標誌著勞工開始正常預測由他們的勞動所帶來的利潤。基於我們前面章節[3]所論述的理由，這種趨勢非常重要，應該加以鼓勵，因爲它正是我們所尋求的使勞動與資本之間的社會經濟關係能夠得到根本改善的一種趨勢。因而，出於以上種種原因我們可以斷言，罷工以及可能組織罷工的工會，並不是現有社會機器上的具有危害的部件，而是具有價值的部件。

不過，組建工會必須遵循一項前提條件，那就是必須以工人自願參加工會爲基礎。如果是以武力威脅強迫工人參加工會或者參加罷工，那麼無論採取怎樣嚴厲的措施加以制止都不過分。單純透過輿論的影響從道義上號召工人參加工會或者參加罷工，法律不應該予以干涉；在這種情況下，如果想要達到限制罷工的目的，則應該利用比較開明的輿論提高國民的道德修養。但是當工人們自願組建的工會試圖實現悖於公共利益的目標時，則另當別論。一般來說，提高工資和縮短工時都是有益的目標或者至少可能是有益的目標，但是許多工會都極力主張廢除計件工作制，以消除技術水準最高與最低的工人之間的工資差別，或者將工會會員每週的工資限定在一定的數額以內，以便使更多的工人實現就業；例如，在工程師聯合會所提出的諸多要求中，廢除計件工作制在經過或多或少的修正之後便占據著顯著的位置。工會所追求的這類目標是有害的。即使只是部分地實現這些目標，也會對公眾利益造成損害；而且如果完全實現這些目標，則其後果可以與錯誤的經濟立法所帶來的後果相提並論。幾乎能夠設想的有關勞動以及勞動報酬的最爲惡劣的法律所能做的就是，以勞工的人身自由爲藉口，竭力將勤勞的人與懶惰的人、有才能的人與無才能的人置於同一水準之上，而這也正是這些聯合組織的規章制度在其能力所能及的範圍內所要實現的目標。不過，這絕不意味著法律因而有理由判定組建工會爲違法的行爲並且應該受到懲罰。暫且不考慮所有有關憲法所規定的自由方面的問題，人類的最高利益也迫切地需要完全允許人們自願地進行各種經濟試驗；禁止社會中較爲不幸的階級進行這種試驗，只不過是運用暴力與欺詐等手段來謀取私利而已。[4]

§六 在本章中，我們已經對政府濫用職權的各種方式進行了評述，這種評述僅僅涉及了那些以某種理論爲基礎的濫用職權的方式（這些理論在文明國家中或多或少地仍然擁有一定的市場），但並未涉及那些在不久前還仍然盛行並且造成極大危害的（至少在理論上）已經被普遍放棄的濫用職權的方式；儘管實際上對於這些濫用職權的方式仍有許多保留，但我們因此還不能說它們的荒謬之處已經被澈底地披露。

例如，人們已經完全拒絕將以下觀點作爲一項基本的論點，即一個政府應該決定人民的觀念，在政治、道德、法律或者宗教領域，政府應該禁止出版或者公開地宣講它所不贊成的學說。現在，人們清醒地認識到，這種體制將對各方面的繁榮造成巨大的危害，即使對於經濟繁榮也是如此。當人們的頭腦由於懼怕法律或者輿論而受到束縛時，人們就無法在那些最爲重要的問題上自由地運用自己的心智，人們將普遍地變得麻痺和愚鈍；事態發展到一定的程度，人們甚至在生活的日常事務中都難以有所作爲；如果情況進一步惡化，甚至會逐漸地呈現出退化的跡象。在這一方面最能說明問題的實例莫過於宗教改革後西班牙和葡萄牙兩個國家的情況。當幾乎所有其他歐洲國家都在不停地大步前進的時候，只有這兩個國家無論在民族精神方面還是在物質文明方面都處於衰退的狀態，這雖然可以歸結爲多種原因，但有一個原因可以作爲所有其他原因的基礎，即宗教裁判所和以其爲標誌的精神奴役制度。

然而，儘管這些事實已經獲得了非常廣泛的認同，儘管在所有的自由國家中思想和言論自由已經被視爲公理，但是這種表面的豁達與寬容尚未擁有規範的權威性，在特殊觀念的衝擊下，它總是會顯露出內在的恐懼與戰慄。在最近的十至十五年間，有時，一些人士僅僅因爲以相當溫和的方式公開宣稱自己不信仰宗教就遭到監禁；而且一旦憲章運動和共產主義引起恐慌，則公眾和政府就很可能會迅速採取同樣的手段來阻止人們宣傳民主學說和反對私有財產的學說。不過，在英國，法律和政府在限制思想自由方面所發揮的作用，遠遠遜於國民思想上的狹隘性所發揮的作用；而且這種狹隘性已經不再產生於固執或者狂熱這樣一些並不算太壞的品德方面，而是產生於在思想和行爲方面都已經普遍形成的習慣方面，即將墨守成規作爲生活的金科玉律的習慣，並且透過社會性的懲罰強制執行它，以反對那些沒有黨派的支持而敢於展示個人獨立性的所有人士。

◆註解◆

[1] 參閱本書第一編第五章§九。

[2] 對此，凱里先生會回答說（實際上他已經預先這麼回答），在所有的商品中，糞肥是最不便於運輸的。畜牧糞尿的情況確實是如此，但構成這些糞肥的主要成分卻並非如此。相反地，這些成分是體積小、肥力大的顆粒狀物質；它們特別易於進口：它們是無機鹼和磷酸鹽。這裡的問題主要涉及磷酸鹽，因為無機鹼中的鈉無論在哪裡都可以得到；無機鹼中的鉀是花崗岩和其他雜砂岩的成分之一，它存在於多種底土中，因此隨著底土的逐漸分解會不斷得到補充，同時從河流的沉積物中也可以獲得大量的鉀。磷酸鹽則普遍存在於骨粉中，屬於人們經常交易的一種物品，大部分進口到英國。可以肯定地講，只要磷酸鹽工業得到發展，使其價格更為合理，那麼其他的國家也一定會進口磷酸鹽。

[3] 參閱本書第五編第七章。

[4] 如果有誰想要透過勞動者的視角去審視有關工會聯合會的問題，則他就應該閱讀一八六〇年出版的一本小冊子，書名為《工會與罷工：它們的哲學與目標》，作者是倫敦裝訂工人聯合會的秘書鄧寧（T. J. Dunning）。在這本文采橫溢的小冊子中，有許多觀點我只是部分地贊同，也有一些觀點我則完全無法贊同。但在這本小冊子中有許多出色的論述頗具指導意義地揭露了人們在此問題上通常所犯的錯誤。其他階層的讀者不僅會驚訝於工會方面所持有的大量的正確觀點，而且還會感到，如果從工人的角度去審視工會的問題，則它的錯誤觀點似乎並不非常明顯也並不非常可憎了。

第十一章　關於自由放任原則或者不干預原則的依據與限度

§一

現在，我們已經進入我們工作的最後部分，我們將針對有關政府職能的限度的問題展開討論（僅限於原則上而非細節上的討論），即在社會事務中，政府干預應該以什麼爲目標，從而明確政府干預可能或者應該擴展、超出以及凌駕於其上的相關事務必然歸屬於政府的職權範圍之內。這是當代人們爭論得最爲激烈的問題；然而，爭論主要集中在嚴格限定的幾點上，偶爾才對相關問題的其他方面略有涉及。的確，人們在對政府干預的任何具體問題展開討論的時候，例如有關國家教育（高尚的或者世俗的）、限定勞動時間、向窮人提供社會救濟等，往往熱衷於進行一般性的爭執並高談闊論，它們遠遠地超出了相關問題的適用範圍，從而表現出強烈贊成自由放任的傾向，或者表現出強烈贊成政府干預的傾向；但是人們很少宣告或者在自己的頭腦中明確做出決定，究竟準備將自己所贊成的原則推進到什麼程度。干預的支持者贊同賦予政府方面進行干預的基本職權，只要干預產生作用即可；而屬於所謂的自由放任學派的人們，則力圖明確限定政府的職權範圍，通常將政府的職權限定在爲保護人民的人身和財產的安全以使人民免於遭受暴力和欺詐的危害；無論他們自己還是其他任何人都不會滿意於這種限定，正如我們在前面章節中[1]所證實的那樣，它排除了某些必不可少的且被人們一致認同的政府的職責。

我認爲，這個問題並沒有普遍適用的解答，我們也不想塡補一般理論上的空白，而只是試圖透過最基本的視角對政府干預的利弊得失予以考察，以期對解決這類問題提供些許幫助。

我們必須區分兩種不同類型的政府干預，儘管它們可能涉及相同的目標，但是它們具有完全不同的性質和影響，並且從各自的需要出發，具有強制程度非常不同的動機。干預可以擴展到對個人自由加以控制的程度。政府可以禁止所有人做某些事情，或者規定不經允許就不能做某些事情，或者規定所有人必須做某些事情，或者規定必須以某種方式去做那些可做可不做的事情。這就是命令式的政府干預。還有另外一種類型的非命令式的政府干預，即政府並不透過發布命令或者利用懲罰來強制進行干預，而是透過給予勸告或者傳播資訊等方式進行干預。這是一種政府本來可以廣泛加以利用然而實際上卻很少採用的方式；或者，政府允許個人自由地透過自己的方式去追求具有普遍利益的目標，但並不予以干預，不過也並未把事情完全委託給個人去做，而是同時設立自己的機構去追求同樣的目標。因此，設立國教是一回事，拒絕接納其他宗教或者宣稱不信仰宗教的人則是另一回事；建立學校或者學院是一回事，規定所有從事教師職業的人都必須獲得政府頒發的執照則是另一回事；政府可以建立國家銀行或者國有企業，但是它們可以不對私人銀行或者私人企業形成壟斷；政府可以設立郵政局，但是並不禁止以其他方式投遞信件；政府可以組建自己的土木工程師隊伍，但同時允許人們自由地從事土木工程師這個職業；政府可以建立公立醫院，但同時對於私人醫療衛生事業並不予限制。

§二 即使乍看之下也十分顯著的是，命令式的政府干預所具有的正當的活動範圍遠比非命令式的政府干預的範圍還要小。在任何情況下，它都需要以更強的必要性作爲前提；與此同時，在人類生活的很大範圍內，都必須無保留地而且無條件地排除命令式的干預。無論我們信奉什麼樣的有關社會聯合體的建設的理論，也無論我們生活在什麼樣的政治體制之下，每個人都擁有一定的活動範圍，此範圍是政府（無論是一個人組成的政府、少數人組成的政府還是多數人組成的政府）不應該予以侵犯的。在每一位成年人的生活中，都有一部分生活不應該受到任何他人或者公眾的控制。在人類的生活中，確實存有或者應該存有向外擴展的神聖的不受政府侵犯的某種空間，任何尊重人類最起碼的自由與尊嚴的人，對此均不會持有異議。關鍵的問題是，如何確定這個空間的界限，對於人類生活所保留的領域應該包括多大的範圍。我認爲，一切僅涉及個人內部的和外部的生活有關的所有部分，只要是不影響他人利益或者僅透過道德示範作用對他人產生影響，均應包括在內。至於內在的意識形態領域、思想和情感以及只涉及個人的不產生影響的部分，還有至少不會對他人造成痛苦或者傷害的外部行爲部分，我認爲，均屬於應該獲得允許的範圍之內；而且通常作爲政府的一項更加富有思想以及教養的職責，可以爲維護並且傳播它們有關善與惡、值得讚美或者思考的觀念，動用它們能夠動用的全部力量，但是不能強迫他人接受這些觀念，無論是利用不受法律控制的高壓統治，還是利用法律措施自行脅迫他人追隨，均屬此列。

即使對於影響他人利益的那一部分行爲來說，主張動用法律加以禁止的人，也有責任闡明相關的理由。單純指出或者推斷這類行爲會對他人造成損害，並不能成爲法律干預個人自由的依據。使一個人不能去做自己想做的事情，或者不能根據自己的意願去做事情，不僅僅總是使他感到不快，而且甚至總是傾向於使他在肉體或者精神方面的功能的發展上遭受一定程度的阻礙，不是敏感驚恐，就是躁動不安；一個人的意識除非能夠擺脫法律的束縛，否則他必然會在或大或小的程度上陷於被奴役的狀態。除非一項禁令本身可以獲得普遍的認同，除非具有正常是非觀念的人們已經相信或者能夠使他們相信，政府所禁止的事情是他們不應該想要去做的事情，否則幾乎沒有任何理由可以證明頒發該項禁令是正當的。

沒有對個人的自由領域施加限制的政府干預則另當別論。當政府本身設法實現一定的目標，也允許個人自由地採用自己更加願意採用的方式去實現同一目標時，則不存在侵犯自由的、令人生厭的、使人退化的政府干預。因此在這種情況下，也不存在反對政府干預的基本依據。不過，幾乎對於所有形式的政府機制來說，均對一件事情施加了強制性的干預，那就是財政資金的供給。財政資金來自於稅收，或者（如果確實存在）來自於公共資產的收益，且在扣除公共資產出讓的收益以及公共資產年度的收益之後，剩餘需要的財政資金依然是強制進行徵稅的原因。[2]而且爲防止人們逃避繳納強制性稅款，政府不可避免地需要採取成本高昂的監督措施與控制措施，這幾乎總是嚴重地加大了與強制納稅必然相伴產生的反抗情緒。

§二 反對政府權力的第二個基本理由是，政府職能的增加必然導致政府權力的擴張，無論是政府的權威性，還是更爲嚴重的間接的影響，都是如此。至少在英國，人們已經充分認識到關注這個問題對於政治自由來說是極爲重要的；不過最近一段時間以來，許多人卻傾向於認爲，只有當政府組織得非常糟糕的時候，才有必要考慮限制政府權力的問題；當政府不再代表人民時，它將墮落爲某個階級的工具，或者成爲某些階級的聯合組織，而對於能夠代表民意的政府，則應該賦予它管理國民的充分的權力，因爲在這種情況下，政府所擁有的權力只不過是國民進行自我管理的權力。如果這裡所謂的國民並不僅僅代表實際上國民中的大多數，並且只有國民中的少數才能壓迫他人（但其不會被壓迫），那麼上述觀點也許是正確的。然而經驗表明，即使是由大多數民眾選舉出來的當權者，也會像寡頭壟斷者一樣（當他們認爲能夠得到民眾的支持時）傾向於濫用權力，並且非法侵犯他人的自由生活的空間。公眾整體上很容易將其狹隘的利益觀、空洞的意識形態，甚至將其愛好當成法律進而對個人加以約束。在當前的文明程度下，個人強烈地傾向於以民眾整體的名義行使權力，使之成爲社會上唯一具有決定作用的權力，因而最堅決地保衛個人在思想、言論和行動方面的獨立性，這便具有了前所未有的重大意義；只有這樣，才能維護個人在思想上的創造性與品格方面的個性，而這種創造性與個性乃是產生所有眞正的進步的唯一動力，也是使人類遠遠超越任何其他物種的最爲重要的特性。因此與任何其他政體相比，在民主制度下高度警惕公共權力擴大干預範圍的傾向以及任何類型的權力易於遭到濫用的傾向的重要性，絲毫也沒有減弱。很可能與任何其他形式的政治社會相比，在民主政治社會中，這種重要性反而應該得到進一步的加強；因爲在公眾輿論享有至高無上的權威的環境中，遭受到公共輿論壓迫的個人，不像在大多數其他環境中那樣，容易找到持有不同觀點的人傾訴自己心中的煩惱，或者起碼能夠獲得他人的同情。

§四　反對政府權力的第三個基本理由是以勞動分工原則為依據。每增加一項政府職能，就會使已經不堪重負的政府增加一份新的工作壓力。結果自然是，大部分事情都做得很糟糕；許多事情根本無人去做，因為不拖延，政府就無力去做，而拖延則等於不做；那些較為繁瑣並且不起眼的工作，不是被拖延就是被忽視，而且總是能夠為此找到藉口；與此同時，行政領導的頭腦中則如亂麻一般塞滿了官方的繁文縟節，根本沒有時間和精力去考慮國家大事或者考慮如何不斷推動社會的進步。

不過這些問題儘管實實在在而又非常嚴重，與其說是由於政府的職能涉及的範圍過寬和內容過多所造成，還不如說是由於政府組織得不夠完善所造成。政府並不是一項職能或者一定數目的職能的稱謂，可以在政府自身的行政機構中設置任意多個工作部門。在歐洲大陸一些國家的政府中，上述問題都很嚴重，政府中被稱之為大臣的六至八個人都定居在首都，全國所有的公務都需要得到他們的批准，或者在形式上得到他們的批准，並置於他們個人的監管之下。然而如果一個國家的政府能夠將其職能適當地分配給中央和地方的政府官員共同承擔，並且能夠將中央政府機構劃分為足夠多的部門，那麼就有可能將上述問題減少到可以控制的範圍之內。當國會認為有必要授予政府監督和部分控制鐵路的權力時，它沒有把鐵路系統劃歸內政部管理，而是專門成立了鐵路管理委員會。當國會決定讓中央行政部門監管社會的濟貧工作時，它專門成立了濟貧法委員會。世界上幾乎沒有哪個國家像美國的某些州，特別是新英格蘭那樣，委託政府官員行使名目繁多的各項職能，且對於公共事務管理進行了非常細緻的分工；這些政府官員中的大多數人甚至無須接受任何一般化的監督，而是在接受本市居民選舉的裁定並且對法庭負有民事和刑事責任的條件下，自由地行使自己的職權。

毋庸置疑，一個良好的政府所必須具備的條件是，其行政首腦，無論是永久性的還是臨時性的，都應該將其管轄範圍內的總體利益再加以擴展，以形成某種全局的——儘管是一般的——觀念，在任何程度上，都要對中央的權力負責。但是只要行政機器的內部機構運轉靈活，就應該並且盡可能地使下屬不僅可以自主地執行具體的公務，而且還可以在一定的程度上對具體的公務進行調控；只要下屬的行為沒有觸犯法律，就應該使他們只對其行為的結果負責，而不是對行為本身負責；良好的政府還應該使最為誠實可靠並且富有才幹的人員得到任用；應該為政府官員的晉升開闢廣闊的道路，使下級行政官員有望得到晉升；應該對各個級別的職能進行多方面的衡量，從而使各個部門的最高行政領導熱衷於更多地考慮國家的總體利益；如果眞正做到了這一切，那麼政府在從事適合由它所承擔的工作的範圍內，就不可能再出現負擔過重的問題；不過如果政府從事了不適合由它承擔的工作，則出現負擔過重的問題當然還是在所難免的。

§五　不過，儘管組織得較為完善的政府增加職能不會再遭受人們非常強烈的反對，但是在所有較為發達的社會中，受到政府干預的大多數事務，還是不如讓對相關事務最感興趣的個人去完成，或者聽任事態的發展使其自行得到解決會更好。產生這種情況的原因可以用人們慣於做出的某種陳述相當準確地表達出來，即人民比政府更為瞭解他們自己的事務，並且比可以期望政府所能夠做到的更加關心他們自己的利益。對於生活中的絕大部分事務來說，這種理論都是正確的，因而在其適用的情況下，與其相衝突的各種類型的政府干預都應該受到譴責。例如，在任何產業或者商業正常的經營活動中，政府的能力更差已經得到了事實的證明，在保持旺盛的創業精神以及設法獲得必要的經營手段等方面，政府也幾乎無法與個人展開競爭。當然，政府更容易獲取消息，擁有更加雄厚的資金，並且因此有可能在市場上僱用到最有能力的人才，所有這些都是政府所具有的優勢，但卻不足以抵銷政府對於經營結果的關注程度較差這個巨大的劣勢。

除此之外，我們還應該記住的是，即使一個政府在資金和知識方面優於國內的任何單獨的個人，但是它一定劣於國內全部個人的總和。為達到某個目的所進行的聘用，政府只可能擁有或者僱用全國符合相關條件的並具備相應才幹的適用人才中的一部分人，即使政府在招聘人才時僅考慮某人從事某項工作的適合程度，而未考察其他方面的條件，我們仍然可以斷言，在這些獲得政府聘用的人才之外，一定還有很多同樣適合從事該項工作的人。在個人經營的體制下，這種工作往往自然而然地會由這些人來做，因爲他們有能力以更低的成本更好地完成這項工作。既然存在著這種情況，則顯而易見的是，在政府排斥甚至取締個人經營的情況下，政府或者是以較差的經營手段取代了較好的經營手段，或者是以自己單一的工作方式取代了人數眾多的、同樣合格的人所採用的各式各樣的工作方式，而各式各樣的工作方式之間相互競爭的體制遠比單一的工作方式的體制更加有助於推動社會的進步。

§六　我們將反對政府權力擴張的最具有說服力的理由放在最後加以討論。即使政府能夠把全國最有知識的和才幹的人士都網羅進政府的各個部門，但政府仍然應該將社會事務中的絕大部分保留給與相關事物具有直接利害關係的人們去做。生活中的各項事務在對人民進行實際的教育方面占有重要的地位；書本和學校教育固然必要而且有益，但是如果沒有實際生活的教育，則人們將缺乏處理事務的能力以及尋找實現目標的有效手段的能力。學校教育只是提高智慧的必要措施之一；另外一項幾乎同樣必不可少的措施是，在各種活動能力方面，比如勞動能力、發明能力、判斷能力、自制能力等方面積極進行訓練，而生活中的困難將自然地對這些能力的提高產生促進作用。不要把這種觀點與自鳴得意的樂觀主義觀點相混淆，它將生活中的困難視爲理想的事情，因爲生活中的困難可以培養人們在逆境中求生的能力。正是因爲困難的存在，才使得人們在逆境中求生的能力具有某種價值。實際上，我們的任務乃是要使人類的生活盡可能地減少困難，而不是要把許多困難保存下來，像狩獵者爲了練習追捕而不殺盡獵物那樣。然而，因爲即使基於最爲理想的假設條件，生活對於活動能力和實際判斷能力的需要無論怎樣減少，也不會完全消失，所以重要的是，不僅要在有選擇的少數人物中，而且要在全體人民中，進行相關素質的更爲多樣化的與全方位的培養，而不是像大多數人那樣只能夠透過狹隘的個人利益的視角接受有關素質的培養。一個沒有形成為共同利益自覺採取行動的習慣的民族（習慣於在所有與共同利益相關的事務中聽命於政府的安排或者措施，並且期望除自己所從事的習慣性工作和日常工作之外政府能為其做好每一件事情），僅僅發揮了一半的能力；他們的教育在非常重要的方面存在著缺陷。

不僅透過實際培養出來的活動能力是國家的寶貴財富，而且這種能力在整個社會中的擴散本身也是國家最為寶貴的財富之一；即使在國家的大小官員中間已經系統地形成了相應的文化素質，這種擴散的必要性也不會減少，而是增大了。就人類的福利而言，最危險的整體情況莫過於只是統治集團擁有較高水準的知識和才能，而統治集團以外的人民卻愚昧和遲鈍。這樣一種制度將比任何其他制度都更為全面地彰顯專制主義，因為它使那些已經掌握法定權力的具有智力優勢的菁英們又多出了一件統治人民的武器。這種制度將使政府與人民之間的差別，非常接近於人類與動物之間固有的差別，政府如同牧羊人在看管羊群，像牧羊人那樣僅僅強烈地關注著羊群是否茁壯成長。防止政治奴役的唯一保障就是在被統治者中間傳播知識、激發活力、倡導熱心公益事業的精神，以此對統治者形成約束。經驗證明，使以上素質長期地保持在足夠高的水準上是極為困難的；而且隨著文明程度和保障程度的提高，使得以前人們僅能依靠個人的體力、技能和勇氣來應對的困難、窘迫和危險逐漸被消除，保持以上素質的難度還將加大。因此至關重要的是，社會各個階層的成員，包括社會最底層的成員，都應該自行完成大量的工作；政府對於他們的智慧和品德要提出同樣的要求，以使他們在任何方面都處於平等的地位；政府不僅應該把與個人相關的事情盡可能地留給個人去做，而且還應該允許甚至鼓勵個人透過自願合作努力處理他們的共同事務；因為對於共同利益的協商與管理，可以很好地培養人們熱心公益事業的精神，有效地提高人們處理公共事務的智慧，而這種精神和智慧一向被視為自由國家的民眾所具有的傑出的品質。

僅僅侷限於在中央政府而沒有在基層建立起民主制度的國家，不僅無法實現政治自由，反而會營造出一種與之相背的氛圍，使身處社會最底層的人們也對政治統治權力懷有欲望和野心。在一些國家，人民所渴望的是不受暴力的統治，而在另外一些國家，人民所渴望的卻是人人享有實施暴力的平等的機會。不幸的是，對於人類來說，擁有後一種渴望與擁有前一種渴望一樣都是非常正常的，而且在許多條件下，甚至在文明的人類中，產生後一種渴望可能更爲自然。隨著人民逐漸習慣於透過自己的積極努力去處理個人事務，而不是把各種事務留給政府去做，他們的渴望將會從實施暴政轉向消滅暴政；而如果所有的主動性和創造性都來自於政府，而個人總是習慣於接受政府的監督和指導，那麼民主制度在人們心目中所培養的就不是對於自由的渴望，而是對於權力和地位的無限貪欲，人們的聰明才智就不會用在國家大事上，而是用在鉤心鬥角和爭名奪利上。

§七　以上的各種理由都具有某種基本的特點，即都主張應該將公共權力對於社會事務的干預限制在最小的範圍之內。對此，人們均會贊同，而在每一種情況下，列舉典型的實例來說明這些理由的充分性的任務，都應該由主張政府干預的人而不是反對政府干預的人加以完成。簡言之，一般的工作應該讓人們自行完成，除非需要獲取某種巨大的利益，否則違背這種做法必然會帶來弊害。

然而，即使在上述原則最爲適用的場合，政府對於此項原則的違背也已經達到了幾乎令後人難以置信的地步。透過迪諾耶爾先生（M. Dunoyer）的描述，[3]人們可以對法國舊政府遵照干預和控制的法律原則，對於生產活動實行限制的情況有所瞭解。

國家對於製造業行使無限的、專橫的管轄權。它無所顧忌地隨意處置製造商的資產，誰可以開工廠、應該生產什麼產品、應該使用什麼樣的原物料、應該採用什麼樣的生產工藝和生產方式等，所有這一切都由國家決定。僅僅把事情做好或者做得較好是不夠的，還必須按照規定去做。一六七〇年相關法案所制定的政策人盡皆知，即一律沒收不符合規定的商品，並且將生產者的姓名公布，如果再犯，則製造商本人也將被公諸。人們時時刻刻必須關注的不是消費者的需求，而是政府所頒布的法令。法令由眾多的檢察官、專員、管理者、陪審員和監察員加以執行。一旦不符合相關規定，機器被拆除，產品被焚毀，改進遭到懲處，而發明者被處以罰款。而且法律對於供給國內消費的商品與準備用於出口的商品也做出了不同的規定。工匠既不能爲自己找到安身樂業之處，也不能在所有的季節爲所有的顧客服務。一七〇〇年三月三十日頒布的一道法令，規定只有十八個城鎮可以作爲紡織長襪的地點。一七二三年六月十八日頒布的一道法令，規定從七月一日起到九月十五日之間，羅恩的製造商必須臨時關閉他們的工廠以幫助收割。路易十四（Louis XIV）因爲打算爲羅浮宮修建柱廊，因此一度禁止所有個人擅自僱用建築工人，違者罰款一萬利弗爾，同時禁止工人爲私人做事，初犯者將被判處監禁，再犯者將被判處苦役。

吉倫特派大臣羅蘭（Roland）的證詞告訴我們，[4]以上規定以及與此相類似的其他規定絕非一紙空文，而且這種多管閒事、百般刁難的干預一直持續到法國大革命爆發時才終止。他說：我親眼看到八十件、九十件、一百件棉織品或者羊毛織品被剪碎，然後被澈底銷毀。多年來，每週我都能夠看到與此相類似的情況。我看到紡織品被沒收，織品商被處以很重的罰金，在趕集的日子裡一些布料被當眾焚毀，還有一些則是上面標明生產者的姓名被當場示眾，並且揚言如果再犯，則織品商本人也將被押解到場示眾。所有的這一切都是遵照現行的法規或者內閣的命令加以執行的，這都是我在羅恩親眼所見。然而，什麼樣的罪行需要承受如此殘酷的處罰？難道就是因爲織品商的工廠所使用的原物料、紡織品的質地，或者甚至只是幾根線上存在某些瑕疵嗎？

我經常看到一些官吏闖入織品商的家中四處亂翻，恐嚇他們的家人，剪斷布匹，扯斷紗線，以便拿走作爲違反規定的證據。之後，織品商被傳喚、審訊並且定罪，產品被沒收，沒收產品的判決書被張貼在各個公共場所。織品商的財產、名譽和信用因而喪失殆盡。他們到底犯下了什麼罪行呢？因爲他們用精紡毛線加工了一種名爲長絨粗呢的毛料，雖然這種毛料在英國有人生產，甚至在法國也有人出售，但是法國政府卻規定這種毛料應該使用安哥拉山羊的羊毛來加工。我還看到另外一些織品商也遭受同樣的處罰，因爲他們加工了一種特殊寬度的羽緞，雖然這種寬度的羽緞是英國人和德國人所習慣使用的，而且在西班牙、葡萄牙等國以及在法國的某些地方對它也有很大的需求，但是這種羽緞卻違反了法國政府有關羽緞寬度的規定。

即使在最不開化的一般富裕程度的歐洲國家中，採用這種「家長式統治」方式的年代也已經一去不復返了。在上述情況中，反對政府干預的所有基本理由都是適用的，有些反對理由甚至具有極強的針對性。不過，現在我們必須開始探討問題的第二部分，也就是探討在什麼情況下，反對政府干預的某些基本理由是完全不適用的，而另外一些仍然適用的理由卻被更爲重要的反向思考所壓倒了。

我們已經指出，一般來說，生活中的各項事務最好是由那些與其具有直接利害關係的人們自行加以完成，不應該透過法令或者公共職能對其進行控制和干預。很可能從事這些事務的某個人或者某些人，會比政府更加清楚採用什麼手段可以更好地達到其目的。在這種情況下，我們實際上是假設，政府不可能自行全面掌握一個人在某一時期內累積的有關某一職業的全部知識，而且與政府相比，個人與相關結果之間也具有更爲強烈的和更爲直接的利害關係，因此如果不對人們的選擇進行干預，那麼人們很可能會進一步改進和完善自己所選擇的各項措施。不過，儘管一般來說，工人們可以成爲勞動工具最高明的選擇者，但是人們能否因此在普遍的意義上斷言消費者或者接受服務者都具有正確無誤的鑑別能力呢？如果情況不是這樣，則贊同市場競爭的論斷便不再適用；而且如果相關商品的品質對於社會來說舉足輕重，那麼人們在權衡利弊得失之後就應該贊同由國家整體利益的全權代表以某種方式對其進行某種程度的干預。

§八 現在，我們只有在附加許多限制條件並且承認某些例外之後，才能斷定消費者具有完全的鑑別能力。一般來說，消費者就其自行生產且供自己使用的物質產品具有最佳的鑑別能力（儘管這並非普遍正確）。這些物品是用來滿足人們物質上的某種需求或者用來滿足某種嗜好或者習慣，至於這種需求或者嗜好，是無須藉助於別人的感覺加以鑑別；或者這些物品是從事某種職業的人所使用的工具或設備，因此，我們不妨假定他們能夠鑑別自己在日常工作中所使用的這些物品。不過，還有另外一些事務，它們的價值絕不能利用市場的需求加以驗證；這些事務的效用並不在於滿足人們的習慣，也不在於滿足人們生活的日常需要，最需要這些事務的人反而最不想要得到它們。這些主要是關於提高人類素質的事務。未開化的人們是無法正確地鑑別教育的價值。那些最需要提高知識水準和道德水準的人，卻往往最不想提高它們，就算想要提高它們，他們也無法依靠自己做到這一點。在自願的體制下，情況也是如此：既然人們並未想要達到某種目的，因此有關爲達到目的所採取的措施等問題也就無從談起，或者那些需要改進和提高的人對自己所需要的事務持有不完備的或者完全錯誤的看法，因而由市場需求所決定的供給，根本無法滿足人們的眞正的需要。今天，任何善意的、較爲文明的政府都可以認爲自己具有或者應該具有比其治理下的普通人更高的平均教育水準，與大多數人自發的需要相比，政府能夠向人民提供更好的教育和指導。因此從原則來講，教育應該成爲政府向人民所提供的事務之一。這是說明不干預原則在某些情況下不一定適用或者不一定普遍適用的實例之一。[5]

我認爲，自由放任的基本原則尤其不適用於初等教育。某些基本知識是來到人世的所有人在兒童時代無論如何都應該加以掌握的，如果子女的父母或者監護人有能力使子女得到這種教育，但是卻沒有這樣做，那麼他們就在兩個方面有所失職：對子女失職，對一般的社會成員（所有人都很可能會因同胞缺乏教育而遭受嚴重傷害）失職。因此，政府應該運用自己的權力規定父母在法律上負有保證子女接受初等教育的責任。不過，要使父母能夠承擔起這種責任，政府就必須採取措施確保人們能夠免費或者以極低費用接受初等教育。

的確，有些人可能會反對說，教育子女的費用是父母應該自行承擔的費用之一，即使是勞工階層也不例外；他們應該認識到，使用自己的錢履行這項義務是義不容辭的責任，而由別人出錢提供教育，就像政府提供生活費用那樣，將相應地降低實際工資的水準，並且相應地削弱人們自強不息的精神與自我克制的能力。這種論點充其量也只是在以下情況才是正確的，即個人原本可以自行完成的事務卻由他人來代辦；也就是說，勞工階層中的所有作爲父母的人，都已經認識到自己有義務花錢使子女接受教育，而且已經履行了這個職責。但是如果作爲父母者沒有履行這個職責，沒有把教育費用列入其工資必須予以支付的費用中，那就說明，一般工資水準尚不足以承擔這筆費用，這筆費用必須由其他資金予以承擔。而且，這也不屬於一旦接受了他人的幫助，就必然會永遠地依賴於他人的幫助的情況之一。眞正的教育絕不會削弱，反而會增強並且擴展人的各種能力，無論以什麼方式獲得教育，都有利於培養人的自立精神；如果在不提供免費教育人們就根本得不到教育的情況下，那麼提供幫助所產生的後果將不同於在其他許多情況下提供幫助所產生的後果，其不同之處就在於，今天提供這種幫助將有助於日後不再需要他人的幫助。

在英國以及歐洲大陸的大多數國家中，非熟練工人的家庭依靠基本工資無法爲其子女支付初等教育的全部費用，且即使有能力支付，恐怕也不肯這樣做。所以，對於這個問題的解決，便不應該是在由政府負責還是應該由個人負責之間進行選擇，而應該是在由政府資助還是應該由自願捐助之間進行選擇，即在政府干預與民間團體干預之間進行選擇；民間團體干預就是透過私人捐款的方式達到這個目的，正如那兩個偉大的學校聯合會所做的那樣。當然，凡是有可能依靠私人捐助辦好的事情，就不應該再動用強制性徵繳稅款的辦法去辦理。在學校教育方面，此項原則的適用程度應視實際情況而定。近來，人們對於英國依據自願捐助原則興辦教育的情況，已經進行了廣泛的討論，因而我們在此無須詳加評論，我想要指出的不過是，可以肯定地講，民間教育的數量不僅在現在，而且在以後的很長時間內，也很可能是遠遠不足以滿足需求，同時，民間教育的品質雖然已經顯示出了某種改進的趨勢，但是現在，除極少數的情況之外，都還不夠高，或者應該說通常都很糟糕。因此我認爲，政府有責任彌補這種缺陷，對初等教育提供資助，以便使窮人家庭的所有子女都能夠免費或者以象徵性的費用接受初等教育。

我們必須盡力予以堅持的一點是，政府一定不要對教育——無論是初等教育還是高等教育——實施壟斷；不要運用權力和影響迫使人們接受政府所聘任的教師的教育，而不接受其他教師的教育，也不要使接受政府所聘任的教師的教育的學生享有特殊的利益。一般來說，雖然政府聘任的教師可能優於私人教師，但是政府無法掌握全體教師所擁有的知識和智慧，因而爲達到提供教育的目的，政府應該廣開門路。政府在法律上或者在實際上完全控制教育，是人們所不能容忍的。擁有這種控制權並且行使這種控制權，也就是在實行專制統治制度。如果政府有可能從建立之初就塑造人民的思想和感情，那便有可能將來對人民爲所欲爲。因此，儘管政府可以並且在許多情況下應該建立學校或者學院，但是它卻不應該強迫或者誘使人們就讀公立學校；私人建立學校與公立學校相互競爭的教育機構的權力，也不應該在任何程度上取決於政府的授予。要求所有人都必須接受一定程度的教育是合乎情理的，但是如果規定人們應如何接受教育或者應該從誰那裡接受教育，就沒有道理了。

§九　在教育問題上，政府進行干預之所以合乎情理，是因爲消費者的利益和判斷不足以確保相關商品具有良好的品質。現在讓我們來考察另外一種類型的情況：沒有人處於消費者的地位，只能依靠當事人自身的利益和判斷力加以處理，就像涉及到僅有當事人一人感興趣的任何商業合約或者行使僅侷限於本人的任何合約或者約定一樣。

在這種情況下，奉行不干預原則的理由是，與立法機關事先所頒布的基本法令相比，或者與政府部門針對具體情況所發布的命令相比，絕大多數當事人在有關自身的利益以及提高自身利益的方法等方面所擁有的見解，都是更爲明智和正確的。這可以作爲一項不容置疑的基本原則；不過對於此項原則來說，人們卻很容易察覺到大量顯著的例外情況。我們將這些例外情況劃分爲以下幾類。

首先，我們當初所設想的可以對自身利益做出最好的判斷的個人，可能不具備進行判斷或者採取行動的能力，他們可能患有精神障礙或其他心智障礙，或者是嬰幼兒，或者雖然並非完全沒有判斷能力，但是卻可能尚未成年因而難以進行正常的判斷。在這種情況下，不干預原則的基礎便徹底崩潰了。具有直接利害關係的人不僅不可能做出最好的判斷，而且根本不可能做出判斷。無論在什麼地方，精神障礙者均被視爲應該得到國家照顧的對象。[6]至於兒童和少年，人們常說，雖然他們自己不能做出判斷，但是他們的父母或者其他親屬可以代替他們做出判斷。不過如此一來，問題的性質就發生了變化，不再是政府是否應該干預個人行爲和利益的問題，而是政府是否應該允許一些人的行爲和利益完全聽憑另外一些人擺布的問題。父母的權力與任何其他權力一樣也有可能被濫用，而且事實上也經常被濫用。如果在阻止父母虐待甚至殺害子女方面法律都不能取得成功，那麼人們就完全有理由相信，父母出於自私與無知，必將更爲經常地，並且以並非十分令人生厭的方式對子女的利益造成損害。因此爲了子女的利益，只要易於做出判別，一般來說，法律就應該在盡可能的範圍內強迫父母承擔某種責任或者禁止父母的某種行爲。我們不妨在政治經濟學這一特定的領域對此舉例予以說明。毋庸置疑，國家應該關注並且盡力保護兒童和未成年人，禁止僱用他們從事過於繁重的工作。之所以應該禁止他們勞動的時間過長或者強度過大，是因爲如果不加以禁止，則雇主就總是會強迫他們這樣去做。對於兒童而言，簽約的自由無異於遭受威逼的自由。有關教育的問題也是如此，政府不應該允許父母或者親屬由於漠不關心、嫉妒或者貪婪而使子女們得不到他們有可能得到的最好的教育。

支持爲保護兒童的權益而在法律上進行干預的所有理由，也同樣適用於命運悲慘的奴隸以及遭受人類虐待的低等動物。政府對於虐待這些沒有防禦能力的生靈的行爲予以懲戒，招致某些嚴重誤解自由原則的人們的非議，他們認爲政府這樣做超出了自己的職權範圍，是對家庭生活的干預。實際上，遭受家庭暴力統治的家庭生活，正是最迫切地需要法律給予干預的事務之一，令人遺憾的是，出於對政府權力的性質與來源的模糊認識，許多熱心支持運用法律武器懲治虐待動物行爲的人，不是在事件本身的是非曲直中，而是在虐待生靈的惡習對於人類利益所造成的影響中，尋求制定這種法律的理由。如果面對動物遭受虐待場面具有足夠體力的人有責任挺身而出予以阻止，那麼一般來說，社會也同樣有責任這樣去做。在這一方面，英國現行法律的主要缺陷是，即使對於最爲嚴重的虐待動物行徑，也幾乎經常僅僅給予名義上的有限的處罰。

據說，爲了捍衛處於依附地位的社會成員的利益，法律對於他們簽約的自由進行了控制，其中也包括婦女在內，而且現行的《工廠法案》像對待未成年人那樣對待婦女，對兩者的勞動都做出了具體的限制。不過我卻認爲，出於這種目的或者任何其他目的而把婦女與兒童歸爲一類，不僅在理論上是站不住腳的，而且在實踐中也是極其有害的。某一年齡層以下的兒童是不能獨立地判別某件事或者採取行動，在尚未成年之前，他們必然或多或少地缺乏相應的能力；但是婦女卻與男人一樣，有能力瞭解並且處理個人的事務，妨礙她們這樣做的唯一障礙是她們現在所處的不公正的社會地位。只要法律規定妻子所獲得的一切都必須劃歸爲丈夫的財產，妻子必須與丈夫生活在一起，甚至必須忍受丈夫在精神和肉體上任意施加的虐待，那麼我們就有理由認爲，她們所有的行爲都是在丈夫的威逼之下不得已而爲之的。而當代的改革家們與慈善家們所犯下的共同錯誤是，他們不是設法去修正這種不公正本身，而是設法一點一點地彌補這種不公正所造成的後果。如果婦女與男人一樣能夠完全支配自己的身體以及自己繼承的或者賺到的財產，那麼就沒有理由再限制她們爲自己勞動的時間，以便保證她們爲丈夫勞動的時間；或者用鼓吹這種限制的人士的語言加以表述，那就是以便保證她們爲丈夫的家庭進行勞動的時間。只有受僱於工廠的勞動階層的婦女才有可能擺脫奴隸和苦役的狀態，之所以如此，恰恰是因爲在工廠中的製造商或者她們的丈夫很難違背她們的意願而強迫她們勞動或者賺錢。因此，要改善婦女的處境，就應該盡力爲她們廣開就業機會，而不是完全地或者部分地切斷已經向她們敞開的就業機會。

§十　就個人能夠對自己的利益做出最好判斷的觀點而言，還存在著第二種例外的情況，即當個人試圖在今天無法悔改地決定在遙遠的未來什麼時候將是對自己最爲有利時，情況就是如此。因爲只有當個人依據其實際的——特別是已有的——經驗來進行判斷的時候，才有理由認定個人能夠對自己的利益做出最好的判斷；如果這種判斷形成於實際經驗之前或者即使這種判斷在被經驗推翻之後也不得反悔，那麼就沒有理由做出上述論斷。如果人們簽訂一個契約不僅是爲了要去做某件事情，而且是要永遠地或者在很長的一段時間內去做某件事情，並且絕不允許解除契約，那麼我們就不應該再認定堅持履行這種契約總是對人們有利；更何況在簽訂這種契約時，人們往往還很年輕，對於自己將要去做的事情並不眞正瞭解，在這種情況下，即便是人們自願簽約，通常也不能說明什麼問題。因此凡是涉及永久性契約的情況，均應該對於聽憑人們自由簽約這個實用原則給予很大的限制；法律應該對這種契約的簽訂採取極爲愼重的態度；如果當事人未能對這種契約所規定的義務做出正確判斷，那麼法律就不應該允許人們簽訂這種契約；如果允許簽訂這種契約，那麼法律就應該盡可能地保證當事人是在經過深思熟慮之後才簽訂的；儘管當事人不能自行解除這種契約，但是法律應該允許具有正當理由的當事人在向公正無私的有關當局進行陳述之後解除契約。以上種種考慮顯然適用於婚姻這種最爲重要的終身契約。

§十一　對於政府無法像個人那樣妥善地管理個人事務的這種觀點，我們有必要提出大量的第三種例外的情況，即個人委託他人代爲管理自己的事務的情況。在這種情況下，對於當事人的利益來講，與其說是由代理人提供的所謂的私人管理比較好，還不如說是由政府的官員進行管理更好一些。不管什麼事情，若順其自然地連聯合股份公司都能夠辦好，那麼國家往往也能辦好，而且就實際結果而言，國家有時還會辦得更好。眾所周知，政府的管理的確是拖沓的、不經心的、無效率的，不過一般來說，聯合股份公司的管理也是如此。聯合股份公司的董事實際上經常由股東擔任；不過，政府的官員也是永遠不變的納稅人；公司董事與政府官員一樣，都可以從良好的管理中分享一份利益，也同樣有可能由於疏漏而發生管理方面的失誤。有人可能反對這種觀點，認爲股東整體上可以對董事實行某種控制，而且幾乎總是有權解除董事的職務。不過實際上，股東難以行使這種權力，只有當公司經營得非常糟糕，以至於將要破產的時候，股東才有可能行使這種權力，而在這種情況下，政府一般也會撤換它所任命的管理人員。可以預見，對於良好管理所提供的無效率的保障（透過股東大會以及股東個人的檢查與詢問）的情況，在自由的國度中，人們將會對政府一般參與的事務進行公開而積極的討論與評價。因此，與聯合股份公司的管理相比，若說政府管理的缺陷一定更大一些，那似乎也並非一定會大很多。

凡是人們透過自願合作的方式能夠做好的事情，以及政府官員也能夠做得一樣好甚至更好的事情，也應該讓人們自己獨立去做。我們在前面已經指出了其中的眞正原因，即如果讓政府官員去做這些事情，則將使政府主要官員的負擔過重，分散他們的注意力，使他們無法集中精力履行只有他們才能夠履行的職責，而去管理那些沒有他們也能夠做好的事情，這將不必要地造成政府的直接權力和間接影響力的膨脹，增加政府官員與公眾發生衝突的可能性；將不恰當地把全國從事大規模經營的技術和經驗以及採取集體行動的權力都集中在掌握統治權的官僚機構的手中，以至於人民與政府之間的關係演變成子女與監護人之間的關係，並且降低了人民參與政治生活的能力。到目前爲止，凡是政府干預過度的歐洲大陸國家，無論是否採取代議制政府的形式，情況均是如此。[7]

不過儘管基於以上原因，透過自願合作的方式能夠辦好的事情，一般來說，也應該讓一些公司去做，但是卻不能由此斷定，政府對於這些公司的經營方式應該採取完全放任的態度。在許多場合，提供某種服務的公司受到服務性質的影響，實際上必然會具有獨斷的特徵；在這種情況下，要消除實際形成的壟斷，阻止壟斷者向社會徵稅是很難的。我曾經不止一次地提到煤氣公司與自來水公司的情況，雖然允許這些公司展開自由競爭，但實際上它們之間卻毫無競爭，而且實際上它們比政府更加不負責任也更加不關心人民的痛癢。在這種情況下，多家公司經營只不過加大了開支，卻沒有帶來任何好處；民眾爲不可或缺的服務所支付的費用，實質上無異於法律強制性徵繳的稅款；幾乎每一戶人家都不把「水費」與地方稅加以區別。對於某些特殊的服務，例如修建道路與清掃街區等服務，雖然肯定不應該由中央政府予以提供，但是卻應該由地方政府予以提供，其費用應該像現在實際上所做的那樣，由地方稅加以支付。在許多與此相類似的適合私人經營的領域，僅僅依靠經營者的利益尚不足以確保社會能夠得到滿意的服務，社會還需要某種其他保障；這屬於政府職能的一部分，政府應該爲社會的一般利益著想，要求相關領域中的經營活動符合必要的條件，或者保留對於此類經營活動的控制權，起碼使公眾能夠享有壟斷所產生的利潤。這種做法適用於有關道路、運河和鐵路等方面的經營管理。在這些方面，實際上總是存在著嚴重的壟斷問題；政府如果容忍一家私人公司完全享有這種壟斷權，則無異於允許某個人或者某家公司爲了一己之私利隨心所欲地對該國生產的全部麥芽或者進口的全部棉花徵繳稅款。當然，一般來說，在有限的一段時間內政府賦予私人公司這種壟斷權是合乎情理的，這與發明人可以享有專利權所依據的原則相同；不過對於此類公用事業的經營權，國家應該保留收回的權利，或者保留規定最高收費標準的權利，並且不時地調整最高收費的標準。我們也許有必要指出的是，國家可以擁有運河或者鐵路，但是不必自行經營它們；由某家公司從國家手中承租經營權進行經營，往往會取得更好的經營效果。

§十二 我們必須提醒大家特別關注第四種例外的情況，這種例外情況尚未引起政治經濟學家們的充分注意。法律需要干預某些事務，並不是爲了否定人們對於自身利益所做的判斷，而是爲了使這種判斷得以付諸實施，因爲只有當人們採取協調一致的行動時才能使其得以實施，而協調一致的行動只有得到法律的認可和批准之後才會奏效。爲了便於說明問題，同時避免妄下結論，我們不妨考慮有關縮短勞動時間的問題。不管是否符合實際情況，我們至少可以進行假設，假設普遍地將工廠的勞動時間，比如從十小時縮減爲九小時，這對工人是有好處的，而且工人勞動九小時所得到的工資與勞動十小時所得到的工資一樣多或者幾乎一樣多。某些人可能會說，假如結果眞是如此，而且如果工人們基本上都相信了這一點，那麼工人們就會自然而然地對勞動時間做出限制。可是我們卻認爲，除非全體工人相互協調共同堅持此項要求，否則這種限制是不會奏效的。如果某位工人不願意工作九小時以上，而其他工人卻願意工作十小時，那麼這位工人將或者被解僱或者被扣掉十分之一的工資。由此可見，不管這位工人多麼堅信縮短勞動時間對整個工人階級都是有益的，但是在他尚無法肯定所有工人或者絕大多數工人都會同樣這麼做的時候，如果他率先行動，那他就會遭殃。不過如果假設工人階級整體已經基本同意縮短勞動時間了，那麼是否無須法律的批准也能實現勞動時間的縮短呢？除非社會輿論具有法律的權威性，否則無法實現這一點。因爲無論實行這種限制對工人階級整體多麼有利，但所有違背這種限制的個人卻會從中獲取直接利益，而且遵守規則的人數越多，違反規則的人從中得到的利益也就越大。如果幾乎所有的工人都自行限制僅僅工作九小時，那麼願意工作十小時的工人就會獲得這種限制所帶來的全部利益，外加違背這種限制所產生的利潤；他們工作九小時會得到十小時的工資，另外一小時的工作會再得到一小時的工資。我們認爲，如果絕大多數工人堅持工作九小時，那麼將不會使任何人遭受損害，而且整個階級也將會得到好處，而那些願意工作更長時間以便掙得更多工資的人也有機會這樣去做。這當然是人們所希望的最爲理想的情況；假設能夠在不降低工資也未將商品逐出部分市場的條件下實現縮短勞動時間的目標（能否做到這一點，不屬於理論問題，而應視具體情況而定），那麼實現這個目標的最好方式就是工人的基本勞動習慣逐步地發生變化；透過自發的選擇，工時縮短將逐漸成爲基本的事實，而那些不願意縮短工時的工人的自由也未受到任何限制。然而，很可能會有許多工人基於改進後的工資水準願意工作十小時，以至於縮短工時無法形成一般性的規定；某些人自願做的事情會迅速轉化爲其他人不得不做的事情，那些爲了獲得較多工資而寧願工作較長時間的人，最終得到的工資也許並不比以前更多。在這種情況下，即使工作九小時確實有利於每位工人的利益，即使每位工人都相信其他工人會工作九小時，但要實現這個目標，也需要將這種共同設想的一致性透過法律的手段轉變爲具有約束力的契約。不過，我們並非想要表示支持透過此類法案的觀點，在英國還沒有人提出有關頒布這種法令的要求。在目前的情況下，我們也並不主張頒布這種法令，只想藉此加以說明的是，各階層的人們有時需要法律的協助，使每個人確信其競爭者會採取相同的做法，以貫徹實施全體成員經過深思熟慮之後所取得的有助於提高自身利益的方案，沒有法律作爲保障，任何個人都無法放心大膽地去實踐此方案。

可以用來說明上述原則的另外一個實例是，人盡皆知的威克菲爾德的殖民計畫。該計畫所依據的主要理論是，土地和勞動的生產力取決於兩者相互結合的比例；在新開發的國家中，如果少數人占有並且擅自使用大塊土地，或者如果每位勞工都能夠迅速成爲土地的所有者和耕種者，則生產力便會降低，該殖民地在財富的積累和文明的進程中便會遭受到極大的阻礙；占有的本能（幾乎可以這樣說）以及在故國所形成的那種對於土地所有權的眷戀之情，會誘使幾乎每一位移民竭盡所能地占有盡可能多的土地，會誘使每位勞工盡可能迅速地占有土地，並且僅僅依靠家人而不尋求他人的幫助耕種這些土地。如果政府能夠在某種程度上限制這種占有土地的傾向，能夠引導所有勞工在工作若干年之後再占有土地，那麼社會就有可能長期擁有大量的勞工，既可以僱用他們修築道路、開鑿運河以及興建水利設施，也可以僱用他們建立並且開發城市的各項產業；在這種情況下，當勞工最終成爲土地的所有者時，他們會發現土地的價值由於能夠更爲方便地抵達市場以及能夠更方便地僱用工人而大大提高了。因此，威克菲爾德先生建議要阻止人們過早地占有土地以及居住得過於分散，其方法是國家對於尙未被占用的土地訂定極高的價格，並將銷售土地的所得用於將勞工從其母國運送到殖民地的費用。

然而，這個很有價値的計畫卻遭到人們的反對，說它違背了政治經濟學的基本原理，即個人能夠對自身的利益做出最好的判斷，只要順其自然，個人透過自由選擇而占用土地的數量和占用土地的時機就是對於個人來說最爲有利的時機，從而對於整個社會來說也是最爲有利的數量和時機；那種認爲應該人爲地設置障礙並阻止人們採取最有益於自己的方式獲得土地的觀點，就是贊同立法者自作聰明的想法，承認他們比人民更加瞭解什麼對人民最爲有利。如今看來，這不但完全誤解了威克菲爾德的計畫本身，而且也完全誤解了認定這項計畫所違背的那一條基本原理。這種疏漏與我們在前面透過縮短勞動時間的事例所說明的疏漏非常類似。儘管任何人所占有的土地的數量都不應該超過他有能力予以精細耕作的土地的數量，而且任何勞工都應該等到自己的工作可以僱用到其他勞工予以替代時才去占有土地，可能對於殖民地整體是有利的，同時對於殖民地的每個人也是有利的；但是除非任何個人都確信其他人也將會這樣去做，否則他們在這些方面實行的自我克制就絕不會對他們本人有利。周邊的定居者都擁有上千英畝的土地，唯有某人實行克制，只擁有五十英畝的土地，這樣做對於他本人來說又有什麼利益可言呢？或者，如果所有其他的勞工都迅速地利用他們所得到的收入購置土地，而這些地塊相互之間竟有數英里之遙，那麼某位勞工在推遲數年之後再去購置土地，這樣做對於他本人來說又有什麼利益可言呢？如果所有其他的勞工都競相購置土地，以至於可以被僱用的勞工階層已經不復存在了，那麼某位勞工推遲了購置土地的時間，就無法在他占有土地時充分地利用以獲取更大的利益。因此當在他身邊的夥伴均已競相成爲土地所有者的時候，而他卻仍然甘心充當僱傭勞動者，從而使自己處於不利地位，他這樣做的目的又是爲什麼呢？做對大家有益的事情，肯定有益於每個人，不過只有當其他所有人都這樣做的時候，情況才是如此。

按照上述計畫的反對者的理解，可以將每個人能夠對自身利益做出最好的判斷這個原則解釋爲，政府甚至不應當執行任何已經得到公認的職責，實際上，政府根本就不應當存在。不相互偷盜和詐欺，無論對於整個社會來說，還是對於每位社會成員來說，無疑都是非常有益的，但是仍然需要建立懲處偷盜和詐欺的法律；因爲雖然沒有人偷盜和詐欺對於每個人都是有益的，但是如果允許所有其他人進行偷盜和詐欺，那麼不偷盜、不詐欺的其他人對自己就是極爲不利的。主要出於這個原因，社會才需要建立刑法，因爲即使人們一致同意某種行爲準則對於大家都是有利的，但是並不能保證大家總是遵守這種行爲準則。

§十三　第五種例外情況是，根據個人可以對自身的利益做出最好的判斷這個原則，反對政府進行干預的論點就不適用於以下一類涉及廣泛的情況，這類情況指的是，政府所要干預的不是個人爲自身利益所採取的行動，而是個人爲他人利益所採取的行動。這包括相比於其他問題顯得尤爲重要並且會引起諸多爭論的有關公共救濟的問題。雖然一般來說，凡是個人能夠做的事情就應該讓人們自己去做，但是當人們自己無法做到而需要得到別人幫助的時候，就會產生與此類似的問題，是讓人們完全從個人那裡不確定地而且沒有規律地獲得這種幫助好呢？還是讓社會透過自己的機構——國家政府——有組織地並且有計畫地向他們提供這種幫助好呢？

這就涉及與《濟貧法》相關的許多問題。如果各個階層的人士都習慣於自我克制並且注重節儉，同時社會財產的分配又很令人滿意，那麼這些問題就顯得無足輕重了；不過當前英國在這兩方面的情況均恰好與此相反。

姑且不對在有關道德的基礎或者社會聯合體的建立等方面人們所持有的任何形上學觀念加以討論，我們都必須承認，人類是需要相互幫助的，窮人則更需要人們的幫助，那些最需要幫助的人是正處於挨餓狀態的人。因此人們基於收入分配的不公平而提出給予幫助的要求，在所有可能提出的要求中是最爲有力的；顯然，人們擁有最爲充分的理由要求社會透過它所能夠做出的任何安排，向亟待救濟的人提供這種幫助。

另一方面，無論就提供哪種幫助來說，人們都需要考慮兩個方面的後果：一個方面是考慮人們得到幫助本身的後果；另一個方面則是考慮人們依賴於幫助的後果。前者一般總是有益的；而後者則大多是有害的，而且在許多情況下，這種弊害非常之大，甚至達到了弊大於利的程度。最需要幫助的人們往往最容易發生這種情況。養成依賴他人幫助的習慣是有害的，而且最爲有害的莫過於在生活必需品方面依賴於他人的幫助，不幸的是，人們難以接受這一方面的任何教訓，因而需要解決的問題變得非常微妙但卻極爲重要，即如何最大限度地向人們提供必要的幫助，同時又要儘量地避免接受幫助的人產生依賴心理。

不過，提供的幫助過多與沒有提供幫助，都將對人的奮進精神與自立能力造成傷害。努力而沒有成功的希望，甚至比不努力也肯定能夠獲得成功的希望，更令人感到沮喪。當一個人的境況極爲糟糕因而意志消沉時，幫助對於他就是一種滋補劑而非鎮靜劑，因此可以增強而不是削弱他的活力，但是無論如何不應該使這種幫助取代個人的勞動、技能和節儉，不應該使個人喪失自我救助的能力，而只應該使個人燃燒起更大的希望，努力透過合法的手段去爭取成功。可以說，這已經成爲一個標準，所有的慈善救濟計畫，無論是針對個人的還是針對社會不同階層的，無論是民間的還是官方的，都應接受這個標準的檢驗。

如果對於這個問題來說確實存在著某種基本理論或者準則，那麼我們似乎可以將其做如下表述：如果事先可以進行衡量，接受幫助的人的最終處境與沒有接受幫助的人透過個人的努力所獲得的處境最終都相同，那麼這種幫助就是有害的；不過如果在每個人都可以獲得協助的情況下，人人都盡力擺脫幫助，則這種幫助對於絕大多數人來說就是有益的。英國將這個原則應用於公共救濟制度，成爲一八三四年所頒布的《濟貧法》所依據的原則。如果接受救濟的人可以與自食其力的人保持相同的生活水準，那麼這種救濟制度就會促使所有人從根本上喪失勤奮努力、刻苦自強的精神；如果必須實行這種制度，則作爲補充，就需要建立起一種有組織的強迫勞動的制度，以便迫使那些缺乏自立精神的人像牛、馬一樣進行勞動。不過如果一方面能夠確保所有人都不遭受絕對貧困之苦，而另一方面又能確保那些依靠政府救濟的人的生活狀況遠遠遜於自食其力的人的生活狀況，那麼能夠保證所有人（自願餓死除外）不至於餓死的法律，就一定會帶來有益的後果。至少在英國可以實現這種想法，上個世紀末之前的很長一段時期內的經驗，以及近來許多非常貧困的地區的經驗，都證明了這一點。這些地區實施了嚴格的濟貧規定以後，減少了大量的貧民，爲整個勞工階層帶來了巨大而且永久性的利益。一個國家只要針對人民的品性對濟貧的法律條款進行調整，則都可以爲建立無害的救濟制度創造出必要的條件。

我認爲，具備了這樣的條件之後，法律應該明確規定對身體健康的窮人提供最低限度的救濟，而不應該讓他們依賴於私人的施捨過活。首先，私人慈善機構所提供的救濟幾乎不是過多就是過少，有時在這個地區廣爲救濟，而在那個地區則有人挨餓。其次，既然國家必須向因犯法而服刑的窮人提供食物，那麼對於不犯法的窮人不提供食物，也就與鼓勵人們犯罪無異。最後，如果讓窮人依賴於私人慈善機構的救濟過活，則不可避免地會出現大量的乞丐。國家可以而且應該讓私人慈善團體去做的事情是，分辨窮人需要救濟的迫切程度；對於迫切需要救濟的窮人，私人慈善團體可以給予較多的救濟。國家必須按照一般的規則行事；它無法分辨哪些窮人迫切需要救濟，哪些窮人不迫切需要救濟，因而向前者提供較多的救濟，而向後者提供較少的救濟。有些人指責法律不夠公平，認爲國家未能使單純時運不濟的窮人比行爲不軌的窮人享受到更好的待遇，這是對於法律條款以及公共權力的一種誤解。發放救濟的政府官員無權調查他人的私事，政府也不應該對負責救濟事務的官員授權，讓他們去判斷申請救濟的窮人的道德水準，再根據這種判斷決定是否向窮人發放來自於人民的錢財；如果有人認爲那些最稱職的發放救濟的政府官員，會不辭辛勞地認眞調查窮人的過去行爲，並且據此做出合理的判斷，那麼他們就太不瞭解人類的行爲模式了。私人慈善團體可以進行這種區分，而且有權根據自己的判斷決定如何發放自己的錢財。人們應該理解，這是特別適合私人慈善團體去做的事情，而且私人慈善團體工作的績效，也取決於其在行使這個職能時所表現出來的洞察力。但是人們卻不能要求公共基金的管理人員也這樣做，他們應該對所有窮人一視同仁，即使對於最壞的窮人，也需要按照適用於所有窮人的最低限度提供救濟。如果人們要求公共基金的管理人員也這樣做，那麼就會迅速發生隨意地普遍放寬救濟尺度的問題，而拒絕發放救濟的情況將會極少。當然，這種拒絕也是任意而且專橫的。

§十四　實施公共救濟所應遵循的原則，同樣適用於另外一種情況：個人的所作所爲，雖然僅僅出自於對自身利益的考慮，但是其後果卻遠遠地超出了個人利益的範圍，會對整個國家的利益或者子孫後代的利益造成影響，對於這種利益，擁有整體力量的社會才有能力與責任予以提供。殖民地的開拓即屬於這種情況之一。誰都不會否認，殖民地的開拓不能僅僅照顧創業者的私利，而應該愼重地考慮殖民地的長遠利益；要做到這一點，就必須將這種開拓行爲始終置於富有遠見卓識的立法者所制定的種種法規的約束之下；而且只有政府才有權力設計並且實施這種法規。

政府對於殖民地的開拓事業進行干預的問題，關係到文明本身未來的利益以及長遠的發展，已經遠遠地超出了相對狹隘的單純經濟方面的考慮。不過即使僅僅從經濟的角度來看，把人口從人滿爲患的地方遷移到地廣人稀的地方，也是一項造福於社會的非常有價值的事業。這是一項迫切需要政府予以干預的事業，同時也是一項可以爲政府干預帶來最高回報的事業。

要充分理解開拓殖民地所帶來的利益，就需要並非僅對開拓殖民地與某一國家之間的利益關係加以考察，而應該對開拓殖民地與人類整體之間的經濟利益關係加以考察。人們通常過於強調開拓殖民地的問題是有關資源配置的問題，即利用此地勞動市場的剩餘，去補充彼地的勞動市場的短缺。這的確是有關資源配置的問題，但同時也是有關生產的問題和有關高效地利用世界生產性資源的問題；人們經常談論從價格最低的地方進口商品能夠帶來經濟利益，但是卻很少考慮在生產成本最低的地方生產商品也能帶來經濟利益。如果把消費品從供過於求的地方運送到供不應求的地方是有利可圖的，那麼把勞動力與生產工具從供過於求的地方運送到供不應求的地方，不也同樣是有利可圖的嗎？把勞動力和資本從歐洲國家運往新興國家，相當於把勞動力和資本從生產力較低的地方往生產力較高的地方輸送，將會從整體上相應地增加世界的勞動與資本的產出總量，即使歐洲國家與新興國家的財富同時增加，並且所增加的財富在很短的時間內就會達到相關運輸費用的數倍。毋庸置疑，在當前的世界狀況下，開拓殖民地是古老而富裕的國家的資本所能夠從事的一項最佳的經濟活動。

同樣顯而易見的是，作爲一項商業活動，只能由政府出面來進行大規模的殖民地的開拓，或者在與政府達成充分協議的情況下由私人團體來進行大規模的殖民地的開拓；只有在非常特殊的情況下，例如，在愛爾蘭發生嚴重饑荒之後的那種情況下，才有可能採取其他的方式。基於自願原則的移民對於減輕古老國家的人口壓力並不能發揮很大的作用，儘管這無疑會爲殖民地帶來利益。自願移居的勞動者很少是極其貧困的窮人，他們往往是擁有少量資本的小型農場主或者攜帶少量積蓄的勞工，這些人的移居固然減少了供過於求的勞動市場的剩餘，但是同時也減少自己國家的資本，即帶走了除可以養活他們自己之外還可以養活和僱用他人的資金。此外，由於這部分人的數量有限，即便全部移居，也不會對人口數量產生顯著的影響，甚至連人口的年增長量都不會受到影響。要朝國外遷移大量勞工，遷移費用必須由移居者以外的人士予以支付或者起碼予以墊付，那麼應該由誰予以墊付呢？人們自然地會認爲應該由殖民地的資本家予以墊付，他們需要勞工並且打算僱用勞工。然而這樣做的問題是，資本家出資遷移工人之後，卻無法保證自己可以從中得到回報。即使殖民地所有的資本家聯合起來，透過捐款來承擔這筆費用，他們也仍然無法保證抵達殖民地的勞工將會爲他們工作。如果政府沒有加以阻止，那麼這些勞工往往在工作很短的一段時間內擁有少量積蓄之後，就會去占據荒地並自行耕種。曾經有人多次進行強制執行勞動合約的嘗試，迫使移居者向墊款人償還車船費，但是這樣做的麻煩很多、開支極大，而且總是得不償失。剩下的唯一辦法就是利用教會或者個人的自願捐款來承擔這筆費用，以便消除已經成爲或者即將成爲地方貧困救濟事業所難以承受的負擔。如果這種方式能夠得到推廣，或許會有相當的一部分人移居殖民地，從而消除現有的失業人口，不過這樣做並不能提高就業者的工資，而且往往在不到一代人的時間內，就需要重新再做一遍同樣的事情。

應該由國家來從事殖民地開拓工作的主要原因之一是，除極爲特殊的情況之外，這樣做可以使移民的費用自行得到補償。正如我們在前面所提到的那樣，把資本和勞工輸往新興國家是一項最佳的商業活動，但是如果這樣做不能像其他商業活動那樣，使人們有能力償付自己的開支，那麼就未免過於荒唐。既然殖民地的開拓可以極大地增加世界的產出總量，那麼爲什麼不能從這種增加額中留出足夠的一部分以償付從事這項事業的人們或者團體所墊付的費用呢？基於前面所提及的種種原因，無論是個人還是私人團體，都無法使自己墊付的資金得到償還，只有政府能夠做到這一點。政府可以從移民每年創造的財富增加額中拿出足夠的一部分，用來償付移民支出的本金和利息。向某一殖民地移民所付出的費用，應該由該殖民地予以承擔；一般來說，只有當該殖民地的政府願意並有能力承擔這筆費用時，才有可能實現這一點。

可以採用多種方式在殖民地爲其開發籌集所需要的資金，但是最好的方式莫過於威克菲爾德先生最先提出的並且始終不遺餘力地予以推薦的那項計畫：爲所有尚未被占有的土地制定價格，然後利用出售土地所得到的收入支付移民的費用。我們在本章的前面已經批駁了那些毫無根據地、迂腐地反對此項計畫的觀點，現在我們需要分析該項計畫的優點。首先，它可以避免每年大規模徵稅所造成的困難與不滿；在人口居住分散的荒涼地區根本無法透過徵稅籌集到大筆資金，經驗表明，強制殖民地的人民繳納直接稅是很難的，即使能夠做到這一點，徵繳到的稅款也不足以抵補徵稅的成本；與此同時，在一個新興的社會中，間接稅的徵繳也會迅速達到極限狀態。因此，出售土地是籌集所需要的資金最爲便利的方法。其次，這項計畫還擁有其他更爲可取的地方。殖民地的居民常常採取野蠻人的生活方式，居住得相當分散，以至於難以享有商業、市場、分工以及合作所帶來的利益；威克菲爾德的計畫正好可以有效阻止這種傾向。按照該項計畫，依靠公費移民的人，必須首先賺取一大筆錢，然後才有可能成爲土地的所有者，因此可以有效地維持源源不斷的可供僱用的勞動力，這在所有的國家中都是一種極爲重要的輔助力量，即使對於小型農場主來說也是如此；而且此項計畫削弱了農業投機者增加土地的欲望，從而使人們可以居住得更爲靠近，更便於相互合作，更爲方便地抵達對外貿易中心和工業中心，進而推動城鎮的形成與發展，以及城鎮產出的快速增長。與可以無償占有荒地時經常出現的人口居住過於分散的狀況相比，人口的集中會極大地促進經濟的繁榮，從而大幅度地增加進一步移民所需要的資金。未採用威克菲爾德的計畫時，英國的所有殖民地在建設初期都充滿了艱辛，依據原有方案建立起來的最後一塊殖民地——斯旺河殖民地——就是最爲典型的實例之一。之後，殖民地的開發工作採用了威克菲爾德的計畫，不過並沒有完全採用，僅把出售土地所得收入的一部分用於移民，儘管如此，凡是採用了此項計畫的地方，例如南澳洲、維多利亞州以及紐西蘭，由於阻止人口的分散，保證人們能夠僱用到工人，因而導致資本的大量湧入；也由於克服重重困難並且修正了管理方面的諸多失誤，所以都奇蹟般地繁榮昌盛。[8]

這種能夠自我維持的殖民地開發體制一旦被建立起來，就會使其效率逐年遞增；其影響也以幾何級數擴大，因爲在殖民地的人口尚未達到飽和的情況下，每位健壯的移民都會在很短的時間內使殖民地的財富有所增加，所增加的財富除滿足他個人的消費之外，還能夠爲另外一個人負擔移民的費用，由此可見，已經移入的人數越多，那麼將來可能移入的人數也就越多，而且無須增加新的開支，每位移民都會在很短的時間內爲他人的移入奠定基礎，直到殖民地的人口達到飽和狀態爲止。因此，爲使遷移的人口增長的速度加快，母國有必要在實施移民的初始階段爲殖民地墊付一筆資金，這筆墊付的資金將由出售土地所獲得的收入予以償還。這可以視爲母國進行的一種投資，即一種對殖民地最爲有利的投資；同時，這些移民的勞動與儲蓄，將縮短大量土地得以銷售出去所需要的時間，以至於使殖民地有能力償還這筆墊付的資金。爲避免勞動市場供過於求，有必要與那些準備將個人資本輸入殖民地的人採取協調一致的行動。一旦瞭解到在生產力非常高的殖民地擁有大量的勞工可以僱用，那麼就肯定會有大量的資本從像英國這樣利潤很低而積累速度很快的國家輸往殖民地；人們唯一應該予以注意的問題是，每次運送的勞工人數不宜過多，以避免超出資本所能吸納的限度，從而使勞工的工資水準過低。

在這個計畫中，預付的任何一筆支出一旦發生，就不僅僅會實現一次性移民，而且會實現如溪流般源源不斷的移民，而且這種移民的溪流在流動中不斷增加著其寬度與深度；這種減輕人口壓力的方法具有任何其他方法所不具有的優點，其他方法只是試圖消除人口增長所產生的後果，而不是限制人口增長本身，但在這種方法中，卻包含有某種不可限量的因素，誰都無法精確地估計出它在緩解人口過剩的壓力方面究竟會發揮著多大的作用。因此，對於像英國這樣不僅擁有過剩的人口，而且統治著某些無人居住的大陸國家來說，其政府就負有不可推卸的責任，即透過實施這種能夠實現自我維持的殖民地開發計畫，在母國與這些大陸之間建立起一座橋梁，使人們在任何時候均無須自行支付費用就可以實現移民，並且保證移民的規模與殖民地當時所能容納的人數相協調。

對於英倫諸島來說，近期愛爾蘭人空前的自發移民熱潮，大大降低了以上種種考慮的重要性；愛爾蘭的移民中不僅包括小型農場主，而且也包括最爲貧窮的農業勞工階層，並且這種自發的可以實現自我維持的移民熱潮一旦形成，前期的移民就可以利用自己的收入爲其親朋好友提供所需要的資金，從而保證人們可以源源不斷地進行移民。除此之外，還有許多人自願移民金礦發現地，這也部分地滿足了我們的某些最爲遙遠的殖民地對於勞動力的需求，無論是對於當地的利益來說，還是對於整個國家的利益來說，這都是至關重要的。不過這兩大移民熱潮已經有所衰退，雖然愛爾蘭的移民活動在某種程度上已經恢復，但是我們卻不能斷言，今後不再需要政府依據上述自我維持的原則有計畫地提供資助，以便在英格蘭尋找工作的人手與其他各地需要人手的工作之間保持通暢的聯繫。

§十五　以上我們已經闡明，反對政府干預的那些主要理由不適用於開拓殖民地以及救濟窮人方面的工作，實際上，在許多其他方面的工作中情況也是如此；在這些工作中，往往需要人們提供某些重要的公益服務，但是卻沒有哪個人眞正願意提供這種服務，因爲即使提供服務，個人也不會自然而然地獲得回報，例如地質勘探以及科學研發等。由此所獲得的知識也許具有很大的社會價値，但是對於個人來說，由此所獲得的利益卻根本無法補償相關費用；而且政府也無法從直接受益者那裡截留一部分利益，透過收取費用的方法來補償這些開拓者。當然可以依靠私人捐助的方式來開展這些活動，不過這是一種難以實施並且很不可靠的方法。較爲常見的是，由國營企業或者慈善團體承擔相關費用，但是一般來說，還是由政府出資來開展這些工作，即由政府把這些工作交給它認爲最有能力的人們予以完成。此外，確保航行安全的燈塔、浮標等設施，也必須由政府出資建設與維護，因爲雖然船舶在海上航行時得到了燈塔所提供的服務，但是卻無法讓船舶在每次收益之後都繳納相應的費用，所以任何人都不會出於爲獲取個人一己之利的動機而去建立燈塔，除非國家爲此強制徵稅，然後再用稅收去補償建立燈塔的個人。許多對於國家和人類具有重大價值的科學研究工作的完成，都需要人們付出大量的時間和艱辛的勞動，同時還需要耗費大筆的資金，而這些研究人員如果從事其他工作，都是有可能獲得高額回報的。因此，如果政府不能對這些人所耗費的資金、所付出的時間和勞動給予補償，那麼將只有極少數的人才會願意去從事科學研究工作，這些人必須既極爲富有又掌握專門的知識，而且吃苦耐勞、熱心公益事業，或者渴望在科學上有所建樹。

向所謂的學者階層提供捐助或者薪資以維護其研究工作的問題與此相關。開展專業知識領域的研究工作，雖然在所有的職業中都是最爲有用的一項工作，但卻是向整個社會而不是向任何個人提供某種服務，顯然，應該由整個社會爲這種工作支付報酬，因爲這種工作無法給予任何人經濟上的回報；除非依靠某種公共基金爲這種工作提供報酬，否則這種工作不但不會得到促進，反而會遭受阻礙，因爲從事這種工作的人無法以此謀生，結果只能是有能力從事這種工作的絕大多數人不得不耗費大部分時間去設法養家糊口。不過，這種弊害實際上並不像表面上看起來的那麼嚴重。據說，最偉大的工作一般都是由閒暇時間最少的人士予以完成，每天從事幾個小時呆板的日常工作，並不會妨礙人們在文學和哲學方面取得最爲輝煌的成就。然而，有些研究和實驗工作不僅要求人們長期堅持不懈地付出時間與精力，而且還是相當耗費腦力和令人心力交瘁的，從事這種工作的人們，即使在閒暇時，也難以再運用心智去做其他事情。因此，應該以某種方式保證科學家或者其他學者的生活條件，使他們可以全身心地投入到自己的研究工作中。大學的研究員基金制度就特別適合於達到這個目的，但是卻很少被用於這個目的，研究員基金大多用來獎勵過去的功績，用來紀念人們已經取得的成就，而不是用來爲研究人員發放薪資，保證他們能夠從事研究工作，以促進知識的發展。有些國家已經爲開展自然科學、考古學、歷史學等方面的研究工作建立專門的附帶薪資制度的研究機構。不過，爲達到這個目的，似乎最爲有效的同時也是最不容易被濫用的方法是，授予研究人員承擔教學任務的教授職位。講授某一門專業知識，至少是在其較高的層次上進行講授，一般均會促進而不是阻礙某一門知識的發展；享有教授職位的人通常都會擁有足夠的時間開展原創性的研究工作；而且在各個科學領域中那些最偉大的業績，無論是精神方面的還是物質方面的，都是由公開講授相關知識的教師們所開創；從柏拉圖（Plato）、亞里斯多德（Aristotle）到蘇格蘭、法國和德國等大學的著名人物均是如此。我並不想提及英格蘭，因爲眾所周知，直到最近，英格蘭的教授職位還是有名無實的。同時，在這種情況下，公眾即使無法對這些高等學府中的講師的授課品質加以鑑別，但卻至少能夠對他們的才能與勤奮程度做出評價。與隨意任命那些無須直接與公眾接觸的人相比，在這一方面濫用任命權的難度必然更大一些。

可以說，從整體來看，只要是爲了全人類的或者子孫後代的基本利益所應該做的工作，或者是爲了那些需要他人幫助的社會成員的當前利益所應該做的工作，而個人或者私人團體從事它們卻又得不到相應報酬的工作，都應該由政府予以承擔；不過，在自行承擔這些工作之前，政府有必要認眞思考一下，這些工作是否有可能依據所謂的自願原則由私人加以完成，如果存在這種可能，則政府是否能夠比那些充滿激情而又樂於慷慨解囊的個人更好地和更有效地完成這些工作。

§十六 在我的鑑別能力所允許的範圍內，以上內容涵蓋了相對於那項實際準則，即相對於社會事務可以由私人或者私人團體最佳地予以完成的準則的全部例外的情況。不過，有必要進一步指出的是，政府干預實際上並非無論如何也不能超出其固有的適用範圍。在某一時期或者某個國家特殊的情況中，對於那些眞正關係到社會整體利益的事務，當並非因爲私人不能夠高效率地予以完成，而只是私人不願意予以承擔時，政府就應該而且必須予以承擔。在某些時期或者某些地方，如果政府不參與，例如道路、碼頭、港口、運河、灌溉設施、醫院、學校、學院、印刷機構等就無從建設，民眾或者過於貧困，無法提供所需要的資金，或者知識水準太低，缺乏充分的預見性，或者合作的經驗不足，不具備完成這些工作的能力。在所有的實行專制制度的國家中，情況或多或少地均是如此，特別是在國民與政府的文明程度之間存在著巨大差異的國家中，情況更是如此，與那些被更加富有實力的和文明程度更高的民族所征服與統治的國家情況一樣。在世界上的許多其他地方，人民根本無法完成那些需要投入大量資金並且採取聯合行動才能夠予以完成的工作，如果政府不予承擔，則這些工作將永遠無法被完成。在這種情況下，承擔人民無力完成的工作，就成爲眞心實意地以追求民眾福利最大化爲目標的政府的義不容辭的責任，而且在完成這些工作的過程中，應該注意不要使人民的這種無能爲力的狀況進一步惡化，更不要使人民永遠地處於這種無能爲力的狀況之中，而應想方設法消除這種狀況。一個好的政府在提供所有幫助時，均會關注發展的不盡完善之處，並對人民的自立奮鬥精神予以鼓勵與培養。它將幫助私人企業消除相關的障礙以及畏難情緒，並且全力地提供任何必要的便利條件、指示或者指導；動用自己的財力幫助個人發揮主動性，而不是壓抑個人的主動性，並且利用各種獎勵和榮譽制度來激發個人的主動精神。如果僅僅由於個人缺乏主動精神，因而需要政府提供幫助，那麼這種幫助就應該盡可能地發揮示範作用，教導人民如何依靠個人的努力與自願合作的方式來實現偉大的目標。

我並不認爲有必要在這裡進一步強調公認的政府必須予以執行的職能，即禁止並且懲治個人在自由地行使自己的權力時明顯地侵害他人的利益，無論這種侵害是透過暴力或者詐欺，還是由於疏忽大意所造成。即使目前發展得最爲完善的社會，也仍然需要將自己的全部努力與才智的絕大部分用於阻止人們相互侵害，每思至此，我都禁不住感慨萬分。政府所追求的完美目標應該是，採取措施將人類目前用於相互侵害或者用於設法保護自己不受侵害的力量，轉而用於征服自然，使其在物質與精神兩個方面日益造福於人類，從而將這種極大的浪費減小到最低限度。

◆註解◆

[1] 參閱本書第五編第一章。

[2] 在政府行為不具有強制性質的唯一情況中，政府不得實行人為的壟斷，並且能夠自行承擔所需要的費用。利用公共資金修建的橋梁，透過收取過路費不僅可以支付修建橋梁的費用，而且還可以支付這筆初始費用的利息，就屬於所說的這種情況。另外一個實例是，比利時與德國政府修建的鐵路。如果將郵政局的壟斷權力廢除之後，它仍然能夠自行負擔營運費用，則也屬於這種情況。

[3] 參閱《論勞工的自由》，第二卷，第三五三—三五四頁。

[4] 我轉引自凱里先生的著作《工資率》，第一九五—一九六頁。

[5] 迪諾耶爾先生反對這種觀點，雖然我在許多方面都贊同他的看法，但是他對政府干預卻似乎採取了一種不分青紅皂白的一概敵視的態度。他堅持無論教育本身多麼必要，也只有當公眾願意接受它時才會對公眾產生有益的作用，而教育符合公眾需要的最好證明就是，它能夠像一家賺錢的企業那樣取得成功。這種論點無論是對於啓迪人類心智的教育來說，還是對於醫治人類身體的藥物來說，都是沒有說服力的。的確，如果病人不接受勸告服用藥物，那麼任何藥物對他都不會產生作用；但是我們卻不能由此而推斷病人不需要任何人的協助，就能夠自行選擇服用適合的藥物。難道他所尊重的某人勸慰他服用的藥物，會不如他個人自發地選擇服用的藥物嗎？就教育而言，這正是人們爭論的焦點。毋庸置疑，如果教育遠遠地超出了人們的需要，以至於無法說服人們接受教育，那麼這種教育就等於不存在，對於人們來說，它是毫無價值的。但是，在人們自發選擇的事務與人們拒絕接受的事務之間，還存在著另外某些事務，對於它

們的取捨相應地取決於推薦者的勸告。不僅如此，如果公眾無法正確地鑑別某項事務，則需要在很長的一段時間內將其展示給公眾，以引起公眾的關注，並使公眾透過長期的體驗感受到它所帶來的好處，才會使公眾最終瞭解它；如果不是透過實踐使該項事務對公眾產生影響，而只是在理論上提出建議，則公眾很可能永遠也不會接受它。然而，以賺錢為目的的投機活動卻不能拖延數年才獲得成功，它要麼迅速取得成功，要麼完全失敗。迪諾耶爾先生似乎還忽略了一點，即雖然某些教育設施和教育方式永遠都不可能在獲取一定利潤的情況下，對其所耗費的成本做出充分的補償，但它們對於眾人來說，卻具有非常寶貴的價值，因為正是它們向少數人提供了最高品質的教育，才使得人類的優秀分子得以世代相傳，而正是依靠這些優秀分子，人類的知識水準和社會的文明程度才得以不斷提高。

[6] 英國有關精神障礙者的法律，特別是有關如何確定精神障礙的法律，亟待改進。目前，無論什麼人，如果財產值得垂涎、親屬缺乏道德或者與其關係不好，都有可能被指控為患有精神障礙。一些人可以透過他人被宣判為患有精神障礙而獲益。對於這種人的請求，可以組成陪審團進行審理，費用由被告的財產承擔，陪審團通常由十二個小店主組成，在審理中，進入這些易於被說服的小店主的耳朵裡的都是有關被告的怪僻以及僕人虛構的故事。這些小店主只瞭解自己的生活方式，對其他各種生活方式一無所知，因而把被告性格和嗜好上的每一個與眾不同之處都視為怪僻，而又把怪僻當作精神異常或者邪惡。如果這種自作聰明的法庭做出指控者所希望的那種裁決，那麼財產也許就會轉移到合法所有者最厭惡者的名下。最近審理的某些判例已經成為司法界的醜聞。這方面的法律需要修改，特別是必須在以下兩個方面進行修改：第一，與在其他訴訟活動一樣，訴訟費用不應由被告承擔，而應由原告承擔，只有在勝訴時才賠償原告的訴訟費用；第二，被宣判為患有精神障礙的人，只要還活著，就不應該把他的財產轉移給繼承人，而應該由一位政府官員負責管理，直到他去世或者恢復健康時為止。

[7] 可以與之相提並論的實例是，在當前的社會狀態下，婦女所展示出來的基本特徵是厭惡政治並且缺乏公益精神；雖然政治改革家對此深有察覺並且經常抱怨，但是他們卻無意承認也不想消除造成這種情況的原因。顯然在各種制度的影響下，婦女所接受的全部教育使她們認為自己與政治無關。婦女只要當上政治家，就會順應時代的潮流，與同時代的男子一樣，在政治方面顯示出強烈的興趣與偉大的才能，例如卡斯提爾的女王伊莎貝拉（Isabella）與英國的女王伊莉莎白（Elizabeth）執政的歷史時期，並非都是偶然發生的歷史事件，只不過是歐洲有地位和有教養的婦女所普遍擁有的精神與能力的輝煌展現。

[8] 在上述某些殖民地中，有些人極其惡毒地攻擊威克菲爾德的計畫，這種攻擊即便有些道理，但也完全不適用於威克菲爾德的計畫，只適用於與該項計畫根本無關的某些規定；這些規定被毫無必要地而且極其錯誤地強加於該項計畫，例如，規定只能出售數量有限的土地，必須採取拍賣的方式進行出售，所出售的土地不得少於六百四十英畝等，完全與威克菲爾德的計畫的要求大相逕庭：該項計畫要求按照固定價格出售所有的土地，無論是在土地的數量方面還是在土地的位置方面，都保證了購買者享有充分的選擇的自由。

約翰・斯圖爾特・彌爾年表

年代	生平記事
一八〇六年	五月二十日生於倫敦，也是著名功利主義哲學家詹姆斯・彌爾（一七七三—一八三六）的長子。
一八一四年	學習拉丁文、代數和幾何。
一八一五年	當時大學所交希臘作家的重要著作已經全部讀過。
一八一六年	讀完柏拉圖和狄摩西尼（Demosthenes）的原文著作。
一八一八年	澈底研究邏輯學，熟讀亞里斯多德邏輯學論文。
一八一九年	研習亞當・史密斯和大衛・李嘉圖的學說，學習政治經濟學。
一八二二年	組織了一個研討邊沁功利主義的學會（Utilitarian Society），鼓勵討論自由。
	成立讀書會和哲學研究會，和很多人做專題的研究和辯論。
一八二五年	發表討論商業政策與貨幣政策的論文。 與邊沁合編《司法證據的理論基礎》，又發起組織了「思辨學會」。
一八二六年	進入了一種精神危機的狀態，不斷思索作為一個人的價值何在。
一八三一年	大量閱讀具有不同觀點人士的著作，如：塞繆爾・泰勒・柯勒律治、奧古斯特・孔德、聖西蒙。

一八三六年	父親詹姆斯．彌爾過世。擔任急進派刊物《倫敦和西敏寺評論》主編。
一八四三年	出版《邏輯學體系》（*The System Logic*），共兩冊。
一八四四年	發表第一部經濟學論文集《政治經濟學有待解決的若干問題論文集》（*Essays on Some Unsettled Questions of Political Economy*）。
一八四八年	發表《政治經濟學原理》（*Principles of Political Economy*），為彌爾的最重要的經濟學著作。
一八五一年	與哈迪結婚。彌爾對哈迪的才智、魄力和精神極為推崇。
一八五七年	哈迪去世於法國阿維尼翁。
一八五九年	出版《論自由》（*On Liberty*）一書，迄今仍為關於人類權利的經典著作。還有《對國會改革的意見》（*Thoughts on Parlimentary Reform*）出版。
一八六一年	出版《代議政治論》（*Considerstions On Representative Government*），表現他對民主政治的熱心。
一八六三年	出版《功利主義》（*Utilitarianism*）。
一八六五年	出版「漢彌登爵士哲學的檢討」和「孔德與實證主義」。這兩篇論文中的用字比任何時期都更像父親以及邊沁。
一八六七年	和幾位婦女組織了第一個婦女參政社，成為一個全國性的婦女參政團體。
一八六九年	出版《人類精神現象的分析》，加上自己的說明和註解。
一八七三年	逝世於法國亞維農附近的別墅。

經典名著文庫 194

政治經濟學原理：及其在社會哲學上的若干應用（下卷）

Principles of Political Economy with Some of Their Applications to Social Philosophy

作　　者 — 約翰・斯圖爾特・彌爾（John Stuart Mill）
譯　　者 — 金鏑、金熠
發 行 人 — 楊榮川
總 經 理 — 楊士清
總 編 輯 — 楊秀麗
文庫策劃 — 楊榮川
本書主編 — 劉靜芬
責任編輯 — 黃郁婷、游雅淳、石曉蓉
封面設計 — 姚孝慈
著者繪像 — 莊河源
出 版 者 — 五南圖書出版股份有限公司
地　址 — 台北市大安區 106 和平東路二段 339 號 4 樓
電　話 — 02-27055066（代表號）
傳　眞 — 02-27066100
劃撥帳號 — 01068953
戶　名 — 五南圖書出版股份有限公司
網　址 — https://www.wunan.com.tw
電子郵件 — wunan@wunan.com.tw
法律顧問 — 林勝安律師
出版日期 — 2023 年 11 月初版一刷
定　　價 — 560 元

國家圖書館出版品預行編目資料

政治經濟學原理：及其在社會哲學上的若干應用 / 約翰・斯圖爾特・彌爾（John Stuart Mill）著；金鏑，金熠譯. -- 初版 -- 臺北市：五南圖書出版股份有限公司，2023.11
冊；公分
譯自：Principles of Political Economy with Some of Their Applications to Social Philosophy
ISBN 978-626-343-962-7（上卷：平裝）. --
ISBN 978-626-343-963-4（下卷：平裝）

1.CST: 政治經濟學

550.1657　　112004177